Escritura Política
no Texto Teatral

Coleção Estudos
Dirigida por J. Guinsburg

Equipe de realização – Tradução: Priscila Nascimento (Prefácio, Cap. 1) e Werner S. Rothschild (Cap. 2, 3, 4, 5); Edição de Texto: Adriano Carvalho Araújo e Sousa; Revisão: Iracema A. Oliveira; Sobrecapa: Sergio Kon; Produção: Ricardo W. Neves e Raquel Fernandes Abranches.

Hans-Thies Lehmann

ESCRITURA POLÍTICA
NO TEXTO TEATRAL

ENSAIOS SOBRE SÓFOCLES, SHAKESPEARE,
KLEIST, BÜCHNER, JAHNN, BATAILLE, BRECHT,
BENJAMIN, MÜLLER, SCHLEEF

Título do original alemão
Das Politische Schreiben

© Hans-Thies lehmann, 2002

Dados Internacionais de Catalogação na Publicação (CIP)
(Câmara Brasileira do Livro, SP, Brasil)

Lehmann, Hans-Thies
Escritura política no texto teatral: ensaios sobre Sófocles, Shakespeare, Kleist, Büchner, Jahnn, Bataille, Brecht, Benjamin, Müller, Schleef / Hans-Thies Lehmann; [tradução de Werner S. Rothschild, Priscila Nascimento]. – São Paulo : Perspectiva, 2009. – (Coleção Estudos; 263).

Título original: Das politische schreiben
Bibliografia
ISBN 978-85-273-0874-8

1. Análise do discurso 2. Ensaios 3. Política – Linguagem 4. Teatro I. Título. II. Série.

09-10224   CDD-792

Índices para catálogo sistemático:
1. Escritura política no texto teatral: Teatro 792

Direitos reservados em língua portuguesa à
EDITORA PERSPECTIVA S.A.

Av. Brigadeiro Luís Antônio, 3025
01401-000 São Paulo SP Brasil
Telefax: (011) 3885-8388
www.editoraperspectiva.com.br

2009

Sumário

Apresentação – *Ingrid Dormeien Koudela* xi

Prefácio xxi

1. INTERRUPÇÃO

    Até Que Ponto o Teatro Pós-Dramático é Político? ... 1
    Por Que o Que é Político no Teatro só Pode Ser a Interrupção
    Daquilo Que é Político

    A Ordem Abalada: 14
    o Modelo *Antígone*

2. REPRESENTABILIDADE

    O Teatro Mundial do Pudor: 33
    Trinta Abordagens sobre a Privação da Representação

    O Sublime é o Inquietante 53
    Sobre a Teoria de uma Arte do Acontecimento

    Economia do Dispêndio 74
    George Bataille

Estética dos Riscos 95
Notícias Sobre Teatro e Tabu

Revolução e Masoquismo 105
Georg Büchner, Heiner Müller, Georges Bataille

3. DRAMA
Forma Dramática e Revolução 131
em *A Morte de Danton*, de Georg Büchner e *A Missão*, de Heiner Müller

Tempo de Woyzeck 154

Kleist/Versões 161

Textos de Jahnn –Qual é o Teatro 180

Teatro dos Conflitos: 196
EinarSchleef@post-110901.de

4. O OUTRO BRECHT
Golpes de Luz sobre o Outro Brecht 219

Ao Modo de Fábula (Fabel-Haft) 232

Sexualidade: um "Centro do Medo" na Obra
de Brecht 252

Ensaio Sobre *Fatzer* 265

A Retirada da Razão 277
Culpa, Medida e Transgressão em Bertolt Brecht

Anotações de Brecht 295

5. ESTUDOS SOBRE HEINER MÜLLER
Os Fantasmas de Müller 301

Édipo Tirano 321

O Horácio 327

Macbeth 334

Estética do Texto –Estética do Teatro 345
   O Achatador de Salários, de Heiner Müller,
   em Berlim Oriental

Entre o Monólogo e o Coro: 359
   A Dramaturgia de Heiner Müller

Comentário e Assassinato 377

Peça Didática e Espaço de Possibilidades 390

Bibliografia 407

Apresentação

Partindo da hipótese de que a partir da década de setenta do século passado acontece uma profunda transformação na maneira de fazer teatro, Lehmann cunha o termo *pós-dramático* que passou a ser um conceito referencial na crítica teatral contemporânea.

Ao rejeitar as categorizações do assim chamado pós-modernismo por considerá-las meramente periódicas, o pós-dramático teria a vantagem de se referir a um problema concreto de estética teatral. O ensaísta define o teatro dramático como aquele que obedece ao primado do texto e se subordina às categorias de imitação e ação. Observando que a realidade do teatro pós-dramático começa com a desaparição do triângulo drama-ação-imitação, mesmo as vanguardas históricas não conseguem escapar ao modelo dramático, permanecendo fiéis ao princípio da mimese da ação. É apenas nas décadas finais do século XX que o conceito de pós-dramático se aplicaria.

Se *Teatro Pós-dramático* ofereceu material para o estabelecimento de um novo paradigma crítico, reconhecido internacionalmente, enfeixando as diferentes manifestações artísticas do teatro contemporâneo, *A Escritura Política no Texto Teatral*, conjunto de ensaios e palestras escritos em contextos e momentos diferentes, revela o teórico arguto que aprofunda questões nas quais o político tem um significado central. Longe dos compêndios e das afirmações críticas recorrentes na historiografia do teatro, os ensaios sobre Sófocles, Shakespeare, Kleist, Büchner, Jahnn, Bataille, Brecht, Benjamin, Müller e Schleef são tematizados a partir da reflexão crítica de Lehmann, que põe em discussão contradições através de um mergulho no universo de cada autor e do processo de escritura de peças individuais, analisadas neste livro.

Destaque maior pode ser dado a ensaios como "O Tempo de Woyzeck", "O Outro Brecht" e "Estudos sobre Heiner Müller".

O TEMPO DE WOYZECK

Diante do fragmento de Büchner, uma primeira questão que sempre se colocou para os diferentes editores da obra é a sequência das cenas. Mais do que buscar uma solução prévia para o arranjo das cenas, com vistas à leitura e representação nos termos comumente realizados, a escritura buchneriana talvez devesse ser considerada, quanto ao modo de estruturá-la, nos termos em que Brecht colocou a questão:

É permitido perguntar se o esboço de uma peça deve ser representado quando ela existe em forma mais completa. É permitido responder que por si só a grande importância do complexo textual, no caso do *Fausto* justifica a encenação do *Ur-Faust* (Primeiro Fausto). Mas existe ainda uma outra justificativa. O *Ur-Faust* tem vida própria. Pertence, juntamente com o *Robert Guiskard*, de Kleist, e o *Woyzeck*, de Büchner, a um gênero muito especial de fragmentos. Eles não são incompletos, porém obras de arte feitas na forma de esboços[1].

Na escritura do *drama de farrapos* (na expressão cunhada por Anatol Rosenfeld), as cenas são compostas apenas com alguns traços, sobressaindo seu caráter independente em relação ao todo da ação dramática. Cada cena cristaliza um microcosmo autônomo, com tensão e atmosfera próprias. Ou

---

1 Cf. *Gesammelte Werke*, Frankfurt am Maine: Suhrkamp, 1967.

seja, cada pulsação contém o universo do drama, sem requerer uma ligação explicita com aquelas que a antecedem ou sucedem. Mais importante do que a validade da cena como elo contínuo de uma corrente é a sua expressividade como momento de alta intensidade dramática.

A linearidade da fabula é substituída por recortes que se articulam como um mosaico. A justaposição descontínua possibilita a construção com novos liames significantes, por meio de saltos no tempo, no lugar e na ação. Dessa forma, Büchner encontra-se na gênese do teatro épico brechtiano e anuncia princípios de procedimento que o caracterizarão.

Cabe salientar que este tratamento da forma, da estrutura e da escritura teatral acaba redundando no esvaziamento da significação ou do poder de comunicação da linguagem. Aflora, assim, no jovem dramaturgo uma crítica da própria linguagem que se tornará particularmente fecunda na literatura e na cena contemporânea.

Lehmann acentua em seu ensaio o esvaziamento da significação e o limite da linguagem no corpo. Esta leitura torna *Woyzeck* contemporâneo, e aponta para novos ensaios de encenação do texto: a estética de Büchner, reagindo aos princípios idealistas e humanistas de seu tempo, é consequentemente fisiológica:

as palavras não são totalmente dominadas pelos homens, elas levam a sua própria existência alheia, como formadoras da sonoridade, ferramentas cortantes das feridas. O médico, que existe no poeta Büchner, não estabelece a linguagem num império próprio, mas na margem do corpo. Ele proíbe a si próprio uma espiritualização centralizante, que obrigaria o "Woyzeck" a uma lógica psíquica. A força desta linguagem acende na área delimitante o corpo sem palavras.[2].

O CONCEITO DE *GESTUS*

Ao analisar a fábula e o *Gestus*, Lehmann levanta uma questão que traz um novo aporte para as teorias sobre o teatro épico. Relativizando o caráter onisciente das colocações de Brecht,

2 Ver p. 158, infra.

demonstra a contradição existente entre o princípio fabular, que se pretende didático por definição, e a linguagem gestual.

A tarefa de leitura dos trabalhos teóricos de Brecht, hoje, é entrar nas brechas. É justamente no salto existente entre os enunciados teóricos e a concretude dos textos que residem as feridas abertas. Neste sentido, os textos devem ser desmantelados pela leitura e reinventados. "E para isso será necessário entrar novamente na caverna do tigre brechtiano, cujas garras hoje, sob o signo da ortodoxia normalizadora não são mais temidos", na brilhante formulação de Lehmann.

De acordo com Hans Martin Ritter, o conceito de *Gestus* possui uma qualidade sintética e uma qualidade analítica. A qualidade sintética do *Gestus* reagrupa as manifestações do comportamento humano, enquanto sua qualidade analítica retira de uma determinada manifestação frases e atitudes singulares. A singularidade assume significado dentro de uma ação mais abrangente. Ela é contextualizada.

Na qualidade analítica do *Gestus* está contida, simultaneamente, sua qualidade sintética, na medida em que os gestos tornam-se características singulares das relações entre os homens.

A função essencial do *Gestus* é resgatar a relação entre a singularidade e a contextualidade (História). Através do desenvolvimento do conceito de *Gestus*, Brecht criou uma didática que pode ser utilizada em diferentes direções. Ela pode apreender contextos sociais, abrangendo simultaneamente a singularidade e a concretude na sua relação com o tempo. Ao mesmo tempo que o conhecimento é conquistado na sua dimensão sensório-corporal, por emio da reordenação das singularidades, o experimento estético permite a investigação do contexto histórico e/ou atual.

De acordo com Lehmann, a pesquisa sobre Brecht considerou até hoje dois conceitos brechtianos, o *Gestus* e a fábula, como determinações lógicas e harmônicas do *teatro épico*. Não considerou a possibilidade de que entre o conceito de fábula e de *Gestus* brechtianos não existe uma relação harmônica, mas talvez até mesmo uma oposição.

Hans Martin Ritter diferencia em seu excelente exame sobre o *princípio gestual* procedimentos brechtianos, que detalha em unidades menores a totalidade da fábula dominada por um *Grundgestus* (gesto básico). Lehmann, concordando e discordando, estabelece um debate com Ritter que traz aportes importantes para a prática teatral com os textos de Brecht.

O GESTO NO JOGO TEATRAL

O gesto não interrompe apenas a lógica do pensamento linear/cartesiano, como também se movimenta, enquanto linguagem, contra a própria língua. O gesto modifica o conteúdo da fala.

A abordagem de textos por meio do jogo teatral poderia ser experimentada, potencialmente, com todo texto literário e/ou imagem. No entanto, as peças didáticas de Brecht nos parecem especialmente apropriadas para esse processo de conhecimento, que busca unir o plano sensório-corporal com o plano cognitivo.

Vamos argumentar através de aspectos que diferenciam o texto da peça didática de outros textos. Os textos das peças didáticas exigem a alternância entre *identificação* e *estranhamento*. De acordo com Brecht "justamente a forma mais árida, a peça didática, provoca efeitos os mais emocionais"[3].

No jogo com a peça didática, não ocorre apenas uma identificação intelectual/emocional, como também física, sem a qual não poderia haver imitação. A diferença com a identificação tradicional reside não apenas na relação sujeito/objeto do teatro tradicional. Na peça didática, a interação não se dá mais entre palco e plateia, e sim entre os leitores/atuantes do texto. O sujeito da identificação não é mais o *herói* psicológico. A consciência nasce no processo de interação entre os sujeitos da ação dramática, os autores/atores do ato artístico coletivo, o qual instaura o processo de conhecimento.

A experiência histórica, concretizada fisicamente, é relacionada com as experiências do cotidiano dos jogadores. A percepção sensório-corporal, que instrui o processo de produção do texto coletivo, atualiza o texto poético. A linguagem poética e gestual confere ao texto uma existência física, a ser materializada no espaço e no tempo.

[3] Cf. Gesammelte Werke.

O processo de visualização dos gestos por meio do jogo teatral esclarece o material literário. A variedade de soluções buscada através do jogo é fundamental para o processo de conhecimento, ao mesmo tempo que a multiplicidade e o caráter multifacetado das formas expressivas produzidas constituem uma resistência a soluções fáceis que escamoteariam as questões tematizadas.

PEÇA DIDÁTICA

A peça didática, na obra de Brecht, nasce no conflito legal com a versão filmada da *Ópera dos Três Vinténs*, quando o dramaturgo sentiu a necessidade de produzir arte distante da indústria cultural. O embate, iniciado nos tribunais de justiça, como um experimento para revelar a ideologia da indústria cinematográfica, gerou o *Lehrstück* ou *learning play* (jogo de aprendizagem), como Brecht traduziu o termo para o inglês.

A peça didática aponta para uma prática pedagógica na qual o receptor/leitor passa a ser ator/autor do texto. A revisão do texto é parte integrante dessa tipologia dramatúrgica, sendo prevista pelo *escrevinhador de peças* a alteração do texto dramático pelos jogadores. As peças didáticas geram método enquanto *Handlungsmuster* (modelos de ação) para a investigação das relações dos homens entre os homens.

O caráter estético do experimento com a peça didática é uma condição para alcançar objetivos pedagógicos. O que diferencia o ato artístico coletivo com o modelo de ação brechtiano é o princípio do estranhamento através da linguagem gestual, que incorpora o sensório e o racional, provocando a experiência estética.

"A Peça Didática como Espaço de Possibilidade", que encerra o livro de Lehmann, é um ensaio primoroso que ajudará, quiçá, a derrubar a camisa de força que ainda se fecha sobre Brecht, abrindo novas perspectivas para a experimentação produtiva entre nós. Tendo como objeto de análise *A Decisão*, no horizonte de um longo debate que foi documentado através do simpósio realizado em Berlim, em 1998, Lehmann faz caír em cascata as interpretações esquemáticas da peça, afirmando a necessidade de levarmos a sério o modelo dramatúrgico do *Lehrstück*, inaugurado por Brecht.

HEINER MÜLLER

As excelentes análises de Lehmann sobre a obra de Heiner Müller atestam a importância deste autor, considerado paradigmático para a dramaturgia do final do século passado. De acordo com Lehmann, sua obra é repleta de anjos, fantasmas, espíritos, no limite entre o ser e o não ser. A aparição de fantasmas pertence à tradição do teatro. A aparição do reino dos mortos no teatro grego perfura o presente dos heróis no palco, mensageiros de um passado que exigem um futuro. A tragédia grega é para Müller essencialmente uma invocação dos mortos. Os velhos gregos povoam o palco com mortos e cobrem seus rostos com mascaras, na formulação de Lehmann. Através da invocação há um exorcismo, a libertação de mortos ameaçadores, com o objetivo de superar uma época.

Lehmann estabelece uma relação entre os textos de Müller e o teatro nô, ao qual este também se refere. Os fantasmas de Shakespeare são um exemplo de materialização da história que continua a influenciar a existência. Nas palavras de Müller: "O morto não é morto na história".

O medo dos mortos é antiquíssima. Em velhos cultos, os mortos sempre foram neutralizados, acalmados. Hoje só jogamos terra. Lehmann dá o exemplo de Hamlet. O *Fantasma de Canterville*, de Oscar Wilde, é outro. O fantasma aponta para o assombroso no tempo e na história. A consciência exige memória. Sem ela não há utopia. O fantasma, tessitura de passado e futuro é um tema central no dramaturgo, de acordo com Lehmann, já que para ele não há escritura sem anacronismo. A escritura de Müller responde ao diálogo com escrituras anteriores como ele mesmo acentua: *diálogo com os mortos*. Ao escrever, os ancestrais escrevem junto com ele, a culpa e os mortos de sua história. *Macbeth, Hamlet, Tito Andrônico, Héracles, Filocteto, Édipo, Prometeu* e outras peças são *doublés*.

Em *Hamletmaschine* a dramaturgia-montagem que apresenta descontinuidade de tempo/espaço, gera uma atmosfera surreal. O grau de realidade das personagens e acontecimentos oscila de forma difusa entre realidade, sonho e fantasia. O palco torna-se o ponto de encontro para fantasmas e citados para além de qualquer tempo/espaço homogêneo.

De acordo com Lehmann, para Müller o teatro deve traduzir o Cronos em um outro tempo, ou seja, gerar simultaneidade entre passado, presente e futuro – só assim a história se torna visível.

Trata-se de uma dissolução dos planos do tempo em um novo tempo teatral. Müller descreve as obras de Giorgio De Chirico como uma estrutura em que o momento é isolado de seu contexto. O tempo dos espíritos é o tempo do inconsciente, da fantasia, do surreal.

E quais são os problemas dos mortos? Trata-se do futuro que com eles foi enterrado. Quem morreu, não realizou o que poderia. A forma do possível e também o futuro (passado). Abandonar os mortos significa enterrar o futuro.

Optando pela *dialética poética do fragmento*, Müller insere-se na tradição do fragmentário, que remonta, no que concerne à modernidade literária alemã, a seus fundadores, Schlegel e Novalis.

Visto por Schlegel como uma pequena obra de arte a estender, qual um ouriço, com seus espinhos críticos e provocadores em todas as direções, e por Novalis como projeto, conotando a ideia de espontaneidade e não acabamento, o fragmento é potencialmente uma semente literária, estimulando também o leitor a refazer ou levar adiante o ato de reflexão.

A estética do fragmentário está, por sua vez, ligada a crítica do otimismo do progresso, e se processa dentro dos horizontes do materialismo histórico, nas obras de Bloch, Adorno, Horkheimer e Benjamin. A montagem moderna de fragmentos é vista como reflexo da desordem real, permitindo uma visão crítica da totalidade.

O trabalho com o fragmento tem para Müller várias funções. Uma delas, de grande importância, é a de impedir a indiferenciação das partes numa totalidade e ativar a participação do espectador. Na verdade, trata-se de uma continuação radicalizada do teatro praticado por Brecht, visando igualmente a uma abertura para efeitos, de forma a evitar que a história se reduza ao palco.

O fragmento torna-se produtor de conteúdos, abrindo-se à subjetividade do receptor, correspondendo ao que Müller chama de *espaços livres para a fantasia*, em sua opinião uma tarefa primariamente política, uma vez que age contra clichês pré-fabricados e padrões produzidos pela mídia.

O trabalho com o fragmento provoca também a colisão instantânea de tempos heterogêneos, possibilitando a revisão crítica do presente à luz do passado.

O MODO OBLIQUO

Partindo do princípio de que o teatro e a arte não são política, Lehmann levanta a hipótese de que o político só pode se fazer presente no teatro de forma indireta, através de um modo oblíquo.

Importa, portanto, tematizar o *como* para compreender de que forma o político é incorporado pela cena contemporânea ou pós-dramática. Enfrentando a reprimenda de que falta ao teatro pós-dramático o aspecto político, Lehmann argumenta que a palavra político é, na maioria das vezes, utilizada a partir de premissas falsas ou duvidosas.

O político se efetiva no teatro justamente quando não pode ser re-traduzido em lógica, sintaxe e conceituação do discurso político, na realidade social. A partir daí conclui com a fórmula, aparentemente paradoxal, de que o político no teatro não é uma interpretação, mas sim uma interrupção do político. Com a ajuda deste conceito, Lehmann vai descrever versões ou aspectos de uma cesura teatral do político. O teatro político seria então entendido não como uma prática da regra, mas sim como uma prática da exceção.

Ao lado destas duas fórmulas: interrupção do político e práxis da exceção, Lehmann sugere uma terceira fórmula: a dissolução do simulacro dramático. Esta desmontagem e desconstrução do simulacro político no teatro significa, sobretudo, a fuga da cilada moralista. Como práxis da interrupção da regra, o teatro reclama o seu direito absoluto pela exceção. A frase de Heiner Müller de que *é tarefa da arte tornar a realidade impossível* aponta para esta radicalidade.

O projeto teórico de Lehmann traz uma grande esperança crítica. A teoria não deve articular programas, mas sim acompanhar aquilo que é produzido artisticamente, na tentativa de refletir e também formular conceitos novos que acompanhem o movimento teatral contemporâneo. E acrescenta que o passo hesitante da crítica deve ser assaltada pelos questionamentos atuais, em detrimento do julgamento dos resultados teatrais da noite anterior, como é entendida pelo senso comum.

Ingrid Dormien Koudela

Prefácio

Esta coletânea se deve à sugestão de Harald Müller. Agradecemos por sua prontidão em dar ao autor a oportunidade de publicar em conjunto os ensaios, dissertações e palestras que se seguem. Os textos provêm de circunstâncias e períodos bem distintos[1]. São apresentados com a esperança de que também os mais antigos dentre eles possam ser lidos ainda com algum interesse e que documentem uma continuidade da reflexão, em todo o caso almejada, que era e ainda é válida ao ato de escrever o político em formas e estilos divergentes. Talvez também os ensaios tomados em sua individualidade possam se iluminar mutuamente, e os motivos, apresentados em diversos meios linguísticos e focos, possam ganhar em clareza através de seu reflexo recíproco.

Foram escolhidos estudos nos quais "o que é político" ocupa um significado central sobre textos teatrais, concepções individuais e aspectos teóricos que parecem adequados para o aprofundamento da reflexão sobre o que é político. Embora os textos

---

1 A diversidade dos contextos de surgimento faz com que o cuidado acadêmico – principalmente no que diz respeito a todo o conjunto de notas – tenha alcançado um resultado desigual. Isso não pôde nem deveria ser corrigido para o objetivos desta coletânea.

representem o objeto central das análises, ao mesmo tempo encontra-se como pano de fundo a questão sobre o teatro e suas possibilidades. Porque se deve tratar da *Escritura Política no Texto Teatral* – no duplo sentido, tanto de escritura com intenções políticas quanto das possibilidades de "escritura" do que é político, de articulá-lo em *écriture* estética – como análises sobre as grandes invenções teatrais das últimas décadas, que não foram aqui incorporadas e que refletiram sobre o político através de momentos de uma "outra" comunicação e também por meio de questionamentos e novas definições da situação do espectador[2].

No entendimento do autor, a escritura política não significa de imediato o mesmo que pensá-la. O político parece, para dar apenas um exemplo dessa diferença, exigir uma forma de pensar que não pode ser considerada radicalmente ligada ao material de uma linguagem no sentido da mudança teórico-linguística das ciências. Aprofundar-se sobre o material de uma linguagem própria, podendo tratar-se até de várias linguagens em uma só, deve buscar ultrapassar o pensamento político, se não se quiser reprimir o fato de que o político só pode ser pensado como o espaço de muitos (pessoas, grupos, "pluralidades", classes, coletivos, línguas, "culturas"), que se juntam em determinados motivos do agir e do pensar, mas de forma não idêntica. Pensar o que é o político está como indicação da exigência por uma certa traduzibilidade, a partir de uma independência relativa da linguagem específica na qual se articula. Talvez tenha sido esse pisotear necessário, e muitas vezes um tanto deselegante, sobre as delimitações dos campos linguísticos o que levou Brecht a exigir do pensamento político que fosse "pensamento rude". Essa observação esquemática não é pensada, claro, como resultado; a relação entre o pensar sobre o que é político e o que é idiomático, ao contrário, ainda precisa ser compreendida com maior exatidão. De qualquer forma, entretanto, deve ser estabelecida uma diferença e formulada a suposição de que uma outra lei poderia valer para a "escritura", à medida que o idiomático seja percebido e possa valer como político. O limite e a imperfeição de uma linguagem este inacabamento radical não representam para ela condição recusada ou deficiência constitutiva, e sim

---

2 Cf. *Postdramatisches Theater*.

justamente o desejo e o motor de sua prática. Aqui, a cesura, o emudecimento e a incompreensão abrem justamente cada um dos campos de jogo linguístico, organizados de modo muito específico, que são irredutíveis uns frente aos outros, e, assim, intraduzíveis e insubstituíveis.

Nesse sentido, as leituras que se seguem são válidas para textos teatrais, estruturas dramáticas, constelações cênicas entendidas como modelos e formas de pensar estéticas, ou inclinadas ao que é estético, nas quais o político se mostra apenas entrelaçado na respectiva escrita poética, dramática ou cênica. Mas, justamente através da estreiteza, com uma linguagem sempre muito específica remete-se (em diferentes medidas de forma implícita) a uma outra linguagem – inexistente, mas insistente; uma linguagem talvez impossível, mas ao mesmo tempo exigida. Tal exigência, porém, é de uma outra realidade. A escritura política aponta para sua familiarização como uma exigência categórica, por assim dizer. Em primeiro lugar, o sinal sempre mostra um "vazio", ou seja, o vácuo e o que está no meio de um corte, de uma interrupção, de um limite da articulação. No silêncio dessa "pausa", porém (que, entretanto, como num ideal que surge momentaneamente do Hércules, de Heiner Müller, na luta contra a hidra, talvez seja "infinita"), pode surgir de repente, como em seu único lugar, a utopia de que (quase) tudo é diferente, talvez somente um pouco: como a falha talvez redentora.

A expressão política não se permite ir mais adiante se não quiser ser mera duplicata, e até supérflua, da discursividade política, da forma como ocupa o seu lugar no contexto da prática política.

Essa tarefa certamente não pode ser perdida. A expressão de Müller de que a tarefa da arte seria tornar a realidade "impossível" deveria ser lida assim. A realidade só não enrubesce, envergonhada (como deveria ficar, segundo Benjamin, o adulto diante do teatro infantil), porque na arte ela se encontra transformada no impossível do princípio ao fim. A tarefa é também entender que se retira da realidade seu chão único – justamente o seu verdadeiro – em favor de uma dimensão impossível de ser definida e determinada, sem possibilidade de projeção, que é estritamente idêntica à impossibilidade real:

"Assim como fica não é". O teatro abre o espaço de possibilidades dentro da impossibilidade do real e representa dessa forma um gesto em que o político – que se torna invisível na sinalização de uma globalização triunfante de poder capitalista –, junta suas forças. Pensado como prática material, esse gesto é impotente como movimento para manter aberta uma lacuna, assim compete à prática material um significado político real. Nela se comunica um desejo especial: o de uma resposta "real", não menos específica, para toda lacuna constitutiva da escritura política; resposta vinda de outra linguagem, de outra situação, de outra prática. Nesse caso, a medida do que é político na escritura seria a dimensão em que deve ser lido exatamente esse desejo, que faz com que a resposta prática seja inevitável, intransponível.

Mas aí a dimensão não é o retrato do que é político, como se apresenta à discursividade política, teórica e cotidiana. A dúvida desse discurso político diário, no qual o teatro pensado como político tão frequentemente é tentado a representar, é claramente ressaltada quando, por exemplo, nos aprofundamos na poética da catástrofe e do improvável, em Kleist; na lógica do *espanto* do teatro, em Shakespeare e Müller; na "doutrina" sem resposta e na questão da responsabilidade, nas peças didáticas de Brecht; na melancolia e revolução não-transmitidas, em Büchner ou do rompimento, representado na *Antígone*, de uma energia extra-política e pré-política na pólis de Creonte. Nos textos de Kleist e de Büchner, como nas tragédias de Sófocles e em Shakespeare, estão os rastros de todo o vazio, os rastros da suspensão do discurso histórico-conceitual, que pode ser lido da mesma forma em Walter Benjamin ou Georges Bataille, em Jahnn, Brecht e Heiner Müller. Como Sófocles traz à tona um certo limite do cálculo político; como uma reflexão, aplicada em Shakespeare, sobre a representabilidade é incorporada e aguçada por Müller; como a questão de Brecht sobre o teatro político o leva aos limites do próprio teatro – é em torno dessa e de outras questões que trata esta coletânea.

O motivo pessoal do autor foi promover a consciência de quanto a articulação do que é político está ligada à sua própria interrupção e da mesma forma ao seu autoimpedimento. Claramente assustador é o fato óbvio de que as formas de tematização habituais e tidas como "atuais" do que é político são completamente insuficientes. O choque de acontecimentos políticos mundiais – do colapso de um império mundial ao colapso de torres simbólicas do outro que restou – retirou de circulação uma série de conceitos políticos, sem que novos tenham entrado em seu lugar. As questões políticas que se colocam de forma radical e nova sobre justiça, comunidade, responsabilidade, racionalidade política são debatidas de forma estranhamente desamparada, quase não encontram respostas e quase não se tornarão, o que é pior, objeto de discussão socialmente responsável – em cujo lugar entraram mais o infinito *talk show* sem compromisso e a "opinião" incompetente obtida nas enquetes, possivelmente guiada pelo ideal de um consenso total. Nos autores aqui discutidos, pelo contrário, há muito que aprender, se não levassem os indícios à nova e iminente fase de reflexão abrangente sobre o que é político, para a qual uma certa moda do que é político (já parodiada com títulos como "I Promise It's Political") só representa um indício. Nos textos que aqui serão lidos encontram-se, embora frequentemente irreconhecíveis, os rastros do dimensionamento do campo, que trata também da teorização do que é político – mais ou menos no campo de discussão da filosofia francesa de Lacan e Jacques Derrida[3]. São textos que de forma especial, cada um deles, esboçam e designam todo intervalo que não se refere a posição, ordem simbólica, sistema, instituição, nem a anarquia, fascinação do imaginário, ou igualdade desregrada – da *Escritura Política no Texto Teatral*.

---

3 Também Alain Badiou e Jacques Rancière devem ser mencionados aqui. Infelizmente a recepção consolidada recentemente dessa formação teórica política, especialmente do livro de Rancière *Das Unvernehmen* (O Desentendimento), foi desnecessariamente dificultada por uma tradução alemã acidentada, à beira do ilegível. Eu indico entretanto o interessante volume *Politik der Wahrheit* (Política da Verdade) com textos de Alain Badiou, Jacques Rancière, Rado Riha e Jelica Sumic, Wien, 1997. Rancière incorpora de certa forma os temas da interrupção e da imperfeição ao definir o "político" como formas de intervenção da "igualdade". Em todo sistema político institucionalizado, também no da "democracia" –, o que Rancière chama de forma "neutra de valores" de polícia ou "ordem policial" –, a voz da igualdade é emudecida com uma certa inevitabilidade. O político em sentido estrito é o que luta contra essa exclusão.

1. Interrupção

ATÉ QUE PONTO O TEATRO
PÓS-DRAMÁTICO É POLÍTICO?*
Por Que o Que é Político no Teatro só Pode Ser
a Interrupção Daquilo Que é Político

1

A questão sobre o que é político no teatro pode ser inserida com reflexões que justamente desaparecem da nossa visão, porque podem parecer demasiado evidentes.
    Inicialmente e antes de tudo, o teatro é um tipo particular de comportamento humano – representar, assistir; em seguida é uma situação – um tipo de reunião; só então uma arte. E, finalmente, uma instituição de arte. Assim, uma descrição tanto de sua estética quanto de sua política não pode de modo algum se limitar a analisar o que é representado teatralmente; mas o teatro deve, como comportamento e como situação, relacionar-se com o que é representado.

---

* Publicado com o título Wie politisch ist postdramatisches Theater?, em *Theater der Zeit*, caderno n. 10, out. 2001.

O teatro como comportamento e como situação específica, e particularmente comunitária, é muito antigo, ancorado antropologicamente de forma sólida e deve, desse modo, continuar a existir também em um futuro próximo – totalmente independente, contudo, da existência das instituições de teatro conhecidas hoje. Os problemas da institucionalização do teatro predominantes hoje não são, assim, relevantes para meu questionamento. Da mesma forma não se pode tratar de propagar determinadas respostas artísticas. A teoria não tem que dar nada pré-escrito (programas), nem entrar no jogo de perguntas e respostas, hoje em voga, sobre para onde vai o teatro. A teoria deve muito mais seguir o que se figura (e às vezes também se desfigura) artisticamente com tentativas de reflexão a respeito e conceitualização. A esperança é que seu escrito de tal modo hesitante abranja mais sobre os atuais questionamentos artísticos, já que são subjacentes, do que a apreciação e o julgamento atualíssimos dos resultados artísticos de ontem.

Concordei com o título que me foi sugerido por Henning Rischbieter, "Até Que Ponto o Teatro Pós-Dramático é Político?", pois essa questão me dá a oportunidade de encontrar em sua decomposição passo a passo um fio condutor, por assim dizer. A questão "quão político" assemelha-se a algo como testes de múltipla escolha. Assinale a resposta correta: "altamente político", "bastante político", "mais para apolítico", "totalmente apolítico". Mas como fazer a medição? E medir o quê? Uma questão de que se pode tratar talvez seja: "até que ponto o teatro, por exemplo o teatro pós-dramático, é político?" De que forma, sob quais condições e pressupostos o teatro e a arte podem ser ou tornar-se políticos? Ainda assim a questão permanece confusa o suficiente, e pode dar lugar a um vaivém numa certa medida infrutífero. Pois desse modo o que na verdade se deve entender sob o conceito "político" pode significar qualquer coisa, mas não fica explicado.

2

A ideia corrente de teatro "político" é a de um teatro que apreende temas discutidos publicamente ou que ele mesmo traz para a discussão, e dessa forma (pelo menos) tem efeito esclarecedor. Agora, no que diz respeito a um teatro de esclarecimento e de um (esperado) aprofundamento de problemas políticos atuais através de sua representação no palco, a crítica a respeito já significaria um tema em si. Ela poderia começar com o reconhecimento de que uma re-presentação teatral de problemas definidos na realidade como políticos corre, desde o início, o perigo de repetir demais, tal e qual, o que foi qualificado publicamente, na mídia e no discurso padrão, como "político". E um teatro que tem como objetivo um efeito político não deveria, direta e forçosamente, se adaptar aos hábitos de percepção pré-formados e deformados dos espectadores e confirmá-los, justamente por querer "fazer efeito"? Diante da permanente apresentação enganosa e cotidiana de questões políticas, que elimina de forma sistemática toda discussão fundamental das normas e modos de interação da sociedade existente, ao mesmo tempo em que se degenera cada vez mais para discursos que talvez sejam corretos, mas que são totalmente padronizados; tudo depende da capacidade de descobrir o que é político onde habitualmente não se percebe nada. Mas mesmo não levando em conta essas considerações, uma série de problemas do teatro "político" nesse sentido permanece sem resolver. Como indagava Walter Benjamin, o procedimento de obter efeitos de entretenimento a partir da realidade política não é altamente questionável e na realidade não chega a ser despolitizante? O mesmo Benjamin não colocou em dúvida a possibilidade de problemas da esfera moral (que pode ser separada em categoria, mas não desligada, da política) serem reproduzíveis de qualquer forma? Em vista de tais problemas, o efeito político no teatro realmente parece ser mais involuntário, com possibilidades além da intenção. O teatro não pode ser um instituto de auxílio para a formação política.

Incontestável é um fato pragmático e óbvio: o discurso com intenções políticas cai no vazio porque o teatro como tal evidentemente perdeu totalmente o seu lugar político de outrora. Ele nem articula o que é político como um centro de articulação e domínio de conflitos comunitário (como na antiga pólis), nem conservou seu papel como instituto de formação de identidade nacional (na Alemanha a função política do teatro foi por longos períodos um substituto à nação). Ele nem pode e nem quer continuar a servir como instrumento de propaganda de classes ou de outro tipo político (cuja eficiência permanece duvidosa até mesmo para a era de ouro do teatro político, dos anos de 1920), nem poderia tentar fazê-lo, pois os interessados confiam, por bons motivos, em outras mídias. Até que uma peça de teatro sobre temas políticos seja escrita, revisada, impressa, planejada por um teatro, ensaiada e apresentada, já pode ser simplesmente tarde demais para que tenha um efeito político. Mas, como costuma acontecer, consolar-se com o fato de que o teatro pode representar os problemas, embora com atraso, de certo modo, de forma mais "profunda" e minuciosa, é enganar-se mais uma vez. Teatro é algo de momento. Por mais que *Antígone* e *Hamlet* apresentem reflexões altamente políticas (e politicamente bastante atuais) sobre poder, direito e história, por outro lado essas peças pouco revelam de tais profundidades e abismos depois de dois milênios e meio ou quatro séculos, respectivamente, sem análise e reflexão paciente, que não cabem em uma noite de teatro.

3

Se devemos nos privar de falar confortavelmente sobre o que é político por alto e, já que a política, ou o que quer que receba esse nome, é sempre bem recebida publicamente parecendo engajada, o que é político, ao contrário, não deve ser vaporizado no ar rarefeito das distinções mais exatas. "De alguma forma" sabemos que o teatro, apesar de tudo, não é diretamente político de modo especial, mas na prática de sua origem e produção é algo comum a todos, eminentemente "social", dentro da sua apresentação e recepção pelos espectadores. O que é político está inscrito nele, do princípio ao fim, estruturalmente e de modo totalmente independente de suas intenções. Como pode – e é essa a questão – essa inscrição "se desenvolver"? Não se trata do fato de que o teatro mesmo se transforma ao incorporar o político? Ou melhor: se "marginaliza"*, para incorporar uma observação de Res Bosshart, segundo a qual deveríamos falar mais sobre o movimento em direção às margens do que a partir delas. Deve-se pensar não num teatro com conteúdos políticos de "prima vista", e sim num teatro que incorpore um relacionamento genuíno com o que é político. Isso seria possível, por exemplo,

ao deixar algo acontecer através do teatro, mas não ao representar, imitar ou trazer ao palco uma realidade política que acontece em outro lugar, para no máximo impingir uma mensagem ou uma doutrina, e sim ao deixar a política ou o que é político atingir a estrutura do teatro, ou seja, ao atravessar o presente,

escreve Jacques Derrida em seu ensaio[1], feito por ocasião de um projeto teatral de Jean-Pierre Vincent e Bernard Chartreux, "Karl Marx théâtre inédit" (Karl Marx Teatro Inédito) no Théâtre des Amandiers em Nanterre.

Aqui "romper o presente" significa que no teatro outras vozes deveriam ser ouvidas (na França, se tratava da situação incerta dos imigrantes ilegais, os assim chamados *sans papiers*). Nesse mesmo contexto, Derrida fala sobre necessitarmos talvez de uma repolitização original do teatro, em que a "provocação teatral" certamente não poderia se acomodar à ordem tradicional da representação, mas que, em vez disso, "transformaria a forma, o tempo e o espaço do acontecimento teatral". Seria, assim, um teatro que rompe sua limitação estética ao seguir a responsabilidade política de admitir vozes estrangeiras, que não são ouvidas nem encontram representação na ordem política, abrindo assim o lugar do teatro para o exterior político – "pressupondo, claro, que não se transforme simplesmente em um lugar de reuniões e continue a seguir sua determinação teatral".

4

A questão do que é político depende de pensar o teatro sob dois focos: por um lado, ele apresenta uma disposição para ver

---

* O autor faz um jogo de palavras com *verändern* (transformar) e *ver-rändern*, um neologismo a partir da palavra *Rand*, "beira", "margem" (N. da T.).

1 Marx, das ist jemand (Marx, Esse é Alguém), publicado e veiculado na internet, na revista *Zäsuren*, p. 65.

e ouvir, que traz consigo uma série de implicações semânticas, afetivas e perceptivas; e por outro, como observado, uma situação especificamente distinta. A suposição dá a entender que o político entra em jogo à medida que sucede uma superação dessa sequência para ver e ouvir a favor de uma exploração do aspecto situativo – um aspecto essencial da estética teatral pós-dramática. De fato, uma série de teatrólogos mais jovens, atualmente focados na concepção de teatro como "comunicação" e demasiadamente atentos à (enganosa) harmonia com o público, estão voltando a um teatro comensurável e formal. A nova tendência para um assim chamado "realismo" (que certamente perdeu por inteiro sua antiga atitude provocativa e contraditória frente à arte idealizadora) pode por um tempo satisfazer a um público aliviado, que, como dizem por aí, está farto da eterna desconstrução. Um teatro que tem como objetivo a aceitação, por temor a posições realmente arriscadas, permanecerá abaixo de suas possibilidades artísticas e políticas.

Colocado assim o local da questão sobre o teatro político, sem que de forma alguma seja apresentada a resposta, poderíamos, na tentativa de visualizar respostas possíveis, começar traçando uma linha divisória a partir das formas teatrais mais radicais de Brecht em peças didáticas, que deveriam abrir a forma do teatro para admitir ludicamente outras práticas discursivas; e passaríamos, então, por formas teatrais que talvez levem, através da explosão da moldura temporal, a situações transformadas de encontro, ou que abram espaços heterogêneos para situações teatrais; chegaríamos então às ações de Schlingensief, que realizam, na melhor das hipóteses, um entrelaçamento entre a determinação teatral e a ação política através de uma consequente impossibilidade de distinguir entre *nonsense* (*Unsinn*) e seriedade política (política do *non-sense* [*Un-Sinns*]). Diante dessas aberturas arriscadas (cujo sucesso em particular permanecerá, ou melhor, deve permanecer discutível), com seu potencial de percepção e de discurso, a simples mediação de atitudes, disposições ou opiniões políticas dos autores ou diretores, permanece em um sentido preciso apolítica – e justamente na medida em que a forma do teatro em si não é atacada. "O que é verdadeiramente social na arte é a forma", já falava o jovem Lukács.

Deve-se partir da simples constatação de que o teatro e a arte não são antes de tudo política, mas sim outra coisa. Exatamente por isso se coloca a questão a respeito de uma possível relação do que é político com sua prática estética. O "como" deve ser tematizado se quisermos entender qual é a situação do que é político no assim chamado teatro experimental, chamado frequentemente de pós-moderno, teatro experimental ou até mesmo de vanguarda, teatro *pop*, teatro visual, teatro semelhante ao teatro performático, teatro pós-épico ou concreto. Essas nomenclaturas atingem sempre determinadas impressões do teatro mais novo e podem ser agrupadas sob o termo mais abrangente de "teatro pós-dramático", devendo ser entendido como relação repulsiva que discute o novo teatro com a tradição dramática, como uma abundância de "negações concretas" do dramático, iniciado nas vanguardas históricas e nas neovanguardas dos anos de 1950 e 60.

Uma repreensão usual é a de que faltaria, de forma errada, o que é político no teatro pós-dramático. Ele seria só formalista (Jan Fabre), mero jogo estético e descomprometido (Robert Wilson), em todo caso seria, em apresentações bem-sucedidas, lírico e refinado (Jan Lauwers) ou divertidamente *pop*, *cool fun* (René Pollesch) – mas nem sinal do que é político – e aqui se entende também esclarecimento, moral, responsabilidade (inclusive no que diz respeito aos clássicos). O argumento, porém, é apenas de extorsão. Ele aparece com suposições evidentemente falsas e, no mínimo, duvidosas e com o gesto (sempre suspeito) da exigência séria. A palavra "político" atua nisso como marcação usada sem pensar, entendida de forma enganadora. Mas é válido: o fato de problemas éticos ou morais serem tratados no palco em forma de fábulas apropriadas não torna o teatro moral ou ético. O fato de pessoas politicamente oprimidas aparecerem no palco, não torna o palco político. O fato de se notar em uma encenação o engajamento político do diretor como pessoa, o fato de ele assumir publicamente uma posição é louvável, mas não é essencialmente diferente do que ele poderia fazer em outra profissão.

5

Uma constatação dupla vai continuar a ajudar neste ponto. Diz respeito somente às relações na Europa Ocidental que estão aqui em discussão, e não pretende atingir a realidade em outras partes da Terra. Em primeiro lugar, o que é político no teatro só pode aparecer indiretamente, em um ângulo oblíquo, de *modo obliquo*. Em segundo lugar, o que é político é expressivo no teatro se e apenas se ele não for de forma alguma traduzível ou retraduzível para a lógica, a sintaxe ou a conceitualização do discurso político na realidade social. De onde, em terceiro lugar, chega-se à fórmula, apenas aparentemente, paradoxal segundo a qual o político no teatro deve ser pensado não como reprodução, mas como interrupção do que é político. Com o auxílio de tal conceito pode-se tentar descrever versões ou aspectos de uma "cesura" teatral do que é político. É político (assim se diz desde a Antiguidade, e assim também repete, por exemplo, Julia Kristeva em "Politique de la littérature" [Política da Literatura]) o que, desde a linguagem até as leis, direitos e deveres, dá a medida comum, uma regra que constitui uma comunidade, um campo de regras para um consenso potencial. Se isto for verdade, o teatro político deveria ser entendido como uma prática não da regra, mas da exceção. Somente a exceção, a interrupção do que é regular deixa a regra à mostra e lhe empresta de novo, mesmo que indiretamente, o caráter de questionabilidade radical, esquecido na pragmática contínua de sua aplicação – é só pensarmos no milagre em comparação com o curso da natureza, na misericórdia em relação à lei, no *happening* em contraste com o cotidiano. Cada campo de regras estabelecido está, inevitável e simultaneamente, pelo menos em conflito virtual com outros campos de regra. De um lado, em sua gênese, pois a regra política já foi estabelecida de forma agonal contra uma outra, sua legitimidade aponta para trás, para atos da institucionalização do direito que, por sua vez, poderiam não ter sido legítimos como atos de imposição. Conflitos políticos estabilizaram-se como relações que são mantidas através da norma e da regra – por meio da lei. Daí existir a tendência de não mais guardar o que é agonal atrás da fachada quebradiça de relações de direito.

Por outro lado, o conflito reside sistematicamente dentro do direito. O político, cuja categoria principal foi definida por Carl Schmitt como a diferenciação entre amigo e inimigo, guarda, na forma de direito que se tornou estável, um caráter agonal, que vai certamente se tornar cada vez mais invisível, disforme e inatingível. Mesmo que disponhamos de um conhecimento mais ou menos exato sobre as forças políticas, elas permanecem para nós altamente reais, mas ao mesmo tempo inapreensíveis pelos sentidos. Elas têm seu "lugar" em algum ponto entre os atos da administração e do serviço secreto, entre os interesses relativos ao petróleo e a *softwares*, discursos de políticos, propaganda da mídia, incluindo propaganda de direitos humanos, assassinatos políticos, onde for necessário, e estratégias geopolíticas amplas, imperiais ou também imperialistas. Em uma palavra: elas não têm forma, nem som ou rosto; são mais estruturas do que pessoas, estão mais para relações de poder do que identidades. Elas não oferecem conteúdo para uma representação que seja política, não oferecem forma. Em Heiner Müller, um ex-lutador espanhol que se torna louco em meio à burocracia socialista diz: "Foi quase um grito, quase um sussurro Me / dêem uma arma e me mostrem um inimigo / uma vítima da guerra de papel por assim dizer", *Wolokolamsker Chaussee 3* (A Estrada de Wolokolamsker)

6

Inversamente, vivemos no discurso público uma estratégia incessante da deformação, personificação, visualização. Conhece-se a (de)formação cotidiana do que é político em relação ao drama, de conflitos pseudodramáticos e *dramatis personae*. A realidade política está, entretanto, em outro lugar, amigo e inimigo não são mais, de modo algum, pessoas. A "interrupção do político" no teatro adota sob essas condições, particularmente, a forma de um abalo do que é habitual, no desejo de encontrar simulacros das assim chamadas realidades políticas dramatizadas no palco, analogamente à vida cotidiana. Às fórmulas 1 e 2 (interrupção do que é político, prática da exceção) acrescenta-se, de modo esclarecedor, a terceira fórmula: dissolução dos simulacros dramatizados. Na vida política a categoria da inimizade, que se dissolve, em contrapartida, é fingida, gerada e restituída frequentemente de forma compulsiva. Uma pluralidade de complexos de poder e grupos agressivos motivados ideológica ou religiosamente, étnica ou economicamente, constitui hoje sua coerência através de pouco mais do que a delimitação radical e exacerbada de "inimigo". Assim, o teatro é político onde ele realiza um abalo da moralização ligada à personalização. Desmontagem ou desconstrução dos simulacros políticos no teatro quer dizer: evitar a armadilha moralista. Considerando a ambiguidade e a corrupção repugnante do discurso público, a desvalorização indecente, especialmente dos gestos do que é autêntico, uma atitude neomoralista compreensivelmente se expande e busca esclarecer para si mesma os problemas da política por meio da transferência de uma moralidade que pretende ser espontânea, como ela aparece na área de abrangência pessoal. Mas nada poderia ser mais questionável do que o recurso a algo como o sentimento "natural" da moral. Ele desloca de modo dúbio o acesso a todo entendimento mais preciso do que é político. Pior ainda: apela para uma reação comum e espontânea que, provida com outros indícios, já uma vez apareceu como sentimento popular sadio e tornou-se fama vergonhosa e hoje, como propaganda política de direitos humanos, coloca à disposição um *passe-partout* para a legitimação de todas intervenções possíveis.

O moralismo apela para certezas aparentes da diferenciação entre o bem e o mal. Entretanto, a crítica decisiva do discurso moral vista sob o prisma do teatro é de que ele faz do espectador um juiz, em vez de deixá-lo experimentar os pressupostos vacilantes do próprio julgamento, o que seria a verdadeira chance do discurso estético. O teatro pergunta – como toda arte – por uma justiça pragmática talvez "impossível". Como prática da interrupção da regra ele reclama um direito absoluto à exceção, ao irrepetível, ao impossível de ser levado em conta. A frase de Müller, segunda a qual seria tarefa da arte "tornar impossível a realidade", atinge este radicalismo. Contra o pragmatismo estúpido, aparentemente bem-informado, cuja razão tem levado sempre para a catástrofe, a prática estética da exceção aponta para a falta de fundamentos da lei, de tudo que é sentenciado e principalmente do sentenciado por nós mesmos e aguça assim – esse seria o cerne de uma política de percepção do teatro – o sentido para a exceção. Não para a melhor regra política, nem para a moralidade supostamente ou talvez realmente melhor, nem para a melhor de todas as leis possíveis; mas sim o olhar para aquilo que permanece exceção em toda regra, para o que foi deixado de lado, o que não foi levantado, o que não se ergue e por isso representa uma reivindicação: historicamente para a lembrança, presentemente para a divergência.

7

Hoje completa-se aquilo que Guy Debord e os situacionistas previram como uma "sociedade do espetáculo". A ela compete essencialmente a definição dos cidadãos como espectadores, para os quais toda a vida política pública comum se torna um espetáculo. Desta forma, somente um teatro assim incorpora uma relação genuína com o que é político, que não transgride uma regra qualquer, e sim apenas a sua própria; só um teatro que rompe com o teatro como lugar de exibição ao produzir situações nas quais a inocência enganosa do espectador é perturbada, violada, questionada. Trata-se do trabalho (político) não em uma estética teatral particular, e sim em uma estética do teatral, que traz à luz a implicação estrutural do espectador e sua corresponsabilidade, colocada de forma latente, com o momento teatral. Essa afirmação determinante está em oposição acentuada a todas as tentativas de comprometer o teatro e a arte com uma contribuição para a formação de regras. Tal prática não faria jus à característica própria do "agir" estético de não ser realmente ação.

Poderíamos agora trazer alguns exemplos teatrais, como Einar Schleef, Frank Castorf, Christoph Schlingensief, espetáculos como o *Ungelöschter Kalk* (Cal Não-Apagado) de Hollandias, autores e diretores como René Pollesch e outros. Eu gostaria, entretanto, de lembrar um teatro que exige, a seu modo, um teatro da explosão do tempo, o *Blasted*, de Sarah Kane. A peça tem má fama e é mais complexa do que se supõe a partir do escândalo que produziu. De forma resumida, só para relembrar:

um quarto caro de hotel em Leeds. Lá está um homem, Ian, 45 anos, gravemente doente, fumando e tossindo, bebendo e se contorcendo em cólicas, que não deve viver muito tempo. Sua antiga amante de 21 anos, Kate, talvez uma santa, devota de Katharina, infantilmente, gagueja de alvoroço ou sofre um acesso de desmaio. Ele buscou sua proximidade, ela veio. Ele quer sexualidade, ela quer afeto. Ele a violenta. Ele porta um revólver, quer se lavar constantemente, odeia o próprio mau cheiro, tosse e cospe, enfurece-se ao extremo com os estrangeiros. Palavrões racistas – *wogs e Pakis, conker, lesbos, coons* – escapam-lhe constantemente como golpes. Ela parece ingênua, beirando a estupidez, chupando o polegar. Ela está sempre com fome, mas não consegue engolir carne. Ian escreve histórias terríveis de assassinatos e de sangue para seu jornal. Quando ele as dita ao telefone, a psicocena transparece em realidade social. O jornalista é na verdade um informante: "Ian Jones, occupation journalist" tem de relatar somente sobre mais uma sociedade na ocupação. A sociedade já vive em um estado de ocupação através da violência e sensação. Ela se encontra em guerra há tempos. A psicologia individual, palavras, sentimentos, ideias também são muitos cenários de guerra. A dramatização de Kane da realidade social, que se encontra em estado de guerra, abandona o chão da realidade, já inicialmente minado. De repente há um soldado no quarto de hotel e, subitamente, Kate desaparece. A explosão violenta de um morteiro transforma a cena em ruínas e caos, o latente pensamento de pesadelo de guerra tornou-se manifestamente figurativo. O jogo da violência no qual a ambição humana, deturpada de forma terrível, se transformou, leva a imagens e cenas perversas e difíceis de suportar. Termina com a morte do soldado e com Ian ficando cego. No fim, Kate aparece novamente com um bebê do lado de fora, na rua, onde a guerra continua freneticamente. "She feeds Ian with the remaining food – She pours gin in Ian's mouth – She finishes feeding Ian an sits apart from him, huddled for warmth. – She drinks the gin. She sucks her thumb. – Silence. It rains. Ian: Thank you. – Blackout" (Ela alimenta Ian com a comida que sobrou. – Derrama gin na boca de Ian – Termina de alimentar Ian e senta afastada dele, no aconchego do calor. – Bebe o gin. Ela chupa seu próprio dedo. – Silêncio. Chove. Ian: Obrigado. – Blackout).

As cinco cenas não seguem uma dramaturgia da ação, e sim da lógica de uma fantasmagoria do terror que cresce de forma espiral: de um cenário ainda imaginável, mas que tem um efeito já hiperreal nos detalhes, para uma focagem cada vez mais grotesca de assassinato, mortes a pancada e perversão, para uma mudança absurda e súbita da situação em uma cena de guerra. De forma quase insuportável são misturadas sexualidade, imagens de violência e desejo de amor. De uma análise profunda ainda convencional do comportamento cotidiano, do potencial de violência sexual e psíquico, o texto repentinamente leva a um mundo surreal e alucinante entre a guerra total e a revelação: interrupção abrupta do drama, do *Schau-Theater**, da análise "política". Em seu texto, publicado postumamente, *4.48 Psicose*, Sarah Kane formulou essa interrupção de forma ainda mais radical, renunciando cada vez mais à ordem cênica de apresentação. *Blasted*, estreou em 12 de janeiro de 1995 e causou o maior escândalo na Inglaterra dos anos 90. Uma avaliação da reação por parte da crítica inglesa quase não poderia ela mesma evitar a denúncia, aí, de uma verdadeira patologia do discurso. Eu renuncio a isso. O que este esboço deve comprovar como pequeno epílogo, é que justamente não se deve buscar o que é político, o efeito político, a substância política na indignação pública sobre o que é mostrado ou dito ou, observado posteriormente, no autodesmascaramento público da crítica mas na forma da reapresentação da peça. Denuncia-se, e é disso que se trata, o estado de exceção, a loucura, a transgressão da "atitude" espiritual como a regra oculta, a medida dominante da circulação social. O susto não é digerível, porque ele não ataca extremos ("inconvenientes"), e sim expõe, com o auxílio do extremo, o cerne da própria socialidade. A interrupção do que é representável e calculável politicamente revela o abismo da discursividade e da racionalidade política. A guerra da televisão não é a da Bósnia (nem é só o cotidiano dos explorados na própria cidade): a guerra está aqui. Aqui, onde se assiste, se vê e se ouve. Assim acontece o "rompimento do presente" neste texto, que deve ser recuperado pela prática teatral política: explosão da consciência em uma estrutura dramática que está morrendo.

* O termo envolve o espetáculo, teatro de imagens e teatro de revista (N. da T.).

A ORDEM ABALADA:

o Modelo *Antígone**

Louis Gernet correlacionou a forma da tragédia, que histórica e rapidamente surgiu e decaiu de novo, com o desenvolvimento do pensamento do direito na Atenas do século V. Em minha opinião a *matière véritable* (matéria verdadeira) da tragédia é de fato o direito, ou seja, aquela dimensão da pólis que possa valer de forma decisiva como princípio político para a democracia. Continuou sendo por muito tempo, o sentido político, o sentido da pólis do discurso trágico, de trazer para a consciência as contradições, ambivalências e incoerências do pensamento do direito que se desenvolvia. Entretanto, esse ponto de vista não pode justificar toda a tradição de leitura – essencialmente hegeliana –, que distinguia na tragédia substancialmente a ilustração de uma contradição conceitual e dissolúvel conceitualmente de tipo de direito, político, "moral". Em um primeiro plano realmente colidem na Antígone duas prioridades: a razão do Estado, que passa por cima de cadáveres insepultos; piedade e amor familiar (*philía*), que coloca em segundo plano a autopreservação e as prescrições do Estado. Antígone e Creonte assumem como *páthos* hegeliano a respectiva prioridade e ferem o direito sempre oposto, ao qual também deviam pagar tributos. Creonte suprime os direitos da *philía*, Antígone não leva em consideração o decreto público. Essa tensão e cisão, mas sobretudo a última unidade e harmonia da moralidade – de qualquer maneira para o espectador, a consciência contemplativa – fez da *Antígone*, para Hegel, a "obra de arte mais satisfatória" (estética) e completa de todas.

O *fatum* (do epos) é o incompreensível, onde a justiça e a injustiça desaparecem na abstração; na tragédia, por outro lado, o destino está dentro de um círculo de justiça ética. Encontramos isso de modo mais sublime nas tragédias de Sófocles [...] Justamente por isso todas as tragédias são obras espirituais imortais da compreensão e da percepção ética, os modelos eternos dos conceitos éticos[2].

---

* Erschütterte Ordnung. Conferência promovida em 2002 em Berlim.
2 G. W. F. Hegel, *Vorlesungen über die Philosophie der Religion*, p. 132.

Contudo o que desaparece nessa leitura filosófica, não por coincidência, é o potencial propriamente artístico da tragédia. Para a estética hegeliana que dispõe sobre o conteúdo como estética espiritual, esta torna-se o conceito apresentado, mas com contradição e unidade. Aqui se trata, pelo contrário, de uma outra perspectiva. Em virtude de uma série de características organizadas esteticamente, a tragédia (sem prejuízo da circunstância, de que o direito forma a substância da tematização) não se torna debate jurídico, mas mostra como o herói trágico deve agir em vista dos valores ambíguos. A tragédia transforma o estatuto e a imposição do direito em questões, e a certeza numa hipótese arriscada. Nesse plano transformam-se todas as oposições em figuras assimétricas da colocação dos problemas, na qual nem sequer de forma simétrica, os conceitos lutam contra os conceitos, teses contra teses, *páthos* contra outros *páthos*. Muito mais do que isto, toda imposição (*Setzung*) é atingida por uma de-posição (*Ab-Setzung*) e um horror (*Ent-Setzung*) poéticos e estéticos, todo o saber por uma incerteza irredutível, toda afirmação por uma dúvida inextinguível, toda potência do fazer e do pensar por uma des-potencialização. Sob esta perspectiva, Creonte incorpora de forma destacada o agir político como tal: em que o político encontra-se na figura do cálculo racional. O que ele faz ou ordena está calculado para o uso da pólis. Serve simultaneamente para a própria manutenção de poder, mas se trata mais da legislação da pólis do que da tirania. O chefe de Estado vinga-se do inimigo através da sua vingança estatal, dando um exemplo terrível com a proibição de sepultamentos; ele desencoraja, através da medida draconiana, uma potencial oposição proveniente do interior; ele declara expressamente que a an-arquia seria o pior dos males para a pólis. E assim como faz com o traidor da pátria Polinice, ele castiga sua irmã Antígone, por sua vez, para intimidar a resistência contra seu domínio, mas também porque senão ela lhe "perturba as leis prescritas"[3].

Mas Antígone enfrenta o discurso de Creonte, e nesse conflito se prova que o maior valor da própria pólis, o direito, *díke*,

---

3 *Antigone*, verso 500. As indicações dos versos estão de acordo com a edição de Hölderlin, publicada em *Sämtliche Werke*, t. 16.

a justiça, pode ser opaco, inconcebível, ameaçadoramente ambíguo. Assim como o discurso trágico incorpora o mito para iluminá-lo de forma ambígua, ele incorpora o discurso do direito para distorcê-lo. O significado predominante que o discurso jurídico possuía para os gregos é demonstrado pelo fato de que, usualmente, a diferença entre homem e animal era definida menos através da posse da razão do que através da característica que indica a capacidade de suportar. O reino animal é todo aquele em que *não há díke*. Dele se diferenciam as pessoas à medida que orientam sua existência segundo acordos e *nómoi* válidos. Não é exagerado, portanto, reconhecer-se no pensamento do direito o emblema prioritário do pensamento racional. Neste ponto, deve-se concluir que a insegurança profunda originada pela tragédia, submeteu a própria razão a uma subversão, usando a liberdade de dúvida que é do direito humano. Para a tragédia grega vale, que a temática mais íntima, o julgamento de atos e a questão da ordem correta e o uso do poder, não foi imposta eventualmente a um público que estava longe de tais problemas, mas sim para um público que se julgava constituído por especialistas nos assuntos. A penetração da política na vida cotidiana e o fato de que cargos públicos eram distribuídos por sorteio, colocou grande parte do público da tragédia, na condição de vivenciar, mesmo como arconte, juiz, funcionário de administração ou orador na reunião política, a realidade agonal do palco. O público do teatro era aquele que se reunia regularmente na ágora em forma de assembléia popular.

Esse público de juízes e políticos tinha orgulho das suas conquistas democráticas. Se Ésquilo em *Os Persas* deixa dizer que os gregos não estariam submetidos a ninguém[4] ou Eurípides eventualmente escolha para a guerra contra Tróia a forma patriótica de que os gregos são homens livres, enquanto os bárbaros, por outro lado, são escravos[5] – no pano de fundo está a oposição entre uma sociedade regida por leis e uma sociedade em que só um homem governa. Em Eurípides, particularmente, as leis escritas[6] impedem de forma explícita que

4 *Perser*, verso 241.
5 *Iphigenie in Aulis*, verso 1400.
6 *Schutzflehende*, verso 429 e s.

as leis sejam válidas só para alguns, enquanto os poderosos fazem o que entendem. A isonomia só pode ser garantida através de leis escritas. Nisso existe uma diferença em relação a Sófocles, que apresenta na *Antígone*, contra as leis positivas de Creonte, as leis não escritas da religião, porque seu "projeto ideológico" consiste, entre outras coisas, em articular a questionabilidade do poder soberano. A ambiguidade das normas de direito já se torna clara na *Antígone* através do fato de Creonte dar às suas ordens o respeitável nome de *nómos*[7]. E essa não é só sua versão – também Ismênia fala a Antígone da rebelião contra o *nómos* de Creonte[8]; também o coro e a própria Antígone assumem esse modo de falar. Ao mesmo tempo, entretanto, Antígone fala em um discurso famoso sobre os *nómos* eternos e não escritos aos quais *ela* seria fiel, ou seja, às da religião. Em relação a Antígone deve-se considerar que sua insistência quanto à ligação familiar (*philía* tem esse significado) torna claro que ela dá prioridade a uma *díke* que está ligada ao culto aos mortos das grandes famílias. Não é a mesma *díke* que a *díke* política de Creonte. Para Antígone o universo da família e da *philía* representa o *todo*. Ela honra segundo a fórmula de Creonte apenas Hades, o deus do culto aos mortos, e permanece cega para todo o resto, para Eros, o amor, mas também para as necessidades das razões do Estado, que organizam a convivência das pessoas. Isso não significa obviamente nenhuma legitimação do modo como Creonte realiza esses aspectos – em Sófocles não é necessário que ninguém esteja "dentro do direito"[9]. Heidegger enfatiza, com razão, que a conhecida segunda *stasimon* abrange o ser político-histórico do homem como habilidade do *díke* e da *tekhné*, sendo que ao conceito de *díke* deve-se atribuir um "conteúdo básico metafísico", que não está suficientemente incluso como norma jurídico-moralizadora[10]. Realmente nossa análise textual se encontra com a interpretação de Heidegger na medida em que se comprova, na *Antígone* de Sófocles, como

---

7 *Antigone*, versos 449, 481, 663.
8 Idem, verso 59.
9 Quanto à consideração mencionada, ver H.-T. Lehmann, *Theater und Mythos*, p. 158-160.
10 M. Heidegger, *Einführung in die Metaphysik*, p. 122 e s.

tema central um antagonismo de uma certa *tekhné* da manipulação, do cálculo, do pensamento "político" disponível, comprovado com uma área contrária, que, com indeterminação e em sentido mais amplo, pode ser chamada de *díke*. Não se trata apenas da cisão interna, segundo a qual duas ideias (a *díke* do Zeus superior ou inferior em Creonte e/ou Antígone) entrem em conflito.

Frente à noção cunhada e divulgada por Hegel, segundo a qual o cerne trágico da peça deve ser buscado na colisão dramática entre dois objetivos éticos igualmente justificados, deve-se ressaltar que a estrutura poética, dramática, teatral do conflito deslocou desde sempre, de forma decisiva, o sentido diante de qualquer formulação conceitual que ele possa experimentar – um fato, aliás, que é de interesse para a interpretação de toda teatralização e dramatização de temas políticos. As leituras filosóficas no rastro de Hegel tendem, no entanto, a reduzir a articulação teatral e textual àquilo dentro do conceito do compatível. Entretanto, eles entregam, com tal generosidade para o modelo filosófico, um presente infausto para a tragédia. Eles lêem por alto as fendas, cataratas e demolições do texto, completam-no, fazem dele um todo. O teatro, a cena, a poesia se encontram reduzidas a atitudes, a posições conceitualmente recuperáveis. O que realmente deve ser observado no texto tem a seguinte aparência: nenhum argumento realmente é firme e determinado, cada um deles é deixado na penumbra, relativizado, mantido em suspensão. Isso vale ainda mais quando os diálogos, como acontece seguidamente em Sófocles, deixam faltar todo caráter dialético. A imobilidade pétrea dos heróis de Sófocles, que se constatou com frequência, deixa todas as palavras que o antagonista possa lhes lançar contra aparecerem como água de chuva, que pode talvez escurecer a pedra rapidamente, mas, ao secar, deixa-a inalterada, sem impressões. Como diz Antígone? "O que deve ser? Das tuas palavras nenhuma me é agradável, nunca se tornará agradável. Por isso as minhas tampouco te agradam"[11].

O que se contrapõe a Creonte não é simplesmente um polo contrário, não é simplesmente a insistência de Antígone,

11 *Antigone*, versos 520-522.

mas muito mais uma multidão de indicações, teses, avisos, opiniões que vêm do coro, de Haemon, mesmo de Ismênia e por fim de Tirésias. O que confronta Antígone não é, pelo contrário, apenas o decreto de Creonte, mas sim, da mesma forma, uma multiplicidade caótica de objeções da qual fazem parte, novamente o coro, Ismênia e Creonte.

É necessário libertar-se da ideia de que o centro do discurso trágico é a confrontação de "posições" em colisão referentes ao direito, à política, ao Estado e à família. Em vez disso deve-se mostrar que o texto torna muito mais as próprias Posições-Ter como problema em vista da compreensão do direito, que se torna duvidosa, em um *procedere* dramatúrgico e dialógico altamente contraditório. Não menor do que a possibilidade (os limites, os perigos, os abismos) da representação de uma lei, constitui a lei da representação na tragédia. Nesse sentido vale a fórmula de Derrida de que não se trata da representação do destino, mas sim do destino da representação.

É certo que os protagonistas Antígone e Creonte representam opiniões incompatíveis no que diz respeito à lei do Estado e ao dever familiar. Entretanto, a tragédia *Antígone*, no todo como texto, não confronta somente opiniões, mas sim *tipos de opiniões*. Não é *o fato* de que Antígone represente e viva uma tese divergente diante do decreto de Creonte, mas o que decide sobre o significado da peça é *como* a protagonista o faz. E não se trata de duas concepções da prioridade de uma lei sobre outra, e sim de dois conceitos do que seja na verdade uma lei – ou um decreto (Hegel diferencia que só a lei interiorizada e, portanto, aceita, vale como decreto ou prescrição). E mais precisamente: como e de que forma, a lei pode ser objeto de um saber seguro e, com isso, de uma decisão segura. Comprovar e justificar essa tese de forma abrangente seria efetuar uma leitura detalhada da *Antígone*. Ela implica ao mesmo tempo, por sua vez, entendida como um caso modelar, uma tese para as possibilidades de manifestação do que é político no texto teatral. Tendo consciência de que a análise correspondente aqui só pode ser fornecida de forma resumida junto com a sugestão de ler *Antígone*, enquanto modelo para a possibilidade de apresentar o que é cenicamente político, a re-leitura de alguns motivos da peça deve ser empreendida tendo em vista, também, permanecer no *status* do que deve ser demonstrado.

Primeiramente, chama a atenção como o ato oposicional de Antígone é delineado no texto. Em seguida à entrada de Creonte, cujo discurso da imposição, da afirmação, da definição e da não-colocação em dúvida abre a ação trágica (após o prólogo dialógico), o guarda tem sua primeira longa entrada, estranha em seu temor, que marca dois gestos: a hesitação, a demora da mensagem e o envolvimento com o ato relatado (o espalhamento de terra sobre o cadáver de Polinice) em uma aura misteriosa e lúgubre. Para a interpretação da estrutura de conflitos políticos, esse relato, assim como o seguinte, é de um significado frequentemente despercebido. Na tradução de Hölderlin:

O MENSAGEIRO
Eu te asseguro. Agora mesmo ele enterrou o morto,
e conseguiu fugir; a sua pele foi borrifada
duas vezes com pó, mostrou convencimento e festejou.

CREONTE
O que significa: Quem se arriscou?

O MENSAGEIRO
Impensável. Em nenhum lugar havia
marca de enxada; e nem um golpe de pá,
O solo fechado; o chão sem remoção;
Rodas não o tinham pisado. O mestre sem sinais
e conforme indicado pelas primeiras luzes do dia
para todos nós parecia algo sinistro, quase como
milagre. Nada a festejar. Não havia túmulo.
Apenas o suave pó, tal qual o medo diante da
proibição. Mesmo de animais selvagens
em lugar nenhum havia pegadas, nem de um
cão perdido e rasgado. Palavras ruins
se misturavam. Um dos guardas acusou o outro
e quase houve um conflito. Ninguém
assumiu a defesa ...[12]

---

[12] Idem, versos 255-272.

Antígone estava invisível, ninguém a viu, e sobretudo não há sinal dela. A areia e a terra estão intocadas, nenhuma impressão, nenhum golpe, pancada ou fenda aberta da cova. Nenhum animal de rapina ou cachorro – ambos são mencionados – simbolicamente nem um ataque do "exterior" – do exterior da pólis civilizada – nem um animal de guarda (do "interior" do espaço policiado, humanizado) entram em questão. Algo se demonstrou *entre* a terra e o ar, dentro e fora, parado em uma zona-limite impensável. A entrada apresenta o ato em um campo de incerteza, gerado retoricamente como fenômeno-limite, ou, mais precisamente, como não fenômeno, como não-aparição: acontece o que não se avista; o terreno que se vigia e se julgava vigiado, prova-se impossível de ser delimitado e fechado. Há um ato e seu rastro é pó sobre o cadáver, mas o autor escapou, e não se encontra nem mesmo um rastro. Essas imagens linguísticas dizem, entre outras coisas, o seguinte: há uma lacuna na percepção que poderia parecer assustadora, "repentina" e, nesse ponto, incurável.

O texto diz também: é justamente isso, a respeito do que nenhuma explicação unânime que cria o conflito pode ser almejada, literalmente o conflito barulhento é em torno de... nada. A percepção dessa lacuna do não-saber deveria fazer hesitar qualquer um que tentasse identificar algo ou alguém. Ao contrário do coro, que reage rapidamente – "talvez um ato de Deus..." –, Creonte não pode justamente isso: hesitar, ou seja, reconhecer um permeio. Pensar, julgar, saber, estão para ele sempre deste ou do outro lado da hesitação, como pensamento político é compreendido só para a decisão e a partir da decisão. Para Creonte, o pensar está casado com o exercício de poder com soberania, que decide e faz de forma decisiva a lei, que por sua vez decide sobre a validade da lei e a exceção (ou o estado de exceção). Entretanto, justo o retardamento objetivo de seu posicionamento e a autocorreção vão no fim fazer com que perca tudo. Seu discurso do cálculo leva a isso e somente a isso: identificar. Até que no fim ele é tomado de um medo não-heroico. Esse tipo de pensar e opinar está em oposição, no texto, à imagem de um ser, frente ao qual ele fracassa. De modo apropriado (e em sintonia com sua "tradução" dos outros textos antigos ao hespérico, pátrio moderno), Hölderlin transpôs, no início, o discurso citado do guarda. Onde em Sófocles se encontra "Eu não sei", Hölderlin escreve, apontando esplendorosamente, "impensável". Isso corresponde à característica da *Antígone* de Sófocles, que pode ser usada para a comprovação da tentativa de leitura realizada aqui. Em suas "observações" lê-se que a "linguagem própria de Sófocles" é que ele, diferentemente de Ésquilo e Eurípides, sabe "objetivar o entendimento do homem, como andando sob o impensável"[13]. Por sua vez, para Hölderlin, essa particularidade, constitui o momento "republicano" da *Antígone*. Pois na "rebelião" da qual se trata em *Antígone*, não está em jogo, na leitura de Hölderlin, uma contraposição da razão (uma outra opinião), e sim um outro *tipo* do (não-)estabelecer, uma outra forma da própria razão. Ela se opõe ao que foi identificado através da forma da racionalidade, de um modo desajeitado e canhoto, como diz Hölderlin, algo "antiformal": "A forma da razão, que se estabelece aqui, tragicamente, é política, e também republicana, porque entre Creonte e Antígone, o formal e o antiformal, é mantido em equilíbrio e com igualdade"[14]. Sem seguir aqui a concepção de Hölderlin do trágico, voltemos a Sófocles e constatemos como primeiro passo: a poesia do texto leva para o centro um simbolismo do que é ambíguo como contraesfera que abala a ideia da certeza da tese política como tal – com a consequência de uma des-potencialização do cálculo político (não apenas) definidor.

O segundo discurso do guarda, quando ele traz Antígone perante Creonte, capturada durante o segundo ritual do sepultamento, acentua essa metáfora e o simbolismo do incerto. Um trecho enorme:

> Nós guardas (informa o mensageiro) esperamos por
> longo tempo –
> [...] até que rachando
> o círculo do sol abaixou-se
> do éter e o incêndio entrou em brasa. De repente
> do solo a tempestade quente levantou um redemoinho
> que aflige o divino, enche o campo e arranca

---
13 F. Hölderlin, *Sämtliche Werke*, t. 16, p. 413.
14 Idem, p. 421.

os cabelos em volta do bosque do vale e então
encheu-se o imenso éter; nós fechamos os olhos,
que doíam muito e um bom tempo depois
ao ficarmos livres, vimos a criança
que começou a chorar com voz forte
tal qual o lamento de um pássaro ...[15]

O ato de Antígone aconteceu, assim, no momento em que o vento levantava a terra em redemoinhos. As esferas dos deuses terrestres inferiores e dos deuses do céu – isso é proporcionado pela retórica do texto – misturam-se, a terra, o regaço escuro e perigoso se levanta, a luz do céu torna-se sombria, a poeira faz os guardas piscarem, eles não conseguem ver direito. Entre as esferas contrapostas chega a haver uma mistura e uma distorção; uma terceira realidade, não clara, das transições e das indecisões, se liga ao ato de Antígone. Ela acontece, além disso, bem no momento em que o sol está no alto, no zênite, ou seja, quando não projeta sombras que permitiriam reconhecer melhor os contornos. Mas é sobretudo o momento em que se encontram de forma indecisa a ascensão e a descida, o mundo superior e o inferior, que tiram de circulação a categoria diferencial e contrastante.

Uma esfera da não-clareza, da turvação da vista, da mistura misteriosa se abre, na qual nada é visto realmente por um bom tempo. O que tem um efeito sugestivo no simbolismo do texto corresponde exatamente ao outro tipo do opinar, à outra linguagem de Antígone, na qual o motivo do não-saber, da insegurança, da incerteza volta para a realidade e se dirige contra a lei "prescrita"; uma linguagem que evita, de forma a chamar a atenção para o posicionamento e o substitui através de negações e da fala indireta. À repreensão de Creonte de que ela teria violado seu *nómos*, ela não coloca sequer o seu *nómos* contra isso e segundo o lema: é também um *nómos* sepultar os mortos. Ela ainda diz mais, impugnando e negando: "Por isso meu Zeus não mo relatou / nem ainda aqui na casa, o direito dos deuses da morte / que a lei coroa entre as pessoas"[16].

---

15 *Antigone*, versos 432-441
16 Idem, versos 467-469.

Ela não diz sequer: segui o mandamento dos deuses da morte; ela diz: teu mandamento *não* me passou por cima do deles. Ela não afirma o direito dos deuses da morte, mas afirma, negando e restringindo, pois só há uma "prescrição" da lei. E quando ela encontra o auge de seu argumento, a indicação dos costumes tradicionais e aos direitos dos mortos, seu discurso enfatiza justamente tudo o que não se sabe neles: "Pareceu-me teu mandamento de tal força, o mortal, que ele excedeu o não-escrito, extinguível dos deuses. Pois não de ontem, nem de anteontem, Esse perdura e vive, ninguém sabe há quanto tempo"[17]. E Hölderlin aponta que não só a época, mas também a fonte dessas leis não-escritas seria desconhecida: "E ninguém sabe de onde elas vieram" – o grego permite que se leia "ex hotou" como "desde quando?" e "por que razão?"

A "lei" de Antígone não provém assim de nenhuma razão que possa ser fixada ou de uma época específica, não é de ontem ou anteontem, e sim *aei pote*, de algum modo de sempre, e ninguém sabe, *oudeis oiden*, desde quando e por quê. Seria mais fácil Creonte falar de uma acentuação surpreendente se quisesse relativizar essas leis. As leis não são escritas – mas Antígone pode lê-las. Ela enfatiza sua origem desconhecida – mas conhece sua interpretação e aplicação. Mas esta última consiste, (e isso mostra o gesto de seu discurso muito claramente) e Creonte assim o entende, de fato em nada mais do que desespero, despotencialização, de-posição da lei pública da pólis. Não é a prova e o comprovável, no qual Creonte insiste, que clareia, mas o limite do comprovável. Ao conhecimento de Creonte não se contrapõe um outro, mas sim a indicação de um não-saber, uma ignorância, um nada a saber, um desconhecido, uma dimensão do além e exterior à imposição e ao regulamento, menos uma contraposição do que um gesto contra todas as posições, uma de-posição. As figuras do texto da mistura de luz e terra, éter de Zeus e área do *ethos*, ver e não-ver contudo espelham, como demonstrado, a forma de dizer de Antígone e atestam assim, que essa constituição do ser surge não só do *ethos* da heroína. Também quando, depois, ela articula sua prontidão para o ato de morrer, lançando mão de uma forma retórica complicada para

---

17 *Antigone*, versos 49, tradução de Karl Reinhardt.

chamar a atenção. Ela não diz se posicionando: eu sei que estou no direito, mas atravessa o labirinto de possíveis dúvidas e ilusões: "Se eu me apresento diante de ti como uma tola / a culpa da tolice, temo eu, é de um tolo".

Antígone lê o não escrito, reivindica para si o direito de interpretação, e esse direito e seu modo especial de interpretação se fundamentam na experiência da ambiguidade, da incerteza. A substância de sua atitude aparece como uma pergunta. Como tal, não como antítese, ela abala a tese da ordem estatal. Creonte diferencia, identificando-se como policial da pólis, os irmãos – "*este* como inimigo do país, *aquele* como seu guardião". Antígone mantém contra isso o direito igual ao Hades. Creonte insiste:

> CREONTE
> Sim! Não se pode julgar os bons iguais aos maus.
>
> ANTÍGONE
> Quem sabe, isso pode ser um outro costume dos que
> habitam o Hades[18].

Esse "quem sabe" é devastador, pois derruba tudo ao redor. O discurso racional divide e diferencia. Ele é um discurso político exatamente na medida em que pode encontrar diferenciações. Com Hades e com Antígone, na esfera do indefinível que ela coloca em jogo, devem cair com essa ignorância todos os critérios políticos – tudo vira pó. A réplica de Creonte é para Carl Schmitt *avant la lettre*: "Nunca o inimigo, mesmo morto, é um amigo". Nesse ponto contrapõem-se de modo irreconciliável, conforme fala Hölderlin, a consciência formal e a (não-)consciência contraformal. Na verdade, o diálogo está terminado nesse ponto. Mas Antígone encontra mais uma última fórmula, que traz ao plano sua dissidência e ao mesmo tempo o tipo de pensar de Creonte. Ela diz o seguinte:

> Amar junto e não odiar junto é a minha parte (Reinhardt)
> Inimiga nunca fui, apenas amante (Schadewaldt)
> Mas certamente, nunca fui de odiar, eu sou de amar. (Hölderlin)

---

18 *Antigone*, verso 541.

Antígone modifica de forma fundamental o discurso político como tal, ao considerar indiretamente como absoluta a *philía* (amor familiar) com o conceito *symphilein*, a oposição entre amigo e inimigo, que torna o ódio público ao inimigo um dever do cidadão. Está inaugurada não a tese de uma "outra" política, mas um outro da política. O que se pode absolutamente dizer disso hoje, deve ser hoje pensado de modo diferente. É em parte óbvio, entretanto, na problemática da *Antígone* de Sófocles. Trata-se de uma quebra do tempo. Creonte vê o tempo na linearidade de um agir com um objetivo, de uma teleologia pragmática. Esta não deve ser entendida simplesmente como tirania e não é nesse ponto que ela é descartada pelo texto. Trata-se da conservação da pólis como objetivo em si, de cuja realização depende todo o resto. Dentro desse tempo da pólis não há alternativa para o princípio da diferenciação entre amigo e inimigo. O princípio inimizade é contínuo para a manutenção de uma ordem e estrutura, a ser pensada sempre como a totalidade da pólis. Contudo, o tempo posto em jogo por Antígone é totalmente outro: visto a partir da pólis e de sua lógica é uma época determinada pela a-política, cíclica, rítmica, guiada pelo princípio da família, da geração, época da memória e do tempo que permite e admite uma existência fora do tempo de vida, um tempo que, em uma palavra, ultrapassa a esfera dos vivos. O que detona o discurso de Creonte é o tempo, evocado por Antígone, dos mortos, dos ausentes, dos mudos por si só, em cujo lugar as vozes dos vivos devem ressoar, podendo-se até acrescentar também as dos não-nascidos. Esse tempo está ininterruptamente gravado na política de forma inalterável, mesmo que ele no fundo se prive do cálculo e que não suporte a coexistência de tempos diversos. Se o Estado e a coletividade contam necessariamente com o que é calculável da existência viva, eles experimentam de toda forma o cálculo de um futuro provável. A coexistência da história e do porvir, a presença dos mortos e dos não-nascidos escapam ao pensamento calculador.

O limite do que é político é o tempo. A política pode regulamentar o tempo dos vivos, mas não o dos mortos e não-nascidos. Por isso o direito da família de culto aos mortos marca na "Antígone" não um direito qualquer do indivíduo contra o direito estatal, e sim uma lacuna necessariamente aberta no que é político como tal. A antítese de duas posições de direito e seu conflito trágico estão em primeiro plano; deve-se fazer um esforço para a suspensão da lógica da pólis, o abalo de seu saber, sua desfundação, que torna impossível atribuir verdade ao fazer político e à sua violência. Por outro lado, permanece interessante, mas de segunda ordem, atribuir historicamente à *Antígone*, de Sófocles uma posição "conservadora" fixada no clã, em contraposição ao moderno racionalismo com objetivo da pólis e de Creonte, ou uma atitude revolucionária indicadora de futuro, na qual aparece o direito do indivíduo recém-chegado historicamente à interpretação das normas, sua emancipação da "névoa da culpa" (Benjamin) articulada conscientemente.

Para a pólis, e pode-se traduzir essa palavra agora pelo sintagma "possibilidade de uma ordem política", o texto da *Antígona* não traz – e esse é o ponto que salta aos olhos e que Hegel, o filósofo do Estado por excelência, teve de contornar – nenhuma esperança de fundamentá-la, a pólis, através de um consenso, de um modelo consensual, de um argumento convincente. Por um lado o texto "ensina" a renúncia à certeza, que poderia ser colocado como base da ordem, e remete somente a uma hermenêutica hesitante da situação, apenas tateante. Por outro lado nela se torna visível, através do processo trágico, sua indissolubilidade, ou mais precisamente: sua dependência a uma sobrerresponsabilidade inconsistente, infundada e sem bases. O *agón* no fundo mudo do protagonista exclui por fim até a transmissão de um argumento – em razão do que precisamente (ver acima) nenhuma palavra de um pode agradar o outro. Assim, se sobressai o que constitui a função histórica e, ao mesmo tempo, e a atualidade da *Antígone* no sentido de um problema da pólis, do que é político. Historicamente a suspensão do mito na tragédia antiga afirmava não simplesmente a pólis moderna esclarecedora, e sim colocava junto à lei muito mais o pavio de uma incerteza, liberava a sua falta de chão que se podia intepretar, dependendo da inclinação, como desterro religioso, como apelo à medida em todas as coisas, como exigência por um direito igual ou prioritário para o indivíduo da família, de cuja quantidade a pólis se constituía, como crítica à tirania, a *hýbris* do indivíduo, etc.

Deixemos aqui a tarefa de interpretar todo o texto da *Antígone*, especialmente a segunda parte do díptico, o "castigo" terrível de Creonte, o significado do discurso do vidente etc. no sentido da nossa tese e tiremos das observações, tomando *Antígona* no sentido esquemático como modelo ou metáfora, algumas conclusões para a questão sobre o que torna o teatro político no seu cerne, como é que se manifesta o que é o político no teatro. Arte e teatro articulam uma interrupção e um limite do que é político, sem extingui-lo em qualquer determinada negação. Esta tese poderia ser esclarecida da seguinte maneira: é a possibilidade de levar o teatro a um suspense inquietante, aquelas certezas que sustentam a ordem de uma pólis, sem por isso negá-las no sentido de uma contratese, confirmando, assim, indiretamente seu "tipo de pensar" também na negação. O teatro não derruba ou sustenta a ordem; ele a deixa aparecer "turva" e escassa – mesmo onde nenhuma outra melhor se oponha, apareça, seja fantasiada (o cidadão Sófocles tinha muito mais orgulho da organização moderna da pólis ateniense). A organização abalada é, entretanto, particularmente a organização, que se sabe ou se experimenta como rala e para ser abalada. (O teatro, mesmo como uma prática à primeira vista "apolítica", atua politicamente dessa forma característica).

Os motivos para essa relação são múltiplos.

1. Toda representação cênica como tal, gera ou possibilita uma determinada percepção do elaborado nela em forma de tese linguística, através do fato de que aqui nunca pré-existe um sujeito falante em si, que fosse objetivado então no discurso. O sujeito da expressão e o expressado ficam muito mais presos entre si e um ao outro, por meio do próprio princípio cênico. Assim nenhuma tese pode substituir como verdadeira e emancipar-se, nenhum sentido encontra palavras, que na próxima réplica não pudessem ser repelidas. Nenhuma tese pode se libertar da impressão de ser não verdadeira em si, e sim apenas expressão de uma situação dramática específica do falante. O sentido e a verdade insistem apenas na performance de gestos e linguística, sempre interpretável e talvez totalmente

inconstante do momento, nas elaborações não pronunciadas que produzem as montagens e sequências da dramaturgia, nas entrelinhas e constelações do diálogo, finalmente no ritmo constantemente exposto das apresentações, de cuja forma específica Hölderlin acreditava poder derivar a lei de construção da tragédia como um todo.

2. Em geral pode-se dizer que já a transposição de temas políticos para o palco escava "de alguma forma" e leva a duvidar de todas as afirmações de posições. A teatralização como tal abre desde já o espaço aqui discutido do "quem sabe" e cria, através da sinceridade do princípio que cede à "cena", ao representar cenicamente organizado, uma esfera da transmissão de tudo o que é real e necessário para a constituição do que é apenas possível. À qualidade destrutiva – que já incomodava Sólon na tragédia – de reduzir o que é sério nos problemas da pólis a objeto de mero jogo, corresponde a abertura de um espaço de possibilidades que está em condições de abalar tudo o que já era.

3. A sensualidade do jogo teatral e seu significado, não foi suficientemente bem intencionada na sua origem. À medida que o discurso teatral torna escassas as figuras simbólicas do cálculo racional e da racionalidade para com o objetivo político, ele sepulta qualquer tentativa de conferir à lei uma "autoridade mística". Ele exige, mesmo de forma não programática, uma outra lei, mas de acordo à sua forma, o discurso do teatro exige um outro tipo de lei, talvez uma não-lei, uma justiça fora de qualquer norma. Ele exige assim algo impossível para o pensamento, que ele tinge, por esse motivo, com uma aura de possibilidade. A determinação política e democrática do teatro não está nesse ponto de forma alguma em conflito com sua determinação artística. Na medida em que o discurso estético é aquele do "mais", da sugestão de uma outra possibilidade, ele abala as fortalezas da racionalidade política que, liberadas de um certo controle pela loucura e pelo delírio de uma Antígone, não são mais do que máquinas de domínio.

4. Abre-se com essas teses mais um espaço para tentativas de interpretar o "modelo Antígone". O que é isso, a partir do que foi feito um protesto mudo contra todos, onde até a melhor necessidade-de-regras é percebida? O que estabelece

sempre a resistência, assim como se fala de uma resistência física? É a teimosia irracional do princípio ao fim, pelo (que é) "próprio", da qual ninguém desiste mesmo com razões tão boas? Assim *Antígone* foi lida por exemplo por Negt e Kluge. É a persistência por uma lembrança, uma memória, uma tradição que resiste como valor à toda pragmática da mesma forma que a afeição a um pomar? Ou a persistência pela memória dos mortos, dos vencidos, das vítimas? *Philía*, o amor familiar, por cujo amor alguém infringe todas as leis e talvez cometa crimes? Eros? Indignação e repugnância diante da realidade da injustiça? Ou a persistência por uma outra (não-)lei, que poderia reorganizar todas as relações entre o sistema social e a família, entre a política, a cobiça e o sexo?

5. O texto político não intervém diretamente na determinação do que é certo politicamente como teatro ou tragédia. Quando em relação ao Estado são diferenciados amigos e inimigos, essa lógica permanece deficitária diante de uma desconstrução, de uma justiça que não tolera limitações no lapso de tempo dos vivos, com sua racionalidade objetiva. A autodefinição de Antígone através do *sym-philein* refere-se ao amor familiar, não a Eros. Não odiar publicamente e recusar a definição do inimigo como critério supremo quer dizer, tal como foi exposto, escapar ao limite-temporal do que é político. Amar além do tempo dos vivos, coloca em questão o esquema de amigo-inimigo, coloca em questão, além disso, a validade do método político-legítimo, que deve sua legitimação finalmente só a uma escolha limitada e também limitadora dos "que têm direito a voto", por assim dizer – a uma sociedade, a um povo escolhido, a uma ligação internacional, no melhor dos casos para a maioria dos vivos. Finalmente, lembremos de um discurso de Talbot, o conde de Shrewsbury no drama político de Schiller, *Maria Stuart*, que, sintoma da questão ética do século XVIII, traz ao presente o argumento de que ainda a decisão democrática nunca poderá estar certa de sua legitimidade – e, deveria ser acrescentado, nem mesmo o deveria querer. Talbot replica ao argumento de Elizabeth de que os parlamentos ingleses teriam, sim, se pronunciado com clara maioria a favor da execução de Maria Stuart com as seguintes palavras:

Não é a maioria de votos que é a prova do direito,
Inglaterra não é o mundo, o teu Parlamento não
é a reunião das raças humanas,
A Inglaterra de hoje não é a do futuro,
assim como a Inglaterra do passado já não é mais
a mesma – assim como a tendência muda,
levantando e caindo como onda inconstante dependente
de sentença [...]
Tão logo tu queiras, a cada instante,
poderás constatar que a tua vontade é livre[19].

Mesmo que a mudança idealística de Kant do argumento não mais convença de imediato – uma ferida foi aberta na enganosa consciência do valor do direito, do Estado, também da democracia. O reino dos mortos de Antígone, as gerações e tempos ausentes de Talbot abrem uma ferida na sã consciência, roubam o sono ao juízo político. Na medida em que o teatro expõe o político a um abalo de seus fundamentos, ele age na verdade de forma potencialmente política, utiliza seu espaço do que é poético e fictício, do jogo, da irresponsabilidade da forma do possível. Ele não faz jus à sua responsabilidade política e democrática através de imposição e afirmação moral, política, socialmente clara ou quase oculta. Mostrar no teatro o que é moral, não é moral. Afirmar no teatro o que é político, não é político. A figura esboçada por meio de Antígone da desmotivação, da dúvida, do abalo de toda ordem política, de tudo, também dos mais caros princípios de fé, leis, imposições, estatutos e regras pode ser política. Deixá-los acontecer significa assumir para o teatro um comportamento complexo não representativo, mas sim uma relação de interrupção, no que concerne ao que é político. Com isso levanta-se a questão sobre um outro elemento político do teatro, que não se impõe ao que é político como um tipo de suplemento não necessariamente desejado, mas que funciona como algo político dentro do político, como a sua dobra interna, quebra e cesura.

---

19 *Maria Stuart*, ato II, cena 3, versos 1322 e s.

2. Representabilidade

O TEATRO MUNDIAL DO PUDOR:
Trinta Abordagens sobre a Privação
da Representação*

1. O pudor (*Scham*) é uma exaltação dos sentidos ou afeto** muito especial. A palavra passa pelo antigo alto alemão *scama*, que remete à raiz da palavra indogermânica (kem-), que significa "cobrir, ocultar". Quando outros afetos não apenas se manifestam, e sim quando a comunicação expressiva do que é furioso faz parte da essência do estado afetivo, o pudor passa a ser mais um antiafeto, antes de tudo uma *inibição* da expressão. O pudor ainda tenta, envergonhado, ocultar-se, dobra-se em si mesmo: pudor do pudor. Entretanto, o conteúdo essencial e

---

* Publicado com o título Das Welttheater der Scham. Dreissig Annäherungen an den Entzug der Darstellung, em *Merkur*, n. 510-511, 1991.

** Optamos por traduzir *Affekt* por afeto. Segundo Jean Laplace, *Affekt*: "palavra tomada da psicologia alemã pela psicanálise que designa todo estado afetivo, penoso ou agradável, vago ou preciso, quer se apresente na forma de uma descarga massiva, que como uma tonalidade variada. Segundo Freud, toda pulsão se manifesta nos registros do afeto e da representação. O afeto é a expressão quantitativa da quantidade de energia pulsional e suas variações". Ver *Diccionário de Psicoanálisis*, Buenos Aires: Editorial Paidós, 1998 (N. da T.).

o "objetivo" desse afeto é, por sua vez, encobrimento, ocultamento, fuga e recusa do olhar dos outros. Não falta muito para a máscara ser considerada como sinônimo de pudor. Tanto a máscara quanto o pudor protegem e abrigam um campo de si mesmo, o de si próprio e o dos outros; delimitam um campo íntimo contra a im-pertinência alheia, negam ambos a troca de olhares e o ocultamento da identidade, assim como o olhar baixo.

2. Na vida social "a delicadeza dos sentimentos e das relações" sofre porque o pudor e a castidade – conceitos que seriam destinados a expressar "certas sutilezas, reservas e distanciamentos" em todas as áreas do comportamento – estão, no uso linguístico, unilateralmente fixados no sexual. Isso foi lamentado por Georg Simmel, entre outros, no ensaio *Zur Psychologie der Scham* (Sobre a Psicologia do Pudor, 1901). Todo um espectro de nuances emocionais, afetivos e também expressivos parece realizar-se, espectro que emocionalmente se baseia no impulso complexo do pudor em relação ao valor positivo e insubstituível do *mascaramento*. Se a inscrição telemática se torna ideal, sem qualquer resquício de demora ou atraso, não resta lugar para um conceito de inibição e de reserva de certa forma ainda razoável.

3. Se fosse o caso de estar em curso um adiamento da economia afetiva às custas de um sentimento de pudor, então não estaria em jogo menos do que uma incisão arriscada na história do jogo e do desgaste. Pois o pudor articula todo o jogo de ocultamento e descerramento, disfarçar e mostrar, enigma e revelação. Todo o desvendar, demonstrar, comunicar está ligado não tanto ao processo de civilização, mas ao de *representação*, e esta por sua vez, não pode ser pensada sem encobrimento, adiamento e privação. Não sem máscara, não sem pudor, pois o pudor é o núcleo emocional, afetivo de toda a estetização. Por isso sua figura guarda a questão da representação da cultura e da cultura da representação – a questão do teatro.

4. Mesmo quem não falasse de uma época da falta de pudor (em muitos lugares ainda predominam os mais pesados tabus relacionados ao pudor), não poderia fugir da observação de que valores como autoafirmação desinibida e satisfação dos impulsos ainda são bastante populares. "Nature her

custom holds, / Let shame say what it will" ("A sua natureza, o hábito retém, / Deixe a vergonha dizer o que será", Hamlet). A bela palavra *chuzpe* está quase perdendo seu significado de "descaramento"; é utilizada mais com ênfase admirada para a sorte despudorada. Esquece-se de que o hebraico *chutzpa* era o equivalente a *hýbris* (atrevimento, ousadia)... Se os sentimentos de pudor – o desejo de ocultamento e insinuação em vez dos ataques diretos pelo caminho mais curto – se encontram com o estético no estado mascarado, a decadência de uma expressão artificial e até "afetada", a distância para todo desvio repreendido de modo maneirado onde possível, seria um desenvolvimento que obrigaria a perguntar pelo pudor também no campo da estética, não só quando se tratasse de sintomas de inibição, medo sexual ou timidez patológica.

5. No centro de sua obra canônica *Die Maske der Scham* (A Máscara do Pudor), Léon Wurmser expõe a opinião de que o medo – não de vingança ou ódio, mas de ser abandonado ou desprezado –, que é sentido no pudor, faz com que se abra um abismo de impossibilidade existencial. Parece que o pudor é, "em sua camada mais profunda, a convicção que se aprofunda constantemente da própria *indignidade do amor* – para um homem que deve ficar entregue ao medo de castração, que tudo penetra; para uma mulher, devido ao sentimento do defeito genital"; para ambos o "sentimento encarnado de que todo o ser seja 'sujo', 'intocável' e 'estragado' – que em seu âmago nunca poderia ser amado". Deve-se diferenciar do medo-pudor, como temor do desnudamento de todo tipo, o sentimento da humilhação após um desnudamento sofrido, uma emoção com "núcleo depressivo". Entretanto, existe ainda no mesmo espectro de comportamento a habitual pudicícia em sentido mais amplo: de respeito e distância, passando por discrição e tato, até timidez e *pudor* sexual. Aqui, deve-se proteger a integridade dos outros, mas também do próprio ser, como o "ocultar-se preventivo", manifesta reverência envergonhada e timidez – *aidos*.

6. O mito bíblico liga o encobrimento (mascarar) do sexo à fruição do fruto proibido do saber. Quando Adão e Eva "abriram ambos os olhos" e se aperceberam de que estavam nus, esconderam-se, sob as árvores do jardim do Senhor, da voz de

Deus que se aproximava. Desde então olhar, pudor, máscara e sexualidade estão ligados à ideia da sabedoria. Uma pintura de René Magritte, *Le Prêtre marié* (O Padre Casado, 1961), mostra, em vez do padre anunciado no título e sua mulher, duas grandes maçãs em um litoral marinho. O peculiar: as maçãs estão mascaradas. Ironicamente aparece de dia, no céu azul, uma lua crescente, emblema de Maria, talvez também o sol mascarado por um eclipse. Com o pudor, que faz o olhar se desviar e se mascarar, Deus também impôs as dores do parto. O tema do casamento sacerdotal, sabedoria, sexualidade e máscara-pudor: o quadro as liga em um enigma surreal. Os globos oculares de Magritte – pena que a língua francesa tenha optado por *prunelle* (abrunho bravo) em vez de maçã – não estão apenas mascaradas de forma envergonhada, para que o olhar não deva poder reconhecê-las, desejo inútil e sempre frustrado. Elas mesmas também não têm olhar, são cegas. Na perplexidade de seu não-ver sem vida irrompe um susto. O pudor prova, desde a cena original até a invasão não-intencional da esfera íntima do outro, uma *perspectiva proibida* pelo tabu. A maldição jaz em olhar o segredo velado, a aparição insuportável de Zeus queima Sêmele. "A imagem velada de Sais", como a visão do jovem de Schiller, é castigada de forma terrível: o jovem decai em perplexidade melancólica mortal. Na proibição das imagens também jaz a proteção dos perigos da fascinação. Cai diante do tabu e é oculto pelo *aidos* (pudor humano e pudor do sobre-humano), o que despertaria pudor e vai além das categorias humanas. O fato de ambos estarem entrelaçados pelos véus relaciona o pudor ao mesmo tempo ao divino e ao animal, e fundamenta a possibilidade de representação. Pégaso deve temer a verdade nua, mas também deve dirigir-se à sua presença – em outras palavras, colocar-se frente à fascinação e ao perigo da petrificação.

7. A perplexidade que acomete o observador oculto da cena original impressiona pela comoção e não está limitada ao olhar fixo – "a vivência da fascinação através de uma contemplação de forma alguma paralisa somente o olhar, mas toda a musculatura do esqueleto (sentimento de paralisia), em especial a musculatura da respiração" (Otto Fenichel). Nisso poderia ser visto um princípio de sentimento corporal para a fantasia, assistir o que é proibido implicaria ser castigado com a petrificação.

Na obra de Magritte, com suas inúmeras petrificações, a Medusa não era estranha. O que a perda do pudor pode significar para o olhar, para a ilustração e o sexo é formulado por *Le Viol* (A Violação), pintado várias vezes. A exposição despudorada e fetichista das vergonhas femininas ofusca o torso da mulher com um rosto. Cumplicidade da violação despudorada com a violação da ilustração despudorada. O rosto tem um trejeito torturado, é uma máscara autodesfigurada. A imagem formula a (própria) falta de pudor, o espanto diante da superior presença do pudor – o lugar da castração (in)visível – e ao mesmo tempo a presença radical do pudor como aquela aura com a qual o sentimento pode cobrir o corpo. Na falta do olhar do torso feminino, só perceptível através da súplica do rosto, não há lugar que não veja o observador como uma esfinge. Sujeito e objeto misturam-se na dinâmica da escopofilia: a contemplação é identificada com o devorar, o olho que observa fixamente é identificado com o sexo. Mas o olhar que atravessa o objeto atinge o próprio órgão: o olho sucumbe à fascinação, experimenta ofuscamento e petrificação, o olhar da castração leva à própria verdade da perda, à morte. Pudor seria o nome dado ao comportamento de parar diante do último desvelamento: jogo de adiar em vez de apresentar a verdade "nua".

8. O que fascina no afeto de pudor é sua mistura de arcaísmo e sutileza refinada. Ele faz parte da existência de sentimentos mais antigo da espécie humana, e ainda consegue definir, por outro lado, comportamentos de formas diferenciadas, pelo menos tanto quanto a sutil casuística de consciência do princípio da culpa. O fato de o pudor ser o princípio original, e a cultura do pudor ser mais antiga frente à cultura da culpa, evidencia-se também pelo fato de que, no caso do pudor, quase não se pode fazer abstração de um desnudamento visual, e de que, no caso da culpa, estão em jogo mandamentos verbais. Historicamente, o sentimento de pudor deve ter sido no início o único "regulador de sentimentos" do comportamento inter-humano, enquanto os sentimentos de culpa mais tardios, determinados mais cognitivamente eram, por assim dizer, regionalizados, mais fracos afetivamente. É natural, porém, que o arrependimento pela culpa se manifeste mais individualizado e flexível em comparação com o pudor "conformista". Para a extinção da

culpa são dadas formas graduadas de expiação: o pudor joga com tudo. Assim, pode acontecer nas velhas sociedades de pudor, que Darwin já diferenciava das "sociedades de consciência", que alguém, mesmo por motivos aparentemente insignificantes, "perca seu rosto" e, junto com isso, seu sentimento de autoestima, a identidade social e espiritual. A diferenciação corrente na pesquisa antropológica entre culturas de pudor e culturas de culpa, vai sempre de encontro ao fato de que, para o pudor, os motivos iniciais são poucos. De modo reflexivo produz-se a insistência particular e desagradável do sentimento do Eu que caracteriza o pudor, instaurando-se o autodesprezo. Emoção singular que censura uma mera falta de tato, até mesmo um erro cometido sem saber, não raramente tão terrível quanto um delito grave. O pudor reage como uma deidade antiga encolerizada, de modo arcaico. E, ao mesmo tempo, aparentemente, valoriza mais o estético do que a perfeição moral (pós)moderna.

9. Na cultura do pudor o sujeito se encontra em um jogo teatral que nunca termina, numa cena de projeção, reflexo e retrorreflexo, que se diferencia fundamentalmente do teatro como tribunal na cultura da culpa. O eu vivencia o coletivo dos outros como um fiscal sempre atento, de olhar desconfiado, que repreende sem compaixão o menor desvio da norma. Só no reflexo particular falta a vigilância imaginada ou real pelo olhar observador. No Japão, a imagem refletida também é chamada de "o si mesmo sem pudor". Para cada pudor codificado socialmente considera-se que ele, pelo menos na imaginação, deve contar com um público que se sepultou no íntimo: teatro imaginário. Para os heróis homéricos, pertencentes a uma cultura do pudor clássica, a palavra que denomina o sentimento de timidez e de pudor (*aidéomai*) é o temor de falhar aos olhos dos outros[1]. Não a consciência, mas o desprezo ou a zombaria dos outros é que são a maior instância de castigo. Hegel ainda constata que a honra é " pura e simplesmente o vulnerável" – seu princípio (a reputação) entrega o sujeito sem clemência à aparência, também ao falso, ao acaso e à exterioridade. Pode-se reconhecer na primeira tragédia da vergonha, a *Ájax* de Sófocles, como uma certa subjetivização

---

1 Cf. E. R. Dodds, *Die Griechen und das Irrationale*.

do pudor se apresenta. Atena parece apenas aniquilar *Ájax* para reforçar o poder dos deuses. Nesse jogo, a tragédia, em parte alguma, refere-se a uma eventual culpa de *Ájax*, e sim à sua humilhação ocorrida por causa do capricho dos deuses. Seu suicídio provém ainda do mundo de normas da cultura do pudor; a representação teatral vai além dela.

10. Como alternativa ao suicídio, na cultura do pudor é oferecida uma morte simbólica. O sujeito não expia, mas prova através de atos excepcionais, através de uma limpeza e de um renascimento, que se tornou *um outro*. Mas já que essa morte e essa ressurreição acontecem perante os olhos da coletividade, deve haver uma mudança de rosto que torne o olhar do ultraje como não ocorrido/despercebido. Em *Henrique IV* de Shakespeare, o Príncipe Henrique tem de se deixar repreender por seu pai devido à sua conduta ignóbil. A vergonha se resume no fato de que ele não é mais atingido pelo olhar que declara respeito e admiração. Agora ele:

> [...] visto com olhos
> Que, débeis e apáticos pelo hábito,
> Não conhecem um observaar excepcional
> Como o que cerca a majestade qual o sol
> Agora é raro ela brilhar aos olhos assombrados.

O sol escurecido do rosto real não pode se remir do vergonhoso obscurecimento com o qual se cobriu, mas pode lavá-lo. Mas como se dá essa catarse? Shakespeare veste-a em uma imagem extraordinária, que deve ser lida no original:

> I will redeem all this on Percy's head,
> And in the closing of some glorious day,
> Be bold to tell you that I am your son;
> When I will wear a garment all of blood,
> And stain my favours in a bloody mask,
> Which, wash'd away, shall scour my shame with it.

Henrique, que antes deveria ter enrubescido de vergonha, vai conseguir fazer para si uma roupa de sangue. Quando o sol da tarde, tingido de vermelho-sangue, tiver se posto após a batalha, e Henrique tiver se destacado contra os inimigos através de lutas que desafiaram a morte, e, como filho (*son*), tiver se tornado para o pai novamente um sol (*sun*), então seu rosto deverá carregar uma máscara de sangue, metonímia para a morte dos inimigos! Ao mesmo tempo, o si mesmo antigo, sem forças e envergonhado, está não apenas escondido, mas também transformado sob essa máscara vermelha da morte. Ao ser lavada, prova-se a morte do antigo eu e sua verdade de que, na realidade, a antiga vergonha era apenas uma máscara.

11. O objetivo do pudor é o desaparecimento, radicalmente como suicídio. Aquele que se envergonha quer "que o chão se abra sob ele". O rosto é oculto no pudor como a impressão manifesta da individualidade, não só por ser a sede da visão. Tratados sobre atores do século XVIII muitas vezes sugerem que se cubram os olhos com as mãos, segundo o modelo de estátuas antigas, como indícios teatrais do pudor. O gesto teatral de ocultar o rosto expressa assim, como Simmel observa, a despersonalização no pudor de forma mais precisa do que o conhecido gesto de ocultação da antiga *Venus pudica*.

12. Na reação fisiológica do pudor chama a atenção a acentuação dos limites do corpo. De modo interessante parece ocorrer também com pessoas de pele escura o aquecimento da pele e o "enrubescimento" por pudor, embora isso não possa aparecer opticamente. A concentração na parede divisória exterior e interior transforma o corpo em uma figura estatuária, aproxima o pudor a uma "morte simbólica", comparável aos reflexos de fingir-se de morto dos animais. O pudor é básico: quase não é sentimento ainda, mas reflexo fisiológico; quase não chega a ser totalmente espiritual, mas ao mesmo tempo uma reação do tipo mais sutil. Quase não se manifesta, busca na expressão corporal o paradoxo de não-presença presente, não almeja expressão, que aqui permanece muito mais quase que somente no campo do involuntário. Mas, pelo fato de só os gestos voluntários serem acessíveis à imitação estética artificial, o pudor no teatro se torna, de algum modo, um ponto zero da representação, o olho imóvel do redemoinho afetivo, um centro vazio em torno do qual circulam, contudo, todas as outras figuras afetivas. O que a vida manifesta, as paixões, se arraiga na morte simbólica, expressão em sua inibição, a comunicação no calar-se. O excesso de carga e sua subsequente defesa do instinto, que a psicanálise

do afeto do pudor descobre, fazem com que haja uma tendência a considerar toda autoexpressão como perigosa. Aquilo que o outro "expressa" é visto como controle e domínio penetrantes, subjugantes e que atravessam os limites do eu, e a própria expressão como renúncia e oportunidade para ataques externos. A "salvação" na neutralidade até a catatonia não torna mais tabu um campo limitado do comportamento de expressão (exibição, curiosidade, interesse sexual), mas todo o campo da voz, dos gestos, da expressão corporal.

13. Da mesma forma como o pudor fundamenta o teatro, ele próprio também é redigido de forma teatral. Wurmser sugere para sua descrição, a introdução de dois novos impulsos parciais, através dos costumeiros *Modi* do oral, do anal, do fálico e das zonas correspondentes. A nova zona seria, por conseguinte, "interação perceptiva e expressiva com o meio-ambiente"; as duas formas de impulso seriam a "teatofilia" e a "delofilia" – a primeira definida como "ânsia por assistir e observar, admirar e deixar-se fascinar, alcançar unificação e maestria ou domínio através de um olhar atento", e a segunda (do grego *deloûn*) como desejo "de expressar-se e fascinar outros através de autoexibição (*self-exposure*), mostrar-se a eles e impressioná-los, fundir-se com o outro através da comunicação". O pudor manifesta então conflitos que surgem com a inibição e a decepção dessas formas de desejo, do seu excesso de carga e repressão. Aqui teríamos uma descrição das forças primárias psicodinâmicas do pudor e ao mesmo tempo do teatral, que vai além da esfera mais estreita do exibicionismo e da escopofilia. Em seu centro está a vivência da fascinação (ativa ou passiva).

14. O teatro tornou-se cada vez mais quase o único lugar da prática estética, onde o evento da exposição e da realização das emoções – *mímesis* – ainda tem lugar, entrelaçado à tematização desse processo. Os acontecimentos análogos da cultura de massas parecem não posicionar-se frente à *interrupção* do fluxo emocional, à parada e à suspensão. Ao cinema e ao vídeo, desde que não se "teatralizem", permanece negado tornar vivenciável o laço da cumplicidade, que na situação teatral (copresença de atores e frequentadores) liga aqueles que se expõem no palco aos observadores presentes *in actu*, que se vivenciam como potencialmente envolvidos. O pudor também

é, por esse lado, um centro oculto do teatro: afeto que é a todo momento provocado e superado, que acompanha o ator quando expõe seu corpo, e o espectador que condescende à sua indecência "teatófila". Se definirmos o voyeurismo como "ver sem ser visto", então a corresponsabilidade virtual oferece no teatro uma chance de encurvamento potencial dessa retirada.

15. "A máscara transforma o que se desnudou de forma envergonhada em um representante sem pudor, alguém que teme ser visto como fraco, em alguém que é visto e temido como um ser forte", escreve Wurmser. A máscara como símbolo da morte torna-se uma defesa do medo, o teatro manifesta uma vitória dos desejos de mostrar e ver através da ameaça de pudor. O teatro permite ao mesmo tempo "disputar" tabu, medo de pudor e quebra de tabu, e assim "driblar" o proibido – pedra de toque de uma cultura do afetivo, de encontro à qual ameaça ir a racionalidade esclarecida com perdas, enquanto que se desmorona na álgebra pragmática de correntes de dados eletrônicas e sistemas de registros, e numa paisagem assoreada de sentimentos. Em sua transgressão dos limites do pudor e do tabu, o significado do teatro talvez consista em uma cultura de abrangente racionalização. Em sociedades arcaicas alguém que quebrasse um tabu, que tivesse se coberto de vergonha, podia literalmente morrer de pudor. A crescente racionalização dos cálculos de culpa e de culpabilidades, faz com que uma reação espontânea afetiva, urgentemente necessária, degenere com o sentimento de pudor – uma perda que deve ameaçar o ganho em esclarecimentos, se paralisar os reflexos da timidez e do respeito necessários à sobrevivência da espécie e de efeito imediato por serem imprudentes.

16.

Mas na garganta de K. foram colocadas as mãos de um dos homens, enquanto o outro enfiava-lhe a faca profundamente no coração e virava-a duas vezes. Com os olhos esmorecendo, K. ainda viu como os homens observavam a decisão próximos a seu rosto, apoiando-se um no outro face a face. "Como um cão!", ele disse, e foi como se o pudor devesse sobreviver a ele.

Tudo está duplicado aqui: os carrascos, os rostos, o rosto da vítima que se reflete (duplamente), as faces, as mãos, o tipo de morte, a virada, a lâmina (é uma "faca de açougueiro afiada dos dois lados") – e finalmente o decisivo: a duplicação canina do "bater as canelas" através da fala. Com as palavras ditas divide-se o morrer entre o perecer sórdido de um animal e um tipo de sobrevida. No pudor que se *pronuncia* e *representa*, o sujeito do romance *O Processo* vai além do que é canino em relação à morte. A interpretação comum mal poderia bastar; aqui seria dada a "sentença" psicológica ou existencial de que K. deveria se envergonhar porque não determina por si mesmo o caminho para a morte. Não, a ambiguidade do pudor se detém aqui – mais do que termina – em uma autoanálise suspensiva. Foi como se o pudor lhe presenteasse com um tipo de sobrevida à medida que o que foi sofrido de maneira calada (diz-se dos carrascos que estão "semicalados") torna-se *linguagem*. K. fala ("'como um cão!', disse ele") e, à medida que o processo se torna representação, processo de representação, ele afirma o pudor como a tentativa de sobreviver. A autoanálise não se arroga o direito de julgar, envergonhadamente, nenhuma sentença – nem mesmo a clara sentença de condenação. Possível e aberta para o futuro, não é nada mais do que a própria representação, a escrita. O pudor é a escrita, mas como um véu (retirada e promessa da sentença reunidos em uma coisa só) que se dobra sobre a verdade de K., mantido em suspenso. Paradoxalmente o texto de Kafka tematiza a si próprio, na medida em que indica para o exterior um processo (representado) em direção a um futuro de sua representação, mas com isso, ao mesmo tempo, se recolhe em si. O texto está necessariamente incompleto em relação a si mesmo. Mas justamente através dessa detenção vergonhosa diante do véu torna-se possível que uma verdade se anuncie: "Se apenas um fosse capaz de deixar *ficar para trás uma palavra diante da verdade*, todos [mesmo eu nesta sentença] a atropelaria com outras centenas".

17. E o teatro? Quando surgem os carrascos de K., eles lhe parecem "atores velhos e coadjuvantes"; então ele acha que, por causa de seus "queixos duplos", são tenores e até indaga em que teatro eles atuam – pergunta absurda e mal-sucedida, pois eles estão ali e atuam em seu próprio teatro, e ele mesmo está no palco com eles. O texto de Kafka está perpassado de imagens teatrais. A tragédia sem saída, entretanto, foi sempre explicada com culpa, com o modelo de Édipo. Como nesse instante, se a culpa fosse apenas o resultado de uma limitação,

e se uma outra experiência estivesse diante dela. Na *Carta ao Pai* encontra-se uma variante do famoso momento de transição final de *O Processo*, quando Kafka escreve:

Eu tinha perdido perante ti a autoconfiança; em compensação, troquei-a por uma consciência de culpa sem limites. (Como lembrança a essa falta de limites, certa vez escrevi corretamente sobre alguém: "Teme que o pudor sobreviva a ele".)

Sem limites, referente totalmente a si próprio e também não sendo possível de expiar realmente através da morte, a culpa absoluta transforma-se em pudor. Isso aparece aqui como uma consequência psicológica. A obra de Kafka explora a barreira, o vaivém entre culpa e pudor. Mas onde começa a história? Talvez com o sinal de Caim que deixa nu o culpado e ao mesmo tempo o retira da vingança talvez redentora? Quase.

18. Uma nova interpretação do mito bíblico de Caim e Abel volta a atenção para o momento antes de Caim tornar-se culpado: acontece que Deus não considera seu sacrifício como misericordioso. Antes de atacar o irmão com ira assassina, a Caim havia sido negado por Deus o respeito. Essa – falando juntamente com Léon Wurmser – "humilhação violenta e sem mais fundamentos de Caim por parte de Deus" faz com que ele "se abrase" ou "se inflame": "sua expressão se alterou". Ele não passa na provação da ofensa sofrida, e assim se inicia a história do assassinato do irmão, um dos *topoi* nos quais a história (ou a tragédia) se elaborou através dos tempos. Em seu início não havia a palavra, mas humilhação muda, infundada, mais precisamente uma *preferência* imemorável pelo outro. Por isso o pudor aparece no limiar entre um sentimento que é atribuído ao homem e à sua civilização e um reflexo no limite da inconsciência. De Caim até Kafka o sentimento de culpa remete a uma experiência de nulidade primordial, com vista a uma rejeição desmedida, que não pode significar ou ter atingido nada além do corpo. Toda culpa conhece a economia, e quando a tragédia antiga articula o incomensurável do delito humano e do tribunal divino, a medida de uma tal economia ainda permanece em segundo plano como imagem contrastante. Entretanto, imoderado é todo sentimento de humilhação que surge em vista de uma preferência/prejuízo, aos

quais nenhum apelo reconduz. Deus achou melhor preferir. O prejuízo, a diferença que não pode ser mais reduzida, uma inclinação para a graça divina é o lugar do pudor inicial e fonte da culpa, quando o sujeito se rebela com agressão contra o ser preferido: o ideal, o irmão, o sósia, o rival.

19. Um defeito corporal de nascença, segundo os psicólogos, desperta de modo diferente mais pudor do que um defeito adquirido através de um acidente: aquele primeiro corpo é o que simboliza o eu. Em seu monólogo de entrada, Ricardo, duque de Gloucester, ainda não o rei Ricardo III, de Shakespeare, queixa-se, devido a sua corcunda, de que a natureza o tinha enganado. Da vergonha da feiúra surge a intenção para o crime. Que eu é esse que não pode se ver "rudely stamped" (rudemente estampado) perante um "amorous looking glass" (espelho amoroso):

> I, that am curtailed of this fair proportion,
> Cheated of feature by dissembling Nature,
> Deformed, unfinished, sent before my time
> Into this breathing world, scarce half made up,
> And that so lamely and unfashionable,
>
> That dogs bark at me, as I halt by them;
> Why, I, in this weak piping time of peace,
> Have no delight to pass away the time,
>
> Unless to spy my shadow in the sun
> And descant on mine own deformity:
> And therefore, since I cannot prove a lover,
>
> To entertain these fair well-spoken days,
> I am determined to prove a villain,
> And hate the idle pleasures of these days*.

---

* "Eu, privado pela proporção, desprovido de todo encanto pela pérfida natureza; disforme, inacabado, enviado por ela antes do tempo para este mundo dos vivos; terminado pela metade e isso tão imperfeitamente e fora de moda que os cães ladram para mim quando paro perto deles, pois bem, eu, neste tempo de serena e amolecedora paz, não acho delícia em passar o tempo, exceto espiar minha sombra no sol e dissertar sobre minha deformidade! E assim, já que não posso mostrar-me como amante, para entreter estes belos dias de galanteria, resolvi portar-me como vilão e odiar os frívolos prazeres deste tempo". W. Shakespeare, *Ricardo III*, em *Obra Completa*, v. 3, p. 580 (N. da T.).

Com o cão emblemático do inferno e da melancolia ladrando para ele, e tendo constantemente diante dos olhos sua silhueta de sombra odiada até pelos animais, Ricardo torna-se emblema da experiência radical de deficiência, pela qual passa sistematicamente a criança prematura, que se torna conhecida no estágio refletido com a discrepância entre uma autoexperiência do despedaçamento e de incoerência e a imagem, evidentemente preferida, de um outro, ao qual a totalidade harmônica da forma parece emprestar, mas que caberia ao "próprio" corpo. O pudor "infundado" em relação ao defeito, à deficiência ou desvantagem precede a culpa como seu formativo do mesmo modo como o estágio refletido da função do eu. Na humilhação jaz o embrião da rivalidade e a observação psicológica afirma que, quanto mais forte for sentido o pudor, tanto mais a pessoa tende a rivalizar .

20. O *locus classicus* do pudor é meramente um drama no qual esse afeto aparece elevado de forma absoluta, cósmica e mítica, e quase coincide com a formulação da impossibilidade radical do ser: *Fedra* de Racine. O pudor exorbitante em relação ao desejo incestuoso quer proibir Fedra já em sua primeira entrada, até de mostrar-se no palco. "N'allons point plus avant" (Não iremos mais adiante) são suas primeiras palavras. Aqui ela já não suporta a luz, a vida. O desvio, que passa pelos cinco atos dessa que é a mais completa das tragédias clássicas, terá de esclarecer que o sujeito existe aqui em um limite inabitável, que não pode sair para nenhum lugar. Fedra não pode mostrar-se, e menos ainda calar sua tendência por mais tempo. Assim o véu se torna uma carga monstruosa ("que ces voiles me pèsent"). Ela, a neta do Deus-Sol, não pode suportar a luz do dia; ele deveria "enrubescer-se" por causa da sua filha – como ela própria, ao pensar ter involuntariamente revelado seu segredo: "Oenone, la rougeur me couvre le visage:/Je te laisse trop voir mes honteuses douleurs" (Oenone, o enrubescimento me cobre o rosto: / Eu deixo que vejas demais minhas dores vergonhosas). O enrubescimento torna-se o *leitmotiv* de todo o drama, *honte* (vergonha), *pudeur* (pudor), *rougeur* (enrubescimento) perpassam o texto, as comoções espirituais se fortalecem mutuamente: "Et combien sa rougeur a redoublé ma honte!" (E quanto seu enru-

bescimento redobrou minha vergonha!), lembra-se Fedra da cena terrível de sua humilhação, quando Hipólito rejeitou seu amor. Hipólito, por sua vez, está tão envolvido no pudor da proposta "indecente" que se cala petrificado, quando deveria defender-se contra a falsa acusação de que ele mesmo teria tentado seduzir Fedra. É, entretanto, principalmente nos monólogos violentos da autocondenação desta e que acompanham seu declínio, que o pudor se torna absoluto e não conhece mais limites. Os cabelos da própria Fedra arrepiam-se diante de sua ação, ela vivencia de forma impotente seu sentimento como o despojo de um animal de rapina, eleva-se em imagens de depravação absoluta e de exclusão de todo o ser: ela maculou a luz do dia, feriu toda ordem divina e humana. Ela não poderia fugir ao olhar da luz do dia nem sequer para o reino dos mortos, pois lá rege ninguém menos do que seu próprio pai Minos. Nenhuma fuga é possível, por todos os lados ameaça o olhar terrível da vergonha. "Aquele sentimento: 'sou o centro do mundo!' aparece de modo muito forte, quando se é subitamente assaltado pela vergonha: fica-se ali como que aturdido em meio a uma ressaca e se sente ofuscado como que por Um grande olho que olha por todos os lados para nós e através de nós"[2].

21. A elevação do pudor a dimensões neomíticas anuncia uma mudança. Justamente por Fedra ser de origem eminente, seu pudor torna-se ilimitado. Fedra envergonha-se não diante da sociedade, nem mesmo, como se poderia dizer, diante de si mesma, mas ainda mais diante da divindade que nela existe. A consciência impiedosa de que ela pura e simplesmente infringiu a barreira cultural com o tabu do incesto, que comprometeu o pacto simbólico (Lacan) do ser humano, retira sua violência do fracasso diante de uma autoimagem de valor grandioso. Esse é *o outro lado do pudor*, de tal modo contrário ao sentimento esmagador de insignificância que não é imediatamente compreensível, como ambos os momentos em geral podem estar unidos e conciliados na ideia do pudor. Não é o pudor de um deslize ou vergonha patológica que ordenam Cordélia a calar-se quando ela o faz na famosa cena

2 F. Nietzsche, *Morgenröthe* (Aurora).

de abdicação do *Rei Lear*. A exigência de falar feriria mais seu autorrespeito, o valor de sua *individualidade*. Seu calar implica, ao contrário, crítica à exteriorização e à hipocrisia egoísta da etiqueta da corte, em especial à oportunista retórica de afeto de suas irmãs. O pudor a proíbe de rebaixar o sentimento ao nível da moeda disponível, deixar que seu individual se abra para o geral – embora seu afeto pelo pai e rei, totalmente estabelecido na lógica social feudal, certamente não estivesse acima de qualquer linguagem. Sem disfarce o Rei Lear exige palavras como equivalente pelo objeto de troca do poder e do reino, ao exigir de Cordélia, sua filha preferida, o discurso de amor, não diferentemente do que faz com suas irmãs:

> what can you say, to draw
> A third more opulent than your sisters? Speak.
>
> CORDELIA
> Nothing, my lord.
>
> LEAR
> Nothing?
>
> CORDELIA
> Nothing.
>
> LEAR
> Nothing will come of nothing: speak again.
>
> CORDELIA
> Unhappy that I am, I cannot heave
> My heart into the mouth*.

O pudor articula o orgulho: a decisão de defender a integridade de si próprio, de não "tornar comum" a individualidade. Essa dialética teatral (imagem – olhar dos outros – imagem do olhar dos outros) é complicada: se ela se comportasse assim – sem pudor –, como é evidentemente exigido, qualquer observador da cena a colocaria no mesmo patamar de suas irmãs. Mas sabendo-se moralmente superior a elas, ela não poderia

---

* "O que podes dizer que mereça um terço mais opulento do que o de tuas irmãs? Fala. / CORDÉLIA: Nada tenho a falar, meu senhor. / LEAR: Nada? / CORDÉLIA: Nada. / LEAR: Do nada, nada virá; fala novamente. / CORDÉLIA: Infortunada como sou, não posso trazer meu coração até minha boca". W. Shakespeare, *Rei Lear*, em *Obra Completa*, v. 1, p. 629 (N. da T.).

conformar-se com tal sentença³. O pudor indica a ele próprio, às custas da felicidade pragmática, a saída ambígua proscrita pela sociedade hipócrita. Ela orgulhosamente persiste na infração de que não domina "that glib and oily art / To speak" (Essa arte escorregadia e loquaz / Falar), proclama aos hipócritas a vergonha para o futuro como compensação pelo ultraje sofrido no presente. "Who cover faults, at last shame them derides" (Quem cobre defeitos, no fim, a vergonha os ridiculariza).

22. Quando Nietzsche determina o que entende por "nobre", ele fala de uma forma de pensar que se caracteriza por "fidelidade, generosidade, o pudor da boa reputação". *A Gaia Ciência* liga ao pudor o bem, o humano e a ideia de liberdade: "Quem você chama de mau? – Aquele que sempre quer envergonhá-lo. O que é para você o mais humano? Poupar o pudor a alguém. *Qual é o selo da liberdade alcançada?* Não se envergonhar mais de si próprio". Para Nietzsche, é cristão um "pudor habitual", já que o pensamento na misericórdia constante de Deus (como elogio desmerecido) deve afligir o homem. E já que para o presenteado sempre resta um pouco de vergonha, seria necessário um "pudor do presenteador", e não "agir sempre como aquele que dá e presenteia e nisso mostra seu rosto." – Como expôs Jacques Derrida, Nietzsche desenvolve um jogo entre verdade, mulher e pudor, no qual, entre outros, também a hierarquia entre a "grande" teoria do conhecimento e a questão "especial" da sexualidade e do pudor é desconstruída. No *Crepúsculo dos Ídolos* encontra-se: "*Entre as mulheres.* – 'A verdade? Oh, elas não conhecem a verdade! Ela não é um atentado a todos os nossos *pudeurs*?'" – Segundo Nietzsche, a verdade, quando se fala dela, seria justamente a superfície que permanece vestida, não podendo perder seu "desejável ocultamento de um *pudendum*". Pois: "Pressupondo que a verdade seja feminina", então a gente não deve se aproximar dela desajeitadamente para absorvê-la. A verdade desvelada não é nada a não ser morte e abstração. Por isso nunca se chega a uma base sólida: "Toda filosofia é uma filosofia de primeiro plano [...] Toda filosofia também esconde uma filosofia; todo pensamento também é um esconderijo, toda palavra também é uma máscara"⁴. E, finalmente: "Tudo

3   Cf. G. Taylor, *Pride, Shame and Guilt*.
4   F. Nietzsche, *Jenseits von Gut und Böse* (Além do Bem e do Mal).

que é profundo ama a máscara". O pudor não é só o selo da distinção, e sim mais o do "saber": "Para todas as mulheres direitas a ciência vai contra o pudor. Elas se sentem como se se quisesse com isso espiar sob a pele e – o que é pior! – por baixo da roupa e dos enfeites".

23. Segundo Max Scheler, o pudor é o nome dado a uma "aura sutil da invulnerabilidade e intangibilidade que circunda o corpo humano". Na superfície psicológica de opressão do sentimento do eu, o pudor se baseia ao mesmo tempo em um sentimento de autoestima dificilmente palpável, a partir do qual o *páthos* da distância, da nivelação da dignidade, da relutância contra a aproximação demasiada chega a tocar. Nietzsche fala em *Além do Bem e do Mal* – e o fundamento ideológico de suas frases não deveria induzir a ler isso rápido demais – de um "instinto para a dignidade", de um "prazer pelas nuanças do respeito", de uma atitude que deve ser entendida como o exato oposto da "falta de pudor", da "impertinência cômoda do olho e da mão". Ninguém viu o outro valor do pudor ou o descreveu melhor do que ele, o primeiro pensador do pudor e ao lado de Marx, o outro grande pensador da ilusão no século XIX. Assim, justamente o "pudor de um deus" talvez escondesse o terno e o profundo sob uma superfície de grosseria. Ou: "a tendência a depreciar-se, deixar-se roubar, explorar e ser enganado poderia ser o pudor de um deus entre os homens". Ou: "envergonhar-se de sua imoralidade é um degrau da escada em cujo fim nos envergonhamos também de nossa moralidade".

24. Kari Bühl silencia. Ele considera a língua como uma série dos "mal-entendidos mais odiosos". Uma falta de tato, geralmente não percebida pelos outros, o faz ficar "enrubescido de vergonha". Por trás desse embaraço e da enorme discrição não está simplesmente a repugnância pela conversação superficial e pelas intrigas sociais. Trata-se muito mais de um autorrespeito, no qual o pudor se torna reconhecível como um *páthos* da indisponibilidade, do irreconhecimento, da descompensação individual. Toda iniciativa assume um ar de constrangimento, quando o *Schwieriger*, de Hofmannsthal, fala da "tentativa" de inserir nos comportamentos humanos "um conceito bizarro: o da necessidade maior". Representar o próprio papel significa tanto quanto supor que, em uma

esfera *não alcançável para as intenções*, aquilo que acontece ao sujeito "já está pronto há muito tempo em algum lugar e só de repente se torna visível". Com uma facilidade incrível, uma representação do pudor é bem-sucedida nessa comédia como a própria essência de si próprio, que em seu íntimo ainda tem de ser máscara, desde que a vida não esteja totalmente livre de intenção. Numa cena-chave, Bühl fala com Helene, a mulher para a qual não é capaz de confessar o seu amor, sobre um palhaço. Nos "*lazzi* abobalhados" de Furlani sente-se "que ele respeita a si mesmo e a tudo que há no mundo". Repleto de *nonchalance*, ele não faz nada – aparentemente – de propósito. O tato é o modo de comportamento, de afastar-se de um regime de finalidades e intenções extremamente indigno para o homem. Helene: "Eu também acho um pouco vulgar tudo aquilo em que se nota por trás uma intenção". Já que na vida tudo depende do último e do inexprimível, Kari Bühl chega até a sua famosa máxima: "Falar baseia-se em uma autossobrestimação indecente".

25. Seria necessário escrever uma história própria dos criados desavergonhados que, na comédia, ajudam os amantes demasiadamente envergonhados a chegarem um próximo do outro. Eles marcam para a imagem ideal do pudor o resto que não aparece. No *Schwieriger*, de Hofmannsthal, a amante tem de encontrar a palavra redentora, a figura de Vinzenz, o criado realmente sem-vergonha, é inepta para tal tarefa. O pudor diante da integridade do outro, ameaça transformar-se dialeticamente, ameaça que Bühl venha a perder o momento, com a pitada de indiscrição necessária, de oferecer o próprio ser em uma autossobrestimação talvez indecente do amor. Então é Helene que dá esse passo ("mas é um absurdo que você me faça falar isso!") e Kari ainda declara, ao tomar consciência de quanto Helene conhece o seu íntimo: "Não posso deixar de envergonhar-me diante de ti". Mas aqui parece acabar o regime do pudor; mas há necessidade do gesto que o interrompe por um momento. Helene: "Será que eu me envergonho diante de ti? Ah, não. O amor corta na carne viva". O pudor e a faca: a paixão carrega feridas, morte e inconsciência para dentro da vida e marca, assim, nessa incisão entre a consciência e o corpo, uma interrupção do pudor, que só dura onde domina

a intenção, ou seja, a consciência. O *pudor* contra a intenção fica suspenso por um momento no diálogo.

26. O pudor de Alcmena vale como queda da ambiguidade. É-lhe tirado o direito ao segredo, o que, como Simmel observa com sensibilidade, deve limitar na vida em comum o direito de perguntar. Certamente, todos sentem nesse jogo a vergonha – tal como também em Kleist, o mais sutil poeta alemão do pudor, embora de forma diferente. Júpiter não consegue a constatação narcisista, além de qualquer generalização da lei, de ser cobiçado como "ele próprio". Não é poupada a Anfitrião a vergonha de que sua mulher não ama apenas a ele, embora não se possa comprovar uma "culpa". Alcmena, entretanto, sofre o pudor no íntimo. Só a intervenção das perguntas que se dirigem ao seu pudor, "verdade" nua e comprovada do sentimento, acabam com sua possibilidade de flutuar de forma indecisa entre imagem ideal e realização. Ela pôde ver o amante (Júpiter) como o homem, naturalmente "desfigurado pela mão do artista em algo divino". Não há dúvida: é sua própria percepção que "desfigura" desse modo. Mas, colocado entre Júpiter e Anfitrião, o véu artístico cheio de pudor é rasgado e os expõe à exigência agressiva e vergonhosa por causa da clareza desvelada. A verdade do eu torna-se um "Ah". Com isso sugere-se uma volta renovada na dinâmica do pudor. Se ela pode aparecer primeiramente como negação do eu, logo, como afirmação do valor do próprio ser individual, então o texto de Kleist parece querer dizer outra coisa. Alcmena não sofre por "pouco demais", e sim por um excesso de peculiaridade. A tortura da escolha a obriga a uma perda de entrega. O problema não é que ela não poderia se preservar, e sim que ela continua insatisfeita, com o maior dos amores, com um excesso de autopreservação. Todo surgimento de intencionalidade prende o sujeito ao limite de sua individualidade, ao resto da consciência que o separa de outra coisa – do pudor da unificação incompleta.

27. Se o pudor é válido na superfície como sentimento de um desnudamento em demasia, então ele tornar-se-ia agora o sinal de uma incapacidade de se exteriorizar suficientemente? O falo, significante do significante, só aparece oculto. E se o significante (e em primeiro lugar o linguajar de maneira

geral) abate com sua entrada todo o significado com latência, isso seria menos incongruente do que suposto primeiramente. Um comentário sobre isso, também referente à Alcmena, de Schiller: "Por que o espírito vivo não pode aparecer ao espírito? / Se a alma *fala*, então, ah!, a alma não fala mais". Se, contudo, o sujeito se entrega ao registro do simbólico, então só pode ser sob a condição de estar oculto, mas nunca totalmente. Ele assume uma forma de ser da não-presença, atrás da folha de figueira, véu, máscara, mão na frente, armado assim com os requisitos do pudor. Não sentimos, de fato, imediatamente um "leve pudor", como disse Scheler, em *Über Scham und Schamgefühl* (Sobre o Pudor e o Sentimento de Pudor), quando exprimimos sentimentos sob conceitos que se entendem por amor, paixão, desejo? Por um lado, por mais que o individual se defenda no pudor de abrir-se para o geral, é ao mesmo tempo o extremo, o excesso realmente significante do individual, no qual o indivíduo se afasta para si, ou melhor, de si: a entrega. O fato de na entrega ainda haver espaço para o sinal, ou seja, distância, dúvida, incerteza e reserva seria, assim, o que constitui aqui a verdadeira essência do pudor.

28. Hegel:

> O separável, desde que ainda seja algo próprio antes da unificação completa, causa aos amantes embaraço [...] o amor é contrariado com o que ainda está separado, com uma propriedade; essa irritação do amor com a individualidade é o pudor [...] O pudor apresenta-se somente através da lembrança do corpo, através da presença pessoal, com o sentimento da individualidade – ele não é um temor do que é mortal, do próprio, e sim do mesmo, que, assim como o amor diminui o separável, desaparece com ele[5].

Em uma bela análise dessa passagem, Werner Hamacher tenta mostrar que a concepção controversa de Hegel do pudor como agente da supressão do separável, em uma união e síntese completa permanece presa em si: aquilo que deve deixar de lado, o véu vergonhosamente separador, só pode realizá-lo novamente na figura do véu[6]. Também a dialética

---

5 *Der Geist des Christentums.*
6 Cf. W. Hamacher, *Pleroma (Einleitung zu Hegels Der Geist des Christentums).*

não esgota o pudor, que, em toda tentativa de se fixar permanentemente, encerra-se de novo em véus, cinde-se, recorta-se, mascara-se.

29. Rousseau, pois seu nome não poderia faltar aqui quando se fala de pudor, amaldiçoa, obviamente, a máscara da artificialidade, o teatro, os jogos de ocultamento. Toda uma linha do pensamento no século XVIII procura arrancar as máscaras por toda a parte. Emília Galotti fica paralisada diante da sedução do príncipe. As armas da humilhação são bem afiadas nessa época. Como é difícil lidar com o véu, como diálogos inteiros em Lessing desaguam em uma espécie de *potlatch**, em que amigos ou inimigos procuram humilhar-se através de nobreza elevada reciprocamente! O pudor de Rousseau é um dos mais complexos, talvez relatado também de forma única em tal diferenciação psicológica. Culpa, doce castigo, pudor ardente e *confession*. Contra a suspeita de que tudo poderia no fim ser teatro, o ódio ao teatro funciona como defesa. Rousseau confronta o perigoso teatro com a festa, mas não no sentido de Bataille, que pensava a experiência essencial como sendo uma que alcança, através do excesso da humilhação ("Não sou nada, sou ridículo"), a festa de uma última soberania. A festa deve ser muito mais sem dissimulação, desvio, infidelidade e risco. O teatro está para a festa, assim como o "enfeite bem feito" está para a simples nudez. A negação da máscara fascinada pelo pudor. "Pois não se sabe que estátuas e pinturas só ferem o olhar quando uma confusão de roupas fazem com que a nudez fique obscena? A capacidade imediata dos sentidos é fraca e pouco inteligente: só através da fantasia inserida entre eles é que se tornam devastadoras. A fantasia sozinha é a que faz questão de alfinetar o desejo". Essa citação foi retirada de *Gramatologia*, de Derrida, onde consultamos a leitura de Rousseau.

30. Nietzsche: "A frase mais casta que já ouvi: 'Dans le véritable amour c'est l'âme, qui enveloppe le corps'" (No amor verdadeiro, é a alma que envolve o corpo).

---

* *Potlatch*, de origem indígena americana, significa *dom*, na linguagem nootka. Refere-se a cerimônia festiva em que um chefe oferece fartas riquezas ao rival para humilhá-lo. Forma primitiva de troca e concorrência (N. da T.).

O SUBLIME É O INQUIETANTE*
Sobre a Teoria de uma Arte do Acontecimento

Mesmo já tendo sido discutido pela antiga retórica, o sublime, do modo como ele fez a sua entrada na teoria estética, é essencialmente uma invenção ou experiência do século XVIII. Nas teorias do sublime encontraram-se ambos os temas aos quais essa época estava presa: introspecção analítica nas correntes ocultas de emoção e afirmação filosófica de liberdade moral. Com certeza ambos os reconhecimentos trouxeram à luz mais coisas ou coisas diferentes do que poderia ser desejado – nos labirintos insondáveis da alma, com a natureza amoral do sentimento bem baixa, na claridade brilhante da crítica esclarecedora nos limites da alta razão. No final da procura pela luz estavam Kant *mais* Sade. A claridade elegante das fachadas clássicas deixou transparecer de forma fantasmagórica a abóbada de um Piranesi. Nessa ambivalência de um melhoramento de elevada empatia e retroceder em vista de abismos nunca imaginados, formularam-se as teorias do sublime. Já existia há muito tempo o conceito clássico do sublime, no qual se tratava de uma contemplação sublime e ao mesmo tempo tranquilizante da onipotência divina. Primeiramente não era, de modo algum, como então em Burke ou Kant, um conceito oposto ao belo, mas sim a sua elevação. Sublime era o estilo grande, significativo, arte que ligava os temas "elevados" a um nível formal rígido, especialmente "antiguisante", seja pensando em Homero ou Milton, Michelangelo ou Poussin. À medida que a atenção se voltava mais perto das sensações e dos objetos que eram chamados de "sublimes", isolava-se simultaneamente um certo ingrediente a partir do *tópos* complexo do arrepio respeitoso diante do sublime: o medo.

Com a chegada da poesia noturna e do Sturm und Drang, com a observação melancólica de ermos terríveis, da escuridão, cemitérios noturnos vandalizados e ruínas, destacou-se que o medo da morte, o susto e o fantasmagórico tem sua parte não só no sublime, mas sim na experiência estética em ge-

---

* Publicado com o título Das Erhabene ist das Unheimliche, em *Merkur*, n. 9, 1989.

ral. Essa mudança do clássico para o assustador, depois para o sublime-romântico-selvagem, inaugurou a compreensão, hoje novamente virulenta ao caráter ambíguo do choque, do repentino diante de determinados fenômenos (não apenas) estéticos[7]. No conceito de "surpresa" em Burke, Baumgarten, Mendelssohn balança junto uma fulminância e uma velocidade (estrutural, não literal). Já por isso o sublime não pode ser delimitado claramente, apresenta-se a impossibilidade de uma delimitação. "Todo o sublime deve estar envolvido em uma certa escuridão, deve estar afastado da clareza comum", como disse Friedrich Theodor Vischer em seu tratado *Über das Erhabene und Komische* (Sobre o Sublime e o Estranho). Desde o início, encontram-se nisso duas disposições de alma contrárias: "medo de sermos diluídos no ilimitado" como "arrepio da vida criaturial"; ao mesmo tempo uma vontade inquietante por aquela experiência aparentada com o "sentimento raro da vertigem, que leve consigo uma espécie de cobiça voluptuosa de precipitar sua vida nos fundos intermináveis".

A fascinação pela experiência nova e inquietante da falta de chão explica a preferência pela vertigem causada pelo desfiladeiro, o oceano que tudo engole. Nas fórmulas pertinentes como *astonishment, étonnement,* "com todos os raios", ao mesmo tempo paira o choque da estupefação. *A função de designação pára.* Diante de determinadas aparições, principalmente da natureza, o processamento conceitual é suspenso. Não por acaso, agora, pela primeira vez, o sublime não-verbal figurativo pode ser equiparado à poesia, e até mesmo preferido.

O Sublime

Na tematização do sublime, o século XVIII depara-se com a descoberta ou suspeita de que o momento de sobressalto de uma linguagem, já inefável, é constitutivo da experiência estética. Tradicionalmente o ser e a justificativa da arte tinham sido vistos essencialmente como um ato racional, com o qual a categoria do belo (limite, proporção, harmonia, totalidade

---

7 K. Bohrer, *Plötzlichkeit*.

visão geral) se dava melhor. Agora vai-se de encontro à exaltação quase não verbalizada de uma emoção avassaladora, o espanto mistura-se a uma perda de limites redentora, com júbilo, mas ao mesmo tempo como afetividade perigosamente pressentida. Tudo depende de diferenciar a própria exaltação, do processamento mental que ela experimenta. Pois quase já no gesto de seu descobrimento, a experiência que faz parte da morte e da inquietação foi neutralizada, purificada, "reterritorializada" em um esforço do pensamento, que pode ser chamado de sublime.

Para isso é exemplar a análise de Kant do sublime na *Crítica da Faculdade do Juízo*. Diferentemente do belo, a característica do sublime, tomada no sentido estrito não se aplica aos objetos em si, mas sim apenas a um certo estado de ânimo. Fenômenos só são chamados de sublimes impropriamente, na medida em que sejam "aptos" a produzir esse efeito no sujeito. Fenômenos que levam junto de si a ideia do infinito (o sublime matemático) são diferenciados daqueles que fazem ver um poder superior irresístivel-causador-de-temor (o sublime dinâmico), que para o observador significa a experiência de impotência completa: "rochedos temerários, inclinados, por assim dizer? ameaçadores, no céu nuvens de trovão que se acumulam, circulando com relâmpagos e estrondos, furacões com a devastação deixada para trás, o oceano sem limites, indignado, uma grande cachoeira de um rio poderoso e coisas semelhantes". Por que esses fenômenos são, entretanto, "mais atraentes quanto mais terríveis"? Por que devemos ao espanto "o aumento da força da alma, acima de sua medida habitual"? A resposta de Kant surpreende, pois não consiste numa fundamentação, e sim em um paradoxo retórico: *justamente* a "impotência física" sem esperança nos eleva, pois ela "descobre uma capacidade de julgar-nos como independentes dela, e ao mesmo tempo uma superioridade em relação à natureza, na qual se baseia uma autopreservação de uma espécie totalmente diferente", ou seja, justamente de tipo moral. Nenhum argumento. Muito mais o gesto indicativo de uma simples afirmação, ou melhor, de um gesto propriamente estético, sublime, que imita a tragédia. Kant descreve uma cena dramática, o *coup de théâtre* de uma conversão. A figura retórico-

-estética leva o ônus da prova daquilo que *deve* ser pensado: que se o registro de resistência real estiver totalmente esgotado, a consciência do ser moral e invencível deve forçosamente suceder, "o ânimo de poder fazer sentir a própria elevação de sua determinação mesmo em relação à natureza". *Per aspera ad astra*, da subjugação para a liberdade, da impotência para a elevação moral.

No caso do sublime, não é diferente, apenas não é a liberdade, e sim o pensamento do infinito o que muda a luz da experiência de impotência aqui descrita. O sentimento do sublime não é produzido apenas pelo poder, mas também através de fenômenos, fazendo com que o fracasso da faculdade de imaginação experimente representar para si o que é percebido pelos sentidos em uma *unidade*. Tal fracasso "pode também ser suficiente para explicar a consternação que, como se diz, assalta o espectador na Basílica de São Pedro em Roma em sua primeira visita. Pois trata-se aqui de um sentimento de inconveniência de sua faculdade de imaginação para a ideia de um todo, para representá-la, no qual a faculdade de imaginação atinge seu máximo e, no esforço de ampliá-lo, afunda-se em si mesma e, por meio disso, é colocada em um bem-estar comovente". Não é a ruína e o estilhaçar da emoção sintetizadora. No bem-estar, a queda se transforma muito mais em elevação, o constrangimento se ergue, o estremecimento do "espectador" – de novo a reminiscência da cena teatral – torna-se comoção, na qual a dominação é esquecida. Por outro lado, em uma peripécia dramática sem fundamento, a incapacidade de apreender um objeto "meramente grande" como totalidade torna-se autoafirmação: "poder apenas pensar o infinito como um todo mostra uma capacidade do ânimo, que sobrepassa toda medida dos sentidos". À medida que a faculdade de imaginação experimenta sua impotência, "utilizando toda sua capacidade de síntese infrutiferamente" em um objeto, a faculdade de imaginação, esse colapso a conduz a um "substrato suprassensível" (Deus) e, assim, ao estado de ânimo sublime.

Certamente se pode prever quanto de esforço do conceito purificador deve ter custado para dar outra interpretação com tal resultado, à essência da experimentação de impotência conhecida como irracional. Ouve-se a vibração erótica da vontade de angústia, quando Kant fala sobre o sentimento do sublime, que é "uma vontade só surgida indiretamente, e de modo que é gerada, através do sentimento de uma inibição momentânea das forças vitais e seguida logo depois por um derrame tanto maior quanto maiores forem as forças vitais".

Kant que em seu escrito mais antigo, *Observações sobre o Sentimento do Belo e do Sublime*, havia tematizado o sentimento do espanto de modo ainda mais despreocupado, livra totalmente a experiência da supremacia do ressaibo patológico e sexual. Ainda no momento do registro dos componentes do sentimento mimético-atônito, a experiência é domesticada com um gesto duplo para a certeza ético-moral: por meio de um primeiro gesto de desagregação o estremecimento, o choque, o inquietante é escamoteado, de modo que somente permanece um sentimento, que se tornou de certo modo descolorido, de pequenez, humildade e simplicidade do filho divino. Desde a origem, o segundo gesto, a interpretação espiritualizadora para o lado de Deus e da liberdade já está contida nesse primeiro desbotamento. O que é pensado sob o título de sublime não pode, assim, de forma alguma, ser identificado com o gesto logocêntrico de conteúdo deslocado: uma experiência de choque emocional e inquietante, com perda do chão.

Abalo, embriaguez, entrega irracional ao momento: primeiramente a doutrina do sublime teve em conta esse aspecto de experiência estética, e não por acaso nos limites da eloquência antiga. O escrito de um pseudo-Longino, *Peri Hypsus* discute no horizonte da *retórica*, no século I depois de Cristo, o sublime como uma qualidade estética da poesia. Era próprio ao discurso político forense, desde sempre, um traço teatral E agonal, uma consciência da supremacia do momento cênico entre o orador e o ouvinte, prescrito de modo infame à lei do efeito imediato. Para o orador, o tribunal sempre se tornou cena. Trata-se principalmente do efeito não-racional do que é significativo. Justamente devido à sua intenção de unir conteúdo e posição de estilo, não permaneceu oculto a retóricos como Longino que o efeito estético do significante (elevação dramatúrgica, meios de estilo retóricos "convincentes", mudanças de tensão, surpresa, admiração, atuação) tornava o discurso "sublime", ou seja, fazia o efeito forte proposto. A invasão (ou evasão) do sublime não está no sinal da deusa Peitho, mas sim no êxtase. Longino: "O grandioso não convence os ouvintes, mas os arrebata, sempre e por toda parte o surpreendente; com seu poder de abalar, tem um efeito mais poderoso do que apenas convencer ou agradar". Predomina a linguagem performativa, a capacidade de sentenciar é colocada em segundo plano diante de uma impressão contra a qual "só dificilmente se pode restabelecer, ou melhor, não se pode restabelecer".

Impressiona, na apreciação retórica de Longino, a intuição de que no momento em que o sublime inflama, uma fusão mimética entre o orador e o ouvinte torna-se fantasiada, uma literal identificação. A alma, diz-se, fica "preenchida com tamanha alegria, como se o que ela ouviu tivesse sido criado por ela". A *mímesis* participa do sublime, tornar-se Um, a metamorfose e perda de si mesmo também. Não de forma diferente do que da exclusão da distinção racional, pois era principalmente o eu e o não-eu que Platão combatia na *mímesis* do teatro. No máximo, assim argumenta a politeia – principalmente os guardas – não deveriam, de modo algum, se ocupar com a *mímesis* – ou seja, com a representação imitativa para distinguir do conto (dihegesis). Mas se for o caso, então, apenas para representar homens destemidos, prudentes, mas não, por exemplo, para algo vergonhoso, loucura ou mulheres, "para que não levem embora da imitação a existência, o ser". A transformação mimética, que participa da experiência do sublime, ameaça o Estado e a razão. E quando Platão previu algo da vazão mimética possível da consciência, para a natureza muda e absurda, ele mencionou expressamente a eventual proibição "de imitar cavalos relinchando, touros bramindo, rios rumorosos, mares bramando, trovões e coisas semelhantes".

O que a antiga retórica inicialmente anuncia – a fascinação mimética como componente essencial do estético como um todo – só foi, entretanto, trazido perante o tribunal da teoria e da filosofia no século XVIII – e isso a partir principal e expressamente do lado do receptor, enquanto a loucura divina (*mania, furor*) já havia sido apreendida antes como condição da produção da arte. Mas, por assim dizer, assustado, o pensamento do Iluminismo (*Aufklärung*) embalsama sua descoberta imediata e, novamente, nos monumentos de sistematização racionalizadora.

A ela pertence, sobretudo à delimitação conceitual, como sempre também forçada, que vem como auxílio à purificação. Assim como Platão separa, de modo muito sutil, o entusiasmo, desejado e necessário, do filósofo que guia ao mundo das ideias, do entusiasmo falso e doentio, em Kant também se pode observar como todos os aspectos perigosos do entusiasmo sublime ficam sob controle, pela delimitação contra a "exaltação" e o "fanatismo". Somente a construção do entusiasmo bom e verdadeiro permite ao sublime – de forma bem análoga ao "símbolo da história", que Kant visualiza no entusiasmo pela Revolução Francesa – tornar-se uma ponte, ficção de uma representação, mesmo que seja apenas "indireta", da ideia da razão no plano sensorial. Não é, portanto, para o reconhecimento de uma quebra ameaçadora que guia a inconveniência, a não-correspondência entre todos os sinais sensoriais pensáveis e a ideia da razão, mas sim a quase "hipotipose" justamente para sua mediação. O "entusiasmo" pela revolução demonstra – justamente porque o sujeito não participa de modo interessado, e sim o entusiasmo acomete o sujeito como espectador de um espetáculo teatral – a realidade da capacidade ética desinteressada no ser humano. O sentimento sublime demonstra – não o caráter quebradiço e fragmentário da alma, mas sim, sua integralidade e liberdade inexpugnável e sublime além das obrigações dos sentidos.

Não deve surpreender que nos *Cursos de Estética* de Hegel – que constroem a arte como etapas da forma de aparição sensível da alma – o interesse de um Burke ou Kant na reação subjetiva do abalo, da consternação e do espanto deixem de existir. Sua neutralização monumentalizadora é mais consequente que a de Kant. Ele interpreta a subjugação que caracteriza o estético em geral (mesmo Kant querendo se restringir à natureza e à área especial do sublime), com o auxílio de uma mudança moral-filosófica, de tal modo que no final o belo aparece como símbolo do eticamente bom. Por sua vez, Hegel faz uma relativização histórico-filosófica que relaciona o sublime à "forma de arte simbólica", a uma época da arte e do espírito da história mundial há muito tempo superada.

Nela existe uma inconveniência fundamental do imaginado e do que aparece no plano do sensível, e justamente essa incongruência entre significante e significado é que caracteriza o sublime: "O sublime, em geral, é a tentativa de expressar o infinito sem encontrar, no campo dos fenômenos, um objeto que se prove adequado para essa representação".

De certo modo, o símbolo da própria forma de arte simbólica são para Hegel as pirâmides do Egito. Diferentemente da plástica dos deuses de beleza ideal, as pirâmides, em sua forma abstrata e uniforme, remetem apenas ao seu sentido mais profundo – a morte e a eternidade. Esses "monumentos grandiosos" despertam assombro através da sua "grandeza incomensurável", "mas no tocante à sua forma, por outro lado, eles não representam nada fascinante". O que não fascina Hegel abrange muito mais unicamente o próprio significado, como um poderoso cristal, do que um "espírito que se separa".

A verdadeira arte do sublime está ainda a um passo da representação sensível: é a poesia hebraica monoteísta que celebra, pelo único meio adequado da palavra, a grandeza de Deus, que ultrapassa toda a contemplação, na qual domina uma relação somente negativa entre a representação – que só pode falar do incomensurável – e o representado. A poesia hebraica é sublime porque nega a imagem (da mesma forma, Kant considerara a proibição de imagens como a passagem talvez mais sublime do Antigo Testamento). Com todas as diferenças, o comum continua existindo: no sublime, tanto para Kant quanto para Hegel, o *limite* entre a representação finita e o conteúdo infinito torna-se o tema; o limite e a ruptura entre o campo dos símbolos e aquele que é tido como o seu objetivo. Em ambas as formas de pensar o sublime, trata-se de uma *inconveniência radical entre o significante e o significado*. Para Hegel, o símbolo estético ou natural no sublime, nunca se tornará totalmente transparente para aquilo que está além do limite. Em Kant, por outro lado, o fenômeno é compreendido como alusão simbólica a algo não-representável, que evita por seu lado toda presença. Objetos que são "adequados" a "estimular" essa experiência são, "segundo a forma, até contrários aos objetivos do nosso discernimento, impróprios para nossa capacidade de representação, e, de certo modo, violentos para a capacidade de imaginação". O sublime torna-se ameaça latente na *falta dos sinais linguísticos*, no fracasso da linguagem, porque ele faz até com que o percebido se torne duvidoso e enigmático. Pois o que pode significar para o sujeito um fenômeno real, como diz Kant, "levar junto de si a ideia de infinito?" Que se desenvolva uma exposição duplamente fantasmagórica, que o limite categorial de impressão sensível e de ideia se desvaneça, que surja uma hesitação, tanto faz que se esteja ligado a uma realidade ou a uma ficção imaginada. O sublime demonstra-se, como passeio pelo cume causador de vertigem, no qual processos de pensamento e percepções podem trocar os lugares entre si; o entusiasmo bom e saudável se mistura de modo ambíguo, com a exaltação e o ilimitado, semelhante ao delírio.

O Inquietante

O abalo sublime ou trágico (diante, digamos, da superioridade moral do guerreiro em Kant) jaz próximo à fusão, libidinosa e fantasiada, com seu poder. A experiência do mimético tornar-se um-só com o outro, não está longe do desconhecimento ridículo de limites e distâncias categoriais. O abalo pode se transformar em autodissolução incontrolável. Por conseguinte, foi objetivamente o jogo em torno do limite-do-eu provado e subjugado, um jogo em torno da estabilidade do próprio discurso racional. Mas este desprendeu a ambivalência da dominação e sujeição, unilateralmente em favor do último. Isto possibilitou a estética sistemática, entronizou ao mesmo tempo um conceito de arte, fazendo calar a cena *teatral* do estético – que se torna mais claramente visível no sublime. Tudo que move a teoria da arte de hoje estava reunido nessa cena: a questão a respeito do que nos sucede na arte (a recepção); a suspensão da orientação conceitual; a descontinuidade do significante e do significado; os temas do ilimitado, não-formado, abstrato; o "acontecimento" repentino de um choque. Entretanto, em tudo isso, foi registrada uma inquietação que deve ser vencida pelo trabalho sóbrio do conceito. Foram poetas como Hölderlin, cuja língua ousou avançar mais longe na terra de ninguém, entre a inquietação e o sublime, entre o *páthos* abalado e delírio perigoso. Assim, é na segunda versão do poema "Voz do Povo", que conta algo sobre a antiga cidade no Xanthos, que, sitiada por Brutus, foi incendiada. Subitamente, ainda irritados pela proposta de ajudar os sitiadores, os moradores, lutando sublime e heroicamente, são tomados pelo "maravilhoso desejo ardente em direção ao abismo", uma "vontade de morrer". Eles não só rejeitam a ajuda – "e todos estavam fora de si. Gritos / surgiram e júbilo" –, como também atiram-se, homens, mulheres e crianças, para a morte e o fogo. Inverte-se a imagem "sublime" do auto-sacrifício para a loucura – talvez influenciada pelo exemplo de seus pais, que já haviam incendiado a cidade uma vez, diante da ocupação persa. "Que encontrassem a liberdade". O sublime demonstra-se como inseparável do inquietante, do "impulso para a morte". A palavra-chave de Hölderlin permanece ambígua: as "sagas" (*Sagen*) são boas, "pois elas são uma memória / para o Altíssimo" ("denn ein Gedächtnis sinn / Den Höchsten sie"). Mas esse sublime necessita de uma coisa, para não ter um efeito aniquilador: "interpretar os santos".

No que diz respeito às *teorias* do sublime, então se pode certamente comprovar, para cada uma delas, uma interpretação que acomode o inquietante ao respectivo gesto do pensamento. Para a tradição alemã, é especialmente elucidativa a mudança de Friedrich Theodor Vischer, segundo a qual nós, diante do sublime, devemos nos sentir como "derramamento da mesma força da natureza que desdobra sua grandeza perante nós". "Vemos a força da vontade triunfar" ou desfrutamos pelo menos a plenitude de poder da natureza. Aqui a identificação com o vencedor, com o mais forte, é inconfundível, é a participação da sua irresistibilidade. No sublime vivenciamos uma embriaguez de poder. Igualamo-nos à natureza,

porque nossa fantasia se coloca sob a proteção da tempestade e brama com ela, porque nós nos elevamos juntos e migramos para a distância sem limites. Nós mesmos nos desenvolvemos para ser um poder da natureza sem limites, e por isso nosso coração aumenta. Enquanto predomina a indisposição, lutamos em pensamento com ela, mas a vontade surge, se formos partidários dela.

O leitor de hoje não vai querer fechar-se ao inquietante desta ressaca. Deve ser notório a quais fanatismos tal sublimidade do sentimento de poder favorece. Mais um motivo para evitar cuidadosamente na teoria estética hoje, ambos os perigos: a condenação da ideologia crítica precipitada do horror, que seria defraudada em um conceito de arte integral; mas também a paixão da reapropriação conceitual que imediatamente muda para o totalitário.

O sublime é o inquietante, as teorias do sublime são figuras de sua repressão. Essa reflexão permite aproximar duas discussões: a problemática do inquietante, que foi conduzido nos anos de 1970 e começo dos 80 ampla e internacionalmente, que aconteceu dentro de premissas de teorias do texto e lacanianas e estava, em sua essência, marcada pela psicanálise; e a discussão, recentemente retomada no contexto da pós-modernidade, sobre a categoria do sublime. Para a tentativa de ler o sublime como uma figura de neutralização do inquietante, está a favor historicamente a circunstância de que ambas as categorias apareceram quase simultaneamente no século XVIII. Em 1757 surgiu a análise de Edmund Burke sobre o sublime e o belo; em 1765, surgiu *The Castle of Otranto* de Horace Walpole, início da literatura de terror moderna e principalmente *gothic novel* (Arm Radcliffe, Matthew Gregory Lewis, Charles Robert Maturin). Por volta do final do século XVIII desenvolveu-se a verdadeira literatura do inquietante, artística e mais exigente, sob a legenda do romantismo e do pós-romantismo. E. T. A. Hoffmann se torna seu mestre na Alemanha. Nossa tese reza que, dentro da ampla área do fantástico, o realmente inquietante se caracteriza por meio da ameaça da própria linguagem ajuizada e racional, através do medo pela força da simbolização, que coloca o inquietante nas proximidades de uma ameaça pela loucura. O tratado clássico de Freud, de 1919, *Das Unheimliche* (O Inquietante) sem dúvida, deve ser submetido a uma leitura crítica, já que ele gira em torno deste conhecimento mais para ocultar, do que expressar claramente. Mediante o conto de Hoffmann, "Der Sandmann" (O Homem de Areia), Freud remete a motivos do inquietante para o reavivamento de complexos infantis reprimidos, principalmente do medo de castração. O próprio texto de Freud indica, no entanto, um fundo duplo.

Na segunda tópica, desenvolvida na época em que surgiram as noções do Eu, do Isso e do Super-Eu, Freud diferencia, ao lado do medo real, duas possibilidades de medo bem distintas. O Eu, "lugar do medo real", pode desenvolver o medo em consideração a exigências (não realizadas e irrealizáveis) do Super-Eu, o que caracteriza "apenas" a estrutura neurótica; ou o Medo do Isso, quando o Eu reage com medo à sedução que provém de desejos de impulso, cuja realização significaria, entretanto, uma "inundação" das funções racionais do Eu em geral. Tais aspirações conjuram um perigo muito mais extenso: a decomposição dos limites do Eu, a dissolução completa e impotência do Eu, a loucura psicótica. O inquietante – ler pensamentos, telepatia, o motivo do sósia – leva Freud de volta ao fato de que aqui uma fase mágica "superada" no desenvolvimento do Eu é reavivada, uma convicção animista primitiva de "onipotência dos pensamentos". Mas "superado", como ele mesmo enfatiza, não é reprimido, trata-se apenas da emoção reprimida que se transforma em medo. Freud renuncia a citar aqui a relação entre "onipotência dos pensamentos" e narcisismo primário, a ligação do inquietante que migra para a psicose para uma luz mais clara. Em vez disso, ele somente remete, em uma nota de rodapé, a *Totem e Tabu* (1912), onde ele já havia qualificado impressões que tentam comprovar a forma de pensamento animista como o inquietante. Mas é justamente em *Totem e Tabu* que se encontram também as seguintes frases sobre a arte:

> Só em uma área a "onipotência dos pensamentos" permaneceu conservada também na nossa cultura: naquela da arte [...] Com razão fala-se da magia da arte e se compara o artista a um mágico. Mas essa comparação talvez seja mais significativa do que ela reivindica. A arte, que certamente não começou como *l'art pour l'art*, esteve originalmente a serviço de tendências que hoje já estão em grande parte extintas. Entre elas pode-se presumir várias intenções mágicas.

A concordância é assombrosa: o motivo principal do inquietante se iguala ao da descrição da arte. Se Freud tivesse perseguido a proximidade entre a realização dos símbolos da arte (na qual de fato símbolo e simbolizado podem confundir-se) e o perigo representado pela loucura e a perda própria, então sua teoria da arte no total teria que ter um resultado significativamente mais "inquietante". Mas Freud liga a arte à neurose muito mais inofensiva, esforçando-se para manter livre esse grande "fator cultural" do odor do irracional patológico. Isso chama mais a atenção quando ele não hesita noutro lugar em comparar o filosofar com os mecanismos da esquizofrenia – supervalorização da "magia da palavra", da ocupação da palavra em lugar da posse do objeto e constatar entre ambas "uma semelhança indesejada na expressão e na forma". Se seguíssemos o caminho de análise não perpassado por Freud, mas apenas por ele indicado, o cerne do inquietante não seria o medo (neurótico) de castração, e sim o medo diante da regressão atraente e ameaçadora, em direção a uma posição narcisista da fantasia de onipotência. O medo vale para o perigo de um colapso dos limites do eu. Mas então o inquietante seria, muito mais do que um gênero específico de arte ou de vivências reais: ele seria constitutivo para toda prática simbólica, que, no processo de sua articulação, da possibilidade de representação identificadora e limites claros, faz com que exista o problema constitutivo para a prática estética de símbolos.

O Cênico

Depois que o paradigma do belo perdeu na teoria da arte a sua validade, a reflexão estética se desviou cada vez mais da obra. Com a mudança de acentuação da interpretação da obra para a questão da experiência estética, – assim como no caso do sublime – o momento subjetivo entra diante do objeto, diante da obra. Com a problematização da representação, que pela teoria dos símbolos não deve ser considerada em último lugar, aparece perante a unificação harmônica do significante e do significado (como no belo) a consciência de sua incongruência – como no sublime. Com o desaparecimento da estética sistemática a favor de teorias estéticas, entra, perante a interpretação, a reflexão posterior sobre a experiência "muda" de um "acontece!!", sobre a dominação, inicialmente e de certo modo, nunca totalmente verbalizável – como no sublime.

E mesmo o gesto (kantiano), da mudança da experiência de impotência em autoafirmação, não falta em teorizações mais novas do choque estético – tal como no sublime.

Foi Jean-François Lyotard que chamou novamente à consciência o parentesco entre o sublime e a vanguarda no contexto de seus estudos de dez anos sobre Kant[8]. Esse mérito mal é reduzido através de duas observações: de um lado, é a linha que foi traçada por Lyotard do sublime sobre a pintura do modernismo – principalmente de Cézanne – até Barnett Newman; já no início dos anos de 1970 enfatizado de forma semelhante por Max Imdahl no contexto de uma experiência estética e chamada por Imdahl de "catártica", de desorientação e emoção absoluta:

A imagem deve dominar como um fenômeno que exclui todos os auxílios de orientação formais e que desconcerta, e o domínio consiste justamente no fato de que aquele que vê está frente a frente do que é visto, sem precisão de lugar e inevitavelmente entregue[9].

Newman representa uma arte que "tem em vista, pelo que ele esclarece, uma desconceitualização do mundo" e, por meio de uma desorientação dominadora, abandona a área do "representável" de modo que o observador vivencie uma "exaltação", superando toda experiência que lhe foi confiada do seu próprio bem, no sentido de Kant, como "apelo à autossuficiência e autodesenvolvimento humano". Segunda observação: na *Teoria Estética* de Adorno, encontra-se uma discussão antecipada das reflexões de Lyotard sobre o sublime, à qual valeria a pena voltar não apenas pelo sentido das palavras.

A teoria da arte encontra-se, hoje, reconhecidamente no caminho de uma estética do objeto para o que poderia ser chamado de *estética da atenção*. A primeira consistia de variações de uma estética da ilusão (manifestação utópica, expressão, representação); a segunda enfatiza *o todo complexo da arte como uma situação*, uma cena na qual se trata, mais do que qualquer outra coisa, de deter-se, interromper, calar-se da trama de estrutura, que verbaliza. A experiência estética caracteriza a dialética

---

8 Ver as reflexões de Lyotard a respeito do sublime, em *Intensitäten*; "Das Erhabene und die Avantgarde", *Merkur*, n. 424 e *Der Enthusiasmus*,
9 Em H. R. Jauss, *Kleine Apologie der ästhethischen Erfahrung*.

da subjugação e domínio. Que este seja o instante do "acontecimento", como diz Lyotard, não permanece somente inscrito em todo domínio estruturador como lacuna, não-compreensão, impotência linguística – ele passa na vanguarda do outro estruturalmente como inserção. O estético tem a estrutura do acontecimento estritamente imprevisível e que não se pode deduzir. Por isso, a compreensão não é negada irracionalmente, mas *suspensa*. Conforme Peter Szondi, isso a experiência estética divide com o conhecimento filológico no qual ela não pode se estabilizar em um "saber" sem se destruir. O que antes havia sido pensado como um todo em forma de obra, aparece agora como um campo de forças aberto. A teoria é obrigada a buscar sua salvação não na sistematização, mas num para-pensar (*Nach-denken*) do descontínuo, irrepresentável. Com tal conceito, torna-se necessário refletir de modo novo as determinações tradicionais do estético, à luz de um outro paradigma. Não mais a estrutura, a duração, a representação, o sentido – não mais a obra literária eminentemente dotada de sentidos e significados – o que se torna paradigma é mais o acontecimento, o pontual, o momento de uma cena, a atenção. Enquanto Adorno queria comprometer o impulso mimético rigidamente com o desvio, somente quase representar-se a transformação em estrutura e construção, Lyotard fala, diante de novos desenvolvimentos nas artes, com toda liberdade de uma arte das *intensidades*. Numa estética da atenção, a ênfase está em um momento da impropriedade, da discrepância – a pintura não como representação, mas como insinuação do não-representável: no mundo do visível, joga-se o jogo do invisível. A música torna os próprios elementos de base como tom em decorrência do tempo objeto da experiência. Dentro do possível, nenhuma construção artificial estabelecida nos elementos e entre eles deve deixar que o tom e a experiência do tempo de vida desapareçam na composição e no tempo-arte musical. John Cage insiste no valor absoluto de qualquer acontecimento de som; o acesso à música deve, "definitivamente, desintelectualizar-se, desmemorizar-se, desconvulsionar-se"[10]. Os tons não devem ser transparentes em direção a dizer algo ou ao que eles "dizem"; trata-se simplesmente, da "atenção diante

---

10 D. Charles, *John Cage oder Die Musik ist los*.

das atividades dos tons". Negativa assim, para a lógica da construção exigida por Adorno, talvez à sintaxe musical: "Isso leva a que o ouvinte se torne um policial – ele faz um arrolamento das relações e não mais os tons em si".

Mais do que o texto, é a performance que se torna modelo no decorrer de uma desliterarização radical das artes. Ao contrário de vários temores, esse processo não representa perigo, mas sim uma chance para a renovação também dos discursos literários e teórico-literários – entretanto, fica a dúvida a partir de agora, em um sentido desconhecido para a tradição, pelo caráter do acontecimento, pela "cena" também do escrito e da leitura, em que se poderia seguir a tendência de, por exemplo, diminuir o abismo entre a interpretação e a encenação de um texto. (Uma estética da atenção, que chega a ser visualizada não seria simplesmente estética da recepção; pois ela abriu uma brecha no estudo da literatura, mas permanece no final, com certeza, negativamente ligada à estética da obra, na medida em que entende a atenção ativa da percepção muito exclusivamente como reconstrução retrógrada do potencial de sentido latente na obra, pouco demais como uma *encenação* autônoma frente à obra, o barulho de uma briga e de um jogo de formas de leitura e discursos divergentes).

Inconfundível é o caminho para a *teatralização* das artes, não apenas em eventos de rock e música *pop* para as massas. Também em Cage o músico se transforma e se despe para vir a ser ator, e a música torna-se momento teatral (*Theatre Piece*, 1960) – certamente, não no sentido da obra de arte integral, que visa uma totalização das artes nos limites de um tempo-arte construído, e sim como acontecimento que recusa sua reapropriação conceitual, que relaciona a temporalidade estética e extraestética. A estruturação conceitual é vencida a favor da aproximação e vínculo a um imediatismo da atenção e da escuta em uma situação pré-estruturada, mas aberta diante de acasos[11].

De forma semelhante, as artes plásticas se dirigiram a uma nova temporalidade do acontecimento cênico, seja pelo fato de que as pinturas intervenham com sua transitoriedade de for-

---

11 Ver a explicação de G. Franck sobre a atenção como nova "avaliação de diretriz", em Die neue Währung: Aufmerksamkeit. Zum Einfluß der Hochtechnik auf Zeit und Geld, *Merkur*, n. 486.

ma mais material, seja na performance e no *happening*, seja na definição do objeto como ocasião para experiências (visuais). Mais tarde com Duchamp o relógio de uma estética da obra e da (a-)parição começou a funcionar, abriu o caminho para a experiência subjetiva da inconveniência, inclusive a impossibilidade de representação – ou seja, do sublime – diante das formas ricas em variações do objeto belo. O *ready-made* aponta para o momento presente de uma experiência, na qual o observador, intervêm sobre o que foi visto, responde ao gesto do sujeito Duchamp. Surge uma *cena*, que vai desaparecendo de forma irresistível, que se levanta necessariamente na mesma medida em que o observador encontra caminhos de reapropriação e suspensão do processo: retransformação do objeto em uma obra, relocalização do *Urinol* no pedestal do museu. Uma estética da experiência momentânea abjura o ideal da duração, que a *apparition* (aparição) de Adorno descreve melhor como um relampejar de fogos de artifício do que como obra de arte. Com isso, entretanto, surge também o problema, não apenas moral, de que o acontecimento descontínuo que tende ao esquecimento, saia totalmente da dialética da memória (ou da memória da dialética).

Talvez a positivação do momento não passe por cima apenas do medo, que desejaria excomungar a duração de que todo o agora, deixado sozinho, poderia se implodir e se demonstrar como o nada? Assim, pelo menos o afirma Lyotard, que enfatizou a ameaça do nada como comunhão entre *avant-garde* e sublime. A arte manifesta esse espanto (sublime/inquietante) mesmo no lugar onde ela perdura. A insistência de Lyotard em relação a isso está no seu direito, mas não se pode ver corretamente como ele pode produzir a ligação *avant-garde/ sublime*, sem uma desconstrução da *récuperation* da experiência inquietante nas teorias do sublime. (Ele também subestima que Barnett Newman veja a experiência do choque, diante das suas obras e imagens, como obrigação para o observador tornar-se, em sua presença, consciente como observador e chegar acima da exaltação de sua própria atividade até uma autoafirmação – uma figura que é evidentemente comparável à neutralização de Kant!). A tese de Lyotard desemboca em positividade: É só certificarmo-nos do que não é representável! O fantasma foi exorcizado, o ameaçador na dissolução do limite entre o símbolo e a simbolização, a suspensão sobre o abismo de um *nonsense* está encerrada com a volta da colocação de limites entre o representável e o não representável. Mas como, se o sublime, que Kant não queria sujeitar nem ao objeto nem à ideia abstrata da razão, deve ser procurado sozinho na transição entre ambos? Se não atesta nada mais do que a quebra da certeza de ter em um objeto, apenas um objeto, e não por acaso um símbolo? Se o tom, a imagem, a palavra, a cena que leva o aqui e agora a uma suspensão que amedronta e é arrebatadora; se essa experiência fosse justamente o *deslizar por cima* da loucura, da perda de si mesmo, um passar ao largo que é ao mesmo tempo preso, mas aliviado em uma articulação conceitual, e que é por isso mesmo e ao mesmo tempo, falsificado, abolido, tornado "sublime" na sua realidade? Adorno parece ter em mente essa essência inquietante do sublime em determinadas passagens da *Teoria Estética*. Sua fórmula "Comunicação do Incomunicável" não está longe do caminho à alusão de Lyotard para o não representável. O espírito apresenta-se como algo sensorialmente não representável e se funde de forma paradoxal com a natureza naquilo que ela tem de elementar. Essa liberação do elementar no sublime possibilita uma arte, "que estremece em si mesma" e que corresponde subjetivamente ao "abalo". Sua representação em Adorno torna o momento da dissolução do si próprio ilimitado:

> Abalo, contraposto rudemente ao conceito usual de vivência, não é uma satisfação particular do eu, não se assemelha ao prazer. Ele é mais uma lembrança da liquidação do eu que se dá conta, algo abalado, da própria limitação e finitude. O eu necessita, para olhar apenas um pouco além da prisão que ele mesmo é, não de distração, mas sim da tensão mais extrema; isso preserva o abalo, aliás um comportamento involuntário, diante da regressão. Kant representou fielmente na estética do sublime a força do sujeito como sendo a sua condição [...]. O eu desaparece no momento do abalo de modo não real; o êxtase, que se dirige para lá, é incompatível com a experiência artística. Por momentos, entretanto, o eu percebe a possibilidade de deixar em segundo plano sua autopreservação, sem que fosse o suficiente para realizar aquela possibilidade.

Aqui se encontra uma – poder-se-ia dizer talvez a única – reflexão sobre o dar-se conta seguinte ao choque, já implícito nele, da dominação, que consegue passar sem uma positivação sublime. É entretanto inconfundível a necessidade de delimitar o sublime "correto" contra o êxtase, a regressão e a substituição. A *Teoria Estética* persiste ideológica e criticamente no limite com uma desconstrução não-afirmativa e deve, assim, retirar de forma bastante enérgica a percepção da natureza oprimida, a imagem do ataque ao "princípio do eu, o agente interno de opressão", contra o ponto fundamental de domínio regressivo, diante do "poder do ser-assim e não-de-outro-jeito, a cuja epifania tais momentos da arte se fixaram". Quando Adorno dá razão a Kant, de que o sujeito no sublime alcança aquilo "que é diferente", através da experiência da própria nulidade e o censura por esconder esse outro, por sua vez no "sujeito inteligível", então mesmo a *Teoria Estética* não pode livrar-se desse gesto unificante quase involuntário do espírito.

ECONOMIA DO DISPÊNDIO
George Bataille*

O Obsceno

Na biblioteca descuidada, o eu-narrador do texto obsceno *Minha Mãe* encontra, após a morte do pai, atrás de livros empoeirados, um maço de fotos obscenas, que o iniciam nos segredos estimulantes e repulsivos do sexo, dos testemunhos. O pó ocultava apenas insuficientemente o segredo agora revelado da câmara abafada dos trastes. Após a morte do (Deus-)pai, a criança, livre e abandonada, lê no texto hieroglífico deixado para trás por sujeira, imundície, garrafas de álcool, escrita e quadros; não é um filho da lei, da união conjugal, mas sim do impulso do esgotamento de recursos, desgaste instintivo, bestial. Pierre tem de se convencer da realidade ultrajante de todo pudor, do vil, do bestial. Ao abrir a janela, traças voam na luz do sol, morte e podridão impregna o cenário. O corpo orgânico é pressentido como lugar de uma vontade de prazer inominável e do último dispêndio: queda para a mortalidade. Pierre desmorona ao olhar as imagens vergonhosas e que confundem os sentidos. A excitação que o prende, significa em Bataille em todos os sentidos uma in-auguração**. O corpo, perto de um desmaio por causa da fraqueza, abre-se em desmoronamento. Em sua "queda interior involuntária", abre-se uma possibilidade até então fechada: uma comunicação com a mãe, inexprimível, para lá da lei.

O Pierre de Bataille apaixona-se pelo pensamento de que não teria mais direito, na infâmia de seu desejo somente agora sabida, de enrubescer por causa da infâmia da mãe. Por sua vez, a mãe não poderá mais supor em seu filho nenhuma virtude – e foi essa suposição que abriu entre eles o abismo. Bataille descreve muito cuidadosamente, como um passeio ao cume, processo e aproximação e não como estado alcançado, a evolução do sujeito, o deslizar em direção a uma cumplicidade íntima no pudor sempre superado.

---

* Publicado com o título Ökonomie der Verausgabung, em *Merkur*, n. 9, 1987.
** Na impossibilidade de obter uma equivalência em português para *Er-Öffnung*, optou-se por esta versão aproximativa (N. da T.).

Eu tive de me acostumar e familiarizar-me lentamente com o pensamento, de ser apenas um ser *sem substância*. Eu ganharia acesso à única felicidade, que de agora em diante poderia corresponder ao meu desejo: aquele – que se demonstrasse também como sendo terrivelmente *infeliz*, e mesmo que nunca pudéssemos *falar* disso – um sentimento de cumplicidade unia minha mãe e eu.

"L'idée de n'être plus qu'un être sans substance" (a ideia de ser apenas um ser sem substância) – *comunicação*, conforme Bataille, não existe entre seres fechados, substanciais, preenchidos, e sim somente como união sempre ambígua das aberturas, lacunas, perdas. A abertura dos limites do eu, por cima das aberturas do corpo, não é uma afirmação utópica de felicidade, não assegura nenhuma "verdade" em uma simbolização repetível. Mas não nos esqueçamos que esse outro lado da linguagem é representado em um texto. A grande dificuldade de Bataille, de seu comentário, está estabelecida aqui, e mesmo assim, se trata não de favorecer o tipo de leitura errado, popular, que remete a Bataille, para propagar uma oposição metafísica entre o reino dos sentidos, do saber, do discurso recortante e o reino supostamente mais verdadeiro dos sentidos, do "corpo", do exuberante ou do ser humano total. Não se trata da celebração do desejo sexual no *érotisme* de Bataille, só superficialmente se trata de perversão (masoquismo, desejo de humilhação e pelo que é repugnante). Certamente o perverso representa a área de transição na qual o sexo se desatrela do mundo dos objetivos e da utilidade, do sentido da reprodução. Mas por que Bataille deveria definir o *érotisme* como "experiência interna" se se tratasse do corpo, da salvação de uma natureza diante do amortecimento pelo logos e através da história?

A ênfase do que é violento, repugnante e degradante causa estranheza, à primeira vista, no discurso de Bataille sobre o erótico. Ela aniquila toda tentativa de colocar sua obra a serviço de uma transfiguração da natureza rousseauniana ou como quer que seja enfatizada. Mesmo quando o sentimento da excitação exposto à morte é metaforizado nos textos obscenos com bastante frequência através de chuvaradas, trovões e tempestades; na *violence* de Bataille, trata-se de uma comunicação entre sujeitos humanos. A in-auguração violentadora diz respeito ao sujeito desejante, da mesma forma que ao sujeito desejado.

Ilustrado de forma aproximada no fenômeno do suicídio por paixão, o dispêndio erótico significa que o "coração se divide", porque ele não consegue incorporar a violência elementar da experiência. Trata-se de uma *deficiência*, pensável somente como não-presença, como perda e prévio deleite, indicação a um passado e futuro, igualmente inalcançáveis. O riso lascivo da mãe faz Pierre experimentar a cisão original como cisão – uma ferida cuja abertura nada mais é do que a incisão limitadora da proibição, que separa a cena do que é permitido e representável da ob(s)-cena do "impossível" e assim condena o ser vivo consciente à descontinuidade. Se de certa forma, o obsceno constitui uma volta à animalidade, ao consumo apaixonado e recíproco na fusão do tipo de comunhão de intimidade renovada, a animalidade em si não oferece uma experiência do obsceno, e sim apenas a animalidade do animal-homem dotado de fala. Obsceno é o animalesco na representação através de uma consciência, no campo das proibições, ou seja, dos símbolos, portanto, da linguagem, cujas leis são transgredidas.

A norma é o pudor. "Não éramos despudorados, pelo contrário, mas uma espécie de timidez nos obrigou a desafiar o pudor"[12]. Medo, correlação e expressão da autoafirmação e autolimitação incondicional é apenas a generalização do pudor íntimo. O pudor é, de modo bem bíblico, o saber, o conhecimento dos limites, da diferença sexual. "Braver le pudeur" (desafiar o pudor) significa, assim, simultaneamente com volta momentânea à natureza a transgredir o saber. A *transgressão* almeja um arrebatamento violento, a favor da qual a perversão responde metonimicamente; transgride os limites da

---

12 *Die Geschichte des Auges* (A História do Olho), junto com *Meine Mutter* (Minha Mãe), foi publicado em *Das obszöne Werk*, Reinbeck bei Hamburg: Rowolth, 1977. Em Munique foi publicado por Matthes & Seitz, *Die psychologische Struktur des Faschismus / Die Souveränität* (A Estrutura Psicológica do Fascismo/A Soberania, 1978) e mais em alemão *Die Tränen des Eros* (As Lágrimas do Eros, 1981), *Die Aufhebung der Ökonomie* (A Abolição da Economia), incluindo *Der Begriff der Verausgabung* (A Noção de Despesa), *Der verfemte Teil* (A Parte Maldita), *Kommunismus und Stalinismus* (Comunismo e Stalinismo, 1985), *Die Literatur und das Böse* (A Literatura e o Mal, 1987); pela Ullstein de Berlim, *Der heilige Eros* (O Erotismo, 1982); pela Merlin de Gifkendorf *Gilles de Rais* (1983); pela Klett-Cotta de Stuttgart *Lascaux* (1983); pela dtv de Munique, *Das Blau des Himmels* (O Azul do Céu, 1985). As *Oeuvres complètes* em nove volumes foram publicadas pela Gallimard de Paris.

civilização (o tabu do incesto, o núcleo da cultura em geral por canalizar o impulso animal em estruturas simbólicas); o limite do corpo (em um desprender-se desinibido no outro corpo); o limite do si próprio (que não se atêm mais na paixão como objetivo em si). O sentimento de "ter um chão firme sob os pés" faz parte da essência da excitação. Ele manifesta a verdade de que no prazer acontece um salto mortal. O princípio da perda pura inverte a aspiração egoísta por ganho em prazer: uma "impotência desejada" almeja a "morte em si mesma", ou seja, a demissão de toda intenção e expectativa de ganho, ligada ao eu a favor do momento preenchido radicalmente, de um dispêndio dissipador das forças, "sem se subordinar à preocupação" que vê o futuro e exige autopreservação. A subordinação sob intenções se reduz a favor da *soberania* da não-capacidade, do não-ser. Bataille chama de experiência "o contrário da ação, nada mais", pois ela se define por meio do fato de permanecer subordinada a um projeto em direção ao futuro. Mesmo o pensamento discursivo ainda é ação. Bataille reconhece nisso a forma temporal de um "adiamento da existência para mais tarde".

O ser ligado ao objetivo em adiamento é contrariado pelo desejo de intensidade extrema. Esse desejo de chegar ao limite do possível até o excesso (no limite do que é "impossível" num duplo sentido) permanece necessariamente ambivalente: por um lado, promete a plenitude da existência e é ao mesmo tempo uma autopromessa do juízo. Porque ela suspende a lógica da (sobre)vivência, conjura a transgressão do medo da morte. Morte, violência, autodissolução estão inscritos no desejo:

> Sempre se trata de desinteresse na preservação da vida, de indiferença em relação a tudo que contribui para assegurá-la; do medo sentido sob essas condições, que vai até o instante em que as forças desaparecem; e finalmente se trata de abrir-se ao poder vital imediato, que está normalmente comprimido e se liberta de repente, derramando-se de alegria-infinita de-existência[13].

Bataille se refere a Sade devido à relação ali explícita entre desejo e transgressão das proibições. Mas também fica cla-

---

13 G. Bataille, *Der heilige Eros*.

ra uma diferença. Na medida em que Sade tentou articular a brutalidade fundamental e, ao mesmo tempo, esclarecer a respeito dela, sua linguagem se enreda em um paradoxo. Ele não sai do nível do projeto, da pretensão, da intenção, porque ele transforma a violência num programa, para a vontade racionalizada em direção à violência. A verdade da violência torna-se finalmente linguagem, pelo desvio que passa pela perversão – contudo, de tal forma, que o sujeito absoluto permanece em um isolamento que não pode ser anulado. Por outro lado, nos textos de Bataille predomina o motivo de uma *comunhão* dos dispêndios. A comunicação contém um resto de intersubjetividade e evita assim a solidão gélida de Sade – mas também o fantasma (atribuído ocasionalmente a Bataille) de uma "subjetividade coletiva". Nos dispêndios comuns de indivíduos, a superação, sempre nova, do medo e do pudor se torna bem mais possível. A primeira cena obscena de *A História do Olho* apresenta como Simone, sob o olhar de Pierre, se abaixa em posição despudorada em direção ao prato de leite do gato. A ação perversa segue, entretanto, a um jogo de palavras surreal: "L'assiette c'est fait pour s'asseoir" – os pratos são feitos para sentar-se neles! A perversão do corpo está entrelaçada com a versão da linguagem, com o desvio da trilha dos sentidos. *Sem linguagem não há transgressão, sem discurso não há experiência.* Para todas as categorias de Bataille (o riso, o heterogêneo, a soberania, a parte maldita, o dispêndio...) vale, *mutatis mutandis*, a mesma lógica; ela define o discurso como lugar da experiência, que, entretanto, não se identifica com o discurso, mas que o atravessa. E ela define a experiência que se imagina, em um calar profundo da natureza, distante do acesso ao discurso significativo, como já *incluída nela*. Nesta relação única fixou-se a dificuldade que leva a procurar modelos (provisórios, por proximidade) para o tipo de realidade que é indicada por conceitos como "experiência interior" e *érotisme*.

Um modelo assim é o discurso do inconsciente. Em relação ao campo da consciência, o inconsciente não pode ser entendido somente como uma outra realidade, e sim como um outro tipo de realidade. O campo do discurso, ocupado pelo sujeito consciente, é capaz de observação e de uma representação. A realidade da consciência se encontra no mesmo lugar que seu efeito: o discurso de alguma forma coerente. Diferente é o inconsciente, que não tem um lugar. Quando ele

se expressa, então o faz sempre e exclusivamente em outro lugar, no campo do consciente. Aparece em geral apenas enredado no texto de uma outra estrutura. No modelo da realização errada isto pode ser claramente observado: o inconsciente só pode ser ouvido, só pode ser lido como falha, distúrbio, interrupção, derivação de um discurso que não é o seu. Desde que o inconsciente é estritamente coextensivo com efeitos que ele provoca em outro lugar, e de outro modo não existe *de per si*, ele não está presente da mesma forma que o consciente e permanece heterogêneo para o discurso nessa forma diferente de ser (não apenas um outro existir).

Discurso e Experiência

Não comecei com observações em relação à obra obscena de Bataille para atribuir-lhe um privilégio diante do que é teórico. Não se deve nem sequer buscar nas obras eróticas a atualidade da provocação de Bataille. Mas toda interpretação e apropriação dessa obra persegue um fantasma, desde que ela não queira admitir que seu texto é desvirtuado através de uma certa retirada da substância do âmbito da *ob(s)-cena* – o tema de Bataille é aquilo que não é posto em cena em nenhuma representação discursiva, mas apenas à margem, "à la cantonade"*, (que) fala dentro e fora dos bastidores. Trata-se para ele de um único problema em variações sempre novas – assim como se pode dizer, que na filosofia de Hegel, orbitando em variantes sempre novas, o tema é sempre o mesmo: a negatividade. O tema de Bataille é separado só por um triz da ideia do negativo, mas a diferença é literalmente de uma totalidade: a escrita de Bataille circunda o intervalo minúsculo que separa o discurso como um todo fechado, como representação de estados de coisas e como teoria da articulação (jamais inteira e jamais concluída) do não-saber. Um título como *Conférences sur le non-savoir* (Conferências sobre o Não-Saber) parece de início absurdo. Mas o *non-sa-voir* não é, de fato, jamais visto, representando uma lacuna ou um calar-se, que não pode ser representado, mas que somente na representação *intervém nas falas*, como invisibilidade invisível.

Bem diferentes são os palcos em que Bataille se apresenta na (não)encenação do intervalo sempre novamente incorporada: comentário filosófico, etnologia, patologia sexual, literatura, estudos literários, estética, antropologia, ciências da arte, poesia, politologia, sociologia, discurso místico, psicologia da religião. Essas lógicas espalhadas pelo campo dos discursos parecem irreconciliáveis. Mas nenhuma é a sua. Ele segue apenas a ilusão da regra de interpretação correspondente, alcança-a por um tempo para deixá-la parada, em qualquer oportunidade, no primeiro canto que aparece. Poesia? "Je m'approche de la poésie, mais pour lui manquer" (Eu me aproximo da poesia, mas para sentir sua falta)[14]. Filosofia? "La philosophie, par exemple, se reduit pour Bataille [trata-se de uma nota autobiográfica, redigida em terceira pessoa] à une acrobatie – dans le plus mauvais sens du mot" (A filosofia, por exemplo, se reduz, para Bataille, à uma acrobacia – no pior sentido da palavra). Seguir as *Acrobatas-cias*, nas pontas dos pés, possivelmente sem chão firme, para lugar algum. Trata-se, conforme a continuação do texto, justamente de não estabelecer nenhum objetivo e *nenhuma finalidade*. Ficaria assim a impressão de ciência. Os escritos de Bataille não divergem, argumentando-se na sequência correta, do material dos etnólogos, antropólogos, economistas? Alguns não chegam até a acusá-lo de que teria se entregado temporariamente à ciência? Bataille: "Eu insisto: se às vezes eu falo a linguagem de um cientista, então é apenas aparência"[15]. As formas dos discursos não podem ser separadas dos objetivos (Lyotard). O comportamento das escrituras de Bataille em relação aos discursos é parasitário, sem que a palavra devesse manter a sua usual conotação negativa. A palavra retira-lhes a força, os maltrata para atravessá-los; os atravessa, para que a articulação daquilo que não deixa nenhum discurso ter sentido, tenha uma linguagem do sentido; linguagem que existe apenas para dizer o silêncio do não-sentido. Muita satisfação faz parte dos resultados do discurso racional para afastar tal esforço para o campo do que não é mais possível de ser discutido racionalmente. Permanece, assim, desco-

---

* Falar com um personagem que não está em cena (N. da T.).
14 G. Bataille, *L'Expérience interieure*.
15 *Der heilige Eros*.

nhecido que a aplicação dessa prática do texto seja justamente a questão polêmica pelo *status* do próprio discurso lógico.

E também segundo os seus efeitos de poder. Mas qual é a instância subordinada, se não a do poder normativo da institucionalização de determinadas regras linguísticas, que se orienta naquilo que permanece excluído do discurso da ciência? É claro que, quem está decidido a não *ler* Baitaille, e sim a se sujeitar à homogeneidade de um outro discurso sistemático, não vai encontrar nele nada mais do que uma "teoria social" ou "filosofia da história", e certamente questionável. É sempre possível destilar teses de sua prática textual a-tética, que podem ser chamadas pelo menos apropriadamente de incomprováveis, e não-apropriadamente de serem absurdos. E de forma infalível será colocada a questão de como alguém confessa ele próprio o que diz e se retira do conceito que transmite sentido, não recua desde o início em um silêncio significativo, imersão, poesia, em vez de misturar suas confusões de forma perturbadora, nos discursos bem formados da comunicação racional. Essa exigência esquece, porém, que o limite entre discurso e o silêncio formulados desse modo não se tornaria tema. O calar-se participa do poder regulador de exclusão e da negação que acontece ao absurdo.

Não se trata de forma alguma do enaltecimento do corpo em vez da razão, e sim de um deslocamento dos limites do discurso; não se trata da negação do sentido (negação que não se priva como tese da lógica do sentido), e sim de um *adiamento do sentido na proximidade do discurso*. Não através de um resumo e sim apenas como um coabitante importuno do edifício da semântica, que pode perturbar a prática textual. Ela torna reconhecível que o discurso à semelhança da superfície do mar, certamente mostra o universo acima de si, mas não libera a vista para o que trabalha dentro e abaixo dele. A pergunta então é a seguinte (não existe resposta compreensível e definitiva): como, quando e onde, sob que condições pode aquilo que foi reprimido no mar do silêncio, aparecer na superfície do discurso, superfície que cobre a sua profundidade de forma sistemática pela coerência nunca interrompida? Como é que se encontra o nexo imaginável entre experiência muda e discurso significativo, entre o prazer profundo e dispendioso e o maquinário do significativo daquilo que é importante?

A Ficção: Animalidade e Sacrifício

Não falemos das teorias de Bataille, mas de suas fábulas; adiemos a questão da sua relação com os estados das coisas e comecemos com a fábula do início, da *animalidade*. Segundo isso, no início teria havido a "imanência". Sem quebra, os seres vivos se fundiram com o seu meio em um imediatismo imemorável, *intimidade*, que o ser humano vai tentar recuperar futuramente, de modo desesperado, no Eros, no sacrifício, no dispêndio. O estado do imediato significa uma fusão universal dos seres vivos: *continuidade*. Sem ser interrompida de modo algum, na cena original da animalidade, que fascina Bataille: um animal devora o outro. Muito mais se demonstra a intimidade somente aqui em sua plenitude, pois o animal vencedor, esse o fim surpreendente, nunca torna o vencido, que ele destroça e devora, em um objeto. Na *violence* original continua a fusão dos seres vivos, o estar-aberto perante toda a delimitação de forma conclusiva. Se, por outro lado, o ser humano caça o animal com uma arma, cozinha e prepara sua carne, então ele quebra a continuidade, torna-se sujeito consciente, "descontínuo", que define o outro ser vivo não somente como algo separado dele, mas também como um objeto a ele subordinado. Na animalidade, por outro lado, não existe relação de domínio e subordinação. Só na fábula humana o leão é o rei dos animais, projeção do mundo de senhores e servos, sujeitos e objetos. O animal de rapina, entretanto, que ataca sua vítima, não é nada mais do que a grande onda no oceano da continuidade silenciosa, que engole a onda menor – para Bataille, uma imagem que sempre volta a si própria, possui o valor de uma revelação e uma evidência elementar.

Uma batida de tambor rompe essa harmonia das notas-chave: intimidade, continuidade, imanência e violência. Ela quebra a esfera do que é animal, que, para Bataille, não é conveniente, devido à ausência de objetivação de designar como subjetividade. No lugar da participação do animal homem no meio ambiente, aparece como *ferramenta* a capacidade de considerar outra coisa que apenas objeto, mera coisa. A ferramenta traz com uma batida as categorias espaço e tempo ao mundo. Espaço: pois como o objeto de passagem da psicanálise, ela constitui uma área do limiar entre aquilo que é próprio ao sujeito e ao seu ambiente, portanto, entre interior e exterior. Tempo: pois o trabalho na ferramenta só conta se for com vista a um resultado esperado e útil – não como agora, e sim com vista a um futuro, cuja dimensão se inaugura dessa forma. Na perspectiva dessa transformação o ser humano vai levar tão longe, que para ele – quase – nada tem mais valor como fim em si mesmo, para o momento vivido. Em uma automação peculiar toda a realidade entra na ressaca da "coisificação", que começou com a ferramenta. Se A só tem valor por vontade de B, mas este só tem valor por vontade de C, desaparece o sentido de A, B, C, sempre em favor de um sentido último, que nunca aparece no constante adiamento. A ferramenta introduz a possibilidade de desvalorizar todo momento de vida do presente, em vista a um outro que o seguirá. A atividade que precede aqui e agora (por exemplo, ler, escrever este texto aqui) vale então somente com vista à consequência no futuro, não por sua própria vontade.

A consciência homogeneizante, constituída no processo da história, do trabalho, do discernimento, colocada ela própria e o seu meio como objeto, apresenta duas lacunas. Conhecer significa, para a consciência da produção útil, tanto quanto o poder de produzir. A exceção a isto, são os dois objetos "impossíveis" do saber: o sujeito dentro da sua peculiaridade que não pode ser repetida e o tudo do mundo. Nenhum dos dois pode ser "bricolado", os dois tornam-se a porta de entrada do sagrado. Passemos por cima de tudo, que na religião arcaica leva à representação de uma essência maior, que pode ser pensada como criadora da totalidade do mundo. Para Bataille é mais significativa a perspectiva do sujeito humano, que com o trabalho perdeu a entrega inconsciente ao agora. No *sagrado*, o sujeito constituiu através da proibição e dos tabus uma área fora dos limites, onde continua a existir o eco longínquo da animalidade sem sentido. As primeiras proibições dirigidas contra a sexualidade e o assassinato, são transgredidas muitas vezes nas cerimônias rituais e nos sacrifícios sangrentos e, assim, não é perdido totalmente o contato com a violência elementar. *O divino é o animalesco.* O fenômeno assombroso que unifica no culto religioso a vítima, a sacralização e a eliminação absurda do objeto do sacrifício ou do ser vivo, não significa outra coisa senão que o objeto sacrificado foi retirado da ordem real da utilidade e, assim, é restrito o poder absoluto da atividade utilitária do adiamento. Na morte violenta, a vítima é privada da utilização prática e devolvida para a região da intimidade e da participação.

Será que é assim? Bataille não se cansa de insistir, que a realidade de um fenômeno não corresponde nem à animalidade, nem à vítima. Eles indicam o *efeito do seu discurso*, que inscreve no texto das discussões teórico-religiosas o reconhecimento da própria experiência. A animalidade é chamada por Bataille na *Théorie da la religion* (Teoria da Religião) uma *mensonge poétique* (mentira poética)! Seu texto substitui, tal como foi explicado, o "nada da ignorância" sobre a realidade da visão animal através de um "relampejar das palavras". A discussão antropológica apresenta-se como *ficção*, mais exata do que um "prelúdio". Enquanto não existir a interpretação "real", o texto pode ser deslocado como prelúdio ou epílogo, indicando a fresta que é o limite do silêncio. Bataille pergunta se uma paisagem deve ser descrita objetiva, cientificamente, como se fosse um objeto, uma coisa, sem a existência da visão humana, será menos absurdo do que fingir a sua existência sob a visão do animal? No segundo caso, a diferença consiste em que uma profundidade *me* é aberta no animal, que me é familiar. Nunca poderemos observar um animal de forma tão *objetivante* como algo inanimado. A vida muda no agora e vem ao nosso encontro na contemplação do animal, como uma ressaca no abismo da intimidade, que brilha no olho do animal para subtrair-se. Nenhuma versão filosófico-histórica da expulsão do paraíso. No mar dos tempos pré-históricos, a prática de texto de Bataille pesca o nada. O lançamento da sua rede sobre as águas vazias parece ser em vão. Enquanto ele atravessa as águas, ele faz com que o abismo do vazio que se abre sob nós seja a sua experiência.

Poder-se-ia afirmar, mesmo que não seja da animalidade, pelo menos do *sacrifício* ritual, que é uma forma tangível, empírica daquela outra existência denominada por Bataille também como soberania? Para o pensador da *dépense*, não deveria dar-se, de fato, ao menos este dispêndio? Mais uma vez, aquele que procura a verdade é desapontado, embora o homem que assassina a vítima, por transgredir a proibição, aproxime-se do animal, do qual o separa a apresentação do tabu. Mas Bataille numa observação mais acurada, define a cerimônia do sacrifício como autoilusão dos participantes. A volta à continuidade acontece através do desvio de uma identificação fictícia dos participantes com a vítima: "*Não existe verdadeiramente* a restituição do animal morto ao mundo da participação, existe simplesmente um vazio que se abre e um vazio sobre o qual se estabelece uma comunicação sagrada"[16]. Bataille não hesita sequer em comparar a posição dos sacrificantes com os leitores dos romances de aventuras, que convivem interinamente com os melindres da perda, com o sentimento de pairar no maior perigo de vida:

> A literatura na verdade vem depois das religiões, ela é a herdeira. O sacrifício é um romance, um conto de fadas, ilustrado de forma sangrenta. Ou melhor, ele é em estado sem desenvolver, uma representação teatral, um drama reduzido ao episódio final, no qual a vítima, seja ela humana ou animal, apresenta-se sozinha, até a morte[17].

O Dispêndio

"Dans la manière de pensée que j'introduis, ce qui compte n'est jamais l'affirmation" (Na forma de pensar que introduzo, a afirmação é o que jamais importa)[18]. Para simpatizar com Bataille, pode-se excluir sempre um ou outro momento: aceitar os seus textos como um pensar, mas procurar o conteúdo nas afirmações; ou então aceitar o gesto da retirada das afirmações, mas esquecendo que se trata ao mesmo tempo de um pensar. Tendo em vista as práticas textuais plurais "polilógicas", as diferenças dos tipos predicativos do discurso ficam diminuídas. Elas tornam-se cenário, no qual o riso encontra um lugar na passagem do que é discursivo. Com esta palavra, Bataille designa o estouro da mente, a experiência da gratuidade, um *riso*, não da sátira, mas da morte, "mourir de rire". Mas rir também da morte. Uma minimização do êxtase sem sentido não seria

---

16 *Schéme d'une histoire des religions*.
17 *Der heilige Eros*, p. 59.
18 *L'Experience interieure*.

admissível. Ele contêm o que existe de *mal*, conforme a escala da convivência humana. Em *A Literatura e o Mal*, Bataille coloca-se frente ao problema de delimitar "o verdadeiro e o puramente mal", ou seja o ponto em que as oposições sociais, morais e lógicas desmoronam contra o que é ruim que, de forma egoísta, procura uma vantagem. Ele não tem outra saída senão operar com a diferença de um ruim bom e um ruim mal, sem que um possa ser desligado totalmente do outro. Por outro lado, a diferença pode ser pensada como efeito do discurso descrito como "impossível". Nada se priva totalmente da lei. Mas para poder pensar o ruim desinteressado, que passa inadvertidamente pelas distinções racionais, Bataille arrisca a ambivalência: que ele não pode levantar uma barreira contra a repreensão de que ele estaria exercendo uma festa da violência. Entretanto, seria impossível a separação que indicasse um território separado ao predicativo e ao calar-se:

> A alocução soberana [de Bataille] não é *outro* discurso ou outro encadeamento o qual esteve sendo desenvolvido ao lado do discurso significativo. Existe apenas um discurso e este intermedeia significações; aqui não dá para deixar de citar Hegel. O poético e o extático é aquilo que, *em todo discurso*, pode ser deduzido da perda absoluta do seu sentido, do in-fundado do sagrado do não-sentido, do sem-saber ou do jogo e da perda do saber, a partir dos quais desperta com a ajuda de um lance de dados[19].

O discurso que prediz oculta que o barco de destino seguro navega numa corrente heterogênea de condições mudas de poder e violência, e no turbilhão de ocupações libidinosas ainda mais: recebendo deste abismo do sem-sentido a sua força de acionamento. Pois o trabalho (mesmo aquele conceitual) não gera sentido por si próprio. A partir deste ponto de vista, cresce o pensamento secular de Bataille, o sentido do dispêndio (*dépense*), o motivo em volta do que poderiam ser agrupadas sem muito trabalho sua escrituras. O pensamento básico: a vida, o organismo dispõe em princípio de mais energia do que a necessária para a sua manutenção. O excesso precisa ser cedido, gasto, dilapidado. E pelo lado da sociedade:

---

19   J. Derrida, *Die Schrift und die Differenz*.

mesmo que os homens cotidianamente trabalhem e poupem, trabalhem por algo útil e acumulem, o *télos* interior do seu fazer não pode ser pensado na economia utilitária ("economia restrita"). Mesmo que a gente avance bastante com o retorno: quando a longa cadeia dos meios, que agora mesmo eram objetivos e logo tornam-se meios para outros objetivos, chegar ao seu fim, então abre-se como último objetivo o fim em si mesmo, fazer como dispêndio de energia, que não chega a lugar nenhum, mas fica como pura dilapidação "sem sentido" (para que manter algo como reserva?). Sob este ângulo de visão, o *homo oeconomicus* encontra-se estranhamente transformado. O último impulso das suas aspirações seria o desejo de autodesconfinação e entregar-se de presente. Não se trata de "fagia" como consumo, que poderia ser representada enquanto momento necessário da produção, mas como "consumo não-produtivo": dispêndio e perda sem amortização. Uma série heterogênea, assombrosa de fenômenos, entra vista assim numa outra série: *érotisme*, pois a sexualidade aparece solta nos excessos do sentido da reprodução e da manutenção da vida; negociações de sacrifícios de todo tipo; dissipação dos bens pela guerra; luxo, joias, esbanjamento, cerimônias, festas, construções de alto luxo, jogos, artes, teatro e poesia; finalmente, a ambição para o bem mais absurdo: a fama, pela qual frequentemente é dada a vida.

Tudo isto vale para a economia (burguesa e marxista) como fenômenos marginais. Bataille vê o paradoxo – "a parte mais preciosa da vida vale simplesmente como pré-requisito da atividade social produtiva"[20] – contrapondo a ela o ponto de vista de "uma economia comum". A lei básica da vida chama-se dispêndio, cujas formas no decorrer da história da humanidade cada vez mais, foram reprimidas a favor da produção. Enquanto desde a reviravolta capitalista-calvinista, uma parte considerável de recursos disponíveis não foi consumida improdutivamente, mas poupada e acumulada, o mundo religioso da sociedade da Idade Média não estava em ascese, poupança e crescimento, mas dirigida para a dilapidação e consumo das riquezas. Consumo é destruição. "O preguiçoso destrói os

---

20 *Der Begriff der Verausgabung.*

produtos necessários para a sua manutenção da mesma forma radical que o fogo"²¹. A sociedade da Idade Média, em lugar de poupar, preferiu erguer catedrais e abadias e alimentar inúmeros sacerdotes e monges, economicamente preguiçosos. Na esfera dos tributos e sacrifícios dos crentes, vistos como de agrado de Deus, naturalmente, entrou a lógica dos negócios, que o crente não gastasse os seus meios de forma egoísta para aumento do brilho divino (eclesiástico), mas para adquirir um pedaço de bem-aventurança. A dilapidação gigantesca da Igreja foi vista como sendo profana, e consequentemente foi produzida uma desmistura do contraditório. Por causa das críticas de Lutero sobre a discutível pompa terrena, a riqueza perdeu o sentido de aumentar no mundo o brilho do sagrado. A partir de então, de um lado existia a crença pura, quase sem expressão terrena concreta; do outro, o mundo utilitário da prática, sem brilho divino.

Na verdade, já na economia de dilapidação da Idade Média os gastos estavam entretecidos entranhadamente com cálculos egoístas, de tal forma que ali onde pretendemos ter encontrado o "Graal" só encontramos a "caldeira". Bataille apenas em aparência se entusiasma com a cidade medieval. Ele fala na verdade da sua *imagem*, cuja força luminosa chega até nós. Nunca a *dépense* é liberada de elementos externos, sem os quais ela nem sequer poderia ser *designada*. Mas por isso ela não é apenas uma miragem poética, pois "o ser só pode ser alcançado na história: nas modificações, nas transições de um estado para o outro"²². É por isso que Bataille não oferece uma classificação de fenômenos, porém uma descrição metódica de todos os aspectos da vida. O método é uma *leitura*: cruzamento de análise histórico-teórica e subjetividade articulada. O que alude na realidade histórica aos dispêndios soberanos recebe assim o *status* de um "sinal histórico" no sentido de Kant. (Mesmo que fosse precipitado entender em forma de categorias a moralidade não egoísta de dispêndio de recursos de Bataille: existe uma notável analogia neste particular exposto por Kant, como o "entusiasmo" desinteressado dos homens que conviveram como assistentes não participantes da Revolução Francesa, enquanto uma indicação evidente, mas

---

21 *Der verfemte Teil.*
22 *Der heilige Eros.*

não comprovada no contexto do pensamento causal, da *possibilidade* de realização de moralidade altruísta).

O Despertar

Escrever sobre história e teoria da história são para Bataille elementos ligados radicalmente à atualidade, tendo apenas tanta verdade quanto podem contribuir a um *despertar* no presente. Semelhante aos surrealistas ou a Walter Benjamin, ele enxerga os homens da época industrial mergulhados num sono. Apesar disto, os "sonhos fracassados" da humanidade continuam a viver e, mesmo que falte o interesse à maioria de alterar o mundo conforme escalas próprias – para que o homem pudesse ser dentro dele, mais do que uma coisa – existem tendências como o "espírito da força comprobatória", sem piedade e desilusionante, que indicam o despertar para uma nova realidade. A metáfora virulenta do despertar dos anos de 1930 é colocada por Bataille de forma "nietzschiana", contra a cultura sentida como paralisada e parada da palavra morta. No lugar da colocação racional cristã-hostil ao mundo, com a sua ideia da imortalidade, deve entrar a "alegria da morte" dionisíaca, que transforma em intensidade a caducidade da vida. Sem sentido. "Mas a insensatez assim entendida está ativa, é uma intenção, um despertar e não este adormecer, não a lixeira de uma vida que sucumbe"[23].

O discurso histórico possui o seu lugar nesta prática do despertar, abre a ferida na consciência através do desvio de épocas/cortes/oposições, enquanto vai juntando sinais e vestígios do dispêndio. Não há perigo de repreender tal prática do texto como "no mau sentido metafisicamente" e fazer com que a sinceridade deste modo de pensar, se volte contra ela. É natural que Bataille soubesse, que qualquer configuração do dispêndio, se fosse desejada, poderia ser interpretada dentro da economia racional de intenções: o sacrifício como cálculo, a guerra por interesses conflitantes, a cultura como meio para a reprodução das relações sociais, amor e erotismo como egoísmo. Isto só poderia ser objetado através do conhecimento pragmático, de que

23 *Le Journal jusqu'à la mort.*

a divulgação universal e a volta obrigatória da dilapidação sem-sentido, do sacrifício através das guerras, até o prazer irracional de riscos de todo tipo, devem suscitar pelo menos a suspeita de que uma atribuição racional-econômica do sentido é insuficiente. Mas um tal argumento seria demasiado defensivo. O método de Bataille é privado dos critérios científicos, por tratar-se de algo diferente: o "ponto de vista a partir do qual se pensa", a "ciência da subjetividade" (Rita Bischof).

Aquilo que justifica o ponto de vista do dispêndio é, no fim, apenas a escolha de *se, a partir de critérios soberanos nos fenômenos, a gente quiser ler a possibilidade do que é totalmente diferente*, que não se sujeita à norma da razão utilitária. Pode ser apenas uma leitura generosa, que descobre a generosidade[24], enquanto a economia da razão constantemente encontra apenas sentido e utilidade, poupança e reserva, justamente *porque* escolheu o ponto de vista da economia racional. Não é fora desta economia do pensamento, mas como acidente no interior da sua discursividade, como gagueira no texto eloquente é chamada a manifestação do dispêndio, aninhando-se nas lacunas. Dispêndios, *dépenser*, agita-se, descobre-se junto sempre com *dé-penser*. Elas iluminam a história sob o ponto de vista do que nelas está excluído, pensa lembrando de Adorno, mas contra ele, com o conceito que estabelece sentido. Sentido é outra palavra para história. E para trabalho. Mas Bataille diz: o meu pensar só tem um objeto, o *jogo*. O discurso serve para a experiência como um servo que frequentemente é liberado, para que fique possível o eclipse momentâneo da consciência senhoril autopresente.

Uma visão ambivalente da presente e futura situação do planeta com os seus habitantes humanos resulta da "economia comum". O dispêndio humano de energia, segundo Bataille não deve ser entendido de forma primária, da perspectiva dos objetivos humanos: ele representa muito mais um "phénomène cosmique", uma obra que, para lá da sua determinação humana, persegue uma *realização* do universo sem objetivo e sem fim. Se a lei básica das correntes universais de energia,

---

24 No número 206 da *Revue des Sciences Humaines*, dedicado a Bataille, Jean-Michel Rey escreve no prefácio: "La chance d'une lecture de l'oeuvre de Bataille est avant tout du côté de la générosité" (A oportunidade de uma leitura da obra de Bataille está, antes de tudo, ao lado da generosidade).

tal como a dilapidação inútil não amortizada, for desprezada, a repressão das energias produzida pela obsessão de produção e acumulação, que querem gastar-se, levará necessariamente para a ruína. Considerando que a aspiração humana foi separada das correlações cósmicas, há necessidade de uma reforma do modo de pensar que coloque o valor da doação, do presentear no lugar de lucros, poupança, aproveitamento e produção. Se a alteração na direção da economia geral falhar, a catástrofe (para os homens) é inevitável. Aqui Bataille se mostra categórico: ocorrem os dispêndios. Podem ser de tipo "glorioso" (fama, arte, generosidade) ou "catastrófico" (destruição de bens nas crises econômicas, guerras, aumento das agressões). "Se não tivermos força em nós mesmos para destruirmos a energia excessiva, que não pode ser usada de outra forma, ela nos destruirá como um animal indomável e nós mesmos seremos a vítima da explosão inevitável"[25].

A Soberania

A outra moral, que implica uma economia geral, é tomada por Bataille como "soberania". Soberano é "aquele cuja escolha no momento só depende de critérios", aquele que não se deixa subjugar nem por obrigações e nem por coações: que é soberano no sentido tradicional, mas também o sujeito, desde que ele se libere do cálculo na autodispêndio. Bataille supõe, que até hoje, numa época de completo desencanto e racionalização, ao lado da escala oficial de valores da sociedade, que é *poder* financeiro ou político, continua existindo secretamente uma segunda ordem de valores, que diferencia a *categoria* dos homens. O critério principal que age de forma clandestina, é a capacidade de um homem de (se) doar. Aqui também existe desde o início o cruzamento das esferas. A soberania é em conexo com o poder (que assegura a necessária independência), embora esteja inscrito nele do poder heterogêneo. Observada de perto, a soberania do poder se faz dependente do exercício do domínio sobre homens ou coisas. Por isso, soberano, no final,

25 *Der verfemte Teil.*

é aquele que alcança a liberdade da ambição do poder e da mania de fama e reconhecimento. Por isso a frase extrema de Bataille, lembrando a forma de que do sublime ao ridículo há apenas um passo: "Eu não sou nada", ou "eu sou ridículo": esta paródia da autoafirmação é a última palavra da subjetividade soberana, que ficou livre do domínio, que ela desejava ou deveria exercer sobre as coisas[26].

Pela fusão de soberania com impotência, é possível reconhecer, que aqui ainda está mantido o pudor, sem o qual o ridículo e o trágico, que resulta da transgressão, seria impossível. Mas pelo contrário, a representação de que o sujeito seria entregue à "espontaneidade dos seus impulsos proscritos", retrocedendo na civilização, tal como é escrito por Jürgen Habermas no *Philosophischen Diskurs der Moderne* (O Discurso Filosófico da Modernidade), não existe para Bataille. Nenhum dos seus motivos de transgressão delimita o espanto. O fato de não anular especulativamente a proximidade da morte, separa o seu pensamento e a sua inquietação da de Hegel, para quem o verdadeiro é determinado "como a vertigem de Baco na qual nenhum membro deixa de estar ébrio", mas que junta ao mesmo tempo a embriaguez dionisíaca com o "descanso simples e transparente", Bataille recusa esta anulação. No seu lugar entra o riso extático sobre a comédia do *nonsense*, sobre a impotência absoluta, e para colar e juntar a abertura da experiência do agora sem inibição, e sobre a prática e representação inibida, adiada e que adia. Mesmo a ideia da soberania indica na direção daquilo que é retirado do discursivo e que só aponta simbolicamente ou de forma mais exata, metonimicamente para a capacidade do homem de uma essência impossível, dentro do quadro do juízo (da autopreservação). Existe apenas a necessidade de lembrar: Kant ligou a dinâmica do sublime à experiência de impotência total (que deveria mudar para autoafirmação ética), determinando o sublime como transgressão dos limites do representável, para perceber a afinidade estrutural, que, surpreendentemente, liga a ideia da soberania com Kant. A análise de Kant do sublime comprova mais uma vez o significado canônico para a análise de toda a prática moderna do texto.

---

26 *Die Souveranität.*

Habermas comenta a observação de Bataille de que o momento mais elevado da experiência interior sobrepassa a maneira filosófica de colocar o problema: "Com esta frase, Bataille desmente os seus próprios esforços de realizar a crítica radical da razão, com os meios da teoria". Dupla não-compreensão: justamente a concepção da teoria como simples meio, é colocada em primeiro lugar no discurso de Bataille e ela não cabe sequer no esquema de uma "crítica radical da razão"; no sentido mais elevado do conceito clássico da razão (ou seja, como poder da unificação), assim como no sentido simples do comportamento pragmático correto, Bataille achou pelo contrário a *dépense* descrita por ele, como sendo sensata!

Dentro dos símbolos do "limite do crescimento", da crítica da técnica e da volta dos fetiches da espontaneidade, as teses de Bataille parecem mais do que evidentes, sendo resumidas como expressões ideológicas e novamente discutidas. Mas a estratégia textual de Bataille da "afirmação não positiva" (Foucault) é retirada dos programas. Seu texto não fundamenta em lugar nenhum a festa do conceito prévio. Isto deve ser salientado principalmente considerando a pretensa radicalização do pensar de Bataille, pelo grotesco da assim chamada "revolta da morte" com a qual Baudrillard e seus adeptos queriam atingir o "sistema". Segundo as explicações de Baudrillard, Bataille não era suficientemente radical. Não é o dispêndio, é apenas a revolta da morte, que representa uma "resposta radical" ao sistema, a "única possibilidade de suprimir o poder". Mais esperto do que todos antes dele, Baudrillard encontra uma lacuna na dialética de Hegel do senhor e do servo, sobre a qual Bataille meditou durante toda a sua vida. Por que o servo simplesmente não se mata, finalizando desta maneira a vida subordinada, sórdida, com a morte adiada, sem soberania? Como é que Hegel não percebeu isto…?

A pseudotransgressão, que recai na desconstrução de Bataille das antíteses ideológicas, não está em situação muito melhor; ela quer nos obrigar ao "respeito diante da natureza" rejubilando-se com ela no uso do pré-romantismo com (moderada) poesia "a plenitude proliferante, vegetativa da eterna essência, que junta todos os espantos se a gente não travar relações com ela" (Bergfleth). Em virtude dos novos trabalhos de pesquisa, deverá surgir um tratado sobre Bataille mais concludente[27]. Postulando os exageros, aumentados pelas profecias catastróficas, pouco se contribui. A ideologia da pura verdade da natureza, já causou muitas desgraças na história espiritual da Alemanha. O texto de Bataille chega perto do seu *télos*, de ser uma teoria sem aplicação utilitária, quase que totalmente *inútil*. Existe aqui uma provocação. O texto de Bataille continua atual, porque ele abala as nossas certezas sobre os nossos aparelhamentos objetivantes, mas certamente ele não nos chama com o santo-e-senha do instinto e da natureza.

Epílogo sobre o Exagero

A linguagem exagera. O que ela denomina leva limites na enchente das aparições – significados denotados. Certamente: eu penso. Mas isto é conforme Nietzsche "falando com indulgência" um exagero. Logo isto. Deveria ser: imagino. Novo exagero. Enquanto a palavra quebra o silêncio, ela sempre diz mais do que poderia dizer – sem exagerar. A linguagem é com exagero, generosa. Ela não consegue fazer diferente do que colocar num lance e partir. Na superfície da mudez, ela ocasiona rupturas, contornos, limites, ela exagera. Uma jogada de dados sobre a mesa de jogos do verdadeiro, mas antes que os dados parem de rolar, aparece: aposta muito alta, falado demais, exagerado. Assim, o discurso deve ser retratação. A partir de (quase) o primeiro momento, a linguagem de Bataille é retirada e subtração A sua generosidade na aplicação, não lhe permite escolha. Ela deve colocar-se de novo, retratar-se e subtrair-se. O discurso da transgressão é a retirada do exagero. O dispêndio não existe. A sua afirmação: um exagero generoso. A retirada no discurso a une a ele.

O dispêndio *não existe*. A linguagem deve tomá-la ao seu cargo.

---

27 Ver B. Mattheus, *Georges Bataille: eine Thanatographie* e R. Bischof, *Souveränität und Subversion: Georges Batailles Theorie der Moderne*.

ESTÉTICA DOS RISCOS*
Notícias Sobre Teatro e Tabu

Se for colocada a questão do tabu nas artes e em especial na área do teatro, não pode ser esquecido o cerne irracional das proibições, que nos são apresentadas como regras morais obrigatórias, sentenças de uma razão prática. O estético tem a ver de forma central com aquilo que quase é subtraído da capacidade discursiva da representação (como o sublime em Kant), mas também com aquilo cuja representação é vedada pelo tabu. Certamente, no lance da "racionalização" (no sentido de Max Weber) a tendência mais evidente é no sentido de restringir *off limits*, o alcance daquilo que tinha sido deixado "impossível" por causa de tabus emocionalmente muito elevados, e para representar as proibições existentes como racionais, compreensíveis através da razão de todo mundo. Mas a simples existência das proibições e normas já comprova que, mesmo da maneira mais favorável, poderia tratar-se do juízo de quase todo mundo, de que a contrarrazão de cima a baixo, sempre fica possível. O início da cultura é marcado por rituais de sepultamento, medo diante da morte de um lado, tabu diante do incesto do outro. Os tabus mais antigos trazem o encontro da morte e da sexualidade, cuja comunhão já tinha sido descoberta por Bataille nas atividades de violência mais arcaicas. O excesso a partir do qual aparece a procriação é, na sua essência assim como a violência, um rasgar e fundir dos limites do corpo. Por causa de impulsos poderosos e fascinação irresistível, que impelem à transgressão destes limites, houve necessidade de mais do que uma proibição. O tabu é uma *barreira do medo* com carga muito elevada de afeto. "Somente o medo irrefletido e o espanto puderam apresentar resistência, em vista de desencadeamentos sem medida. É esta a natureza do tabu; ele possibilita um mundo de tranquilidade e juízo, mas ele mesmo dentro do seu princípio é um tremor, que não acomete a inteligência, mas a *alma*"[28].

Tendo em vista a enérgica racionalização, cabe interrogar se os tabus, num sentido comparável ao de qualquer lugar do

---

* Publicado com o título Ästhetik des Risikos, em *Sprache und Literatur in Wissenschaft und Unterricht*, n. 60, 1987.
28 G. Bataille, *Der heilige Eros*, p. 59.

mundo arcaico, ainda existem. Será que ainda conhecemos o inadmissível despretensioso, frente ao qual não mais se reage com fundamentos, mas com calafrio e espanto insondáveis? Um comportamento que extermina quem porventura se mostrar contrário de forma automática, do próprio interior e não apenas pela reação do ambiente? A resposta numa primeira reação deve ser "não". Não existem mais tabus e, assim, a arte quase não tem mais chance de quebrá-los. Seja derramamento de sangue como *happening*, perversões, desnudamentos ou defecação pública, apresentação provocante de promiscuidade, representação de tortura e racismo ou motivos fascistas em adaptações estéticas ambíguas – nada é tão tabu em nossa consciência que, em lugar de nos fazer criticá-los, nos faça simplesmente virar as costas com indignado calafrio, sem querer "tocá-lo" nem sequer com a linguagem. Certamente existe uma série de quase-tabus, cuja transgressão provoca mais ou menos medo e aversão: se alguém apoiar o genocídio ou a guerra atômica, violação, racismo, tortura ou maltrato sexual de crianças. Entretanto, com uma observação mais precisa, não seria difícil achar argumentos que "fariam compreender" que tais crimes foram cometidos sob estas ou aquelas circunstâncias.

A ciência esclarecedora não pode ser desacoplada da tendência ao determinismo. Aquele que fundamenta os atos de forma psicopatológica, política ou antropológica, sem dúvida, leva adiante o entendimento, que é sempre um pedaço de perdão. Mas a análise racional, trava ao mesmo tempo a reação irracional da espontaneidade. O ganho infinito do esclarecimento, cuja revogação ninguém deveria arriscar, emparelha-se porventura com uma perda, que de imediato talvez possa ser suportada (diminuição da intensidade do sentimento), mas de forma mediata ameaça o próprio ganho.

Nos tempos arcaicos, a força animista-mágica do tabu estava tão profundamente arraigada que aquele que quebrasse o tabu literalmente iria perecer por si mesmo. Na época da "honra" quem tivesse o nome sujo por membros da própria família, sentia o "tabu" enquanto a mácula não fosse apagada por uma expiação adequada. Seja então comparada com esta efetividade do pudor, a posição da sociedade alemã após o fascismo. Em nome dos alemães tinha sido perpetrado nada menos do que um genocídio administrativo e bárbaro. Não fazia sentido que homens em grande número tenham rompido internamente por terem quebrado de forma extraordinária o tabu do assassinato. Mesmo o sentimento do tipo reflexivo faltou frequentemente, no sentido de que a discriminação e a ofensa por causa de pertencer a uma raça, deveria ser tabu. Em lugar disso, com toda seriedade, discutiu-se a quantidade de vítimas. A regra básica da racionalidade ("pode-se discutir sobre tudo") encontra a sua correspondência exata na fórmula "eu nada tenho a ver com isso", quando o tabu e junto com ele o pudor perdem totalmente o poder.

Portanto, a tese reza que a sociedade racional necessita de uma autêntica cultura e "cultivação" da afetividade. Desta forma, coloca-se no centro da motivação humana de esclarecimento, com liberação do medo, novamente a questão sobre a função da experiência de negociar o estético. Se numa ampla concepção o objetivo do tabu for o mal, mas que ao mesmo tempo fascina, não há como pedir ao teatro a dupla afirmação da sensatez, porém uma *estética do risco*, que se abre ao proibido, à depravação e ao inadmissível. Por isso, não é obrigatório que o conteúdo do teatro se oriente pelos ideais humanos, que poderiam e deveriam ser o fundamento da sua prática estética. Trata-se muito mais das transgressões dos limites da moral e da lógica, que devem ser experimentadas como quebra dos tabus, para provocar reações afetivas. Uma tal estética é arriscada segundo vários pontos de vista. De um lado, não existe segurança de que a suspensão da moral e o abalo do "logos" no palco não levem a que na recepção haja simples renúncia à sensatez. Ao contrário, não pode ser evitado com segurança o perigo, de que justamente a integração estética do que é tabu, venha a servir para continuar a sua racionalização. Mas principalmente: sem o risco de uma real violação e ofensa da sensação de pudor, dignidade, integridade do espectador, uma tal estética seria impotente.

Mitscherlich escreve:

> A função do tabu na sociedade é [...] tudo menos clareza. Ele pode evitar satisfações de impulsos sem consideração, para felicidade da sociedade, mas provocar também o contrário, ou seja, aprovar

esta satisfação de impulsos diante da consciência coletiva. Como este efeito é casual, os tabus precisam ser substituídos pelos esforços dos reflexos conscientes, pela intuição frente aos outros, pela crítica ponderada e pela tolerância à crítica que é recebida dos outros[29].

Quase não se ousa contradizer. Mas a pergunta que ficou sem resposta é se é preciso enfrentar sozinho o potencial catastrófico que provoca sentimentos heterogêneos na consciência por tal moderação. Se em lugar disto, for aceito o pensamento de uma avaliação mais positiva dos efeitos do tabu, então existe na mira uma prática estética da suspensão de certezas racionais e não no reestabelecimento de tabus sexuais, preconceitos e obrigações de regras de conduta por apatia, nas quais se amalgamam com atraso, repressão, ódio, inveja, medo. Mitscherlich trata deles:

> Uma cadeia de reações parte do tabu, que frequentemente na história chegou a provocar uma reação em cadeia de calamidades. O tabu promove ressentimentos, que por sua vez bloqueiam um juízo mais livre, aumentando o atraso, que por sua vez transforma-se no grande aliado do tabu[30]

Levando em consideração esta "obstrução do pensamento" e autorreforço da deficiente cultura da sensatez, somente pode existir a tomada de partido inequívoca para o esclarecimento, com o seu ganho em humanidade e não-violência. O efeito da arte se faz sentir pelo caminho da quebra do tabu, para reagir de forma algo pedagógica ao endiabrado das minorias ou do preconceito contra estrangeiros. A nossa pergunta sobre a efetividade dos tabus é dirigida ao próprio centro da cultura da sensatez. Se a racionalidade consumada pudesse fazer adormecer o reflexo afetivo espontâneo até o ponto de falhar no momento decisivo, isto representaria um efeito secundário da discursividade. Os tabus tornados simples prescrições perderiam a sua ocupação e a força para resistir àqueles, que, de forma muito racional, têm em mira dirigir o desejo por intensidade aos moinhos da política do poder.

---

29 Em A. Mitscherlich; M. Mitscherlich, *Die Unfähigkeit zu trauern*, p. 119.
30 Idem, p. 111.

Um colunista de um jornal diário de grande tiragem chamava o Chile "uma ditadura com elevado conteúdo de injustiça" – outras seriam ainda piores. Certamente, pode-se discutir em quais outras ditaduras o regime é pior. Mas o estudo de formulações de tal modo vazias de afeto deve deixar impossível pela simples psicologia a experiência do dito. A palavra "merda" dita por um ministro da chancelaria, tornou-se capaz de entrar na TV, e a palavra de Ludwig Marcuse da violação do sentimento do pudor, como a "violação mais humanitária" foi alcançada por cordial liberalidade. Mas a falta dos tabus é também a falta da vulnerabilidade e do pudor, do qual pode-se colocar em dúvida que seja totalmente substituível pelo princípio da culpa. O pudor reage de forma reflexiva, enquanto o colunista mencionado sem dúvida não sentiria pudor de colocar em campo argumentos para a sua formulação...

Alguns elementos do *processo teatral* serão ressaltados, para que fique compreensível que as violações de tabus no palco provocam reações bem mais fortes do que em outras artes. Diferente do cinema, com o qual divide a recepção coletiva, o teatro ainda hoje é considerado em certa medida uma *autorrepresentação da sociedade*, porque, mais do que outras artes, ele é mantido com recursos públicos, de tal forma que a sociedade por causa das subvenções aparece diretamente como suporte do teatro. A partir do reflexo mútuo, resulta a posição ambivalente do teatro entre o ritual de confirmação e a colocação em risco das normas sociais. Somente enquanto a cena apresenta a proibição fascinante em toda sua força luminosa, crime, loucura e revolta, a estética do teatro aproveita a sua chance. Mas ela é aceita somente se preencher, até determinado grau, a função representativa de espelhar a sociedade e seus valores. Por causa de múltiplos entrelaçamentos pessoais, tradições e subvenções, o teatro de uma cidade é ligado com o "seu" público. Por isso, aquilo que lá acontece é comparado muito diretamente com os valores públicos. O teatro acontece em grande medida *em nome* dos seus espectadores, o ator pode ser considerado sempre como delegado do público. Da mesma forma, apresenta-se uma reação violenta, quando os representantes se manifestam como traidores, infringindo os princípios sagrados e sentimentos dos seus mandatários. Ali onde ele segue a estética do risco, o teatro é *traiçoeiro*.

Sendo ainda de forma especial, o lugar social das artes, ressonância das condições antigas, quando a pólis ateniense discutia no palco as questões mais difíceis, o teatro rapidamente torna-se objeto de *protesto*. O drama de Fassbinder *Der Müll, Die Stadt und der Tod* (O Lixo, a Cidade e a Morte) foi alvo de forte resistência em Frankfurt, enquanto a filmagem anterior da peça não tinha causado muita revolta. Não importa o que a gente pensa no caso concreto sobre a comunidade judaica da cidade de Frankfurt, é claro que o teatro por princípio atrai os protestos, porque nele, de forma mais direta do que nas outras artes, a própria sociedade parece falar, ganhando real ou aparente insensibilidade contra ofensas e difamações e até um *status* político diferente do que no cinema, que parece implicar em muito menos atitudes da sociedade.

A origem do teatro é o rito e ele sempre conserva algo do ato ritual. A ida ao teatro é sentida como acontecimento social, em comparação com a frequência ao cinema, como um reflexo de aura ritual. Embora o processo teatral lembre de longe o rito, do qual o teatro já se emancipou, parece evidente que a violação das normas vigentes, cause veementes reações. Cada rito da sociedade deve servir para confirmar os seus valores, unir-se e prevenir-se contra os conflitos que estão à espreita no interior, sem arrastá-los à luz do dia[31]. Para avaliar o efeito total da quebra dos tabus, há necessidade de uma reflexão psicológico-receptiva que imponha ao público o vínculo comum da situação teatral de forma inevitável, uma espécie de *cumplicidade*. Não é de forma irrefletida, pois, reunidos na casa teatral, atores e espectadores estão juntos como num ritual em que o espectador torna-se cúmplice dos desnudamentos simbólicos, ofensas, assassinatos no palco, sendo arrastado no crime simbólico da quebra do tabu. (Deve-se pensar como Shakespeare, em *Ricardo III*, consegue fazer com que o público siga fascinado os seus crimes, conspiradores compreensivos, inspirando-lhes confiança). Nesta problemática do momento teatral, existe ao mesmo tempo a sua chance. Enquanto assume o risco de aceitar o proscrito, articular motivos clandestinos que foram perdidos pelo tabu, *sem distanciar-se*

---

31   Ver sobre este tema R. Girard, *La Violence et le sacré*.

com certeza deles, ele perlabora a inquietação que pode levar ao exercício dos "maus" impulsos

No teatro não apenas se negociava, negocia-se. Aqui o espectador, lá o ator, estão presentes no aqui e agora e assumem *responsabilidades*. Não é apenas o ator que assume no momento o santo-e-senha do autor, a tendência para o crime, a perversidade, e os desejos ruins, apresentando-os ao público. O espectador também se alia a ele. A situação teatral é sedutora, e Emília Galotti, de Lessing, soube quanto mais poderosa do que a violência ela pode ser. Uma quebra erótica do tabu seduz, porque representa a promessa indecente, que justamente por isso se choca com a recusa, por ativar um desejo reprimido. E se no palco for feita uma piada denunciadora, o espectador no seu riso, antes de qualquer possível distanciamento, não apenas tolerou que acontecesse a difamação; o seu papel corresponde mais ao "terceiro" ouvinte na análise de Freud da piada obscena[32]. Através do riso, ele sanciona a agressão obscena e de certo modo a completa. Ele se deixou seduzir e certificou publicamente a sua disposição ou pelo menos a sua capacidade de tolerar o mal. Agora, ele precisa reagir de forma afetiva aos próprios afetos descobertos. É nisto que se baseia a catarse. A raiva das violações do tabu no teatro resulta da aversão contra tal autodesnudamento. Por isso, a necessidade do risco: só com a ativação do indefensável, com a perturbação do autoentendimento da sociedade esclarecida, *sem* ao mesmo tempo uma relativização e ordenação, asseguradas por molduras, é que a disposição reprimida pode ser levada à violência pelo menos verbal de realização afetiva.

O mesmo vale para a disposição de abrir-se aos aspectos proibidos da sexualidade – sendo que "*eo ipso*, o proibido é o sexual no sentido específico"[33]. A diferença do discurso sensato, moderado, cuja liberalização superficial pode chegar a uma simples "des-sexualização do próprio sexo"[34], sem que tenham realmente caído os tabus sexuais, portanto, a uma "nova forma

---

[32] Ver S. Freud, Der Witz und seine Beziehung zum Unbewussten, *Studienausgabe*, t. 4, p. 9 e s.; p. 92 e s.; e p. 132 e s. Uma leitura teórica sobre a teoria da piada, consta em S. Weber, *Freud-Legende*, p. 111-143.
[33] Ver T. W. Adorno, Sexualtabus und Rechte heute, *Eingriffe*, p. 99-124, aqui p. 101 e s.
[34] Idem, p. 110.

mais profunda de repressão"[35], no discurso estético, pode aparecer o proscrito com a sua força sedutora.

Nenhuma outra arte é centrada tanto na *presença física do corpo* quanto as formas teatrais, desde a performance até a dança. Para comparar, é necessário pensar no cinema que em muitas coisas é bastante aparentado e que, pelos seus processos estéticos e técnicos, trata as coisas e os homens com os mesmos direitos[36]. No teatro mais opulento de figuras, o corpo humano permanece no palco e forma o centro emocional, com o qual o espectador se identifica. Fica mantida, assim também, a aura de todos aqueles tabus que rodeiam a violência erótica e guerreira que pode alcançar o corpo. O santo e o obsceno pertencem juntos ao teatro, que sempre foi um lugar de excitação e de influência de afetos. Na tragédia, o homem com o seu sofrimento opõe-se em protesto aos deuses; a comédia é baseada na sua origem nos rituais da fecundidade com as correspondentes obscenidades.

Com o *strip-tease* os pensamentos não mais serão de ações sagradas, mas o *ritus paganus*, a nudez ritual servia nas suas origens para evocar forças fecundas e para defender-se de forças más[37]. Como objeto e sujeito da sedução e da violência, o corpo no teatro faz parte daquela "parte maldita" (Bataille) do jogo e do perigo excluídos pela cultura através de limitações cada vez mais novas.

De Aristóteles até Artaud, o teatro foi sempre apresentado como lugar preferido de uma cultura afetiva. Ele possui, para justificar o seu conceito, sempre algo de trabalho do mal – seja a "sujeira" de sensações fortes, que é levada a uma purificação, ou seja que a "crueldade" se faça presente no centro do teatro: excitação e representação de emoções proibidas e agressivas

---

35 Idem, ibidem.
36 A oposição que Lacan estabelece entre o simbólico e o imaginário tornou-se fértil para a análise estética da diferença entre o cinema e o teatro. A presença da voz, o domínio da linguagem e a situação socialmente responsável dos participantes levaram a sala do teatro às proximidades do simbólico; a recepção onírica, o narcisismo e a fascinação fetichista das imagens cinematográficas trouxeram a sala do cinema às raias do imaginário. Faz parte disto também a capacidade do filme, de manter a identificação do espectador com as imagens, mesmo que sejam vistos objetos mortos (mas "falantes").
37 Ver G. van der Leeuw, *Phänomenologie der Religion*, p. 384. Ver também o capítulo, Mächtigkeit, Scheu, Tabu, p. 27 e s.

articularam a fascinação naquilo que é tabu. A fascinação é ingrediente indispensável do estético, sendo essencialmente ambígua. Adorno só acredita ser possível uma reação autêntica sobre (e contra) a negatividade do curso do mundo, mediante uma necessariamente ambivalente "*mímesis* ao endurecimento", mas também não é possível constatar com certeza por onde decorre a linha delimitante entre a contaminação pelo mal e a nitidez da sua percepção. Bohrer[38] diferencia, de forma rigorosa, entre o mal como magnitude metafísica e uma "estética da percepção" que o traga à luz do dia. Deve-se acrescentar a isto que uma arte que deixa "aparecer" o mal, *não consegue e não deve proteger-se do risco*, de que a dimensão do mal recaia sobre aquela pessoa que o percebe. Aqui encontra-se a real provocação, sem a possibilidade de desfazer a diferença das intenções. Está caracterizada a quebra do tabu, indiferentemente de ter sido intencional ou não.

Portanto, a ética do teatro não se orienta pela representação do conteúdo ético, mas pela forma do uso dos símbolos. Se for para fechar o que é próprio do uso predicativo dos símbolos e ao mesmo tempo encerrar, o palco é o lugar onde ocorre o arrombamento e a flutuação do uso "sólido" dos símbolos. Muito cedo, o discurso filosófico vaticinou o perigo. A condenação feita por Platão da *mímesis*, na verdade combatia o poder mimético, que passa inadvertido por sensualidade, pela atribuição sensata do sentido. Desta forma, o discurso teatral situa-se na margem do admissível. O parentesco da *mímesis* com os fenômenos da obsessão é lugar comum das pesquisas antropológicas. É bem elucidativo, que nas sociedades primitivas, a medida do controle social é mútua com o favorecimento

---

38 K. Heinz Bohrer, *Die Ästhetik des Schreckens*; as observações da p. 231 e s. que, sem prejuízo de serem ajustadas para o caso de Jünger, exigem interesse: "A crítica de Jünger ao afastamento do homem burguês do 'mal' não continha a censura de que ele não queria mais ser 'mau', mas que ele não possuía nenhuma capacidade de percepção frente à possibilidade do 'mal' Esta capacidade de percepção encerra a dimensão do 'mal' no próprio observador, sem ser o pensamento mais importante [...]. Se a diferença entre a tematização metafísico-teológica e literário-experimental do 'mal' não for pensada de forma metodológica, necessariamente, aquelas falhas apresentam-se mais imprecisas, quanto mais falsas forem as formações de analogia histórico-espiritual, que no caso de Jünger [...] são mais do que evidentes".

do controle rígido do corpo. Uma visão mais positiva da obsessão por espíritos, ou seja, a perda temporária do controle do corpo, corresponde a imagens do mundo mais soltas, orientadas menos para a culpa e para o pecado.

À luz desta teoria[39] o prazer da *mímesis* teatral apresenta-se no jogo com a perda da identidade e da loucura, como função de transmissão importante entre a tendência controladora de objetivações da razão e o arrebatamento resultante para dentro da mudez amorfa, arrebatamento este que, com a sua raiva contra todo limite e diferenciação, passa às mãos dos "fabricantes de definições". Mary Douglas escreve:

> Se o maquinário burocrático insensível, for confrontado com uma revolta do sentimento, a disposição da situação é deixada com os símbolos colocados de forma natural. Se a gente se colocar contra o definir, o diferenciar e o ritual enquanto tais, quase não é possível encontrar as definições, diferenciações e rituais, exigidos pela situação[40].

Como o teatro guardou algo do processo ritual e sendo o seu momento de cunho eminentemente social, pode ocorrer nele uma discussão afetiva a respeito dos tabus. A fórmula aqui proposta "Estética do Risco" dirige-se contra a preparação pedagógica da arte. Onde não for arriscada esteticamente a violação e a injustiça, o teatro rouba a sua chance de vir a conhecer formas de atuação e de jogo para a tendência ao "dispêndio". Esta chance consiste em tentar "atuar e jogar até o fim" como experiência, o poder que espera atrás da cortina do tabu e do qual o tabu deve proteger, no sentido duplo da palavra. Mas para isso, ele deve arriscar-se a apostar errado.

---

39 M. Douglas, *Ritual, Tabu und Körpersymbolik*.
40 Idem, p. 212.

REVOLUÇÃO E MASOQUISMO*
Georg Büchner, Heiner Müller, Georges Bataille

1

Numa primeira vista em diversos autores do século xx, encontra-se uma constelação desconcertante. Nos seus textos existe um interesse especial pela história no sentido especial do processo da revolução, não só política, mas social, junto com a imaginação, por assim dizer de forma geral: sexualidade/erotismo sadomasoquista.

Temos Georges Bataille que, com um pensamento voltado para Nietzsche da "dépense" (dispêndio), faz uma crítica política não-marxista do capitalismo, combinada com uma teoria do erotismo, na qual a dissolução do próprio ser no prazer é pensada desde o aspecto masoquista até a degradação, sendo a animalidade e a prostituição a essência do eros. Inspirado por Nietzsche, Bataille indica o processo do "dispêndio" como essencial ao processo vital, o eros vivendo da "transgressão" constante dos mandamentos, que indicam pudor, sensatez e sociedade. Uma sociedade que tira dos homens a possibilidade sem reserva dos dispêndios, dirige-se para a catástrofe: sob a obrigação fetichista da apropriação, acumulação e produção, eles percebem, obrigatoriamente, as possibilidades das formas "catastróficas" dos dispêndios (agressões, guerras, fascismo). Paralelamente às suas reflexões políticas e filosóficas, Bataille escreveu uma "obra obscena" na qual dominam os traços sadomasoquistas.

Na sua peça *Die Verfolgung und Ermordung Jean Paul Marats* (Perseguição e Morte de Jean Paul Marat), Peter Weiss apresenta o revolucionário, frente a um individualista radical que defende a tese de que o egoísmo amoral seria o único modo de vida lógico e possível: o Marquês de Sade. De novo aparecendo a constelação de revolução e perversão. O interessante é que Weiss, na confrontação central com Marat, não apresenta Sade como torturador, mas o contrário. Ele se deixa chicotear por Charlotte Corday. Isto não leva em conta apenas a teoria de Freud, que deriva o sadismo sexual por impulso

---

* Publicado com o título Georg Büchner, Heiner Müller, Georges Bataille – Masochismus und Revolution, em *Georg Büchner Jahrbuch 3*. Frankfurt, 1984, p. 308-329.

econômico, da identificação masoquista dos sádicos com as vítimas. Percebe-se como mais importante que, aparentemente, o impulso masoquista num sentido mais amplo (passividade, sofrimento, "impulso à morte") se impõe para indicar uma contraparte da posição revolucionária, uma contraparte que é ligada intensamente ao tema da revolução, sendo assunto também do sujeito revolucionário entre a ação e a vítima. Qual é a experiência para o argumento de Sade? Depois de ele ter prometido, a si mesmo da revolução, uma descarga de impulsos, ("enorme excrescência de vingança"), aquilo com que ele tinha sonhado é destruído pela experiência dele mesmo sentar-se diante do tribunal, e "que não pôde resistir senão entregar os presos ao carrasco (chicotada). Eu fiz de tudo para absolvê-los ou para que pudessem fugir. Eu vi que eu não era capacitado para o assassinato (chicotada)"[41].

Ele fala de "setembro nas ações de limpeza no mosteiro das carmelitas", deixando claro, que este marquês é também o resultado de uma leitura de *Danton*, pois diz assim o Danton de Büchner, ele próprio atormentado pelo "setembro", que ele preferia ser guilhotinado a ter de guilhotinar.

Neste tema já é possível reconhecer a semelhança com os textos de Heiner Müller. A peça didática *Mauser* apresenta o carrasco como vítima, e em *Der Auftrag* (A Missão), com alusão ao drama de Danton de Büchner, ele se refere ao revolucionário que renuncia e por outro lado entra num plano extremamente sadomasoquista neste "Lembrança de uma Revolução".

Os três autores representam um tipo de literatura ligado estreitamente à filosofia e teoria política, estando até em intersecção com esses modos de linguagem: é preciso pensar então na última obra monumental de Peter Weiss, *A Estética da Resistência*; nas junções de escritas literárias e filosóficas de Bataille; a linguagem de Müller embebida por teoria (principalmente política). Mesmo para Büchner deve ser acrescentado este tipo de literatura, que se distingue pela reflexão poética de problemas genuinamente teóricos. Neste caso eles são essencialmente políticos, ficando para a análise a tarefa de questionar as estruturas

---

41 P. Weiss, *Die Verfolgung und Ermordung Jean Paul Marats dargestellt durch die Schauspielgruppe des Hospizes zu Charenton unter Anleitung des Herrn de Sade*, p. 66 e s.

poéticas que aqui são uma determinada *combinação* de motivos a respeito do seu significado teórico-político.

Revolução e amor, escreve Peter von Becker, nos enfrentam em *A Morte de Danton* como dois "fantasmas"[42], e os dois aparecem de fato sob o aspecto do *inquietante*, como discute Freud, se nos limitarmos à ligação dos temas erotismo e revolução, sem indagar sobre o lugar exato do masoquismo. Os estudos do inquietante ou macabro mostram que neles, ou pelo menos nas suas manifestações literárias, quase sempre certa insegurança e insuficiência dos símbolos desempenham um papel importante. O significativo, o meio da designação, coloca marcas de limitação identificadoras na continuidade da experiência. Se esta última, porém, for do tipo dominador, esta força identificadora pode perder-se ou não funcionar e o mundo torna-se escrita cifrada ilegível. Na *Morte de Danton* deparamo-nos com toda uma rede de imagens, acontecimentos e fórmulas que fazem com que a realidade, nos dois planos do relacionamento amoroso e da revolução, seja inquietante e ambígua. Inquietante é tanto a independência das ações humanas, a inversão das intenções políticas, como também, depois de tudo, a inacessibilidade dos amantes entre si. Dois lugares muitas vezes citados entram juntos neste ponto de vista e comentam-se mutuamente:

DANTON: [...] Mas (*Ele aponta para a testa e os olhos dela* [Julie]) aqui, aqui, o que há atrás disso aí? Veja, nossos sentidos são grosseiros. Conhecer um ao outro? Seria preciso rachar a tampa de nossos crânios e arrancar um ao outro os pensamentos das fibras de nosso cérebro[43].

e

MERCIER: [...] Sigam vocês uma vez que sejam as suas frases até o ponto em que elas tomam corpo. Olhem ao redor, tudo isso foi dito por vocês, é uma tradução mímica de suas palavras. Esses infelizes, seus algozes e a guilhotina, são os discursos de vocês

---

42 Die Trauerarbeit im Schönen, em P. von Becker (org.), *Georg Büchner: Dantons Tod. Die Trauerarbeit im Schönen*, p. 75 e s.
43 G. Büchner, *Sämtliche Werk* (HA), v. 1, p. 9 (trad. bras. *A Morte de Danton*, em J. Guinsburg; I. D. Koudela (orgs.), *Büchner: na Pena e na Cena*, p. 76).

que adquiriram vida. Vocês construíram seus sistemas como Bajazet suas pirâmides, com cabeças humanas[44].

Nos dois casos há verdades escondidas: a verdade dos outros assim como a verdade da história. Ambos apenas no símbolo que irrevogavelmente fica ambíguo e, portanto, independente que Mercier, quase de forma blasfemadora, possa aceitar a realidade dos revolucionários, como palavra feita carne. Mas, diferentemente da criação divina, a realidade não é a expressão fiel da palavra, mas, desde as origens até a realização, o significado foi deslocado, perdido, ficando irreconhecível. O sonho e a realidade são confundíveis de forma inquietante. Esta experiência não se limita às vítimas. Mesmo para Robespierre confundem-se os limites entre o que é real e importante e aquilo que é apenas sonhado:

E, não é o nosso despertar apenas um sonho mais claro, acaso não somos sonâmbulos, e não é nossa ação como a do sonho, apenas mais determinada, precisa e acabada? [...] O pecado está no pensamento. Se o pensamento se torna ação, se o corpo o imita, é mera obra do acaso[45].

A experiência fica ambígua, porque, assim como a Vênus, que Danton procura e que é despedaçada pela própria revolução, ela fica fragmentada. Desta forma, as quebras para Büchner tornam-se uma metáfora obsessiva. Pelo preço da morte é possível o olhar "para trás", a história não pode ser mantida na complacência. Os dois não se entregam totalmente, mas mantêm uma "reserva" da obscuridade, talvez da mentira, do inacessível. A contaminação do erotismo e da história possibilita que esta experiência seja articulada como corporal. Corresponde a isto a famosa frase de Woyzeck: "Toda criatura humana é um abismo, fica-se tonto quando se olha para dentro [...]. Então inocência, você tem um sinal sobre você. Que sei eu? Que sei eu? Quem sabe?"[46]. O que é decisivo é que, aqui no *embuste*, os planos da mentira e do turbilhão corporal se fundem. A realidade física ou espiritual aparece como o mundo

---

44 Idem, p. 52 (Idem, p. 135).
45 Idem, p. 28 (Idem, p. 105).
46 Idem, p. 165 (Idem, p. 285).

simbólico, cuja confusão chega até os hieróglifos da demência, quando o sujeito do medo, pelo aumento da produção própria de símbolos, procura tornar-se senhor da situação. Quando Lenz, como Danton, fica a mercê do estado de "aborrecimento", do "horrível vazio" e, ao mesmo tempo, da "perturbação atormentadora" ele "não apenas já desenhou todas as figuras na parede", mas fala nestes enigmas:

> Depois de conversarem sobre vários assuntos, Lenz disse com uma cordialidade excepcional: "Querido Pároco, a moça de quem lhe falei morreu, sim, morreu, o meu anjo!" – "Como sabe disso?" – "Hieróglifos, hieróglifos"... – e olhou para o céu e disse de novo: "Sim, morreu... hieróglifos". Depois disso, nada mais foi possível arrancar-lhe[47].

* * *

Como não é possível fazer uma coletânea de todos os elementos de texto que "lembrem" o masoquismo, ficamos com alguns poucos exemplos, que permitem esclarecer a importância da sua estrutura. Seria possível interpretar os correspondentes aspectos em *Lenz*, a sua "volúpia alucinada" de olhar para o abismo[48], o seu desejo de que Oberlin batesse nele com um fuste. Se perguntássemos por uma patologia do masoquismo, os lances como jogar-se na água gelada da gamela, as "meias tentativas" de suicídio, a repetição do encontro entre o prazer e a dor poderia ser usado como material. Entretanto, em Lenz não se trata tanto do "desejo de morte"[49] como se insiste, mas da "tentativa de voltar a si mesmo através da dor física"[50]. Em *A Morte de Danton*, o motivo da "voluptuosidade da dor", que aparece também na carta do fatalismo, não pode ser deixada de lado. Chamam menos a atenção os diversos elementos das inúmeras cartas de Büchner, que indicam na mesma direção. Assim como Lenz quer alcançar a si mesmo a partir do vazio insensível através da dor, Büchner deseja, na carta do fatalismo, voltar a sentir a febre ardente, cuja "voluptuosidade" poderia redimi-lo da existência como "autômato". Estranha-se também o relato sensual das fantasias de tortura, que também

---

47 Idem, p. 97 (Idem, *Lenz*, p. 187).
48 Idem, p. 94 (Idem, p. 184).
49 Idem, p. 99 e s. (Idem, p. 189 e s.).
50 Idem, p. 100 (Idem, p. 189).

encontraram receptividade em *A Morte de Danton*. O gemido das vítimas provoca o prazer dos deuses. A fascinação pela violência e pelo poder, contra os quais o indivíduo nada pode, aparece em várias passagens das cartas. Ao lado da forte recusa – e do sofrimento – da impotência, persiste continuamente esta fascinação afetiva de natureza masoquista, levando ao discurso político de Büchner uma ambígua "volúpia de queda".

Se o *prazer* frente à razão política é algo inquietante, que ameaça deixar inválidas todas as seguranças do juízo, esta experiência faz com que a identidade do sujeito seja problemática. A paixão leva perigo à identidade, que tem o seu apoio no instinto de conservação. O aspecto sadomasoquista do eros, desnuda potencialmente esta inquietação. É de conhecimento geral que Freud formulou, desde 1920, com mais força sob a impressão do descobrimento de fenômenos "além do princípio do prazer", a tese da existência de uma *profunda* tendência de autodestruição, morte e dispêndios que está dentro da vida (organismo como psique) e de que na relação sadismo/masoquismo este último seria primário. Agressão é entendida como sendo contra o próprio eu, mesmo que se trate de impulso para o exterior. Como correlação psíquica mais clara do "impulso de morte" o masoquismo como primário, seria o "impulso mais impulsionante". A área do impulso da morte e masoquismo é o nervo da vida do impulso: "o paradoxo do masoquismo não deveria ser circunscrito como 'perversão' especial, mas pelo contrário ele merecia que fosse entendido de forma mais geral [na verdade: generalizar, texto em francês: *mériterait d'être généralisé*], pois está ligado com a natureza essencialmente traumática da sexualidade humana"[51].

Levando-se a sério esta particularidade do masoquismo primário, ligado estreitamente com a morte, de que ele expresse o *segredo mais profundo do impulso em geral*, existem motivos suficientes para realizar a seguinte experiência: os temas deste tipo, assim como eles aparecem nos textos de Büchner, jamais devem ser vistos como uma representação, como características realistas das suas figuras, mas principalmente como a representação poética mais impressionante do próprio impulso

---

[51] J. Laplanche, *Leben und Tod in der Psychoanalyse*, p. 155. Ver também G. Deleuze, Sacher-Masoch und der Masochismus, em L. von Sacher-Masoch, *Venus im Pelz*, p. 167 e s.

que, justamente no momento da autodestruição de toda racionalidade, se recusa como inquietante e "heterogêneo" (Bataille). O masoquismo nos interessa, portanto, como elemento do *discurso poético* de Büchner, mas de forma alguma como patologia dos seus atores ou do seu próprio autor.

Seria errado fazermos a leitura do lado inquietante (sinistro) do eros como indício de uma concepção obscurecida do mundo do autor. A inconfundível "ligação temática" entre amor e revolução, constatada com razão por Becker[52], não significa de maneira alguma que o drama seja da morte de ambos: Grimm ressalta com perspicácia, que no caso de Büchner não se trata de condenar ou afirmar uma utopia erótica, mas em primeiro lugar do seu projeto[53]. Deveria acrescentar-se que no texto de Büchner, antes de qualquer utopia, está sendo projetada uma *imagem* do erotismo e da sua *estrutura*.

A relação de amor com os temas de sepultura, descanso e morte chama bastante a atenção no caso de Danton. É só lembrar da cena de Marion, em que o revolucionário de fato mostra uma "emoção masoquista" sobre a história de Marion, como Dolf Oehler, que tematiza o fato apenas indiretamente e de passagem[54]. No relato de Marion aparece, poeticamente exagerada, a dissolução da personalidade ao torna-se um, com o ambiente, comparável ao tornar-se um com o universo, a perda de si próprio em *Lenz*, apenas com outra acentuação. O erotismo alcança Marion de início como a "primavera" comum; ela sente-se mergulhada numa "atmosfera", que, de um lado, divide a sua própria experiência e, de outro, a faz perceber a própria unidade como fusão: " parecia-me às vezes como se eu fosse dois seres e depois me fundia novamente em um só"[55]. O amor é relatado de tal forma, para apresentar que toda diferença e contraste do próprio com o mundo e também todas as diferenças entre os homens se reduzem a um contraste erótico e à fusão: "Mas eu me tornei como um mar que tudo traga e se revolve cada vez mais fundo e mais fundo. Para mim só havia

---

52   Die Trauerarbeit im Schönen, op. cit.
53   R. Grimm, Coeur und Carreau: Über die Liebe bei Georg Büchner, em H. L. Arnold (org.), *Georg Büchner I/II*, p. 310.
54   Liberté, Liberté Chérie. Männerphantasien über die Freiheit: zur Problematik der erotischen Freiheits-Allegorie em P. von Becker (org.), op. cit., p. 101.
55   G. Büchner, op. cit., v. 1, p. 21 (trad. bras., op. cit., p. 97).

o meu oposto, já que todos os homens se fundiam em um só corpo"⁵⁶. O seu amante não consegue suportar esta quebra dos limites da moralidade e das diferenças. Seu amor transforma-se em morte, representada por sua vez como o tornar-se um com a maré cheia. Marion assim caracteriza o seu próprio ser mimético transbordante: "Nesse anoitecer fiquei sentada à janela; sou muito sensível e me relaciono com tudo o que me rodeia somente através do sentimento; mergulhei nas ondas do ocaso"⁵⁷. Ela não conhece uma real expiação, uma "quebra"⁵⁸ do mundo. Esta *mímesis*, que se adapta ao mundo com a perda dos limites do eu, não caracteriza uma forma especial, perversa do erotismo, mas é adequada estruturalmente a qualquer prazer. Büchner, o crítico dos poetas idealistas, decompõe a imagem idealista do amor como simples relação pessoal espelhada de dois indivíduos inconfundíveis e mostra: não existe amor pessoal, sem dissolução da individualidade; nenhuma inclinação espontânea (espiritual ou sensual) do eu, sem o impulso da máquina do corpo; nenhuma entrega sem prostituição; nenhuma avidez, sem desejo de morte. Numa bela imagem, Danton fala deste desejo perigoso por uma fusão, que poderia ser finalizada pela individualidade, pelo desaparecimento da descontinuidade fundamental entre os seres vivos: "Eu desejaria ser uma parte do éter, para banhá-la em minha torrente e para quebrar-me na onda de seu formoso corpo"⁵⁹.

Nesta figura, *ambos* os seres transformam-se em ondas, tanto Danton como Marion! Trata-se de uma representação, que Georges Bataille designou com quase a mesma imagem: o desejo pelo estado de uma "intimidade" ou de uma "continuidade", que representa a verdadeira força do impulso do erotismo. É a imagem da onda, que se abre numa onda maior e depois se perde:

> A situação que nos ata a uma individualidade do acaso, a nossa individualidade passageira, é difícil de suportar. Ao mesmo tempo em que nutrimos o desejo angustiado pela duração desta individualidade perecível, ficamos dominados pelo pensamento de uma continuidade original, que nos liga em geral com o ser. A saudade da qual

---

56 Idem, ibidem (Idem, ibidem).
57 Idem, p. 22 (Idem, p. 98).
58 Idem, ibidem (Idem, ibidem).
59 Idem, ibidem (Idem, ibidem).

eu falo, nada tem a ver com o *conhecimento* das circunstâncias básicas por mim indicadas. Pode-se sofrer, por não existir como uma onda, que se perde na multiplicidade das ondas, sem saber algo das desavenças e das fusões dos seres mais simples. Mas em todos os homens, é esta nostalgia que determina as [...] formas do erotismo[60].

Como o erotismo aponta para a quebra da individualidade, mas esta última representa condição de vida e instinto de conservação, todo prazer deve apresentar uma relação com a morte, que conforme a tendência é masoquista. O desejo é acompanhado por uma base de medo e citando mais uma vez Bataille:

> A esfera do erotismo é essencialmente a esfera da violência, da violação [...]. O mais violento é para nós a morte, pois é justamente ela que costuma arrancar-nos daquele pensamento obstinado pela duração da vida descontínua que somos. Perdemos a coragem com o pensamento de que a individualidade descontínua repentinamente pode-se extinguir [...]. Qual é o significado do erotismo dos corpos, senão uma violação do ser dos parceiros? Uma violação que chega aos limites da morte? – que leva aos limites do assassinato? [...]. Todo o emprego do erotismo tem por princípio uma destruição da estrutura do ser fechado, que é o parceiro do jogo no estado normal[61].

O verdadeiramente erótico consiste na ultrapassagem das leis e dos costumes. O objetivo mais elevado, o domínio da

---

60 G. Bataille, *Der heilige Eros*, p. 14; no original francês, *L'Érotisme*, p. 22: "Nous supportons mal la situation qui nous rive à l'individualité de hasard, à l'individualité périssable que nous sommes. En même temps que nous avons le désir angoissé de la durée de ce périssable, nous avons l'obsession d'une continuité première, qui nous relie généralement à l'être. La nostalgie dont je parle n'a rien à voir avec la *connaissance* des données fondamentales que j'ai introduites. Tel peut souffrir de n'être pas dans le monde à la manière d'une vague perdue dans la multiplicité des vagues, qui ignore les dédoublements et les fusions des êtres les plus simples. Mais cette nostalgie commande chez tous les hommes les [...] formes de l'érotisme".

61 Idem, p. 15; no original francês, p. 23-24: "Essentiellement, le domaine de l'érotisme est le domaine de la violence, le domaine de la violation [...]. Le plus violent pour nous est la mort qui, précisément, nous arrache à l'obstination que nous avons de voir durer l'être discontinu que nous sommes. Le coeur nous manque a l'idée que l'individualité discontinue qui est en nous va soudain s'anéantir [...]. Que signifie l'érotisme des corps sinon une violation de l'être des partenaires? une violation qui confine au meurtre? [...] Toute la mise en oeuvre érotique a pour principe une destruction de la structure de l'être fermé qu'est à l'état normal un partenaire du jeu".

descontinuidade, deve ser igualmente o objetivo mais degradante. Se for necessário ele é "obsceno":

> Os corpos abrem-se para a continuidade através daqueles canais secretos que nos transmitem a sensação da obscenidade. Obscenidade significa uma confusão, que ataca e perturba um estado dos corpos, caracterizado pela disposição sobre si mesmo e uma individualidade marcante e duradoura. Entretanto no jogo dos órgãos que escorrem pelo renovar constante da fusão, semelhante ao ir e vir das ondas que se interpenetram e se perdem, domina o princípio da expropriação[62].

Com o auxílio destas análises de Bataille, entende-se que a representação poética concreta das formas "perversas" do erotismo, que tem a ver com masoquismo, violência e ânsia da morte, devem ser tomadas ao pé da letra, de outra maneira do que acontece geralmente: não como relato de uma psicologia entendida como "realista" de determinados atores (conceito da literatura da representação), mas como articulação específica da estrutura complexa do próprio prazer. *Somente na sua aparição masoquista, é que a representação do prazer assume o caráter de protesto irrecusável contra todo comportamento (social) razoável.* Este prazer é inacessível para qualquer argumento, pois não há argumento que venha a atingir aquele que aspira o próprio declínio.

No texto de Büchner, é significativo que, na sua imagem do erotismo como despersonalização, venha a entrar ao mesmo tempo o relato do amor ideal, de tal forma que ambos os aspectos do erotismo se comentam mutuamente. Ele adquire sua verdade do ideal (romântico), enquanto o confronta com o seu outro: A des-construção do amor-ideal, é bem diferente do que a sua negação antitética.

---

[62] Idem, p. 17, no original francês, p. 24: "Les corps s'ouvrent à la continuité par ces conduits secrets qui nous donnent le sentiment de l'obscénité. L'obscénité signifie le trouble qui dérange un état des corps conforme à la possession de soi, à la possession de l'individualité durable et affirmée. Il y a au contraire dépossession dans le jeu des organes qui s'écoulent dans le renouveau de la fusion, semblable au va-et-vient des vagues qui se pénètrent et se perdent l'une dans l'autre".

2

O postulado sensual da volúpia na terra pode ser combinado com uma lógica harmônica, na qual o prazer e a revolução coexistam pacificamente. Entretanto, se o prazer for contaminado com dor e morte, pensado como um movimento do autodesgaste, esta harmonia desaparece. Muito mais longe do que em Büchner, despedaça-se nos textos de Heiner Müller a realização do prazer e a remodelação revolucionária da sociedade. Se de fato o impulso da morte for alguma coisa como a fonte mais profunda do impulso, isto significa que ele representa uma fonte de forças da qual nenhuma ação revolucionária pode desistir. Mas foi justamente a teoria revolucionária comunista que colocou disciplina e subordinação incondicional para a autorrealização do indivíduo. É por isso, que a obra de Heiner Müller é uma das tentativas mais significativas de formular a relação da sexualidade e da política, diante do fundo do comunismo, diante do fundo do marxismo e bem além deles. Já nas suas primeiras peças, Müller mostra a psicologia do novo homem revolucionário, dentro de constelações que apresentam tendência masoquista. Na peça *Der Lohndrücker* (O Achatador de Salários) o nó dramático é alinhavado de tal forma, que um comunista da Sowjetische Besatzungszone (Zona de Ocupação Soviética, SBZ) deve renunciar a qualquer desagravo frente a um fascista que como denunciante o tinha entregue à morte. O agravamento desta situação leva a uma espécie de extinção da velha subjetividade, deixando em aberto a pergunta sobre o quanto as pessoas são deformadas no processo da "renovação" revolucionária[63]. Em *Zement* (Cimento, 1972), a mulher por causa da sua emancipação, não consegue mais amar o revolucionário Tchumalov (a peça transcorre na Guerra Civil russa) pelo modo "antigo". Aqui o tema do masoquismo torna-se problema sexual explícito: "Em mim existe algo que procura pelo morgado, Gleb / Assim como o cão quer o chicote e não quer"[64]. Em outras peças, como *Filocteto* ou *Macbeth*, o tema da sexualidade sadomasoquista, ou comportamento masoquista em geral, é ligado de outras formas com o tema da violência e do

---

63 Ver G. Schulz, *Heiner Müller*, p. 23-28.
64 H. Müller, *Geschichten aus der Produktion 2*, p. 107.

exercício do poder nos bastidores da revolução⁶⁵. Para a análise dos diversos dramas de Müller, eu chamo a atenção sobre a obra de Genia Schulz e limito-me, usando a sua interpretação da peça *Die Bauern* (Os Camponeses), a colocar o beberrão Fondrak no contexto dos meus questionamentos. Neste drama panorâmico sobre a reforma agrária na República Democrática Alemã (RDA), Fondrak parece inserido "no meio do pessoal 'realista' dos 'camponeses' como um elemento alienado", "um parasita desenfreado, que literalmente não tem na cabeça outra coisa senão cerveja":

> Disposição, positivismo, plano, ideais [...] atingem o niilismo preso no agora, como força destruidora e como fonte de energia. A racionalidade evidente [do seu adversário, o secretário do partido] quebra-se numa força de impulso inatingível, de contrassenso, o desejo antissocial de embriaguez⁶⁶.

É interessante, que tanto Müller como Büchner não apresentem à revolução e à desistência de força de impulso o que ela pede, o representante de uma sensualidade positiva "sadia" como contradição: "Não é possível entender Fondrak suficientemente como encarnação do instinto de conservação sem consideração. Ele é desejo de morte incorporado como energia, demanda absoluta de vida ('antes do comunismo vocês me verão de novo')"⁶⁷.

Fondrak, que assim como Danton reclama do prazer reprimido no processo da sua realização, formula este prazer como desejo de embriaguez autodestruidora e sem limites, que pode ser reconhecido claramente, assim como em Danton, como o traço para a autoexterminação. Aqui faz-se valer a tese, de que justamente numa configuração masoquista, a sexualidade pode tornar-se a provocação radical do pensamento político. Em Müller, também aparece uma passagem, na qual o representante da razão revolucionária, quer combater o medo sensual diante do trabalho de Fondrak, indicando as consequências, e ameaçando finalmente com a morte. Mas o argumento deve

---

65 G. Schulz, op. cit., p. 71 e s. e 99 e s.
66 Idem, p. 40.
67 Idem, p. 41.

falhar, pois como se pode atingir alguém que sente prazer com a morte, com o medo da morte? Uma situação semelhante à do beberrão antissocial, é expressa pelo aldeão Schmulka:

> Meu desejo do comunismo, é dormir bastante [...]. E meu primeiro passo
> seria atravessar com a melhor vestimenta, o campo de centeio,
> aquele que feriu a minha pele até surgir o sangue
> ao fazer o feixe e levantar o amarrado de trigo
> e quando a papoula florescer em todo o campo, eu fico contente[68].

"As ervas que perpassam a cultura são de novo as flores da embriaguez [...]. Ao final, no comunismo, poder fazer tudo é o preenchimento da sociedade de *Mahagonny* de Brecht"[69] (Na realidade esta frase indica a circunstância de que, com o campo aqui refletido, Büchner-Müller-Bataille remetem à obra do jovem Brecht até *Mahagonny*[70]. A produtiva ambiguidade desta obra do início perdeu-se mais tarde de algum modo, em Brecht, sem desaparecer por completo). Müller usa muitas vezes, no linguajar dos camponeses o tom pré-expressionista de Büchner. São daquela tradição as origens das imagens que se seguem:

> Pode ser que o raio me atinja, antes de levantar-me daqui. Ou então um pedaço de alguma estrela, que explodiu há três mil anos atinja você também. Ou o chão, pisado com os pés desde Adão, cansado de ser usado pelo gado e pelos veículos, bombardeado há pouco tempo, venha rasgar-se, por que ele deve se manter? Nada se mantêm eternamente [...]. Ou de repente não tem mais a força de gravidade, toda a nossa suja estrela começa a derrapar e a nossa viagem ao céu é logo, sem o desvio através dos vermes[71].

A ligação surrealista e melancólica muito concreta de detalhes terrestres, com imagens celestes poéticas, de grande espaço, sem dúvida é originada pelo estilo de Büchner e uma pesquisa da linguagem de Müller em comparação com Büchner, certamente daria algum esclarecimento.

---

68 H. Müller, *Die Umsiedlerin oder das Leben auf dem Lande*, p. 66 e s.
69 G. Schulz, op. cit., p. 41.
70 Cf. *The Drama Review* (TDR).
71 H. Müller, *Die Umsiedlerin...*, p. 72.

Nas peças posteriores de Müller, o tema masoquismo/revolução fica em dois sentidos mais intenso. Em sua "Lembrança de uma Revolução", *A Missão*, o plano sexual, que até então era tratado de forma latente ou marginal, fica dominante. É uma observação, que é confirmada por *Quarteto*. Trata-se de uma refundição dramática de *Liaisons Dangereuses* (Ligações Perigosas) de Choderlos de Laclos. Valmont e Merteuil são mostrados num jogo complexo de troca de papéis, na qual é acentuado o prazer masoquista, em que o homem se desloca para a posição da mulher. Aqui com omissão do lado histórico, o interesse está concentrado totalmente na temática erótica, enquanto o momento (característico para a perversão masoquista) do jogo de papéis, introduz o nível da autorreflexão do teatro.

O segundo aspecto da intensificação consiste que, em *A Missão*, pela primeira vez, aparece em Müller um revolucionário direta e imediatamente em cenas e pantomimas sadomasoquistas: o revolucionário como masoquista, onde é demonstrado que ele é incapaz de alterar a sua estrutura de impulsos a favor do engajamento revolucionário. O herói de Müller, Debuisson, em muitos aspectos é uma reprodução de Danton, com muitas alusões ao drama de Büchner. Deve-se perguntar o significado que os traços masoquistas têm no texto de Müller. As pantomimas mostram uma espécie de paisagem do consciente do revolucionário, entre prisão edipiana e emancipação, do ponto de vista político, entre a classe dominante que ele traiu e a classe dominada que ele irá trair. O amor do indivíduo vale a traição. Agora resulta a seguinte inversão: o prazer do domínio e da fruição é imprescindível para o revolucionário branco, de tal forma que o seu declarado retorno a esse ponto de vista, à medida que a pressão moral externa se torna mais leve, não significa uma surpresa. Assim como em Peter Weiss, a fantasia masoquista complementa a ação real (numa conotação de sadismo). No final, o traidor torna-se *socialmente* o senhor, mas *psiquicamente* o seu prazer aparece como masoquista. Em Müller, a autorrepresentação da inteligência branca, oscila junto com a autocrítica. Mais importante é a circunstância de que abertamente seja reconhecida a correlação entre o prazer masoquista e o comportamento socialmente agressivo[72]. Esta figuração difere profundamente da perversão pesquisada por Dolf Oehler, que no *tópos* partido da liberdade é observado, no imaginário revolucionário do século XIX, como dominação possante e como prostituta[73]. Ali, a dimensão masoquista, e ao mesmo tempo inimiga das mulheres, das alegorias femininas, fica latente e assim não reconhecida e não *reflectível*. Müller nem faz a tentativa de negar em transfigurações utópicas a deformação e "degradação mais comum da vida amorosa". A *Missão* apresenta-nos mais claramente do que os textos anteriores de Müller, que os desejos que levam à ação revolucionária manifestam-se como os que trazem consigo traição, autodestruição e resignação. Aqui a constelação motivadora torna-se meditação amarga sobre a revolução "traída".

3

Eu parti da ideia de que, para autores politicamente tão conscientes como Büchner e Müller, a ligação imediata da temática erótica com a política, necessita de uma reflexão mais precisa. Recentemente, Büchner foi iluminado com o seu "erotismo", mas pode surgir facilmente a situação de, em lugar de apenas um motivo de mobilidade em A Morte de Danton (História/ política), encontrarmos dois ou então o primeiro sendo substituído pelo segundo. Eu procuro dar um passo além, lendo o texto de Büchner como discurso. Isto significa compreender os temas nele tratados, a sua ligação e o contraste dos opostos, sua sequência e interferência, sem esquecer a sinceridade, não só da forma, mas também do conteúdo, que aspira projeções dos sentidos, entendendo tudo isto como elementos de um "pensar" específico, da elaboração própria de relações o que, embora tenha relação com o discurso que é deduzido do autor, não coincide com ele. O campo deste discurso tampouco coincide com os limites dos diversos textos. Enquanto Büchner,

---

72 Ver mais detalhadamente, em Forma Dramática e Revolução, infra, p. 131-151.
73 Liberté, Liberté Chérie. Männerphantasien über die Freiheit..., em P. von Becker (org.), op. cit., p. 91 e s.

Müller e Bataille são "coligidos", os textos comentam-se reciprocamente como partes do discurso geral. Eles abrem a visão sobre os fragmentos e linhas dispersantes (*dis-currere*) de uma intertextualidade, cujas margens não podem ser fixadas com os nomes de editores de determinados textos. A leitura gera ao mesmo tempo o campo discursivo, no qual ela insere por sua vez os diversos textos. Enquanto a função de autor frente ao campo intertextual não desaparece, mas se torna marginal, o texto ganha nova autonomia. Desta forma o drama *A Morte de Danton*, por causa da sua constelação de motivos, pode formular outra "opinião" do sujeito político Georg Büchner, sem que o assunto do que se está falando seja outro. (Pense-se numa paisagem com árvores, arbustos, outeiros, caminhos e rios, observada por alguém e depois a mesma paisagem vista por um observador em outro lugar: tudo continua a estar lá, mas em todos os detalhes, a relação dos elementos entre si é diferente). O discurso específico de textos poéticos, que faz manifestações sobre a história e o sujeito do seu modo, de forma geral encontra oposição da crítica dos cientistas de história, dos psicanalistas e de outros especialistas do entendimento científico dos homens. São raras as manifestações como a seguinte, do teórico do masoquismo Theodor Reik: "Eu afirmo, que a leitura de grandes poetas e de espíritos religiosos, para o entendimento do masoquismo espiritualizado [ou seja do Freud "moralista" ou, como diz Reik, masoquismo social], é mais fecundo e produtivo do que a leitura dos psiquiatras e psicanalistas"[74].

Em Büchner, Müller e Bataille existe, no conteúdo primordial do seu discurso literário-teórico, um questionamento da razão a partir de uma loucura específica. *O seu discurso é constatado como perturbação de outro*. Os traços do estilo, muitas vezes observados em Büchner – lacunas e saltos, o inesperado e a incoerência –, correspondem a esta perturbação da discursividade abstrato-teórica. Para transmitir a impressão do estilo de Büchner, deveria ser possível descrever a linguagem das imagens relampejantes e desaparecendo com toda rapidez que se gravam, justamente por causa da sua intensidade lírica

---

[74] *Aus Leiden Freuden*, p. 351.

e velocidade. (Trakl conseguiu montar a partir de *Lenz* na sua poesia-prosa *Traum und Umnachtung* [Sonho e Demência] muitas imagens relampejantes deste tipo). As descontinuidades de Müller preenchem uma função semelhante: através da incoerência, produzir uma linguagem que questione a discursividade do conceito. Levando a sério a legitimidade deste tipo de escrita, pode-se questionar sobre a relação que existe entre os seus conhecimentos e aqueles da ciência. Formulado de outra maneira, poderíamos ir mais longe na fixação conceitual sobre o que "diz" a constelação motivacional de revolução e masoquismo em Büchner, ou melhor, no discurso ao qual pertence o seu texto?

Em primeiro lugar é preciso resumir alguns resultados:

1. Masoquismo e revolução não se encontram por acaso, mas formam uma constelação motivacional, na qual podem ser comentados reciprocamente o prazer individualista e a realidade histórica.
2. Em Büchner e Müller, o quadro da sexualidade masoquista é a correlação preferida da problemática política, porque o masoquismo representa o aparecimento mais radical de um prazer inacessível, não inteiramente submetido ao princípio da autoconservação.
3. O masoquismo não deve ser interpretado como patologia das figuras do drama ou dos seus autores, mas como elemento do discurso "poético" sobre o prazer, como momento da estrutura.
4. O discurso de Büchner e Müller faz com que os ideais do amor puro e da ação humana sem adulteração sejam "inquietantes", enquanto com o masoquismo de um lado, com a violência que emancipa do outro, apresenta duas sombras inseparáveis dos ideais de amor e revolução.

O discurso poético faz o processo dos ideais políticos junto com os eróticos, sem desistir deles – ele os questiona. A escrita torna-se o meio de uma autocrítica em suspenso, mesmo das formações ideais próprias, sem as quais não seria possível aspirar a um objetivo, nem sequer pensar. Neste questionamento não ocorre uma destruição, mas a cuidadosa desconstrução do modelo imaginado, no qual é preciso dominar com oposições a discrepância do que é real para o que é ideal; aparece assim a revolução pura, boa, verdadeira, desejada, humana, contra a desfiguração, a perversão, a degeneração, o suprassumo de violência etc. Este modelo é baseado no desejo de vencer a ambiguidade com auxílio do par (boa) *origem* – (mau) *suplemento*; (boa) natureza – (má) cultura; ou também: virtude – vício. Danton objeta o Robespierre rousseauniano o quanto ele deve ao "contraste" de virtude – vício. Não é Danton (do qual existe incerteza também sobre o quanto ele é o porta-voz de Büchner), mas é o drama, que na sua totalidade resolve a oposição rousseauniana de virtude e vício, que é central porque as áreas de política e erotismo se encontram nele. Virtude e vício negam, mas não é fácil: representar uma "tese" sensualista. Diversos equívocos sobre as interpretações de Büchner, especialmente sobre Danton, poderiam ser evitados, se, em lugar da tentativa de relacionar o texto com teses, posições, concepções, opiniões do autor, fosse feito o contrário, perguntando de que modo o texto, enquanto prática específica de símbolos, arrisca pôr em prática as teses que nele existem. A trama da representação, através da qual os opostos como pessimismo/otimismo são relacionados com as intenções do autor, bate sempre nos mesmos paradoxos, que depois são resolvidos com auxílio de processos de redução de uniformização. Observa-se assim que Büchner, de um lado, representa uma posição revolucionária e "otimista" da sensualidade, mas por outro lado, de forma "pessimista" e inconcebível, liga constantemente o amor com tristeza, morte e aflição; ou, ao contrário, que estaria desesperado com a revolução alemã e ao mesmo tempo escreveu o *Hessischen Landboten* (O Mensageiro de Hessen); a cena política de Danton está sem dúvida profundamente mergulhada em uma luz de melancolia, mas, por outro lado, o seu autor parece ter sido ativo revolucionário social. A chave para estas dificuldades não pode ser a tentativa de, através de artifícios de interpretação, remover as contradições. Ela está mais na retirada da questão da categoria problemática da consciência do homem empírico Georg Büchner, para aqueles problemas levantados pela relação de teoria e formulação poética, em direção à questão das condições especiais da textualidade. De que modo os temas agora mencionados teriam se apresentado na cabeça de Büchner, é uma pergunta para amadores e antiquários: depende unicamente do jogo ou da encenação dos seus textos. Eles ainda causam efeito; a partir deles, as dificuldades podem ser melhor formuladas (sem falar em soluções). E, em se tratando dos seus textos (sendo este o aspecto mais importante), podem ser observados frente aos conceitos, ideais e procedimentos poéticos, que são melhor entendidos através do conceito da "desconstrução" desenvolvido por Derrida. Büchner coloca o amor virtuoso na sombra do seu sósia sinistro de prostituição, animalidade e despersonalização. É justamente esta combinação de articulação do ideal, e ao mesmo tempo dos "momentos de Bataille", que provoca uma crítica poética, que corresponde ao discurso desconstrutivo.

A *Morte de Danton* coloca em debate também o ideal da revolução. Enquanto ela se realiza, ela engole os seus filhos – o ideal na sua existência está deslocado desde o começo. A revolução e a morte estão tão contaminadas, que a realidade da libertação e da vingança (Büchner: "eu rezo [...] ao cânhamo e às lanternas.")[75] é insuportável na sua realização ("mas não sou lâmina de guilhotina"[76]), desde que não se trate mais apenas de contemplação ("Acostumo meus olhos ao sangue"[77]) mas do envolvimento da própria pessoa (Danton: "prefiro ser guilhotinado a mandar guilhotinar"[78]). A problematização de Heiner Müller do ideal comunista responde a esta crítica ideal de Büchner:

o comediante apresenta no primeiro plano a oposição do *ser* e do *parecer*. Ele confronta o ideal com a sua realidade. Ele reclama para que o sensato se torne realidade [...]. Müller escava [...] ele mesmo pelos desdobramentos *internos* do ideal.

De forma mais penetrante ele coloca a questão de que a forma de aparecimento do ideal poderia talvez não ser apenas uma forma, mas constitutivo da essência da coisa[79].

---

75 G. Büchner, op. cit., v. 2, p. 422.
76 Idem, vol. 2, p. 426 (trad. bras., Cartas, op. cit., p. 312).
77 Idem, ibidem (idem, ibidem).
78 Idem, v. 1, p. 32 (idem, p. 110).
79 G. Schulz, op. cit., p. 4.

Os motivos mais importantes dos textos de Büchner aqui discutidos são os desdobramentos do próprio ideal. O conceito da coisa leva escondido em si algo alheio, diferente, que aparece como uma perturbação, desfiguração ou deslocamento posteriores ou apenas externos, mas na verdade com a origem já definida. Os temas da arte, do amor e da revolução juntam-se, de forma particular, sob o ponto de vista da demonstração do ideal e da sua presença. Em todos manifesta-se um *perigo interno da mímesis*, que significa não apenas imitação mas também adaptação. ("*mímesis* de" é uma categoria importante da estética de Adorno). Em *Lenz* funciona melhor como a desorganização da estética: de uma determinada consciência estética. A beleza e a verdade da arte existem para o poeta Lenz na *mímesis* realista – entrega à realidade corporal, recusa de falsa espiritualização e abstração, tal como está contida no idealismo estético de Goethe e de Schiller a partir desse ponto de vista. Mas é justamente esta estrutura da extinção, de admitir a realidade corporal, que no texto de Büchner se manifesta ao mesmo tempo como a estrutura da alienação de Lenz: a vivência da despersonalização num abrir-se para a natureza circundante. A estrutura metafórica de *Lenz* mostra que, no cerne da possibilidade da arte realista (*mímesis* do mundo), existe ao mesmo tempo a nebulosidade do limite do eu e do mundo (*mímesis* para o mundo), a extinção da pessoa numa continuidade material que produz a alienação. Pode-se falar, portanto, de um autoquestionamento da própria intenção da arte do realismo no Lenz de Büchner. Algo semelhante resultou para a ideia do amor: o desejo erótico do impulso mimético aparece impregnado e entretecido com o perigo da perda do eu. E uma estrutura correspondente é descoberta para a política. Danton quer uma constituição da natureza, a revolução deve criar a justiça para a natureza. Mas esta proximidade com a natureza, cuja trilha deve ser quebrada, faz com que a violência revolucionária apareça, ela mesma, como uma violência da natureza. Ela, que deseja criar a justiça para a natureza, está ameaçada pela *mímesis*: de ficar unida com a crueldade da natureza, exemplarizado pelas palavras de Saint-Just. Os textos de Büchner, *Lenz* e *A Morte de Danton*, representam autointerrogações do materialismo político (socialismo) do materialismo estético (realismo) e do materialismo erótico (sensualidade).

A específica constelação de motivos masoquismo/revolução manifesta-se como "desconstrução" poética. Entre o ideal e a desfiguração, domina uma lógica do suplemento, que Derrida desdobra nos seus escritos, especialmente em *De la grammatologie*[80], e que foi exemplificado entre outros com Rousseau, um exemplo não por acaso. Esta lógica do suplemento constitui o pano de fundo para o desejo de pensar a verdade (amor verdadeiro, revolução autêntica), para além e diante da realidade misturada de forma ambígua e inquietante. A oposição lógica, imprescindível ao pensar, é desmontada no discurso poético, enquanto o mesmo mostra o suplemento a ser acrescentado mais tarde ou externamente (como adição), e que desde o início já era suplemento, no sentido de substituto e representação: a origem sempre é suplemento (Desta forma, os elementos denunciados por Rousseau, técnica e trabalho e destruídos pela natureza primitiva, virtuosa, já estão contidos nesta natureza, por necessidade: a técnica como fingimento e astúcia, o trabalho de escavar à procura de ouro, que para Rousseau é inexplicável, espontâneo – pois "natural" – e que será o início da civilização). A figura poética pode ser entendida com o auxílio da lógica do suplemento, com a qual os críticos do ideal, Büchner e Müller, decompõem o esquema da boa origem e posterior degeneração.

4

O discurso, tanto de Müller como de Büchner, coloca o revolucionário num mundo de ambiguidades, aparecendo numa representação da consciência revolucionária, na qual o masoquismo tem um papel importante. Ficou claro que a tentativa de encontrar nisto uma patologia não leva muito longe. O que poderia ser feito com o reconhecimento de que Robespierre e Danton e depois os revolucionários burgueses, e, finalmente todos os revolucionários seriam neuróticos e inimigos de mulheres, com Robespierre talvez "sexualmente inibido"[81]? Mesmo Dolf Oehler

---

80 Em alemão, *Grammatologie* (trad. bras., *Gramatologia*).
81 P. von Becker, Die Trauerabeit in Schönen, op. cit., p. 85.

incorre ocasionalmente neste tipo de interpretação, embora ele venha a descobrir, com sagacidade, o complexo das metáforas eróticas de revolução e liberdade existentes atrás da ostentação sexual externa do imaginário burguês da revolução, observando posições latentes, masoquistas e ao mesmo tempo misóginas. Da mesma forma, parece ser razoável questionar, concluindo a consciência revolucionária, como isto aparece nos textos analisados. Chama bastante a atenção de que, no tema da revolução violenta – como poderia pensar-se à primeira vista –, o domínio seria dos elementos sádicos, em lugar do masoquismo. Tenta-se supor aqui uma dialética da consciência revolucionária, que poderia ser formulada assim: ao contrário da atuação política "normal", para o revolucionário, o objetivo, o *fim*, assume importância desmedida, torna-se história mundial, até escatologia. Marx em *O 18 Brumário* chamou a atenção de como os revolucionários na sua presunção tiveram de ultrapassar enormemente a sua tarefa. O objetivo nesta ordem de grandeza assume uma tal distância, que na luta todas as ações e todos os sujeitos se acham iguais, somente e apenas o *meio*. Assim como a ética idealista o proíbe, quando o objetivo quase se torna "transcendente" generaliza-se este objetivo – consciência. A ela corresponde que as pessoas, elas próprias, sintam-se como ferramentas, agentes, bonecos, marionetes de um mecanismo superior. A relação desta percepção de passividade, justamente na atividade mais externa da alteração do mundo com a estrutura masoquista, é inconfundível. É de segunda importância se a consciência da ferramenta se encontra defronte da providência divina ou da lógica obrigatória da história: subjetivamente chega-se a uma experiência de impotência passiva no meio do desempenho mais ativo, que faz com que o limite entre ator e vítima fique diluído. Se no revolucionário reconhecermos o autor que, como mártir, atrai sofrimentos para si, por causa do objetivo que antes era grande, esta estrutura deverá corresponder, de forma bastante exata, à posição masoquista daquelas pessoas que procuram para si inconscientemente sofrimentos, privações, injúrias e proscrições. Segundo Theodor Reik existe aqui um comportamento de adiamento, com o qual o prazer e a recompensa são protelados de forma masoquista, tão longe que podem ser deslocados ao além e ao Juízo Final. Atrás dos sofrimentos do masoquista social, existe a fantasia secreta, ou melhor, sádica, de que o martírio de hoje obrigará o mundo a apresentar-lhe, um dia, os respeitos correspondentemente maiores ou até sem limites: "São bastante estranhas até [...] as derrotas nas fantasias masoquistas [...]. Porém, as derrotas são apresentadas para que a vitória final se apresente mais brilhante e triunfante. Elas formam só o segundo plano, diante do que se levanta a glória do eu"[82].

Com o auxílio dos seus sofrimentos o masoquista cria a sua própria estátua:

> Na verdade isto é o fim e o objetivo de tais fantasias individuais: o eu aparece nelas numa forma de elevação, colocado num pedestal invisível [...]. Realmente, as fantasias são um monumento antecipado do eu, comparável ao do visionário, aqueles monumentos de pedra na qual aparece um capitão em posição presunçosa, talvez sendo coroado com louros por uma simbólica figura feminina[83].

É evidente que neste, assim como em uma série de outros fenômenos do masoquismo social, podem ser estabelecidas relações com o aspecto masoquista da psicologia revolucionária, que numa luta perigosa incorre em derrota e morte, na esperança da confirmação das próprias ações pela posteridade. Outros elementos, que são de interesse nos dramas de Büchner, seriam a dedução do masoquismo como um sentimento de culpa inconsciente e a singular estrutura temporal do masoquismo. O tema do sentimento de culpa inconsciente poderia contribuir para uma melhor compreensão do papel da consciência nos textos de Büchner, já que a teoria psicanalítica no reconhecimento de sentimentos de culpa inconscientes passa bem além do conceito usual da consciência.

Estas indicações não são para que pela porta de trás seja introduzida uma psicopatografia da consciência revolucionária. A função do discurso poético não é o do desenho do fenômeno real-psicológico, diferente de pessoa para pessoa, mas sim de articular a dialética estranha, singular do autor e da ferramenta. Enquanto o texto atrás das manifestações do autor descobrir o segredo da passividade masoquista latente, ele pode inscrever o prazer de tal forma no horror, que leva ao

---

82 T. Reik, op. cit., p. 379.
83 Idem, p. 378.

desespero da real violência, que o anel de ferro da dialética da violência fica fendido.

O movimento que transforma o revolucionário senhor do movimento histórico no escravo das circunstâncias, faz lembrar, não inutilmente, da dialética projetada por Hegel de senhorio e servidão. A consciência autônoma (o senhor) é constituída unicamente pelo encontro com a morte e o medo, o arriscar a vida, o resistir à morte. Por último, a dialética desemboca numa inversão específica: "A *verdade* da consciência autônoma é [...] a *consciência servil*"[84]. Bataille nunca deixou de meditar sobre esta dissimetria, que é afinal o privilégio do escravo. O senhor representa comédia, pois o risco da morte só vale se, apesar disso, a vida for preservada. A condição na "soberania" de Hegel é a persistência servil no trabalho e na limitação: "Conservar a vida, manter-se nela, trabalhar, adiar o prazer, limitar a colocação em jogo, impor à morte *respeito* no momento mesmo em que olhamos de *frente*, tal é a condição servil do senhorio e de toda a história que ela possibilita".[85]*

No "dispêndio" sem reserva e num conceito próprio de soberania, Bataille procura contrapor outra coisa a esta figura da consciência hegeliana soberana e autônoma: "'Eu não sou nada', ou 'eu sou ridículo': esta paródia da autoafirmação é a última palavra da subjetividade soberana, que ficou livre do domínio que ela queria ou devia exercer sobre as coisas"[86].

Somente o dispêndio "masoquista", que não se mantêm e não conhece reserva, estaria livre da dialética que resulta, porque toda tentativa de dominação deve subordinar-se aos instrumentos, às coisas com as quais o domínio deve ser fixado. "Ao contrário, a senhoria torna-se soberana quando cessa de temer o fracasso e perde-se como a vítima absoluta do seu sacrifício"[87].

---

84 G. W. F. Hegel, *Phänomenologie des Geistes*, p. 147.
85 J. Derrida, *Die Schrift und die Differenz*, p. 386; *L'Écriture et la différence*, p. 375 (trad. bras., p. 373).
* O autor citará também, para conhecimento do leitor, o texto original em francês. Na medida em que as versões correspondem exatamente à tradução para o português, conservou apenas estas últimas (N. da E.)
86 G. Bataille, *Die psychologische Struktur des Faschismus / Die Souveränität*, p. 83.
87 J. Derrida, *Die Schrift*..., p. 401; *L'écriture*..., p. 389 (trad. bras., p. 387).

O "hegelianismo sem reserva" de Bataille (Derrida) formula uma soberania, que pode ceder o modelo para o entendimento daquela perturbação do conceito e da dialética, manifestada no prazer masoquista dos textos de Büchner e Müller. No discurso poético, a constituição corporal como lugar de um prazer não positivo, atravessa todo discurso do político e do histórico, toda possível racionalidade. Büchner coloca no trabalho da revolução e do conceito o jogo e o acaso (não é por acaso que o drama começa com o jogo de cartas); ele coloca na figura do amor as cenas do bordel e na figura da volúpia a morte. Não é para pintar uma imagem pessimista do mundo, negar a revolução e anunciar a morte do amor. É mais para introduzir o momento da soberania no discurso revolucionário (no seu próprio discurso). Esta soberania do dispêndio quebra a conceituação histórica, sem recusar por isso ideologicamente a ação histórica. Talvez seja este contexto que faz com que as palavras finais, quase insondáveis de Lucile e do sentinela de *A Morte de Danton*, sejam tão fascinantes quanto difíceis de interpretar. Elas se subtraem da comédia da racionalidade e mencionam, ao mesmo tempo junto com o rei, o emblema secreto da desejada soberania, como é mantida na fantasia dos contos de fadas: "Viva o Rei!" – "Em nome da República." – A constelação destas duas frases, mais uma vez, reúne o que era o tema do drama. A emancipação política na figura do ato revolucionário e da concepção histórica atinge o desejo e a capacidade de um dispêndio radical, capacidade "masoquista" para a morte, que é aquilo que irrevogavelmente é excluído da revolução, embora seja a sua necessária complementação. Se o processo de racionalização da dialética "é risível na medida em que significa o *afã* de um discurso que se esfalfa em reapropriar-se de toda negatividade, em elaborar a colocação em jogo como *investimento*, em *amortizar* o dispêndio absoluto, em dar sentido à morte"[88], esta conclusão recusa, como em geral o drama, uma "supressão" (*Aufhebung*) abstrata do *non-sense* (*Un-Sinns*).

O dispêndio masoquista, que no final culmina com a morte por amor de Lucile, significa ao mesmo tempo o dispêndio

---

88 *Die Schrift...*, p. 389; *L'écriture...*, p. 377-378 (trad. bras., p. 376).

(entrega) dos sentidos. "A transgressão do sentido não é o acesso à *identidade* imediata e indeterminada de um *nãosentido*, nem à possibilidade de *manter* o *não-sentido*"[89]. Ela fecha e/ou abre a representação de um texto, no qual se perde a racionalidade, para fugir da rigidez da morte do dogma.

---

89 *Die Schrift*..., p. 406; *L'écriture*..., p. 377 (trad. bras., p. 392).

3. Drama

FORMA DRAMÁTICA E REVOLUÇÃO*
em A Morte de Danton, de Georg Büchner
e A Missão, de Heiner Müller ¹

A Visão Dramática

Para pesquisar a relação de drama e história, a Revolução Francesa é especialmente apropriada, pois nenhuma igual a ela, dentre as revoluções burguesas é tão teatral:

> Camille Desmoulins, Danton, Robespierre, Saint-Just, Napoleão, os heróis, assim como os partidos e a massa da velha Revolução Francesa, completaram com trajes romanos e frases romanas as tarefas do seu tempo [...] O despertar dos mortos naquelas revoluções serviram [...] para exagerar na fantasia da tarefa outorgada [...] de reencontrar o espírito da revolução².

---

* Publicado com o título Dramatische Form und Revolution. Überlegungen zur Korrespondenz zweier Theatertexte. Georg Büchners *Dantons Tod* und Heiner Müllers *Der Auftrag*, em P. Von Becker (org.), *Georg Büchner –Dantons Tod: Die Trauerarbeit im Schönen. Ein Theaterlesebuch*. Syndikat Verlag, 1980, p. 106-121.
1 Agradeço as sugestões e conselhos de Genia Schulz e Helmut Lethen.
2 *Marx, Engels Werke*, t. 8, p. 116.

Não somente Marx, mas os contemporâneos acreditaram estar diante de um drama real: a partir da sala de baile, através do 14 de julho e da execução do rei em direção ao ponto de mudança: o conflito Danton-Robespierre, o domínio dos jacobinos e o termidor. Depois disso, em linha descendente, a retirada e ao mesmo tempo a consolidação, depois de aberto o caminho para a sociedade burguesa. É naturalmente de outro ponto de vista, que Adolphe Thiers vê o sublime neste processo e a sua teoria completa o século XVIII que se inicia:

> Pode-se ver como nesse grande e terrível ano [1793] a Europa acossou a revolução com toda a força; de que modo ela expia os seus primeiros triunfos de 92, bate os seus exércitos, ultrapassa de uma vez todas as fronteiras; e como uma parte da França se revolta, unindo os seus esforços com os das potências inimigas. Mas aí levanta-se a Revolução; o dia 31 de maio divulga o seu rancor, que faz aumentar o exército dos seus inimigos e que parece aguardar a determinação de sucumbir contra Europa e três quartos das próprias províncias insurretas. Mas não demora muito e ela obriga os inimigos internos à obediência, levanta um milhão de homens, bate os ingleses [...] é novamente batida [...] toma de assalto Lyon e Toulon, e bate duas vezes seguidas os de Vendée, primeiro na própria Vendée e depois na Bretanha. Nunca houve um espetáculo mais admirável e digno de imitação pelos povos[3].

Os observadores entre entusiasmo e susto, jogados para cá e para lá, acreditavam muito mais estar assistindo uma verdadeira peça de teatro, onde, no drama, a palavra é a dona da ação; e os heróis dos acontecimentos reais trazem decisões de amplo alcance, apenas, assim parece, pela força da palavra, pela irresistibilidade da sua lógica radical.

A época da Revolução Francesa é também a do idealismo alemão, cuja filosofia culmina na filosofia da arte, a ciência da arte na ideia da tragédia, a forma mais elevada da "poesia dramática" (Hegel). A forma clássica do drama pode valer como uma forma de opinião, para a qual a história real vale como ordenação esteticamente "bonita". O drama é baseado no diálogo, manifestando assim a força expressiva do *lógos*. O acontecimento organizado em volta das *dramatis*

---

3 A. Thiers, *Geschichte der französischen Revolution*, 3ª parte, 2ª separata, p. 62 e s.

personae, mostra o homem como *sujeito*, confirma o interesse pelo *indivíduo*. A "colisão" dramática, que pode valer como centro da estética clássica do drama, confere aos acontecimentos o caráter de um *processo*.

O lugar final do mundo como *palco* com espectadores leva a apresentação consigo, com a ideia de que o teatro deveria ter um superespectador – Deus, ou também a história em pessoa. Se aparentemente a própria história torna-se drama, antes que a arte se aproprie dela, é transferido a ela o otimismo, que é inerente à forma clássica interpretada do drama: *o drama promete dialética*. Pois a colisão indica um processo, um progresso, que pode reverter a favor da esperança histórica, mesmo que o drama em si apresente atos sombrios. Mesmo o fracasso no agora, pode ser pensado na trama de apresentação do drama como sendo apenas passageiro. Assim, Marx viu a revolução burguesa de 1848, de onde o proletariado saiu *ainda* sem nada, apenas com o "primeiro ato" do drama revolucionário, ao qual deveria seguir necessariamente a evidência do proletariado como sujeito autônomo de classe e a sua vitória.

Para documentar a conexão de espetáculo-metáfora e esperança filosófico-histórica, é necessário lembrar da teoria de Kant dos símbolos históricos, que serviu para ele refutar a tese opressiva (que chamou com vistas em Wieland "abderitismo"), dizendo que não existe um progresso moral-ético, mas o impulso da humanidade estaria se dirigindo a "uma atividade vazia, deixando o bom e o ruim se revezando, indo para frente e para trás, para que todo o jogo da circulação da nossa espécie consigo mesmo neste globo fosse visto simplesmente como um jogo burlesco"[4].

A tese do jogo burlesco foi contradita firmemente pelo grande drama da revolução e, para não contrapor a ela apenas o "cálculo da probabilidade", Kant via o progresso para melhor através de vários sinais escondidos na realidade. Um sinal desse tipo, ele encontrou no "entusiasmo" pela "revolução de um povo espirituoso, que vimos acontecer nestes dias", entusiasmo, embora a revolução estivesse recheada de "desgraças e atrocidades". Assim pois, o importante não é a realidade,

---

4 I. Kant, *Werke in zehn Bänden*, t. 9, p. 354.

mas a sua qualidade como teatro: numa transição estética singular, Kant concebe não a revolução em si, mas o entusiasmo desinteressado dos espectadores como símbolos de história. A realidade oferece um espetáculo, no qual "igual a magia, velhos edifícios públicos brilhantes desaparecem e outros surgem no seu lugar das profundezas da terra". Devido ao valor estético, o processo impressiona "o ânimo dos espectadores (eles mesmos não diretamente envolvidos no jogo)"[5]. Porém, quando aparece o entusiasmo (como sinal de que os homens são capazes de moralidade desinteressada), a figura dramática da realidade não é inocente.

É natural que este seja apenas um dos lados. O que pesa mais é que o drama, aparente na realidade, vem de encontro a uma tendência teleológica, que não se presta apenas a Kant, mas que ficou viva também no marxismo, promovendo aqui a tendência perigosa de assumir uma dialética "automática" das forças produtivas – com o resultado de uma crença ilusória em certas "normalidades" da história. Antes ainda da análise do capital, a apresentação de Hegel, "Prosa do Mundo Burguês", tinha mostrado que o relato de lutas sociais como drama, (dentro do possível ainda com heróis "representativos"), tinha se tornado cada vez mais obsoleto, já que as formas de decorrência da vida privada e dos processos sociais são muito diferentes e porque principalmente o drama implica numa concepção idealista do sujeito. (A crítica de Brecht ao "drama aristotélico" extraiu uma possível consequência desta posição). Marx, nas famosas frases de introdução de *O 18 Brumário* discutiu, de forma autocrítica, com a experiência de não ser o sujeito dramático-histórico "proletariado", o beneficiário da revolução de 1848, mas Louis Bonaparte, através de um golpe de Estado disfarçado de revolucionário[6]. Marx denominou este processo como "farsa miserável" e "grande tragédia", ele mesmo, porém, não estava totalmente livre, até esse instante, da visão dramática sobre

---

5   Idem, p. 355 e ss.
6   Sobre a metáfora do drama em Marx, ver o estimulante estudo de W. Hagen, Zur Archäologie der marxistischen Geschichts – und Literaturtheorie – Die sogenannte "Sickingen-Debatte", em *Literaturwissenschaft und Sozialwissenschaften* 4, p. 7-108.

o desenvolvimento, ele formula a crítica implícita dos traços idealistas-teleológicos do seu pensamento, que tinha se deixado seduzir pela força de atração do drama.

A frase estranha do *18 Brumário*: "A revolução social do século XIX não pode criar a sua poesia do passado, mas apenas do futuro" – onde a frase com a fórmula da "poesia do futuro" significa que para a revolução social corresponde apenas uma forma de concepção, e, por maior que seja a sua determinação positiva, não pode ser dramática tanto quanto a revolução burguesa, usando termos teatrais. De acordo com este ponto de vista, à teoria histórica de Marx viria corresponder uma poesia, que não seria obrigada a seguir a trama do "drama" com as suas implicações de sujeito, o necessário desenvolvimento, colisão e supressão dramático-dialética. Não precisa nem ser sublinhado, que nada estava mais longe até hoje da estética marxista, do que aceitar esta distância da arte para a figura dramático-dialética. Ela conseguiu levar tão longe a concepção especulativa do curso da história como drama, que o germanista da República Democrática Alemã (RDA), Ernst Schumacher, se perdeu na tese: "A história possui por si mesma uma integralidade e beleza objetiva e dramática. Se o drama histórico tem o sentido de ilustrar a essência da história, então para a sua realização há necessidade da representação de processos revolucionários"[7].

"O Teatro da Revolução Branca Terminou"

Em 1979 aparece a nova peça do autor marxista da RDA, Heiner Müller, *Der Auftrag: Erinnerung an eine Revolution* (A Missão: Lembrança de uma Revolução)[8], que trata a Revolução Francesa a partir de uma perspectiva própria. Com maior abrangência do que faz Schumacher, quase não dá para formular o que não é possível de encontrar. Parece ser razoável medir a distância que separa o texto de Müller desta estetização da história. Se houver a tendência de ligação de teleologia,

---

7 Apud W. Hagen, Zur Archäologie der marxistischen Geschichts..., op. cit., p. 7.
8 Publicada na revista *Sinn und Form* e reproduzida na *Theater Heute* em 1980.

metafísica do sujeito e drama, que supomos existir realmente, o que chama a atenção é a ausência dos três no caso de Müller. Baseado nos motivos do conto de Anna Seghers "Das Licht auf dem Galgen" (A Luz na Forca), Müller fala da tentativa frustrada de três emissários do governo revolucionário, de atiçar um levante dos escravos na colônia inglesa da Jamaica, a favor da República Francesa que tinha prometido aos escravos conceder-lhes os direitos humanos. Mas Müller não oferece um drama, apenas uma unidade narrativa. Seu texto mistura cenas dialogadas com imagens oníricas surrealistas e simbólicas, e com pantomimas, mudando muitas vezes do drama, já fragilizado, para longos textos em prosa. *A Missão* afasta-se tanto de todas as esperanças esperadas de um texto dramático, que faz com que se apresente a pergunta de qual é a relação da visão de Müller com a história e a forma da sua peça.

Ela começa pelo final. No início aparece um texto falado (ou no teatro talvez projetado, pois se trata de uma carta) – "Galloudec para Antoine" – em que, no leito de morte e febril, o emissário Galloudec comunica secamente o fracasso da sua missão, um deles tinha-se tornado traidor, outro tinha sido capturado e enforcado. Na primeira cena, um marinheiro (Napoleão já era imperador, a revolução popular tinha finalizado) entrega a carta de Galloudec para Antoine que, em nome do convento, tinha feito a missão, mas que agora vivia em retiro. Temeroso de que seu passado revolucionário pudesse ser descoberto, ele vive resignado pelo desenvolvimento. No comunicado do marinheiro domina o relato dos martírios terríveis pelos quais tiveram de passar os revolucionários fracassados. Antoine inicialmente desmente, até que, sob a impressão das torturas relatadas, ele reconhece:

MARINHEIRO: [...] a forca está acima de um precipício. Após morrer, eles cortam a corda e o enforcado cai no mar. O resto é feito pelos tubarões. Obrigado pelo vinho.
ANTOINE: Sasportas. Eu sou Antoine, aquele que você procurava. Eu preciso ter cuidado. A França não é mais uma república, o nosso cônsul tornou-se imperador e conquistou a Rússia – [...] A liberdade leva o povo às barricadas e com o despertar dos mortos, ela veste uniforme. Agora eu vou revelar-te um

segredo, ela é apenas uma meretriz. Eu devo cair na gargalhada. Hahaha[9].

A cena finaliza com a saída do marinheiro e logo há outra mudança de plano, como antes da escrita para o diálogo: numa aparição de fantasmas dos mortos, eles querem atribular Antoine com sentimento de culpa; ele sofre sob a carga dos mortos. A seguir, durante o ato sexual com sua mulher, ouve-se a voz feminina de um "anjo do desespero" que, com mística de morte perturbada sexualmente, fala da força inerente ao desespero:

ANTOINE *voz*: Quem és tu?
MULHER *voz*: Eu sou o anjo do desespero [...] Minha esperança é o último sopro. Minha esperança é a primeira batalha. Eu sou a faca com a qual o morto abre o seu ataúde. Eu sou aquilo que será. Meu voo é o levante, meu céu o precipício de amanhã[10].

O *Angelus Novus*, que na leitura de Benjamin com olhos abertos de susto olha para trás, para a história como campo em ruínas, é aqui o anjo do desespero. Depois da sua fala, novamente há mudança de cena, desta vez ao início da "história" dos três emissários, mas esta história neste ponto já foi convertida por Müller numa pedreira.

A cena "Jamaica" é aberta novamente por um texto em prosa. Um coletivo "nós" dos emissários, anuncia a chegada à Jamaica do "navio de escravos no Mar do Caribe". Começa então a cena configurada em forma de diálogos, na qual os combatentes clandestinos experimentam as suas máscaras de conspiradores, numa citação clara de *Die Massnahme* (A Decisão), de Brecht, que serve como polêmica contra Brecht como se verá mais adiante. Trata-se de Victor Debuisson, o filho branco de um escravocrata da Jamaica, que se uniu à revolução e que agora pretende voltar ao seio da sua família e da sua classe, convertido pela "fumaça dos incêndios e pela sede de sangue da nova filosofia"; além disso, por causa dos camponeses franceses, Galloudec, e Sasportas, um negro de Haiti. O diálogo antecipa o final, pelo reconhecimento do abismo

---

9 *Der Auftrag...*, em *Sinn und Form*, p. 1245 e s.
10 Idem, p. 1248 e s.

existente entre Sasportas, o negro, e Debuisson, de pele branca, cujo papel é suspeitosamente fácil ("eu sou aquele que eu era"). À vista de uma jaula de castigo com um escravo à beira da morte, rodeado de calor e fumaça, diz:

SASPORTAS: Quando eu for embora, outros, de pele branca, até serem queimados pelo sol, estarão suspensos nas jaulas. [...] Eu acho que a jaula é coisa boa, com o sol bem no alto para uma pele branca.
GALLOUDEC: Nós não estamos aqui cidadão Sasportas para por frente-a-frente a cor da pele.
SASPORTAS: Nós não seremos iguais enquanto não tivermos arrancado mutuamente a nossa pele[11].

Em princípio, se for esperada ainda uma dramatização do conto de Anna Seghers, poderia se pensar que após a exposição haveria o relato dos fatos "históricos", dos trabalhos revolucionários clandestinos, de como Debuisson se instala novamente na propriedade da sua família, com os seus supostos dois escravos e, sob este disfarce, os negros são organizados. Mas não é nada disto: o que na realidade tem continuidade é o tema da pele. A "volta do filho pródigo" é mostrada numa cena surrealista, que tem os traços inconfundíveis de Beckett: "Pai e mãe no armário aberto. Num trono primeiro-amor. Debuisson [...] como escravocrata, Galloudec como capataz com chicote, Sasportas como escravo"[12].

Assim como na introdução do "anjo do desespero", uma mulher domina novamente a cena, primeiro-amor, amante, meretriz, encarnação da classe dominante e dos seus prazeres, o primeiro-amor de Debuisson, antes de com o segundo – a revolução – enganá-la como traidor da sua classe, como ele revelará no fim da revolução. O primeiro-amor (ver o conto de Beckett "Premier Amour") inicia um longo monólogo (com uma série de citações e associações literárias, usual em Müller), enquanto se "apropria" de Debuisson e o repreende pelo abandono. Ele não volta, sem que se deixe atormentar pela punição.

11 Idem, p. 1249.
12 Idem, p. 1250.

O pequeno Victor brinca de revolução. [...] A escravatura é uma lei da natureza. [...] A liberdade mora nas costas dos escravos e a igualdade por baixo do machado. Você quer ser meu escravo, pequeno Victor? Você me ama? [...] Você sabe como são caçados em Cuba os escravos fugidios? Com cães matreiros. E assim, eu quero pegar para mim novamente, cidadão Debuisson, o que a meretriz revolução me roubou, a minha propriedade. *Escravos como cães, de Galloudec com o chicote, com o fantasma do pai acompanhado por gritos de ÓDIO estão na caça de Debuisson*[13].

Troca de figurino: Debuisson, agora como representante dos dominadores, chega ao trono, "primeiro-amor como banqueta dos pés", Galloudec e Sasportas são vestidos por escravos como Danton e Robespierre. "Está aberto o teatro da revolução branca". Mas o que acontece? Os dois heróis não fazem outra coisa a não ser insultar-se mutuamente de forma infantil e jogar futebol com as suas máscaras. O grande drama apresenta-se como algo ridículo e grotesco. Mas mesmo com um efeito absurdo, ao fazer com que Robespierre faça entoar as palavras de Danton "meu nome consta no panteão da história" fica inconfundível, por uma multiplicidade de citações, principalmente pela antítese de Danton como "libertino" – Robespierre como "homem sem abdômen", que Müller, com cautela, associa-os com *A Morte de Danton*. No final, os insultos recíprocos passam a ser palavrões de comédia de Hitler contra Roosevelt (sifilítico, lacaio da Wall Street). Sasportas quebra a cena que ainda está no nível onírico-surrealista:

O teatro da revolução branca terminou. Nós te condenamos à morte Victor Debuisson, porque tua pele é branca [...] Que as serpentes comam os teus excrementos, os crocodilos o teu cu e as piranhas os teus testículos. [*Debuisson grita*]. A desgraça de vocês é que não conseguem morrer e por isso vocês matam tudo em volta. Pelos vossos regulamentos mortos, onde o êxtase não encontra lugar. Pela vossa revolução sem sexo[14].

Fim da representação absurda. Agora não segue nenhuma cena, mas um texto de quatro páginas em prosa, desta vez

13 Idem, p. 1250-1251.
14 Idem, p. 1253.

na primeira pessoa, lembrando claramente Kafka. Pode-se notar, que quase todas as cenas estão plenas de associações literárias, e nem todas foram mencionadas: de Seghers através das peças didáticas de Brecht, principalmente *A Decisão* e *Badener Lehrstück* (Peça Didática de Baden-Baden), passando por Beckett, Büchner e Kafka, sendo usado o conto de Anna Seghers para o histórico, Brecht para o motivo político da máscara e "do menor tamanho", Büchner para a renúncia ao drama histórico e Beckett e Kafka para o mundo interior da consciência branca. O texto em prosa mostra a perturbação de uma pessoa que deve ser vista como funcionária, pertencente a uma burocracia comunista como intelectual, e que não consegue cumprir determinada missão, para ela desconhecida, mas suposta.

O eu que conta a história, encontra-se inicialmente num elevador, à caminho de "uma reunião com o chefe (que em pensamento chamo de número um)" – Em *Sonnenfinsternis* (Eclipse Solar), de Arthur Koestler, código de Stálin – para receber a missão. Assim como a carta alcançou o resignado Antoine, a notícia do chefe alcançou a pessoa "na cave subterrânea". Mas ela não vai alcançar nunca o chefe, pois, da mesma forma que a "perturbação cotidiana" de Kafka, as coordenadas de tempo e espaço são quebradas. O ponteiro do relógio gira a toda velocidade, o tempo engole a si próprio, a pessoa esquece a que andar deve se dirigir.

Eu deixo o elevador na sua próxima parada e estou sem a encomenda*, com a ridícula gravata borboleta sob o queixo, numa rua de um vilarejo do Peru. Barro seco com marcas de pneus [...] Diante de um cartaz com propagandas de produtos de uma civilização alheia, há dois habitantes gigantescos [...] Eu não tinha pensado nunca, durante a subida desesperado até o chefe, que sentiria saudades do elevador que tinha sido a minha prisão. Como poderei explicar a minha presença nesta terra de ninguém[15].

---

* Para melhor leitura, inserimos em alguns casos "a encomenda" no lugar de "a missão" (N. da T.).
15 Idem, p. 1256.

Entre a Europa, os andares das burocracias e o Terceiro Mundo, com a sua extensão ilimitada em todo sentido, acontece esse eu em um agora a ser fixado historicamente, numa terra de ninguém no tempo, na qual o futuro é incerto, até fechado, e do passado só surge uma débil lembrança de uma revolução que era importante apenas para o branco do mapa-múndi. Não é por acaso, depois de passada a "execução" de Debuisson, que este texto pode ser lido como o discurso de um morto, que não mais acredita num futuro. Numa bela imagem que lembra Rimbaud e ao mesmo tempo Brecht, isto fica claro:

> Numa via em aterro coberta de grama, dois meninos brincam junto a uma máquina num cruzamento de máquina a vapor e locomotiva, que está sobre um fim de trilho. Eu, como europeu, vejo desde o primeiro olhar, que o seu esforço é em vão: este veículo não sairá do lugar, mas eu não digo isto aos meninos, trabalho é esperança[16].

O texto deságua na imagem clássica do encontro com a morte como sósia. A renúncia a qualquer esperança já prefigura a cena seguinte, a última. Debuisson recebe novamente através de uma carta a notícia de que a França, depois do golpe de Napoleão não é mais uma república. A encomenda de que Jamaica deveria organizar a revolução dos escravos, não mais existe e sem encomenda o branco não mais quer lutar. O membro da "classe dos dominadores" de repente fala novamente por ele, ele zomba de Sasportas e Galloudec, instalou-se a ruptura. Num grande monólogo, Debuisson anuncia a vontade de renunciar a um prazer do qual nunca mais será senhor: um texto no qual se introduz no ano de 1799 a decepção dos intelectuais brancos pela estagnação da Revolução Socialista do século XX:

> A revolução não tem mais pátria, o que não é novidade sob este sol, que talvez nunca venha a brilhar sob esta nova terra [...] sendo que talvez aquilo que achamos ser a aurora da liberdade, fosse apenas a máscara de uma nova e mais terrível escravidão [...] Da Bastilha para a *conciergerie*, o libertador torna-se guarda da prisão MORTE AOS LIBERTADORES é a última verdade da revolução. Por mil anos as nossas três amantes foram ridicularizadas [...] a

16 Idem, p. 1257.

nossa meretriz da liberdade, a nossa meretriz da igualdade, a nossa meretriz da fraternidade. Agora quero sentar-me onde o povo ri [...] A tua pele continua negra, Sasportas. Galloudec, você continua sendo um camponês [...]. Eu cortarei um pedaço da fome do mundo, mas vocês não tem faca[17].

Galloudec prosseguirá sem muita esperança a luta com Sasportas. Debuisson quer refletir mais uma vez e pede aos outros que não o abandonem ("me matem antes que eu atraiçoe vocês"), mas eles vão embora e, igual ao ímpio Antonius no deserto, Debuisson sucumbe no final (na conclusão, o drama passa a ser novamente prosa recitada) pela tentativa da traição, que aparece como mulher sedutora:

> Ele abriu os olhos. A traição mostrou rindo os seus peitos, abriu as pernas calada, a sua beleza atingiu Debuisson como um machado. Ele esqueceu o assalto à Bastilha, a marcha da fome, os oitenta mil, o fim da Gironda [...]. Então a traição jogou-se por cima dele como um céu, a felicidade dos lábios da vagina são uma aurora[18].

Por causa da "fome pela ignomínia da sorte" ele assume de novo a posição "sádica" dos dominadores, pelo preço da submissão e passividade individuais com o seu masoquismo inerente. A traição é prazer sexual, ansiedade de morte e é ligada ao ideal da história que foi detida, que é reconhecido nas paisagens impressionantes da desesperança. "Por que nós simplesmente estamos aí, observando a guerra das paisagens", diz Debuisson. Esta figura quase mítica da traição é claramente colocada em analogia com o "anjo do desespero". Debuisson, no final, é Antoine no início do texto (Antonius!). Como é que deve ser entendida essa mistura de ato sexual, desespero, vergonha da felicidade e morte na figura da traição? A melhor forma seria traduzir ousadamente – a traição é o corpo, o corpo que é o Não mudo de toda história.

Aceitemos por antecipação, caso não esteja já bastante claro indiretamente, que a mistura de prazer e melancolia indica com qual figura o Debuisson de Müller deve ser relacionada: sem dúvida o Danton de Büchner.

17 Idem, p. 1260.
18 Idem, p. 1263.

Danton, assim como Debuisson surge (também) do processo da revolução, porque no momento da solidão, da insuficiência, da decepção, de repente o desejo sensual se coloca em primeiro plano. Mas como fica a repreensão de que um texto ao deixar que o corpo determine a história e a ação revolucionária, deveria desaguar necessariamente em fatalismo, considerando que se apresentasse a questão de saber, se o portador de pele branca desejaria no íntimo a liberação dos outros? Debuisson descobre que, na verdade, ele estava esperando apenas pelo general Bonaparte. É um longo caminho a ser percorrido, desde a crença do triunfo final da moral de Kant, até esta cena, em que a moral é relatada na sua impotência, impiedosamente contra os desejos. Deve ter um efeito fatalista, que fica claro no "teatro político da crueldade" de Müller, de que nunca será possível o entendimento entre o revolucionário branco e o negro (só limitado, com o explorado branco Galloudec), porque falta ao membro da classe dominante, mesmo àquele que a trai por convencimento racional, a experiência corporal da submissão. A fonte do levante incondicional, o ódio encravado até a profundidade da musculatura, é fechada para Debuisson. A sua pele não possui a sensibilidade específica que foi gravada ao negro pelos vestígios da submissão física. Frantz Fanon: "No mundo colonial concentra-se sobre a superfície da pele o poder afetivo do colonizado: a pele é sensível a substâncias corrosivas como uma ferida aberta"[19].

O corpo de Debuisson ficou alheio ao levante, à intensidade corporal de ânsia por ódio e vingança; e por isso a sua luta europeia-racional contra a submissão dos escravos é separada daquela de Sasportas por um abismo, uma pele...

É inconfundível, a história para Müller possui apenas vestígios de uma decorrência dramática. O intermédio da cena satírica indica a "farsa miserável" à qual se referia Marx, quando tentou justificar a ausência do grande drama de revolução proletária. Müller fala da ruptura e da quebra: a descontinuidade caracteriza a decorrência histórica. Ele não mostra aquela linha, tão importante ao pensamento do progresso de um

---

19 F. Fanon, *Die Verdammten dieser Erde*, p. 43 e s.

movimento teleologicamente dirigido, mas de forma mais mítica do que histórica, *o impacto do corporal sobre a política*. Mas por que (e esta censura já é tradicional na crítica de Müller), um marxista escreve peças tão niilistas? Desde *Macbeth, Gundling, Germania, Hamletmaschine*, aparece sempre de novo a mesma questão.

A Visão Dividida

Uma questão semelhante e desconcertante aparece por ocasião do drama, com o qual o texto de Müller entra em diálogo: *A Morte de Danton* de Georg Büchner. Por que o Büchner, simpatizante e atuante na democracia revolucionária, pôde escrever um drama tão "fatalista", um drama que permite tal interpretação? Deixemos de lado a tese já desmentida, que reduz *A Morte de Danton* a um drama do niilismo e determinismo. Por outro lado, parece-me não esclarecido o problema do momento, objetivamente inserido no texto de Büchner, de melancolia, nojo da vida, mundo apenas como espetáculo sem sentido, desespero e espanto pela história do "matadouro" (Hegel), ao dizer apenas que Büchner, como comunista prematuro em *A Morte de Danton*, queria apresentar as suas interpretações[20]. Aqui deve-se fazer uma diferenciação entre sujeito estético e teórico, principalmente para uma interpretação correta dos fatos trazidos à baila por Mayer.

Sejam mencionadas inicialmente algumas relações com a peça de Büchner em *A Missão*. A semelhança de Debuisson com o herói de Büchner: o "arribador" a mistura de sensualidade e melancolia, o problema da traição e mesmo citações diretas, como a imagem da liberdade em forma de meretriz. Antoine, o dependente de Debuisson, é atormentado pelos camponeses, mortos a pauladas, de forma semelhante a Danton pelo "setembro". E para que não haja mal-entendidos na citação, a mulher diz para acalmar: "vem para a cama Antoine". (O Danton de Büchner na mesma situação, respondendo

---

20 Ver T. M. Mayer, Büchner und Weidig – Frühkommunismus und revolutionäre Demokratie, em H. L. Arnold (org.), *Georg Büchner I/II*.

a pergunta de Julie se ele estava mais calmo: "sim, Julie, vêm para a cama").

Ao lado do "Panteão da História", e das censuras de Robespierre contra o "libertino" que "quer deter os corcéis da Revolução na porta do bordel"[21], podem ser feitas outras alusões em parte indiretas. Diferentemente de Müller, Büchner escreveu um drama histórico que cita tantas fontes históricas, que *A Morte de Danton* foi aceita e criticada como "um capítulo dramatizado do Thiers". Um pouco antes ele tinha estudado a história da Revolução Francesa, tendo-se sentido, como ele escreveu numa das cartas, "como que aniquilado sob o medonho fatalismo da história"[22]. A assim chamada "carta do fatalismo" fala muito claramente que Büchner se importa com o fato de que o indivíduo é impotente contra a mecânica do processo histórico, uma ideia que fica mais concreta ao ler numa outra carta:

aprendi em tempos *recentes* que apenas a necessidade imperativa da grande massa pode provocar mudanças, e que todo movimento e berreiro dos *indivíduos* são obra estúpida e vã. Eles escrevem e não são lidos; gritam e não são ouvidos; agem e não são ajudados[23].

Portanto, a atividade política só pode apoiar-se sobre estas necessidades, mas também: ela precisa apoiar-se nesta força, a da grande massa. Büchner vê os dois aspectos, pois o povo que faz a revolução, não é apenas o arauto de um futuro melhor, mas da injustiça cometida através de exploração e submissão, por personagens embrutecidos e vingadores sangrentos. Büchner, o político, não apenas afirma o direito das massas, mas acha que qualquer outra tentativa de reforma que vier de cima é inútil:

[...] Reformar a sociedade mediante a *ideia, a partir* da classe *cultivada*? Impossível! Nosso tempo é puramente *material* [...]. O senhor nunca conseguirá superar a fissura entre a sociedade cultivada e a não cultivada.

---

21 G. Büchner, *Werke und Briefe*, p. 23 (trad. bras. em J. Guinsburg; I. D. Koudela (orgs.), *Büchner: na Pena e na Cena*, p. 104).
22 Idem, p. 162 (idem, p. 312).
23 Idem, p. 159 e s. (idem, p. 308).

Eu me convenci de que a minoria cultivada e abastada [...] nunca há de querer renunciar à sua relação de conflito com a classe da grande maioria. E a própria classe da grande maioria? Para esta só existem duas alavancas, miséria material e *fanatismo religioso*. Todo partido que souber acionar essas alavancas, triunfará[24].

A despeito da simpatia do político Büchner pelo povo, não se pode negar que, em *A Morte de Danton* (nas cenas do povo e no reflexo dos acontecimentos nos dantonistas e nos ocupantes dos calabouços), deixa de existir o *terror* pela real configuração dos projetos revolucionários. O drama formula *simultaneamente* o radicalismo de Büchner e este terror. Isto é o "medonho fatalismo da história": As suas ondas só levam aqueles que se encontrarem em sintonia com o *desejo das massas*, talvez condenável, frequentemente injusto, embrutecido, porém mesmo assim decisivo. Depois disso, não existe mais instância de apelação – nem humanidade, nem misericórdia, nem perdão. Büchner mostra um povo ao qual foi incorporado profundamente o ódio por todos os que têm uma vida melhor. Seu desejo é pão e vingança. Isto tem traços de apatia e brutalidade. Não se trata apenas de uma fantasia dos conservadores, mas é que eles "esqueceram" de perguntar pelas causas. Este povo é estranho para Danton, com o seu amor pelo luxo e pela sensualidade. Quando a tendência se mostrou mais uma vez a seu favor, estas palavras de Büchner decidem definitivamente o declínio de Danton:

> SEGUNDO CIDADÃO: Danton tem roupas bonitas, Danton tem uma casa bonita, [...] dorme com as mulheres de vocês e suas filhas quando está bêbado [...]. O que possui Robespierre? Todos vocês o conhecem.
> TODOS: Viva Robespierre! Abaixo Danton! Abaixo o traidor![25]

Mayer pressupõe esta aclamação como "marginal"[26], mas eu entendo que a influência do povo sobre o destino de Danton –

---

24 Idem, p. 191 (idem, p. 323).
25 Idem, p. 53 (idem,p. 150-151).
26 T. M. Mayer, Büchner und Weidig..., op. cit., em especial p. 110 e s. Ao contrário das exaustivas pesquisas de fontes e as suas conclusões finais sobre a prática política de Büchner (que eu não me atrevo a apreciar individualmente),

bem marcante no drama! – só pode ser subestimada, se indevidamente for interpretada uma "linha" política inequívoca para dentro do texto ambíguo. Não me parece ser casual, que Büchner faça com que um "ponto" de teatro venha a deter Danton, justamente por aquele que, do lado ou debaixo da coxia assopra as palavras-chave aos grandes atores. O povo desenhado por Büchner, com toda diferenciação, como uma massa quase mecânica, com os seus movimentos, é a massa que aciona o maquinário terrível que envolve Danton, no qual ele sente a falta da batalha dramática pessoal: " Se fosse ao menos uma luta corpo a corpo! Mas eu me sinto como se tivesse caído na engrenagem de um moinho e meus membros fossem torcidos devagar e sistematicamente pela fria violência física. Ser morto assim, de forma tão mecânica!"[27].

De fato, Robespierre pode aplicar nesta máquina as "alavancas" da desgraça material (na figura do ódio aos ricos) e do fanatismo religioso, dos quais fala Büchner. As cenas populares, sangrentas, amorais e obscenas, não existem para denunciar o povo; elas não justificam por que Büchner não tinha simpatia pelo povo, como pode ser lido numa nova apresentação[28]. Por outro lado, eu penso ser inadimissível, como é o caso de Thomas Michael Mayer, passar por cima da dimensão do horror, do terror pela procura selvagem de vingança e da dirigibilidade das massas por Robespierre (até o termidor). Dizer que os brados: "matem aquele que não tiver um furo no casaco" ... "a guilhotina está lenta demais" ... "precisamos de um aguaceiro" ... "as nossas mulheres e crianças choram por um pedaço de pão, queremos alimentá-las com carne dos aristocratas" para citar apenas alguns, refletem apenas a "opinião" de Büchner, simbolizando o *terreur economique*; parece-me ser uma meia-verdade, que afasta de forma inaceitável a discrepância na figura do povo. Por que será que Büchner não poderia mostrar o seu convencimento de que na revolução a disposição das massas é que decide, mesmo tentando uma

---

as interpretações de Mayer, especialmente no caso da "carta do fatalismo" e *A Morte de Danton*, não me parecem totalmente convincentes, pois projetam sobre os escritos de Büchner conjunturas plausíveis, mas muitas vezes duvidosas e sem comprovação, que não chegam a convencer.

27 G. Büchner, op. cit., p. 50 (trad. bras., op. cit., p. 147).
28 G. Knapp, *Georg Büchner*.

prática comunista prematura e, apesar disto, formular no seu drama o espanto pela implicação da força, mesmo da força revolucionária?

Se a apresentação de Büchner for reduzida a uma exposição dramática das suas "opiniões", erra-se o texto. O "fatalismo" de Büchner não é nem uma observação niilista do mundo, nem apenas a formulação de que a burguesia deveria ganhar os frutos da revolução popular, e os pobres sairiam de mãos vazias[29]. O fatalismo possui (pelo menos) duas caras. De um lado ele é um tipo de "lei brônzea", que deve ser reconhecida e levada em consideração. Ao mesmo tempo ele é "horrível" porque significa "terrível (!) igualdade" da "natureza humana" e também impotência contra as circunstâncias. Büchner queria quebrar a "lei brônzea" das circunstâncias, fazendo com que os homens fossem os sujeitos das suas atitudes. E apesar disto, ele escreve na carta citada, que a luta contra a lei seria "ridícula", e a "sua dominação impossível".

Faz parte inseparável do fatalismo a força sangrenta e Büchner reconhece que ele deve apoiar nisso as suas ações políticas. A visão objetiva do exterior deve ter à disposição de forma soberana, uma resposta para este conflito, mas o materialista Büchner compreende que a visão do agente não pode ser assim, todavia talvez venha a quebrar-se em determinados pontos. Enquanto que Schiller teria dissolvido o destino no andar do mundo, Büchner se agarra ao *momento* individual, ao agora do seu prazer e da sua morte. É por isso, que ele escreve um drama sobre o processo da revolução e ao mesmo tempo um drama sobre o indivíduo Danton, que absolvia constantemente o modo "direito" de leitura de Büchner.

A procura de sensualidade de Danton e o ódio apaixonado da multidão representam um par antagônico apresentado de forma artística: enquanto o povo persegue apenas as suas necessidades espontâneas (não importando o comportamento "errado" para isso), pelo seu lado ele não se comporta diferente

---

29 T. M. Mayer, Büchner und Weidig..., op. cit., p. 91. Aqui o material pesquisado por Mayer também é impressionante (ver especialmente p. 86 e s.), mas as suas conjecturas me parecem ser metodicamente inadmissíveis (p. ex. quando e o que Büchner tem presente). O intérprete deve partir do que foi escrito e não deveria interpretar por intuição os sentimentos presumidos do autor para o processo de escrever cartas (ver p. 120).

do "epicurista" Danton. Cada qual deve encontrar o prazer ao seu modo.

Büchner, portanto, não projeta apenas uma "posição" (sensualismo) para dentro da figura de Danton[30], a despeito da importância da indicação de Mayer sobre a discussão contemporânea, descreve com ele uma discrepância não resolvida da estrutura desejada, entre aqueles que vêm de baixo e aqueles que vêm de cima.

É necessário manter o reconhecimento de que entre a visão da teoria e a visão do agente, pode haver discrepâncias e de que *A Morte de Danton* as formula. Um drama não é um papel de elaboração de tese. Como diz Blumenberg referindo-se à metáfora, que ela não atinge apenas como forma deficiente do conceito, mas chega autenticamente a uma área da experiência que, por sua vez, não pode ser transferida de volta ao conceito[31]. Deve-se então partir do princípio de que a literatura elabora um terreno de problemas sem fixar teses de exploração, de tal forma que fica em interesse para a "ideologia" do seu autor. Isto significa uma formulação em duplo-sentido do impensado, reconhecer pontos escuros, ingenuidades, contradições sem solução do próprio pensar, discrepâncias em aberto da experiência, sem domesticar. Isto aparece em *A Morte de Danton*, entre o desejo agressivo por vingança das massas, com as quais o revolucionário Danton se solidariza, e o desejo melancólico-indolente pelo prazer próprio, que o indivíduo Danton conhece: entre o engajamento e a visão da própria existência como (simples) espetáculo; entre a necessidade da violência e o desejo de evitar a sua "terrível" fatalidade; entre o conteúdo humano da revolução e a sua realidade sangrenta; entre o povo como força revolucionária e o povo como massa depravada e brutalizada pela opressão. E nem nos seguidores de Danton e nem nos de Robespierre, a suave pergunta pela integridade do próprio agir político é reprimido:

DANTON: Ele [o povo] odeia os que têm prazer como um eunuco odeia os homens.

30 Idem, p.130 e s.
31 Ver H. Blumenberg, *Schiffbruch mit Zuschauer*, p. 77 e s.

LACROIX: Chamam-nos de canalhas e (*Inclinando-se para o ouvido de Danton*) nisso, cá entre nós, há algo de verdadeiro. Robespierre e o povo continuarão virtuosos[32].

À pergunta admoestadora de Philippeau, ao perceber a indignação de Danton para agir: "E a França, entregue aos seus algozes?"
Danton responde:

Que importa? As pessoas sentem-se muito bem com isso. Estão infelizes; pode alguém exigir mais para tornar-se compassivo, nobre, virtuoso ou engraçado ou para não sentir tédio algum? Que importa se morrem na guilhotina, ou de febre ou de velhice? [...] nós estamos sempre no palco, mesmo que ao final sejamos apunhalados a sério[33].

Todas estas quebras não se encaixam em nenhuma teoria política, seja ela revolucionária-democrática, jacobinista ou precocemente comunista. Para indicar um denominador comum para elas, isto viria a ser uma discrepância da própria experiência entre o saber político e o protesto mudo do corpo.

Müller também mostra, como o revolucionário branco literalmente não suporta tanto ódio. Para a sua estrutura de impulso e o seu pensar, fica a revolta incondicional de Sasportas o "cúmplice" como ele mesmo diz, o "negro de todas as raças". Num manuscrito do autor existia uma troca de palavras eliminada para a impressão, que deixa isto mais claro:

SASPORTAS: A morte é a máscara da revolução.
DEBUISSON: A revolução é a máscara da morte.

A vontade da morte com tons de sexualidade do branco, fica em oposição à suposição da morte pela revolução do negro. Para o melancólico, a revolução é apenas um caminho de sofrer a morte, para o negro é o motivo da sua existência. O que alheia a revolução tanto para Debuisson como para Danton, é que –

---

32 G. Büchner, op. cit. p. 20 (trad. bras., op. cit., p. 101).
33 Idem, p. 26 (idem, p. 110).

fora das circunstâncias objetivas levadas em paralelo, tanto em Müller como em Büchner – o que domina a constituição física de ambos é o prazer e não o sofrimento ou o ódio. É por isso, que num momento de solidão, o engajamento pela ideia dos direitos humanos pode se dissolver como rumor fantasmagórico, diante dos desejos amorais por felicidade e do aprofundamento (com tons masoquistas) no próprio *si mesmo*.

Com esta representação, Müller faz com que a consciência da inteligência branca seja problema, a certeza da tradição europeia, que adquiriu a sua tarefa do iluminismo. Debuisson abandona a revolta do Terceiro Mundo e esta mudança nega a noção de que os ideais e os modelos de comportamento da revolução europeia possam afirmar-se no terreno desordenado do Terceiro Mundo. Falta o corpo a esta "revolução sem sexo". *A Missão* mostra justamente quão inseparáveis são as exigências do corpo com as manifestações da oração política.

Esta ideia explica, segundo a nossa opinião, mais uma analogia entre os textos de Büchner e de Müller. Não foi levantada contra eles apenas a repreensão do niilismo, mas foi censurado o modo como eles misturam de improviso, sem gosto, de forma imoral, até perversa, a *sexualidade* e os temas políticos.

Estes traços dos dois autores faz sentido, quando for reconhecido no rapto dirigido de sexo e política, a correspondência formal além de todos os idealismos e ilusões, na tentativa de articular a discrepância repentina, entre o maquinário fatal da história e os desejos do corpo ...

A diferença formal entre os dois textos: Büchner teve diante dos olhos um processo histórico fragmentado de efeito circular, que ele conseguiu transformar num drama "aberto". Para o autor marxista atual, a história parece dissolver-se em vexações de figuras, falas, fantasias, sonhos, teorias e entregas estéticas. O texto de Müller não é interpretação da história, sem que funcione ao mesmo tempo como interpretação (polêmica, citações, hermenêutica) das interpretações; junto a isto o jogo dos diversos gêneros literários num mesmo texto, a dissolução da ordem temporal, numa textura complexa da consciência, literatura como transcrição, tradução, complementação, extinção, continuação.

Büchner, onde esta diferença tem grande peso, *elaborou uma colagem de material histórico e Müller uma colagem de material literário.*

O postulado de Müller da "liquidação do autor" parece estar no caminho da sua realização. O autor de *A Missão*, registra, faz colagens, cita, elabora, mas consequentemente, ele mesmo fica inscrito no texto polifônico da tradição. Este estar implícito do sujeito, faz com que o sentido também esteja implícito. A recepção do texto em lugar algum bate numa parada segura, mas precisa mover-se apalpando esta paisagem do consciente. A arte e a realidade perpassam uma para a outra. Nós não queremos cansar a piada do autor dentro da conversa, de que a Revolução Russa talvez fosse uma invenção de Eisenstein, mas, diante do pano de fundo em *A Missão*, ele chama a atenção sobre uma questão fundamental, sobre o que significa o conceito de história para o pensar europeu. Aparece uma dúvida profunda sobre a validade do "texto claro" da história[34].

Ainda uma experiência hoje cotidiana: por causa da onipresença do mundo político na mídia (eletrônica) de massas, a consciência perde-se cada vez mais na ordem cronológica do decurso da história contemporânea. Desta forma, a experiência temporal da área político-histórica assume traços do tempo do inconsciente, tal como foi descrito por Freud. O inconsciente liga tudo com tudo, no presente atemporal das representações que é capaz de dissolver reprodução falada em relações sequenciais. Müller reflete sobre esta experiência, sem proclamar a tese, como se a gente estivesse na pós-história.

Textos como *A Missão* procuram colocar questionamentos apalpadores dos idealismos metafísicos e filosófico-históricos, que são atraídos pelo conceito da história assim como o ímã atrai cavacos de ferro. Ao criticar como "ataque à história", o fato de que Müller transfere a história num presente de fragmentos

---

34 Na tradição do pensamento europeu, mesmo marxista, existe uma cumplicidade entre a concepção da história como progresso teleológico (com direção e objetivo final) e a concepção logicista da consciência. Os dois motivos pensantes tendem para a imagem de um sujeito que consegue orientar-se soberanamente num método do antes e depois, sobre causa e consequência, realidade e ficção. É justamente esta segurança de orientação, de um lado em relação à cronologia, de outro, sobre a diferença entre ficção e realidade que foge no texto de Müller.

de textos, deve-se lembrar que Walter Benjamin pregou para o escritor materialista da história, a fórmula de "salto do tigre ao que passou" (não ao passado!) e esta frase, ela própria, implica em transferência da decorrência do tempo ao presente. Aqui e agora, a presa deve estar ao alcance do tigre.

Esta agressividade latente nestas imagens é sem dúvida uma característica da escrita de Müller, assim como também caracteriza o texto de Büchner, de forma diferente e sob outras circunstâncias. Este ódio parece fazer parte de uma linha "destrutiva" da nova literatura, que depois de Büchner e antes de Müller, classificou Rimbaud como sendo "entre" Büchner e Müller: "Eu não dependo da minha parte de alegria divina o ar limpo desta lavoura azeda nutre de forma excelente meu ceticismo [...] liberado de qualquer obrigação. E nem sequer um pensamento sobre isto. Eu realmente ultrapassei a sepultura; e não mais encomendas"[35].

---

35 A. Rimbaud, *Das poetische Werk 1*.

TEMPO DE WOYZECK*

1

O lugar de Woyzeck é aquele onde ao longo das ruas principais ficam os entulhos, que sobraram das construções das indústrias. Muito tarde, muito cedo: o que existe aqui é um passado raquítico, já vivido e um futuro ameaçador, abafado, já quase perdido. Relações passadas de moda da misericórdia de Metternich, restauração. E o futuro sem luz das fábricas. No meio, o Hesse dos anos de 1830, sem presente. O gotejar sem-fim do tempo vazio da reprodução.

Nas ruas estreitas e moradias miseráveis, nos campos muito pequenos, sob o lampejo triste de poucas lanternas, quase não aparece um momento de felicidade, de liberação, nem sequer uma tomada de ar para alívio. O corpo e os pensamentos ficaram apertados, as atividades ficaram reduzidas ao mais penoso-indolente-indiferente da estéril vexação, que possibilita não mais do que apenas continuar.

No meio disto, algumas, poucas olhadas, por exemplo, o amor a Marie, a amizade de Andrés. Mas os momentos nos quais na margem do caminho do tempo relampeja prometedora uma luz diferente, uma feira talvez, um carinho, desaparecem rapidamente. Eles até encerram perigo, pois a insistência indolente "sem dor, sem pensamento" (Heiner Müller) é ao mesmo tempo salvação e segurança. A rotina impede o pensamento insensato, a insensibilidade cobre o desespero. Raiva e agressão já foram inscritos de forma latente no mundo. De forma fortuita, há o arrombamento. Contudo não é totalmente de forma casual que se trate da mulher. Mas sob outras circunstâncias, em outros tempos podem ser cogitadas outras vítimas. O encontro do major com Marie traz consigo a catástrofe, um instante já é demais.

---

* Publicado com o título de Woyzeck-Zeit, em *Georg Büchner Woyzeck*. Programa do Teatro Estadual de Stuttgart, 1986.

2

Woyzeck está sendo vigiado. Olhares controladores organizam o mundo onde haverá um assassinato. Os olhares estão em todo lugar, o estado vigilante se realiza através de uma incrível rede de espionagem mútua. Ela foi maior na Alemanha do tempo da Restauração conforme a opinião dos historiadores, do que a espionagem do Absolutismo. Os estudantes suspeitos são espiados por causa das intrigas revolucionárias e se espiam mutuamente. Da mesma forma, as corporações. Agentes e espiões de Metternich estão em todo lugar, a polícia está sempre misturada com eles. Uma rede de informações, relatórios e controles estrutura o mundo de Woyzeck, já está interiorizada, aparece sozinha, em todo lugar a partir da consciência das pessoas: a vizinha controla Marie, o médico controla Woyzeck, Woyzeck controla sua mulher, o taberneiro os seus hóspedes, o cientista, tudo. Sobre a terra, as pessoas medem, registram, observam assim como o doutor os corpos, materiais vivos e mortos. Sob a terra crescem olhos e ouvidos, forças secretas e "ligações".

Nenhum impulso guia para fora deste sistema – quase. Todas as *rotas de fuga* estão bloqueadas por aperto, paralisia, restrição, limitação. Woyzeck achou uma pequeníssima rota de fuga. Chama-se fantasia. Nela ele se introduz, excêntrico e maluco talvez, ridículo e ligeiro consigo mesmo. Os seus medos assumem feições de palavras. Embora não as consiga dominar, pelo menos ele as pode fixar, nem que seja provisoriamente. Büchner vale-se do reservatório da estética do horror para formular o medo indeterminado, que assume a forma de ruídos, músicas lúgubres, sinais eloquentes[36]. Aquilo que foi lido, mistura-se com o que ouviu dizer, citações da Bíblia com boatos excêntricos e as próprias ilações ("Woyzeck, ele está novamente filosofando..."), levando a uma textura que não pode ser desemaranhada, que não é na verdade alucinação, mas – infelizmente, casualmente – linha de fuga da fantasia explodindo. Woyzeck "sabe" muito de forma sensível. Aquilo

---

36 Ver I. Oesterle, Verbale Präsenz und poetische Rücknahme des literarischen Schauers. Nachweise zur ästhetischen Vermittelheit des Fatalismusproblems in Georg Büchners *Woyzeck*, em *Georg Büchner Jahrbuch*, 3, p. 168 s..

que ele pressente torna-se realidade através de palavras e sinais que ele envia, para fazer-se entender. A sua percepção aguda sente muito bem a insignificância dos fundamentos.

Para o potencial de fantasia, sentimentos, franqueza, trazidos por Marie e Woyzeck (por exemplo), o mecanismo bloqueado do seu mundo não tem utilidade. E, tal qual a inteligência, se atrofia quando não é usada, sendo o desinteresse o resultado do estreitamento. Apenas em forma de insinuação ficam perceptíveis as intensidades, a partir das quais o campo social, agora improdutivo, poderia criar novas forças. Todos os trabalhos, decorrências de movimentos, desejos, maldições são a possibilidade perversa, bloqueada, fracassada de correntes de desejos produtivos e novas ligações. A ilusão de Woyzeck, se é que ela existe, marca a linha de fuga fracassada em direção a novas palavras, pensamentos, espaços. (Assim apoia-se o dependente de drogas ou esquizofrênico, porque a ele ficam fechados os caminhos para as suas ligações especiais de palavras e correntes de desejos). Somente na decalcomania negativa, Büchner deixa aparecer o possível: força, intensidade, gracejos, carinho – possível talvez em qualquer outro lugar, mas não para o mundo de Woyzeck.

3

Observando nos testemunhos autobiográficos dos tempos de Büchner[37] a expressão dos sentimentos, fica-se perplexo ao perceber quão pouco tem a ver os desenvolvimentos culturais e literários, por exemplo, do romantismo, com a linguagem falada pelas pessoas. Nos relatos, ou melhor, menções de acontecimentos que causam comoção, como casos de morte, fica-se surpreso pela frieza. Uma grande desgraça, como o falecimento de um cônjuge, é reclamada sem pejo, como perda econômica e íntima ao mesmo tempo. Os sentimentos não são dissimulados se eles não forem sentidos[38], eles não são espiritualizados. A sua formulação aparece sendo tão prática,

---

37 Ver M. Beutelspacher, *Kultivierung bei lebendigem Leib*.
38 Idem, p. 57 e s.

realista e descomplicada, que eles podem parecer ao sentimento burguês de hoje como demasiadamente diretos, triviais, até brutais.

A elevação dramática e expressividade do destino de Woyzeck fazem com que essa realidade, da qual Büchner, um dos poucos revolucionários importantes alemães da sua época, sabia mais do que outros, entre levemente em esquecimento. Mas o frio brilha através da literarização de Büchner. A sua estética reage, é uma consequência psicológica.

Não é a idealização, com a sua centragem da lógica estética sobre o indivíduo que compete com o maquinismo, no qual se ligam não tanto os pensamentos e sentimentos, porém muito mais, os corpos, instrumentos e ritmos. Todavia é uma visão materialista que é aberta por "Woyzeck". A palavra "Viehsiognomik"* desloca a acentuação da consciência ao corpo, do sentimento ao afeto. A feira mencionada por Büchner, o seu desenho da reação e do funcionamento cômico, inquietante do corpo e da matéria, tanto na proveta como no campo social, lembra a semelhança dos homens com os animais. Na estética dos fragmentos de *Woyzeck* as "fisiologias e patologias", que naquele tempo eram modernas, entram numa aliança anti-idealista com a doutrina de afeto de Spinoza e os seus argumentos metafísicos e éticos[39].

Como deve ser descrita uma realidade, na qual o sujeito humano muda o seu *status* de forma radical? Mais adequada do que a ideia da psique individual, deve-se falar aqui de encadeamentos, blocos, bloqueios e rotas de fuga de uma realidade de afetos, músculos, instrumentos de trabalho, palavras. Os corpos acoplam-se a aparelhos, materiais a outros corpos e falas. Não há ninguém, nenhuma instância, nenhum centro, que pudesse exercer uma supervisão centralizante, a não ser aquele deus, que pode aparecer como superespião, o deus da consciência, no qual Marie quer acreditar diferentemente do seu autor.

O fato de que em Büchner as palavras frequentemente são empurradas para fora de modo violento e fragmentado,

---

* Jogo de palavras com *visio*, de "visão" do espírito, com *vieh*, "gado", "rés", "bruto", no caso, metáfora para a corporeidade (N. da T.).

39 Ver G. Oesterle, Das Komischwerden der Philosphie in der Poesie, *Georg Büchner Jahrbuch*, 3, p. 200 e s.

autonomamente como: sonoridade e reflexo corporal; armas de bater e de furar; e também ferramentas de tortura para a automortificação, isto tem relação com o *status* especial da linguagem de Büchner: as palavras não são totalmente dominadas pelos homens, elas levam a sua própria existência alheia, como formadoras da sonoridade, ferramentas cortantes das feridas. O médico, que existe no poeta Büchner, não estabelece a linguagem num império próprio, mas na margem do corpo. Ele proíbe a si próprio uma espiritualização centralizante, que obrigaria o "Woyzeck" a uma lógica psíquica. A força desta linguagem acende na área delimitante o corpo sem palavras.

4

Woyzeck é colocado frequentemente no início do drama moderno. O radicalismo das cenas sucessivas, fragmentárias com a luz penetrante, desgarra a continuidade do tempo do teatro. Uma sequência de tomadas instantâneas parece ter entrado no lugar da unidade orgânica do drama clássico. Isto deve-se também ao estado fragmentário do texto, mas a sua contradição interna faz supor que a peça escrita até o final, teria guardado muito dos fragmentos da peça incompleta. Seja como for, porém é justamente o texto incompleto que oferece a chance de inserir nas fendas, nas lacunas abertas e nas fissuras do texto uma cisão interna. O gesto básico de Büchner deixa que, através das fissuras das ruínas dos textos, fique visível o panorama daquele mecanismo dos ritmos do dia, corpos, decursos de trabalho, acelerações e retardamentos no qual as figuras fracassam, em cujo tempo o seu próprio tempo de vida é sobreposto e estruturado. A psico-lógica no tratamento dos homens é enfrentada com este mecanismo por uma outra: repentina, estranha, invencível no dado momento. Enquanto o tempo dos sujeitos, o tempo dos seus corpos da sua vivência se desprende do outro tempo daquela máquina, em que é decidido a respeito dos encadeamentos sociais, físicos e afetivos, ressalta em Büchner o absurdo, a incompreensão da realidade fendida.

Entre a experiência subjetiva dos homens, das suas condições de vida e de trabalho, e a realidade dos encadeamentos mecânicos, existe uma profunda dissociação, vivida com medo como alheamento. Se os participantes vivem a sua história como um drama, como história de amor, ciúmes e paixão, na visão de Büchner, abre-se a violência e a lógica de uma máquina afetiva-técnica-científica, que determina a partir de outro lugar o comportamento dos homens. A contradição entre os encadeamentos em funcionamento de toda a máquina social e dos motivos vividos, imaginados, sentidos das figuras em ação fica em aberto, sem solução por uma explicação totalizante ou uma mediação dialética.

Woyzeck permite justamente, através das suas lacunas, esta dissociação do tempo cênico. Inscrito no texto, existe um conflito de dois ritmos de tempo: existe o tempo da máquina geral, depressiva, indolente, cujo desejo de parada não é formulado gratuitamente pelo capitão (o militar), que não sabe que na sua angústia mortal, subjetiva, presenciada só expressa os espantos dos sonhos daquele mundo. E o tempo fulminante de uma história de ciúmes, apanhada da vida e alterada consideravelmente: a consciência das pessoas interpreta a vivência em conceitos da bíblia, categorias da moral e fatalidade da pobreza. O texto de Büchner, no entanto, faz com que fique visível de qual modo o tempo desta vivência é cortado pelo outro tempo do processo histórico. Não existe uma mediação que venha a revogar o "drama", vivido subjetivamente de um total do teatro do mundo. Uma tal mediação entregaria a chance estética para lá das categorias idealistas, diferentemente do que entregar o discurso político, filosófico ou teórico ao leitor ou espectador, tendo o desdobramento interno como pergunta, enigma, problema (como mais tarde Brecht tentaria fazer com o modelo das peças didáticas). Em lugar de mediação e integridade dialética, nós temos

formas de tempo que não podem ser atribuídas umas às outras, que ficam sem relação umas com as outras, existindo ao mesmo tempo, cruzando-se, mas por assim dizer nunca se encontrando [...] Somente esta confrontação silenciosa da consciência (que vivencia a sua própria situação de forma dialético-dramática, acreditando que o mundo todo seria movido pelas suas próprias forças) com uma realidade indiferente (que sob o olhar desta suposta dialética é sempre outra: aparentemente uma não-dialética), possibilita a crítica imanente das ilusões da consciência[40].

Enquanto o doutor, obrigando-se a si mesmo constantemente à tranquilidade e lentidão, procura dominar cientificamente o medo diante da indiferente máquina do tempo, enquanto ele transfere toda a realidade vivida com o seu índice de tempo, e a proscreve para a abstrata independência do tempo das leis científicas, o capitão fracassa no seu intento de preservar-se do medo do tempo mediante a retirada para a outra suposta independência do tempo: aquela do discurso filosófico-moral. A estes discursos predizentes, fixantes, Büchner contrapõe as fantasias de Woyzeck, flutuando na margem da alucinação, com as suas pilhérias e a sua aflição. A disciplina do tempo da existência dos soldados, do trabalho, da experimentação, limitam a sua essência a uma linha de tempo vazia. O meio que ele possui para contrapor-se é justamente a destruição do movimento continuado do tempo, no qual se aferram o doutor e o capitão: a sua fantasia do apocalipse, ou seja, a quebra; a fixação no "horizonte" (deste tempo, deste mundo); céu e inferno como "outro" tempo invadindo de forma descontínua. Em cima e em baixo infernos secretos, subterrâneos e a catástrofe antecipada, inserem na linha do tempo a experiência do "repentino" (Karlheinz Bohrer), uma resistência muito pequena contra o progresso desolador de dia e noite, sono e trabalho ... Do abismo entre os dois, nasce o drama de Büchner.

---

40 Ver L. Althusser, Das "Piccolo Teatro" Bertolazzi und Brecht (1965): Bemerkungen über materialistisches Theater, *Alternative*, n. 137, p. 80.

KLEIST/VERSÕES

Verso deriva de *versus*, a expressão para a virada do arado. Em Kleist, aparece a figura múltipla, variada, ao mesmo tempo retórica, narrativa e dramática de uma virada singular, como na puxada do sulco do arado ou na trajetória de um projétil: é alcançado o ponto mais alto ou mais externo, no qual ficam indistintos a suspensão e a queda, o ponto da virada e a parada. Aquilo que Kleist procura e acha em todo lugar é a figura de um intermediário, de um ponto morto, no qual não há acima e abaixo, nem para frente e para trás. Mediante um choque, uma mudança inesperada das coisas, as mesmas se encontram num estado ao qual são inerentes todas as rupturas da fraqueza e que simultaneamente está carregado com a energia potencial mais extrema. Este oco infinitesimal e ponto intermediário é ao mesmo tempo o lugar de uma possível interrupção: arrebatamento utópico, ruptura da lógica que seguiu a trajetória, mas é também momento de uma catástrofe virtual ou real.

Em plena consciência do que é provisório e do que é atrasado simultaneamente, que se insere necessariamente ao falar como não-especialista sobre um autor do qual uma biografia publicada na Internet nos anos de 1990, abrange cem páginas, tentarei a seguir aplicar uma versão da dramaturgia de Kleist, colocando-a na perspectiva das práticas teatrais mais atuais.

I

A *interrupção* tem em Kleist muitas versões, a inconsciência proverbial das suas figuras, os estados catatônicos e ausências, o sonho "estou sonhando?" A pergunta aparece sempre de novo em pontos de giro: em *O Príncipe Frederico de Homburg*, em Aquiles de *Pentesiléia*, na *Marquesa de O...*, em Josephe de *Terremoto no Chile*, em *Käthchen von Heilbronn* aparecem também as alterações de humor em forma de choques, por causa de paixão amorosa: ódio, vergonha, dúvidas. Ou a incapacidade

---

* Kleist/Versionen, em Günter Blamberger (org.), *Kleist Jahrbuch*, Stuttgart-Weimar, 2001, número especial.

de dar uma resposta a uma pergunta – o ódio de Kleist pelo exame degradante, a mudez de Käthchen. A cada momento, na continuidade do mundo, parece surgir uma fissura, uma pausa, uma parada. O próprio andamento do mundo pára. Às vezes, estes pontos de parada surgem em forma de contos que não querem finalizar, que na economia dramática comum, seriam incompatíveis: talvez a grande pausa, na qual Pentesileia conta a longa fábula do Estado das Amazonas. Deve-se observar, ainda, a casualidade radical dos estados de exceção que acontecem inopinadamente: momento inocente paradisíaco de salvação e barbárie no Chile. Estes momentos erguem-se dentro da continuidade de forma descontínua, como um raio, mas com a continuidade fechando-se logo sobre eles. O tempo político vivido por Kleist é apresentado entre duas ordens: "O tempo parece querer trazer uma nova ordem das coisas e disto não viveremos mais do que a subversão do tempo velho"[41].

Com esta dramaturgia de Kleist, do intermediário, da versão e transição, a particularidade conveniente para a cesura da forma idiomática, faz com que as sentenças nas cenas pareçam imitar formalmente a lenta produção dos pensamentos ao falar – aposições colocadas *a posteriori*, fileiras, objeções, sintaxe virada, o gesto do começar novamente, alocuções jogadas ("você entende", "você compreende", "como é que isto pode ser entendido", "veja" ...) ou as famigeradas repetições e perguntas ("como é que é?", "o quê?", "ele teria mesmo?", "você acha?") que, mesmo nos tempos de Kleist, lhe granjearam o escárnio, pois todas as suas figuras seriam semissurdas. Em quase nenhum outro autor alemão daquele tempo, o próprio ato da fala é o momento da gesticulação frente ao parceiro do diálogo presente na linguagem, sendo que a ordenação sintática – por amor do gesto e do ritmo, – muitas vezes quase decai. Trata-se daquilo que menciona Gerhard Neumann como "parada da linguagem"[42], a partir do que nasce a criação imprevisível, assim como a desesperada mudez. Quase não há necessidade de lembrar que na morte de Pentesiléia, o punhal

---

41 H. von Kleist, *Sämtliche Werke und Briefe*, v. 7, p. 16.
42 Das Stocken der Sprache und das Straucheln des Körpers: Umrisse von Kleists kultureller Anthropologie, em G. Neumann (org.), *Heinrich von Kleist: Kriegsfall, Rechtsfall, Sündenfall*, p. 13-29.

se torna literalmente corpóreo através dos sinais da linguagem. No texto de Kleist tem-se sempre a impressão de uma respiração forte, muitas vezes hesitante e sempre e continuamente a presença sentida dos corpos na fala: linguagem como *encenação do corpo*. Enquanto os lugares vagos e hesitações, aparentemente supérfluos, aparentemente apenas por causa da métrica, furam o discurso, o corpóreo assume comunicando a respiração, a excitação, a inquietação, o medo, o susto, o arvorar-se e o estremecer. Como surpresa do sujeito mesmo, para lá do eu, forma o que Kleist denomina "alma" e dos quais quase não dá para dizer o quanto seguem, no sentido do inconsciente ou da fisiologia do corpo, um discurso,

de maneira que o reconhecimento para a minha surpresa termina com o período. Eu misturo tons sem articulação, puxo o comprimento das palavras compostas, uso também uma aposição onde ela não seria necessária, e faço uso de outros artifícios, que dilatam os discursos, para a fabricação da minha ideia na oficina do juízo, para ganhar o tempo correspondente[43].

Assim como a *bilha* de Kleist, a sua linguagem é "fragmentada", o texto "quebrado" está cheio de lacunas, ranhuras, fissuras, que foram formadas por uma pressão excessiva de tensão e excitação latentes. Nas rejeições, percepções, apenas por uma cintilação existe a indicação para onde conduz. Na superfície um discurso sobre Estado e leis, linguagem escrita e linguagem oral, origem e sistema, audiência e tribunal, ofensas e virtude escassa, ofício e abuso, legalidade e sentimento. Entretanto, por trás disto, tremula, impele, pulsa, palpita um outro texto, um ritmo que não pode ser ocultado – fantasia sexual adolescente, pulsante, *secret life* da fase de puberdade prussiana. Fala o impulso refreado e justamente por causa dos seus espasmos, tanto mais expressivo. O corpóreo, ritmicamente escandido, inscreve saudades desesperadas, "imaturas", para cada cópula que no calor da palavra transmite gracejos de palavras, e onde a sintaxe de Kleist, serpenteante, precipitante, e reversível, tem um fundamento e mesmo o seu domínio das leis da gramática-

---

43 H. von Kleist, op. cit., v. 5, p. 54.

-linguística, que não ficam atrás pela estreiteza das leis de Estado, na visão do poeta Kleist, para quem uma marca de pé "pode parecer disforme e patética". Somente um teatro que tem a coragem de entregar-se, nesta linguagem, à arbitrariedade da sensualidade corpórea, mas também à realidade sempre afastada, longe dos sentidos de voz, respiração, som e ruído, pode desafiar esta energia. Tratado como ilustração apenas cênica de configurações psíquicas compreensíveis, o discurso de Kleist sobre o teatro é desencontrado desde o início.

Se a gente se dirigir à construção dos dramas como um todo, constata-se o seguinte: Kleist estava fascinado pelo inverossímil. A sua dramaturgia parece obrigada por lei em deixar impotente a exigência central de Aristóteles, que em consequência do belo estaria submetida à lei da verossimilhança. Em lugar disto, nos dramas, não diferentemente do que nas novelas, dominam casualidades e extrema inverossimilhança. Paralisia dos assaltantes de imagens pela força da música, concepção da Marquesa em impotência*, semelhança anagramática e física do enjeitado Nicolo ou de seu nome com o jovem genovês Colino, as "inverossímeis veracidades" de Kleist, como o milagre do salto de canhão incólume através do precipício, ou a bala que, desviada pelo osso, rodeia o corpo do soldado em lugar de matá-lo. O entendimento do teatro de Kleist não ganha por causa da separação rígida dos gêneros, as suas novelas surgem de uma fantasia cênica trabalhada, as suas peças de teatro são novelas dramatizadas ou anedotas. A fórmula do seu efeito é sempre: "na verdade, incrível; 'realmente' foi assim? Pode ser verdadeiro?" Se a gente pode designar o horizonte do esperado e do possível num cosmos narrativo ou dramático como ordem (deste discurso), que é perpassada pelas leis da necessidade ou da verossimilhança, na dramaturgia de Kleist trata-se exatamente do limite e dos experimentos com os limites dessa ordem. Por isso a regra dramática básica de Kleist é a de elaborar uma disposição que se dissolva em um ou vários pequenos saltos, que se transforme, manifeste uma quebra e colapso, uma descontinuidade.

---

* Em alemão, *Ohnmacht*: "impotência", "desfalecimento" ou "desmaio", o que tem a ver com o *O* do título da obra (N. da T.).

II

Pode-se falar com Heiner Müller de uma forma de "explosão restrita"[44], de uma dramaturgia do salto, do excesso da ordem, de uma dramaturgia autodestrutiva e neste sentido catastrófica, na qual um campo de forças, um sistema levado até e acima dos limites das suas possibilidades, é ultraesgotado, para neste ponto entrar num vazio, transformando-se numa figura totalmente diferente, que é indistintamente queda e evasão libertadora. Já foi falado de um projeto de uma "matemática catastrófica"[45]. De fato pode (escolhendo uma comparação natural de Kleist), numa ordem matemática contínua, ocorrer uma alteração mínima por causa de um salto qualitativo, para uma "figura" totalmente diferente, um processo que se oferece para uma alegorização especulativa. Kleist conhecia os cortes cônicos[46] uma coluna das aulas de matemática do seu tempo e leu também Leonhard Euler (1707-1783), tendo feito referência várias vezes às figuras dos cortes cônicos. A inclinação do corte cônico transforma o círculo (como sentido de uma ordem e centralidade integrais) numa elipse que, com os seus dois pontos principais, assegura a ausência de um ponto central totalizador.

O ponto, sinal da fixação, é abandonado cada vez mais por Kleist, provando ser insustentável[47]. Mas a elipse ainda apresenta-se como figura fechada. Se o ângulo ultrapassar uma determinada dimensão, a trajetória elíptica não fecha mais, a figura salta para a forma parabólica, uma linha curva que, em lugar de fechamento, apresenta até o infinito uma aproximação assintótica. Mais um passo para a frente e a parábola se quebra, abre-se e divide-se nas curvas que se espelham da hipérbole. O interesse de Kleist por estes fatos é a quebra, a fissura,

---

44 H. Müller, *Nachbemerkung zu Titus Andronicus*, *Shakespeare Factory II*, p. 224.
45 M. Carrière, *Für eine Literatur des Krieges: Kleist*, p. 11.
46 Ver as indicações de H. von Brice Matthieussent, *Kleist, Iain de Thoune: De quelque figure geométriques*, em M. Jung, *Lire Kleist aujourd'hui: Actes de colloque franco-allemande*, p. 120-136.
47 A demonstração de Kepler em 1609, segundo a qual a trajetória das estrelas não forma círculos perfeitos, mas elipses, destruiu a imaginação estática básica da Idade Média e abriu as portas da dinâmica, que logo festejou os seus triunfos na arte do barroco.

o salto por cima, que simboliza o rasgo na continuidade, uma transformação de configuração repentina, ocorrida num salto ou pancada, com a mínima transição. Anthony Stephens e Yixu Lü falam da "súbita mudança de papéis" e da "possibilidade de substituição dos homens", em lugar de individualidade e desenvolvimento[48].

Não se trata de uma troca do estado de agregação reversível e controlável a ser marcado pacientemente. O salto para Kleist é a figura de uma catástrofe, mergulho numa contingência não-dominada. Os arranjos cênicos de Kleist, as suas construções de fábulas e os processos de diálogos, dirigem-se sempre do integral e do individual para este ponto, no qual acontece um colapso virtual das retículas lógicas, psicológicas e mentais, um caso que faz precipitar-se de uma ordem para outra ainda desconhecida. Repentinamente aumenta a tensão e Pentesiléia torna-se "animal", alegra-se Thusnelda sobre o urso que desgarra Ventidius. De repente apresenta-se o sentido da razão a partir do fanatismo que lhe é imanente. A parada é o momento da evidência catastrófica de uma latência, que não representa o desenvolver, o desenrolar, mas que confere à constelação, falando com Walter Benjamin, um choque, trazendo para a luz uma figura grotesca, um animal, uma força "des-humana".

É compreensível que – sob a condição de que tudo depende do movimento para a margem da razão, da precipitação para fora da ordem, do excesso dentro da própria ordem – em todo lugar a esfera "média" venha a cair fora.

O que acontece com os sentimentos e pensamentos da sua pessoa é decisivo para Kleist, sempre mais e sempre menos do que humano: mítico-divino ou animalesco ou mais precisamente: divino e dentro disto animalesco. Isto explica a leitura particular que Kleist faz do mito. Há sempre uma fusão de espiritualidade e animalidade, as emoções mais intensas do amor e a queda no animalesco (Pentesiléia), o desejo radical pela liberdade e a capacidade para a barbárie (Hermann). *Anfitrião* articula a ameaça e a insegurança do amor pessoal, justamente o mais descompromissado, de tal forma que o desejo

---

48 Die Ersetzbarkeit des Menschen: Alter Ego und Stellvertreter im Werk Heinrich von Kleists, em Anthony Stephens (org.), *Kleist – Sprache und Gewalt*, p. 424, 435.

sexual ilegal se apresenta como Deus em forma de homem. Confundem-se o mítico-divino e o animalesco.

O ponto que ressalta neste movimento, no qual um sistema social, mental, psíquico é levado até os seus últimos limites e uma contingência incurável se torna evidente, é que a gratuidade, na própria condição do sistema, fica ela mesma evidente. O famigerado excesso de Kleist (da crueldade, do acaso, da vulnerabilidade psíquica) não vem como uma ameaça externa, mas é inerente ao centro da dimensão, à moral, à lógica, à própria alma. Por isso é que a dramaturgia de Kleist busca o excesso: a verdade do excedente é posta a descoberto. Aquilo que não é mais calculável, não representa uma área limítrofe, por assim dizer, ao lado do campo do cálculo ou dos seus arredores ("our little life is rounded by a sleep"[49]), mas do seu limite interno e, ao mesmo tempo, das condições de facilitação: apenas a integridade (honradez), potencialmente catastrófica, por ser sem limites e sem medidas, pode ser honesta – justamente por isso, e somente sob a condição de estar constantemente em perigo. O milagre da variabilidade dos moradores de Santiago no Chile, pelo amor ao próximo, inclui o potencial da sua mudança para bárbaros provocada casualmente. Somente porque um saber seguro é impossível ou foi perdido, conforme mostra *Anfitrião*, passa a possibilidade para a experiência de que, acima de qualquer racionalidade, o eu consegue apresentar aquele belo excesso de confiança no sentimento de amor imperturbável, uma confiança, que de maneira alguma é fundamentada, calculada ou calculável. Trata-se daquele sentimento de Alkmene, que fracassa com "ai de mim" na sua procura de sabedoria, e, como o Fausto "ai de mim" estudado filosoficamente deve concordar, "de que nada podemos saber".

A exceção da regra calculável, o extremo ao mesmo tempo destrutivo e utópico do sentimento humano, o salto para dentro ou para fora da lei, é a cada vez a condição de uma possibilidade – de ideia, amor, direito – e ao mesmo tempo o motivo da irrevogável precariedade (que faz com que ressalte a decorrência de dramas e novelas), figurando na imagem da abóbada, que deixa de se colapsar, porque todas as peças querem

---

49 W. Shakespeare, *A Tempestade*, ato IV, cena 1 ("nossa curta vida acaba com um sono").

cair juntas: cálculo frágil, instalação frágil. Trata-se na verdade da "parada da linguagem e do tropeço do corpo"[50]. O primeiro é o motivo da produtividade como o perigo de todo discurso. E a possibilidade da figura corporal – acidentalmente – completada na sua forma, não é outra coisa, senão o resultado justamente da suspensão do predomínio e da formação. Com Walter Benjamin, o ensinamento de Ariane lembra, que é alternativa a interpretação e o uso de uma situação; com Heiner Müller, a insistência de uma necessária cegueira da energia política lembra de quão radicalmente este motivo de Kleist determina o sentido da produtividade linguística, psíquica, política. Tudo que é importante, deve-se à *suspensão* do controle. *Von der Uberlegung. Eine Paradoxe* (Da Reflexão. Um Paradoxo) o diz expressamente[51]. Ele o diz somente a respeito do "sentimento dominante" – isto é, o sentimento que, como tal, é senhor, domina – nasce a força da ação. A reflexão a confunde, a oprime, a obstrui. Tanto na linguagem como na batalha vale esta lei.

A consequência de o acento cair totalmente na perda de controle é, para Kleist, a fuga onipresente para o ponto do salto, da mudança, para um intermédio que pode ser sonho, parada, dúvida, demência, violência, explosão[52].

Vale aqui chegar perto de um ideal de uma expressão imediata, que deve ser ambicionada pelo poeta e pela qual ele naufraga. Em toda "forma autêntica", assim escreve Kleist, é que "o espírito se faz presente momentânea e imediatamente"[53]. O ideal da expressão, que é ao mesmo tempo um ideal da comunicação, (acende sem desvios entre as almas), é desmentido sem piedade pela cadeia de signos e Kleist sabia disto: "Como é que eu posso expressar numa carta uma coisa tão tenra e tênue como é um pensamento? Sim, talvez se a gente pudesse escrever *lágrimas*"[54]. Desta forma é expresso indiretamente

---

50 G. Neumann, op. cit.
51 H. von Kleist, op. cit., v. 5, p. 70.
52 Por um ponto involuntário, pretendia auxiliar a comunicação sem desvios com projeto de um correio de bombas, que funcionaria como o Fogo de Tróia através de uma série de estações de artilharia, "onde seriam disparadas de morteiros balas e obuses ocos que, em lugar de pólvora, seriam enchidos com cartas e pacotes" (Idem, v. 5, p. 116). Deveria ser assim evitada a desvantagem do telégrafo recém inventado, que parecia servir para pequenos comunicados apenas.
53 Idem, v. 5, p. 80.
54 Idem, v. 7, p. 21.

o ideal absoluto do sentimento puro, imperturbável e o seu necessário fracasso, como é apresentado de forma trágica em *Pentesiléia*, de forma cômica em *Anfitrião*, aparentemente resolvido no final da fábula de Käthchen.

Pode-se pensar no *coup de dés*, de Stephane Mallarmé, quando Kleist chama o amigo Rühle e lhe diz que ao escrever deve seguir apenas os sentimentos: "O que parecer a ti, passa-o para nós ao acaso. É uma jogada como com um dado; mas não existe nada diferente"[55]. A mesma figura de uma entrada incerta aparece ali onde Kleist demonstra, através do orador, que este, em confiança pela lógica interior para a qual a "excitação da sua alma" deverá capacitá-lo a tornar-se "suficientemente ousado", conforme Kleist, de "dar início à boa sorte"[56]. O discurso é ligado a uma contingência e deve extinguir a única fonte da autoconsciência do sentimento compartilhado e transmitido ao outro. Esta "impensabilidade" vale também na história. Assim o radicalismo, com o qual em Kleist é pensada a entrada de contingência e do acaso, aparece como concludente, de que o conhecido exemplo de Mirabeau na reunião de classes, leva a um ad-absurdum da causalidade: "Talvez fosse a palpitação do lábio superior, ou um jogo de duplo sentido no punho, o que produziu na França a revolução da ordem das coisas"[57]. Aquilo que em Kleist é transgredido, excedido é o domínio da lógica, da própria causalidade. Não que seja sobrepujado no sentido do idealismo, ou seja, pela suspensão dialética da cadeia infindável da origem das causalidades na ideia. Lendo a tradição aristotélica de que o belo, e especialmente o drama, trará ordem ao caos da verdade (o belo vale como análogo de *lógos*), para Kleist vale de forma oposta, de que o processo dramático figura em todas as ordens como o indominável, a contingência, o "a-caso" e através dele o próprio caso, a queda a partir do querer-saber-demais em contingência, quebra e cegueira. Esta inversão em Kleist sempre irritou: nenhuma lei histórica, porém a força produtiva do sem-lei; nenhuma sabedoria, mas o poder da ilusão e da autoilusão; nenhuma harmonia do amor, todavia uma paixão, de cujos pólos não é possível separar submissão e agressão (Käthchen e Pentesiléia).

---

55 Idem, p. 24.
56 Idem, p. 54 e s.
57 Idem, p. 55.

O estilete de Deus, ou seja o raio, quebra na anedota do mesmo nome a mentira na lápide da malvada condessa polonesa de P – "fundindo o metal" –, e do texto de louvor sobre a sua aparente devoção "não deixa restar mais do que uma quantidade de letras que, lidas juntas, rezam: ela foi justiçada"[58]. Este "acontecimento (ele poderá ser explicado pelos letrados)" parece confirmar inicialmente algo como um reinado divino, atrás da loucura do acaso, o sentido de uma ordem superior[59]. Mas a aparição fantástica, caótica e sinistra é preponderante e, vista com mais atenção, foi colocada para provar aquela verdade detestada por Hegel em *O Príncipe Frederico de Homburg* "indecifrável do horripilante", que "não pode ser agarrada" e, por isso, segundo Hegel, deve ser banida da área da arte, na qual tudo deve ser "claro e transparente"[60]. Pois, assim como o estremecimento de toda certeza, o "tremor da representação"[61] não resulta tanto de que o objeto da certeza foge do objeto do reconhecimento, mas muito mais o portador, o sujeito se perde, e é chamado de volta para as suas incertezas. Assim, tendo em vista o acontecimento fantástico, toda incerteza cai para o lado do sujeito, que fica sem solução diante do enigma e, nesta inversão de toda verossimilhança, não consegue saber de modo algum se consistiria em testemunha de um salto explicativo do acontecimento fatal, para uma ordem mundial divina de crença valiosa ou não, ou muito mais, de alienação aberta.

III

Frente a um teatro da formação, do bom gosto, da bela ordem, pode-se descobrir em Kleist a visão de um teatro do excesso. Não de um gosto pelo extremo, pelo perverso, pelo irracional, como tal, mas porque Kleist procura experimentar e pensar a certeza (amor, sabedoria), batendo na ocasião na sua constituição através de ignorância e contingência absurda. O excesso do

---

58 Idem, v. 2, p. 263.
59 Idem, ibidem.
60 G. W. F. Hegel, *Ästetik*, v. 1, p. 239.
61 W. Hamacher, Das Beben der Darstellung, em D. E. Wellbery (org.), *Positionen der Literaturwissenschaft*.

irracional origina-se imediatamente da consequência "teórica". Se o processo da dramaturgia de Kleist pode ser esboçado com esta figura, brilha como uma constelação interpessoal, como uma formação interestelar, hieróglifos animais e depois se autodestrói com uma explosão ou implosão. É de se perguntar, então, com quais meios o teatro pode responder a tais textos. O que os textos de Kleist, e não apenas os seus dramas, formulam como teatro do excesso, o teatro procura inutilmente dar uma resposta que seja suficiente. Do outro lado, o esquema representado deveria ter indicado o ponto no qual poderiam se encontrar esta prática radical de linguagem e aquele teatro: seria o lugar onde o teatro, se não abandona a sua própria unidade, pelo menos a quebra. Ele deve submeter-se à mesma interrupção e ao mesmo risco, como o texto de Kleist. Este risco é bem concreto: deixar-se influenciar pelo acontecimento da linguagem no espaço do teatro e não encastelar este acontecimento no retângulo do cenário. Um teatro seguro, com esta linguagem frágil, quebradiça, é ridículo por antecipação: a bilha de vidro arredondado, o *Anfitrião* como drama matrimonial, a *Pentesiléia* classicamente antiga, *O Príncipe Frederico de Homburg* como ritual de purificação.

"Kleist e o Teatro" é uma história infeliz, caracterizada pela incompreensão, desgosto, resultados e constelações infelizes. O tema da "irrepresentabilidade" acompanhou a história teatral de Kleist por uma série de motivos (nacionalismo, excentricidade histórica no conteúdo; violência e desequilíbrio formal), representada em forma de ondas, das quais a especulação sobre a obra de Kleist dos anos de 1970 e 80 foi provisoriamente a última. Ela produziu uma série de encenações importantes de Kleist (de Peter Stein, Claus Peymann, Christof Nel, Jossi Wieler, Hans--Jürgen Syberberg e outros), das quais não entraremos em pormenores. O primeiro problema apresentado é o da linguagem. Realmente a linguagem de Kleist, tomada como discurso de palco, possui algo que pode levar ao desespero o teatro e os atores, apesar e também por causa da sua beleza. Como linguagem falada ela se presta a um excesso, que se transforma facilmente em histeria, exaltação, ridículo. As suas belezas são tão complexas, que na sua apresentação raramente produzem este efeito, e agem mais como complicadores. Numa primeira impressão isto poderia parecer estranho ao lembrar como esta linguagem, mais do que em Schiller ou até em Goethe, possui um poderoso gestual. Mas é justamente isto que produz a dificuldade. Aquilo que deve ser acrescentado pelo ator, já existe em grande parte. O jogo de cena torna-se hipertrofiado, em duplicação, fica atrás do impulso poético e entra em convulsão. As profundidades de cesura, interrupção, autointerrupção das figuras apresentadas, retiram do processo cênico a energia, centrando a atenção para o movimento linguístico. Toda a força explosiva concentra-se nas torsões da linguagem e nos momentos da quebra repentina do sistema.

Uma dificuldade análoga é oferecida pela dramaturgia muitas vezes complicada, parada, paralisante no sentido da dinâmica dramática. Já existe a crítica de Goethe sobre a "forma de processo estacionária" de *A Bilha Quebrada*, que estorva a dinâmica do drama[62]. A grande forma dramática é para Kleist algo assim como a moldura, na qual se impõem uma variedade de gestos intensivos, momentâneos, gestos de um momento, em que se manifestam os pontos de virada do permanente *ágon*. Mas na medida em que seja feito das peças um conto dramático verossímil, de ritmo "correto", existe o perigo de encenar tudo aquilo, menos o que é mais importante.

Tais formas parecem estar hoje mais na margem do teatro dramático comum; prometendo sucesso, deixam para trás as formalidades e ao mesmo tempo tendem para uma versão própria, que não é nem uma ilustração teatral e nem um duplo do texto, mas que procuram uma resposta teatral autônoma. Embora seja plenamente conhecida, vale a pena mencionar a famosa mudança de Kleist na carta a Goethe, na qual ele "ajoelhado e de coração" envia o fragmento de *Pentesiléia*, comentando a sua comprovação, de que tanto como em *A Bilha Quebrada* essa não teria sido escrito para uma encenação:

"Os nossos palcos restantes [ou seja, fora os de Goethe em Weimar], nem na frente e nem atrás da cortina tem as condições para que eu pudesse contar com essa distinção [de uma apresentação...]"[63]. Parece-me bem interessante observar aqui o modo descomplicado de Kleist pensar e igualar a frente e o

---

62 *Literarische Schriften*, p. 185.
63 H. von Kleist, op. cit., v. 7, p. 57.

detrás do limite da cortina, o local dos espectadores e o palco *teatron* e cena. Em primeiro plano, apenas a denúncia pontual do mesmo desconhecimento dos homens de teatro e do público, indicando o tipo de formulação sobre um conceito de teatro pressentido só pela metade, no qual a cortina não representa um limite externo e fechamento, porém a marcação dentro do espaço do teatro, que seria de um conceito totalmente diferente. Nele, o público e a cena, de forma nova e com igualdade de direitos, seriam participantes do processo de teatro. O teatro como um todo, na frente e atrás da marcação da cortina, seria o palco, o espaço da comunicação no qual as cintilações saem da garrafa de Kleist, com efeito neural dos gestos extremos linguísticos e corporais.

Poderia-se arriscar a tese de que apenas um teatro que se distancia consequentemente da narração dramática, que pratica um jogo corporal não totalizador de conto, gesto, som e dança, talvez ainda a redução ascética mais severa, poderia suportar o delírio que clama no fundo dos textos de Kleist. Observa-se que isto são rumos, que deveriam ser esperados do teatro de Antonin Artaud. E, de fato, parece-me ser este o modo mais produtivo de fazer a leitura em Kleist para o teatro atual, a violência, o excesso, a perversão as torções linguísticas de Kleist: entendê-lo como antepassado de Artaud. Mesmo que não possamos esperar dos para-rituais comunicativos aqueles efeitos contundentes, que os revolucionários do teatro da época tinham prometido, o interior da linguagem de Kleist abre-se apenas como uma atualização, servindo-se dos mais novos meios pos-dramáticos que a presente estética do teatro possui, desde a transição da "reteatralização" na época das vanguardas históricas. É de assombrar que Kleist – Manfred Schneider aponta para isto, em relação aos panoramas que surgem – venha a perseguir pensamentos que na realidade "sejam o projeto da estética do espaço teatral, sendo ajustada para o contrário das figuras emolduradas, virtuais, sequencializadas das câmaras de espiar e *claude-glasses*, um 'teatro do futuro'" observa Schneider, citando as exposições de Kleist:

> Mas o que importa é colocar o espectador totalmente na ilusão de que estaria na natureza aberta, para que nada o lembre de estar

sendo enganado, deveriam então ser atingidas outras instituições
[...]. Deveríamos estar inseridos no próprio quadro e em nenhum
lugar deveria existir um ponto que não fosse o quadro[64].

IV

Nestas observações ligadas a direção em que poderia refletir-
-se sobre um possível teatro de Kleist, passo a tratar de uma
versão de Kleist, de Heiner Müller, onde há uma tendência interessante com referência às exigências formais para um teatro
com Kleist.

Não é por acaso, que uma sentença de Heiner Müller – "o
salto é feito pela experiência e não pelo passo" atinge Kleist, a
sua dramaturgia, linguagem e vida com excepcional precisão.
Entretanto, o significado de Kleist para Müller não teve a atenção e nem lhe foi destinada a suficiente interpretação[65]. Isto
é de lamentar porque, sob vários pontos de vista, a obra de
Müller, já *per se* presta-se à comparação com a de Kleist, pois
representa realmente uma versão da problemática do teatro
de Kleist, ao lado de numerosos estímulos e citações. Assim
como Kleist, Müller pensa os seus textos escritos no sentido
de um teatro ainda não existente. Assim como Kleist, a sua
linguagem liga o paradoxo de uma dicção lacônica, aparentemente fria, quase protocolarmente comprimida, com a mais
alta "carga" emocional do conteúdo. Assim como Kleist, Müller encontra-se proscrito, por um afeto ambivalente, no que
se refere ao complexo da disciplina militar, Estado e lei. Em
Kleist, existe a tensão do romantismo que dissolve fronteiras;
em Müller, a tendência anárquica, mas fica como tema principal dos dois autores, a questão da disciplina, da subordinação
externa e interna, e a consequente divisão do sujeito. Embora
Kleist fosse estranho para Müller, ao mesmo tempo, era uma
figura de identificação literária, e ele colocou mais de uma vez

---

64 M. Schneider, Die Gewalt von Raum und Zeit. Kleists optische Medien und
   das Kriegstheater, *Kleist Jahrbuch: 1998*, p. 222. Cf. citação em H. von Kleist,
   op. cit., v. 3 II, p. 518.
65 T. H.-C. Stillmark, Zur Kleist-Rezeption Heiner Müllers, em *Kleist Jahrbuch:
   1991*, p. 72-81.

em paralelo a sua posição frente a Brecht, comparando-a à de Kleist frente a Goethe.

Também como modelo para um teatro de elaboração de mitos, Kleist representa para Müller um ponto de referência importante. Müller coloca-se na transversal em relação à tendência predominante da recepção alemã da Antiguidade, que normalmente deu preferência à Antiguidade literário-estética grega, diante da Antiguidade política e romana. Para *Gundling*, sublinha Müller: "O importante é que o jovem Frederico, Kleist e Lessing são uma só figura, interpretados por um ator, três figurações de um sonho prussiano, que foi estrangulado pelo estado na aliança com a Rússia contra Napoleão"[66]. Com Napoleão, Kleist, para quem a Alemanha ainda era utopia, teria fracassado.

O interesse de Müller por Kleist subiu quando, em peças posteriores, começou o seu interesse pela guerra, pelas leis militares e revolucionárias e pelo direito. *Pentesiléia, Hermannsschlacht, O Príncipe Frederico de Homburg, Robert Guiskard*, são dramas sobre a guerra e dramas sobre os motivos e abismos do direito. Aqui é preciso descobrir o político, na versão de Kleist, da catástrofe à qual pertence uma atualidade inoportuna, num mundo que responde a cada conflito de forma reflexiva, com a ideia da legalidade do problema, mas que se nega a refletir sobre as quebras internas, os limites e absurdos das questões legais e políticas. São temas perturbadores como o de "ter direito a direitos" (Etienne Balibar), que não podem ser restritos à faixa de ponderações pragmáticas, todavia levariam a uma problematização insondável para Kleist, sobre a qual se fundamentam o espírito social e o sujeito. Esta problematização pode ocorrer mediante a articulação do excessivo. O direito e a identidade são estruturados sobre o excesso, visando o evitável, mantendo-se apenas pelo preço da sua condição, colocada sempre em perigo, e da sua fragilidade. "Pela disposição fragilizada da vontade do mundo", diz ao conde na *Marquesa de O...* o seu sentimento teria sido distorcido por todos os lados[67]. A lei moral, não menos do que a lei jurídica, pode regular a realidade, se a qualquer tempo da suspensão ficar capacitado: em

---

66 H. Müller, *Krieg ohne Schlacht*, p. 269.
67 H. von Kleist, op. cit., v. 4, 130.

misericórdia, perdão, exceção, interrupção. Kleist pensa que direito, ordem, lei, são instituições necessárias, mas também *frágeis*, e que a sempre possível quebra das regras pode mantê--las mesmo que, por circunstâncias do acaso ou pela junção de circunstâncias, ocorra o colapso. Isto por sua vez encerra riscos e a respeito da sua dimensão, Kleist não se entregou a ilusões. Isto vale para os momentos do colapso e não menos para os do triunfo excessivo a qualquer preço, que seria o momento do êxtase da vitória. Deve-se lembrar aqui, que pelo pensamento antigo dos gregos, a vida era vista em todos os seus matizes como um permanente e perigoso *ágon*. A partir desta amostra sombria ergueram-se os pontos fulminantes de vitória. Como ponto de virada, o triunfo permite um fôlego, um instante de respiração, sem o qual o *ágon* sem fim não seria suportável. Embora em Kleist a violência, o sadismo, o arrebatamento de afetos desenfreados muitas vezes possam parecer estranhos, é preciso manter o olho nesses contextos.

Trata-se inteiramente do risco da barbárie, da (auto)destruição individual, nada menos do que o abalo da ordem de todas as ordens, do céu e do inferno. Antonio Piachi nega, em *Findling* (Enjeitado), a absolvição por não querer desacoplar--se da corrente de afeto e da vingança sem limites e ilimitada ou melhor, "ser condenado e amaldiçoado": "Eu não quero ser bem-aventurado. Eu quero descer até o fundo mais baixo do inferno [...] e reassumir a minha vingança que aqui foi incompleta"[68].

Constatou-se corretamente, que a maioria das referências de Müller a Kleist valem, mesmo que indiretamente, para *O Príncipe Frederico de Homburg*.

"Primeiro por causa da sua vitória, coroá-lo, depois decapitá--lo"[69], por causa do seu procedimento contra as leis – isto parece ser o destino paradoxal do Príncipe de Homburg – e é o motivo central de *Horácio*, de Müller. Em *Gundling* encontra--se a pantomima com o título "Heinrich von Kleist encena Michael Kohlhaas"[70]. O terrorismo aqui por sua vez inspira

---

68 Idem, v. 4, p. 196.
69 Idem, v. 3, p. 261.
70 H. Müller, *Leben Gundlings Friedrich von Preußen Lessings Schlaf Traum Schrei*, em *Herzstück*, p. 33.

Müller para as observações sobre Ulrike Meinhof, de que ela seria a noiva tardia de outro "enjeitado" da literatura alemã: Kleist. *Mauser*, de Müller finaliza depois que a unidade do agir subjetivo, impulsivo e de necessidade objetiva, foi (aparentemente) recomposta com a sentença "morte aos inimigos da revolução"[71], na qual se agita "na poeira com todos os inimigos de Brandenburgo". O destino de Homburg é denominado por Müller como domesticação de um estranho. Principalmente o Müller tardio confrontou-se com as leis, com a questão do que poderia ser correto sob as condições da luta pela vida e pela morte. Nesse contexto está a execução e a omissão da execução no sonho, em *Wolokolamsker Chaussee 1, Russische Eröffnung* (A Estrada de Wolokolamsker 1, Abertura Russa) e mesmo mais escondido na parte 3, "O Duelo", no qual, assim como na novela de Kleist *Zweikampf* (O Duelo), há uma "sentença divina". Só que, neste caso, é o ruído dos blindados russos que decide, em 17 de junho de 1953, a luta dos contendores.

A Estrada de Wolokolamsker intitula-se *O Enjeitado* (seguindo Kleist), oferecendo, bem explicitamente, uma versão da novela de Kleist. O texto não é um drama, mas uma sequência de acontecimentos, oferecidos numa perspectiva complexa e que se situa entre peça didática, tragédia e poesia. Um texto que procura uma abertura dos modos de encenação. O acontecimento, contado em retrospectiva e em parte apresentado em forma de diálogo, "começa" com a adoção do órfão (o próprio contador da história) pelo comunista, agora seu padrasto, ao qual os nazistas esmagaram o órgão sexual. Sem filhos, ele aceita a criança como substituta, mas lhe nega a comunhão afetiva: "Como se fala com um editorial e como se abraça um programa de partido"[72]. Em 1968, o filho está entre os revoltosos, distribui volantes contra os blindados de Praga e denuncia o seu pai adotivo para a segurança do Estado. O filho passa cinco anos em Bautzen e finalmente vai para o Ocidente; castigado pela saudade e ao mesmo tempo libertado do conflito sem-fim e insolúvel com o pai (a utopia, o socialismo...). Jean Jourdheuil (junto com Jean François Peyret) encenou, em 1988, em Paris, a peça *La Route de Chars* (o título da sua

---

71 H. Müller, *Mauser*, p. 68.
72 H. Müller, *Wolokolamsker Chaussee, Shakespeare Factory II*, p. 254.

tradução ao francês), referente cenicamente a *O Príncipe Frederico de Homburg*, e, do outro lado, fez da luta entre o pai e o filho adotivo uma disco-encenação. É expresso assim o que caracteriza a versão Müller-Kleist: a evasão de todo o sistema que, até aquele momento, tinha dominado a dialética das cinco peças parciais de *A Estrada de Wolokolamsker*. A luta das posições do pai, traição e fidelidade, que parece insolúvel, é resolvida, e desemboca em novo vazio que é ligado com a alienação, a quebra, o ponto de limitação do campo de conflito. Um ponto formal do texto é que a perspectiva é do enjeitado e não do pai adotivo. Repentinamente, inverte-se não apenas a avaliação (o traidor é a figura a partir da qual é contada a história), mas desta vez a traição faz com que todo o sistema entre em colapso, finalizando a luta "dialética" sem-fim de traição e leis de Estado, porque a "solução" não consiste mais de uma rivalidade no campo do conflito, mas em que o campo deve ser abandonado. O filho enjeitado vai para o Ocidente, no mundo dos discos para esquecer. Deveria ser possível desenhar, traço por traço, as analogias do *Enjeitado* de Kleist, mas com uma indicação deve chegar ao fim. O texto de Müller não segue os acontecimentos cronologicamente, mas começa pelo fim (o filho já está no Ocidente) e recapitula em retrospectiva fechadas os acontecimentos. No fim do texto, tanto em Müller como em Kleist, aparece o mesmo procedimento inaudito: a maldição do pai adotivo, que na cena (lembrada e contada), numa raiva inconcebível, desmotivada ou insondável, pega o telefone para denunciar o próprio filho (embora ele ameace com uma fuga suicida por cima de muro) para a segurança do Estado, aquele que antes em 1961, com outro telefonema, o tinha guardado do suicídio. O texto de Müller finaliza assim:

> Por último o que eu ouvi foi seu choro
> E a sua voz que vociferava em contra
> Que eles te matem bastardo nazista
> Que eles te matem como um cão
> E o tilintar do telefone ao levantar
> O fone e discar o número[73]

---

73 Idem, p. 258.

Sem dúvida o autor teatral Müller ficou impressionado pelo ponto extremo no fim da novela de Kleist: a violência sem medida (ou visto de outro modo, a radical falta de resistência) com a lógica, a ordem, a medida de tudo que poderia ser direito, vingança, compensação, lei etc. que são detonados, mediante um salto, de uma ordem mortal a um vazio, que nada mais dá para reconhecer do que o gesto da própria interrupção.

TEXTOS DE JAHNN – QUAL É O TEATRO*

> O teatro de hoje, até agora teve pouco a ver com o mundo espiritual do drama moderno. O expressionismo foi uma invenção muito boa. É pena que tão pouco tenha ficado entre nós[74].

A história de recepção dos dramas de Jahnn não oferece muito material. De uma atenção espetacular, devida à atuação de Oskar Loerke, o prêmio Kleist e o texto brechtiano de *Pastor Ephraim Magnus*, seguiu-se a negação geral dos palcos em encenar suas peças, que dura até os dias de hoje. As corajosas exceções passaram rapidamente, sem levar em consideração as eventuais encenações políticas da peça contra as armas atômicas, *Ruínas da Consciência* e várias encenações da sua *Medéia*[75]. A pergunta sobre os motivos é evidente: formalmente a linguagem de Jahnn, comprometida com o expressionismo e com o *páthos*, foi considerada obsoleta. Como conteúdo, os excessos sexuais e agressivos, a evocação de sofrimentos físicos, que chegam ao limite da resolução humana, são difíceis de suportar. Sem dúvida, a poesia de Jahnn (como a de Kleist e de Rimbaud) é a da puberdade. Acrescente-se a isto o resumo ao ponto "Poeta do Homossexualismo". Apenas pela duração das peças e pelas necessidades de pessoal, o autor (radical ou megalomaníaco, conforme o ponto de vista) exige um aparato teatral e um público extremo.

Segundo a minha opinião, as semiverdades acima colocadas, não chegam ao cerne da resistência, que é alcançado pelos dramas de Jahnn e que esta resistência não é motivo da irregularidade artística dos seus textos. O que existe no autor de *Strassenecke* (Esquina da Rua), assim como em Artaud e em Brecht das peças didáticas, é um grande deslocamento do conceito teatral, com o qual os teatros estabelecidos sentem grande dificuldade de lidar.

Em 1949, Jahnn anota a lembrança de que uma das suas maiores experiências teatrais como criança, foi assistir a aparição

---

* Publicado com o título Jahnns Texte – Welches Theater, em Hartmut Böhme; Uwe Schweikert (orgs.), *Archaische Moderne: Der Dichter, Architekt und Orgelbauer Hans Henny Jahnn*. Stuttgart, 1996, p. 124-143.
74 H. H. Jahnn, *Werke und Tagebücher*, v. 6, p. 929.
75 Ver U. Schweikert, Untergang, Untergang, Untergang: Jahnn auf dem Theater Medea in der Kritik, em M. Weber, *Medea: Hans Henny Jahnn*, p. 181.

dos fantasmas na obra de Grillparzer, *Ahnfrau* (A Ancestral), o que lhe deu a ideia de escrever peças. *Strassenecke* poderia ser descrita como uma parada de fantasmas: aparecem mortos, sósias, a própria morte em forma de Kirchhoff (Kirchhof!), Fernando Cortez; nomes estranhos como Aage, Dido, Imre, Rusch, Mandel, Bogumil, Aladar, OKO, Matthieu e Berenice, dificultam a tarefa de situar as figuras num espaço real, sem considerar as figuras com nomes como pensamentos noturnos, pensamentos diurnos, cavalo de tróia, redoma de clorofórmio, o auto-ônibus, mola, mesa e paredes.

A peça foi elaborada numa época em que na Alemanha estavam sendo feitas experiências com o teatro surrealista. Adorno, já nos anos de 1930, denominou a peça de Brecht, *Ascensão e Queda da Cidade de Mahagonny*, como sendo a "primeira ópera surrealista". E com *Mahagonny*, a *Esquina da Rua*, de Jahnn, apresenta paralelos tão surpreendentes, que poderia valer a pena um exame mais detalhado. Eles abrangem semelhanças linguísticas, passando pelo motivo central do estranho que só vive de prazer, a sua condenação e execução, até o final com os coros que enchem o palco. Por outro lado, a herança expressionista é sumamente clara: o *páthos* do discurso, que deseja fervorosamente; o extremo e o sagrado; o apocalíptico; assassinato e fratricídio; o indivíduo como o grande e como criatura na luta profunda com o mundo; Deus e o destino. Diante deste texto poderia se chegar às tentativas mais estranhas de ligação. Trata-se de elaborar com a linguagem expressionista e o método de teatro épico um jogo teatral intermediário, próximo do teatro--revista político de Piscator, mas com impacto claramente surrealista? Jahnn parece chegar a uma espécie de oratório filmado, que não procura sonhos e choques surrealistas, mas lembranças e estruturas harmônicas. A sua tentativa de ligar o mito e o moderno vale como volta cultural-arcaica a tradições clássicas, que o liga com a versão de Édipo de Stravínski/Cocteau, em que, através de uma Jocasta arcaica como figura de divindade-mãe, passa-se pela Grécia, em direção ao Egito e ao Oriente.

Em 1922, Jahnn com sagacidade diagnosticou o dilema básico do teatro, de que o mesmo deveria oferecer uma experiência cultural: "Todo poeta escreve [ele pelo menos deveria imaginar fazê-lo] para um teatro de cultura", mas não consegue oferecer a realidade teatral e [acrescentando a realidade social] "o segundo plano de cultura"[76]. Naqueles anos, de forma oposta mas secretamente aparentada, dois autores que até hoje representam os lugares extremos do teatro moderno, Artaud e o Brecht das peças didáticas, tentam que o teatro ganhe momentos rituais (e ao mesmo tempo civilizatórios).

Enquanto o teatro da crueldade de Artaud, segundo ele próprio, poderia ser o teatro da necessidade (implacável, rigorosa, espiritual), de forma oposta, a necessidade fria das peças didáticas de Brecht, contêm uma crueldade desenvolvida até o insuportável. De forma diferenciada, como gestos mágicos aqui, *gestus* ali, porém não muito diferente do que em Jahnn, os gestos assumem o centro. De forma bem elucidativa, formula Jahnn, o drama formaria, ao lado dos aspectos externos dos acontecimentos e dos afetos, uma "unidade mais profunda, contendo gestos que, pelo desenvolvimento da linguagem do ritmo, das intersecções polifônicas, ficam ao lado do sentido lógico da manifestação"[77]. Esta locução não decide se o gesto deve ser de linguagem do corpo ou da posição interna da dramaturgia. Os três componentes estão relacionados entre si. Naquela época, Jahnn tinha contato estreito com Brecht, o teórico do gesto, sendo influenciado pelas tentativas surrealistas. Por causa destas suas resistências ao conceito tradicional do teatro, além das dificuldades mencionadas no início, ele era e é considerado, pelos encenadores, difícil de montar.

Se não houvesse pressões externas, segundo disse Jahnn certa vez, ele não "confiaria" suas obras para aqueles que fazem "teatro de efeito ou de finalidade". Ele falha diante da tarefa de querer explicar ao público os "novos símbolos semânticos. A herança da palavra criada pelo conceito filosófico, incapacita-o (o ator) ao tentar formular o novo"[78]. Aqui a gente encontra um dos motivos histórico-filosóficos principais de Jahnn, a "maldição, de que a palavra simbólica se desintegra no conceito filosófico"[79]. O teatro seria para ele representação e sensibilização de uma unidade abrangente que ele denomina "mitos", seria "serviço de

---

76 H. H. Jahnn, *Werke und Tagebücher*, v. 6, p. 896.
77 Idem, ibidem.
78 Idem, p. 932.
79 Idem, p. 922.

cultura". Mas para isto há deficiência de todos os pré-requisitos, e se Jahnn reclama, em primeiro plano, pela falta de lugares e obras, ele pressente o quanto traz consigo de disposição da modernidade, e o quanto existe de quebra para a capacidade de aceitar o mito e, portanto, de um teatro de cultura. A exigência de Jahnn pelo "teatro de cultura"[80] faz frente ao seu conhecimento de que o teatro que existe, como aparece num texto impresso em 1925 "não estaria apenas em estado cataléptico, mas realmente morto"[81], sem paixões, sem espírito de elenco, adaptado aos desejos primordiais do público e aos "seus sentimentos pequeno--burgueses, [...] já bastante conhecidos"[82].

É claro que Jahnn sabia que o novo desenvolvimento da cultura deixaria "um significado mágico" da linguagem e que apenas "grandes poetas" poderiam aspirar à sua "recuperação"[83]. Separado da magia da linguagem e da escrita, o poeta, que se distanciou da China, do Egito e da Babilônia, "joga desesperado atitudes para o ar, mede as sílabas, torce sentenças, que ampliam o conteúdo das palavas [...]. Ele sente entorpecer os seus sentidos impotentes e reclama por uma linguagem de imagens, que não quer entendimento, mas comunidade"[84]. Com a entrada de tempo, racionalidade e linguagem conceitual, aparece a ideia da poesia, que daqui em diante gravita em torno da dor do indivíduo, mas que perdeu a ligação com o todo e apenas pode conjurá-lo: "A dor do indivíduo foi aquela que destruiu a ordem sagrada de toda a origem, arrancou os fios que tinham sido tecidos entre as estrelas e as trajetórias humanas"[85].

No texto de Jahnn existe uma lembrança do *Danton* de Büchner, que desenvolve uma dialética interessante: "O primeiro grito, que parte do banco de tortura, faz com que a cortina do templo se rasgue"[86]. Era certo que o teatro da Europa deixou transparecer do mito, aquela conversão da tragédia ática

---

80 Idem, p. 898.
81 Idem, p. 897.
82 Idem, ibidem.
83 Idem, p. 917.
84 Idem, p. 918.
85 Idem, p. 919.
86 Idem, p. 921. Sobre o significado do motivo em relação à visão do mundo "harmônico" de Jahnn, ver R. Wagner, Versuch über den geistesgeschichtlichen und weltanschaulichen Hintergrund der Werke Hans Henny Jahnns, *Text + Kritik*, 2/3.

que mostrava o mito na luz da dor sofrida pela indivíduo[87]. Com este "progresso" Jahnn descobre principalmente o outro momento: a quebra que a partir daquele ponto procura sanar a recém "acordada"[88] poesia e o teatro. A poesia foi "expulsa ao longo do tempo, mais e mais afugentada do seu ponto de saída divino"[89], de tal modo que parece existir apenas uma chance: "ela procura na fuga o único caminho que ainda ficou aberto: o percurso de todas as paixões humanas"[90]. Mas teria sido encontrada a solução do dilema histórico-filosófico? Estaria definida a tarefa e a possibilidade da poesia? Nada disso. Pois conforme Jahnn, é da natureza das paixões, desde que sejam modernas e individuais, que "toda injúria de paixão seja rejeitada pela outra"[91]. Somente o poeta mostra "compaixão", por ser o único a reconhecer a reiterada verdade das paixões, e "procura sentido nas múltiplas rejeições"[92]. No que se refere ao ambiente e a sua tendência, parece que Jahnn já tinha o pressentimento do *politicamente correto*:

> Será que a poesia um dia acabará, porque os movimentos de paixão
> de uns ficam cada vez mais ao desgosto dos outros?
> Porque os homens ficam surdos às manifestações
> das metáforas? Porque não suportam mais, homem e mulher
> de sentir-se celebrados, quando não se tratar deles e dos
> seus amados? Porque eles sempre interpretam errada a palavra
> que não nasceu dos seus feitios? – Será que no futuro nos será
> lida apenas literatura típica, que para nós os pobres esvoaçará
> como leis, que só podem ser a expressão dos conceitos
> legais mais baixos de uma comunidade?[93]

Contra isto, Jahnn se enxerga na tradição de Lenz, Kleist, Büchner e Joyce na tentativa de "colocar em discussão problemas morais, e eticamente sem inibições sociais e físicos"[94].

---

87 Ver H.-T. Lehmann, *Theater und Mythos*.
88 *Werke und Tagebücher*, v. 6, p. 919.
89 Idem, p. 920.
90 Idem, ibidem.
91 Idem, p. 921.
92 Idem, ibidem.
93 Idem, p. 922.
94 Idem, p. 950.

Um teatro dirigido de tal forma para o culto, o rito e o simbólico, que esconde o indivíduo atrás de máscaras, de sósias e retóricas independentes, não pode ser um teatro da moral e da expressão individualizada. Assim, os textos de Jahnn, com as peças didáticas de Brecht e a visão de Artaud, dividem entre si o destino de receber com muita facilidade o ódio da consciência disciplinada e bem sucedida, que não suporta ser confrontada na arte com um discurso que leva os conhecimentos do eu desperto para a parada narcisista. Jahnn então foi atingido também pelo mal-entendido infantil, de que justamente lá, onde autores de elevada consciência política fazem com que as suas obras iluminem os abismos e grutas dos instintos e dos pensamentos negros, os escritos sejam tidos como uma lista de pedidos do autor, tal como fora dito por Heiner Müller.

Não se trata aqui da (possível) crítica dialética do gesto comovente e reacionário, de reavivar ao mesmo tempo o culto e a grande paixão, para que a genuína experiência teatral seja novamente possível. É fácil demais utilizar a polêmica ideológica. Grande parte do teatro de vanguarda, sucessor de Artaud, como o de Jerzy Grotóvski, Richard Schechner, Eugenio Barba, o Living-Theatre do início, e ainda, Jan Fabre, Reza Abdoh, Tadeusz Kantor e outros, encontra-se num dilema. Ele procura forçar a experiência estética, sobretudo teatral, em configuração para-mítica, para-cúltica, diante de um fundo social de racionalização sem culto. Mesmo ideologias, reconhecidamente ilusórias, não significam, neste caso, fracasso artístico, pois, como se sabe, às vezes procura-se pelas Índias e encontra-se América e, olhando mais atentamente, descobre-se que para os artistas mais importantes, fica estreitamente irmanado o moderno e o antimoderno.

Diante deste fundo, que se refere especificamente à problemática de Jahnn e o teatro, as suas manifestações sobre "o baixo nível da arte teatral de hoje, dos dramas clássicos e modernos", devem ser levadas muito a sério e ser atribuídas a alguém de quem, no ano de 1926 "fala-se muito pouco e atua-se demais"[95]. O teatro para Jahnn é "palco de discussão"[96], e a "pessoa mais

---

95 Idem, p. 912.
96 Idem, p. 915.

importante do teatro é o poeta"[97]. Diferentemente de Artaud, ele não quer a supressão do domínio da palavra. Artaud procura a ênfase dos símbolos do corpo, o gesto mágico, que usa a palavra como elemento e não texto previamente descrito. Como hieróglifo, de vez em quando a palavra é sonho. A dialética trágica do projeto teatral de Jahnn é que ele deve ser teatro radical da palavra, articulando ao mesmo tempo a realidade mágica do corpo. O que impede literariamente a recepção de Jahnn, mas que pode fascinar o leitor, é a colocação estranha com relação às grandes linhas artísticas do modernismo (expressionismo, teatro épico, dissolução do espaço e do tempo, lirismo, surrealismo...), apresentando-se para o teatro como uma dificuldade quase sem solução. O seu trabalho dramático procura unir os pólos divergentes da estética nova do teatro, a dramaturgia visual e a paisagem de textos (altamente complexa), dois elementos que parecem não poder faltar na realização dos seus dramas, e deixaram os teatros sem exceção, perplexos.

As dificuldades e ainda as perspectivas que se abrem diante desta análise, dão ideia do que Jahnn anota no prefácio de *Strassenecke*, de que não foi dada ênfase sobre o nível de ação da realidade no presente, com o seu naturalismo. "De forma realista", o herói, por causa do seu martírio, "deveria ter ficado mudo aos poucos como um animal"[98]. Aquilo que não foi perguntado, parecendo realista, de que "ao negro foi deixado o dom da fala"[99], já de *per se* é um indício de surrealismo. Se por outro lado for colocada a questão de quem é que fala nos textos de Jahnn, chega-se à conclusão de que não são pessoas falando para pessoas. Eis um exemplo:

JAMES: Meu amor pela humanidade, é uma cor do passado. A força do coração é como uma noz estéril. Só as ideias de um plano ainda são motores dentro de mim. Não é a sede de justiça que ainda me atormenta. A máquina tornou-se poderosa. A química tornou-se poderosa. O número tornou-se poderoso. A magia tornou-se pesada demais para os cérebros seduzidos. [...] Oriente e Ocidente vão guerrear entre si. Ásia e América

---

[97] Idem, ibidem.
[98] Idem, v. 7, p. 1117.
[99] Idem, ibidem.

vão guerrear entre si. A humanidade não possui um estômago de ferro, mas um estômago para digerir. Ela não se reproduz pela dimensão da morte, mas ela se espalha para pavimentar os lugares mais afastados da estrela despovoada com os feitos dos homens. E para diminuir Deus: à imagem do homem. Meu medo cresceu. A água que me afogará, chega até a minha garganta. Agora fujo da morte[100].

Este discurso é polifônico. As sentenças originam-se de qualquer espaço; poderia trata-se de uma multiplicidade de vozes, um coro, poderia ser a manifestação de semi-criaturas, espíritos, fantasmas. Escolado pelo *páthos* expressionista e neorrealista, não raramente lembrando a prosa lírica de Rimbaud ou Lautréamont, o discurso de Jahnn vive de rítmica, fluxo vocal e musicalidade próprios. Ele quase não pode ser realizado como discurso figurativo. E então: sangue e estômago, cérebro e garganta, água, sêmen, carne e ossos: tudo que é psíquico, íntimo, tudo que é sentimento, até mesmo os pensamentos, são concebidos em figuras corporais, físicas, literalmente como função orgânica do corpo. Jahnn propõe o conceito radical de um teatro de órgãos. Trata-se, em muitas passagens, de uma fantasmagoria visceral ligada frouxamente a sujeitos: o corpóreo e a sexualidade onde é dada uma presença dominante aos órgãos, funções e humores do corpo, "disseminado" pelo palco: sempre o local do discurso, *logeion*. A complexidade e a carga afetiva destes discursos – trata-se continuamente de coito, estupro, incesto, sadomasoquismo, êxtase e impotência – pede uma percepção interessada, que colida com a consumação de um rito. Ou o discurso se dissolve no fluxo afetivo – cada uma das partes aparece então como retoricamente sobrecarregada, patética, expressionismo psicológico, ou o texto vale como dimensão não-realista, evitando então a intuição sobre as figuras do discurso, entrando em conflito com o ritmo do drama. Será que Jahnn queria demais? Quer me parecer, que o seu projeto só agora, e muito lentamente, está ficando legível como rastro de um comportamento teatral, que resolve todos os gêneros num tipo de teatro universal, progressivo, para possibilitar um teatro de difícil definição, cuja fusão de experiência física-sexual e espiritual,

---

100 Idem, p. 54.

reúne de forma chocante corpo e poesia; reunida no sinal da última. Nesse sentido, uma certa tendência unilateral dos comentários e posfácios da excelente nova edição da obra de Jahnn necessita de uma revisão. Os textos de Jahnn ficam falsamente iluminados com as palavras-chave: Artaud e "Teatro do corpo". Tematicamente a linguagem é dominada pelo corporal, com o aparecimento de processos físicos violentos, como assassinar, castrar, cegar e torturar. Mas a fala do corpo fica mais evidente. Os excessos articulados não abrem o teatro para o corpo, mas conquistam para o discurso um pedaço de corpo. Por isso as encenações, que em Jahnn levam a linguagem ao expressionismo psicológico e/ou físico, chegam até a alienação.

Estes textos, citados objetivamente, podem ganhar quase o discurso épico-brechtiano. Não há metafísica via pele, mas excesso de linguagem. Seria interessante fazer a comparação, sob este ponto de vista, de autores atuais como Goetz, Streeruwitz, Jelinek ou Schwab – cujos textos articulam intensa e excessivamente a parte física – com Jahnn, lendo o excesso muitas vezes apocalíptico como esgotamento, mais do discurso do que do corpo.

Como sempre, aqui também a invenção de um importante artista teatral pode desmentir amanhã todos os programas e teorias. Da mesma forma, estas ideias de dramaturgia deveriam deixar claro a exigência que os textos de Jahnn colocam para o trabalho teatral. Serão mostrados, como exemplos, dois caminhos possíveis. Nos melhores momentos dos trabalhos teatrais de Einar Schleef, aparece um excesso da linguagem, que fica ligado à forma culto-ritual. Este expressionista tardio, pós-moderno, usa linguística e cenicamente os textos clássicos de tal forma que seria bem desejável uma encenação de textos de Jahnn, embora o parentesco estrutural das suas direções com as texturas de Jahnn (coro, ritmo, dor, extrema dilatação temporal etc.) faria temer uma duplicação improdutiva. A ideia de que a dualidade acima analisada, de que a dramaturgia visual e paisagem textual venha a significar, de que as peças devam ficar como corpos sonoros, autônomos e intactos, levados em paralelo com as legitimidades de visualidade estruturada, conduz a outro lugar. Este é o caso de uma série de trabalhos teatrais, com marcada visualidade própria, quase vídeo (Barberio Corsetti), principalmente Bob Wilson que gosta de definir suas encenações como combinação de filme mudo e peça radiofônica. Robert Brustein caracteriza, em Wilson, os processos de palco em relação aos textos indicados, não tanto como *mise en scene* e mais como *reinforcing event*. O resultado desta alteração e cisão, implícitas nos textos de Jahnn, entre o texto e a visualidade seria uma ampla autonomia do texto e da *opsis* (no sentido aristotélico); um contra o outro e não (ou apenas dentro de certas medidas) uma utilização arbitrária do texto como material fragmentário, como é bem conhecido pelo teatro novo. Para isso ele necessita achar uma situação teatral singular, cuja qualidade é a comunicação de todos os participantes, ou seja, não um teatro frontal, não um espaço fechado, mas uma esquina de rua (ideal ou real) como lugar do teatro, onde o texto poderia penetrar nos espectadores, uma exposição das vozes falantes ao que está defronte, um processo que se aproxima de uma união de recitação de estilo e teatro integrado. Para este argumento, deveria ser usada uma carta de Jahnn a Jürgen Fehling, de 9 de fevereiro de 1926, embora ela seja referente a *Medéia*. A linguagem deve possuir "algo da evidência de um acontecimento natural", nada "que seja provocado ou subjetivamente excessivo". As orações de coros dos escravos devem ter uma "determinada altura de tom" e na "coloração tonal: tom básico/quinta [...] não tom básico/terça" (x, 261 e s.): pede-se objetivação musical e não expressão psicológica.

Strassenecke (Esquina da Rua) e não *Die Straßenecke* (A Esquina da Rua) – o título é uma indicação cênica; o acréscimo de lugar, uma ação, tem um tom aristotélico, conjura as unidades de tempo, lugar e ação que o texto tenta desmontar. O título e muitos outros indícios dizem: esta peça é uma reflexão cênica para a cena, uma "teoria" do teatro articulada com meios teatrais. O índice de pessoas não tem "pessoas", mas "atores" (como também vêm anotado no texto de *Medeia* os "atores da tragédia"): a consciência sobre o processo de representação perpassa o representado. Brecht e Piscator (a quem Jahnn inutilmente tentou passar a peça) enviam saudações! Um projeto anterior fragmentário, *Die Hundegasse* (A Viela dos Cães), já usa o tema conhecido da execução violenta, e com motivação sexual, de um *outsider* na Idade Média[101].

---

101 Idem, v. 6, p. 759 e ss.

Formalmente a peça é um cruzamento das diversas direções dramáticas. Enquanto a esquina da rua é fixada através das visões e figuras de lembranças, existe, por exemplo, o único lugar visto pelo espectador, a dramaturgia do ponto de encontro de *Campiello*, de Goldoni e *Asilo Noturno*, de Górki, até *Nossa Cidade*, de Wilder, ou *A Hora em Que Nada Sabiamos um do Outro*, de Peter Handke. Deve-se lembrar ainda dos filmes dos anos de 1920, quando foi estabelecido o gênero dos filmes de rua. Ao mesmo tempo, existe a dramaturgia dos dramas de estações e de mártires, do *Woyzeck*, de Büchner, através de *Para Damasco*, de Strindberg até o *Macaco Peludo*, de O'Neill e a Lotte-Kotte, de Botho Strauss em *Grande e Pequeno*. O título posterior da impressão parcial no *Neue Deutsche Literaturem*, em *Aqui Há um Negro para Linchar*, indica, ao lado da agudização política, a tradição do drama de mártires. O teatro que quiser dar visibilidade a este monstro dramático de múltiplas facetas, não pode confiar em nenhum destes modelos dramáticos, pois os textos de Jahnn aceitam todos, mas não atendem a nenhum deles. Segundo Jahnn "estas peças bastante radicais e tecnicamente modernas" (x, 359) exigem um novo teatro: "tenho horror de pensar que uma apresentação poderia ser revestida de formas tradicionais" (x, 421).

Com Bob Wilson, as figuras, os vultos e os sons assumem uma imagem de aparições espectrais, em que tudo decorre como se fosse uma magia oculta e não por vontade própria. Com Jahnn "todas estas realidades […] também recebem as dimensões de manifestações, de espectros".

O modelo básico: "não apenas que os crimes seculares passem pelo pavimento como aparição: a vida de um homem também passa como concentrado dos seus rostos, enquanto ele próprio, com a amada nos braços, fica na sombra de uma casa"[102].

Na época teatral do *high-tech* pode ser configurada como a junção de um cenário único com lugares em mutação, em forma de lembrança e visão, tal como aconteceu em 1994 num projeto da cidade de Bielefeld, sob a direção de Walter Blohm, claramente influenciado por *Civil Wars* (Guerras Civis) de Bob

---

102 H. H. Jahnn, *Mein Werden und mein Werk*, citado no *Programmbuch Hans Henny Jahnn-Kongress*, 1994, p. 40.

Wilson. Com auxílio de três projeções simultâneas de vídeos, procurou-se formular um espaço associativo (politicamente primário), mas estruturalmente uma alternativa da junção, acima analisada, de recitação e teatro integrado. Mais duas encenações por ocasião do 100º aniversário de Jahnn, uma de Dimiter Gotscheff, no teatro Thalia, de Hamburgo, e de Martin Kusej, no teatro do Estado, de Stuttgart, comprovaram mais uma vez os problemas da peça: com coragem e fantasia, foi apresentada em Stuttgart a corporalidade, para muitos ainda escandalosa e revoltante; entretanto, para a fragmentação e o *páthos* da língua, não foi encontrada a forma adequada porém, não deixou de ser uma tentativa para ser levada em consideração. Em Hamburgo, foi apresentado um jogo figurado, em si bem interessante, mas para Jahnn com certeza demasiado elegante e longe da temática pretendida: em lugar de aceitar o desafio, ele foi evitado.

Uma terceira possibilidade, além daquelas de Schleef e Wilson, deve ser mencionada aqui por motivos históricos e estéticos. Para Jahnn, o caso do negro James no seu drama é "objeto de uma análise feita com meios não-realistas, dos quais o espectador deve participar"[103]. O modismo poderia ser diretamente originário de Brecht, pois ele se encaixa na ideia das peças didáticas. Se este conceito for entendido corretamente – ele quase sempre é mal-entendido – não como modo de doutrinação, mas como processo didático, organizado teatralmente pela assunção, jogo e questionamento de atitudes, *Esquina da Rua* deve ser concebido como legítimo processo didático em aberto, no qual os atores deveriam trocar os papéis, ficando a identificação de (e com) caracteres sem efeito, a favor da análise cênica de comportamentos, em Jahnn dispostos principalmente como interpretações de afeto impulsivas-políticas, que ultrapassam o sujeito individual.

Pode-se afirmar que os textos de Jahnn, situados de forma atravessada em todas as correntes, estão à espera, em cada uma destas direções, de realização teatral. Como textos eles constituem, diferentemente das fantasias de Artaud, um teatro visionário, cujo excesso ainda precisa encontrar o seu palco.

---

103 Idem, ibidem.

Seria errado definir o texto no plano, digamos assim, de uma peça de tendência antirracista. É claro que, após a Medeia preta, continue a temática do negro e é claro que a perspectiva seja sombria. Mas uma simples "obra do desespero", *Esquina da Rua*, não é mais do que toda a poética moderna e de modo algum é uma peça simplesmente "tendenciosa", como afirmou Walter Muschg. O ato do linchamento, por exemplo possui traços de um ritual antigo de sacrifício, juntando delírio de bacanal, *pogrom* racista e motivos de crucificação. Até este processo político maciço recebe uma generalização poética. O linchamento fica em si obs-cena: "James cai inconsciente. Um grito animal dos homens brancos. Eles tomam a casa de assalto. Kor, o negro e proletário, se desliza para a frente; da esquerda para a direita. Cobre a cena"[104].

Como uma cortina, desliza-se o texto do coro para diante da cena "real", que aproveita para citar conscientemente o conhecido "estásimo" da *Antígone*, de Sófocles ("monstruoso é muito...") como contrafação, o canto do homem engenhoso e ao mesmo tempo colocado em perigo:

> nós, que não inventamos o navio sobre o mar; nem o trem de aço; nem inventamos os pássaros alados [...].
> Nós respiramos e estamos parados
> Estamos parados e advertimos:
> Deixai escorrer![105].

Em lugar de entender rapidamente o apelo político, a referência dupla ao trágico e ao modelo brechtiano merece interesse, com o conteúdo e a ideia da supressão, escorrimento e interrupção.

É mais acertado usar o conceito de Heidegger, da serenidade e da oração religiosa, do que a ameaça política. Jahnn esperava que Piscator se interessasse pelo texto, mas a gente não deve iludir-se de que para ele se tratava de conhecimento de camadas de experiências, enterradas do outro lado da atualidade política. É recomendável, portanto, colocar a peça na temática temporal de Jahnn. Num lugar muito citado de *Rio*

---

104 *Werke und Tagebücher*, v. 7, p. 67.
105 Idem, p. 69.

sem Margem, quando Gustav Anias Horn percebe diante de si
o já morto Tutein, mais real do que nunca antes, o texto diz:

> Ele andou na verdade pelo quarto, assim como tinha aconteci-
> do há muitos anos. Não aproximadamente assim ou assim de for-
> ma assemelhada, ou com movimentos semelhantes [...]. Ele andou
> na verdade agora, igual à primeira vez, assim como tinha sido ou-
> trora: de tal forma, como se o que eu tinha visto hoje, fosse o origi-
> nal e aquilo que eu tinha vista há anos, fosse uma lembrança, de tal
> forma que o tempo parecia ter decorrido invertido[106].

Parecia! Esta teoria da inversão do tempo, com perdão da
aplicação, descreve ao mesmo tempo uma estrutura daquele efeito exercido pela ilusão do palco. Aquilo que o espectador percebe no "agora" (corpos, conflitos, palavras das *dramatis personae*)
o toca em momentos decisivos de forma excessiva, porque este
"agora" apresenta uma dimensão apocalíptica de revelação para
o próprio do espectador. O que acontece no palco diante de mim,
eu não "vejo" tanto, eu mais "lembro" de novo dos acontecimentos do passado, mas inconsciente, o que não é suficientemente
articulado. Aquilo que dramaticamente é *anagnorise* é, como estética receptiva, uma *mémoire involontaire* (memória involuntária) provocada pela encenação junto ao espectador. Ele também
"vê", mediante a representação, "só agora", as experiências con-
formadas e formadas, reais ou virtuais da própria vida "pela primeira vez". *Esquina da Rua* realiza tematicamente esta estrutura
teatral. O tempo e sobretudo o tempo teatral é literalmente a esquina, cortante e que remexe como o rastelo*. O tempo significa,
aqui, linhas e o seu cruzamento um faiscar, não a série de pontos do agora, que ficam à vontade na corrente da continuidade,
mas muito mais uma sobreposição de ritmos de existência e de
tempo (respiração, tempo-dia, biorritmo, idade, ciclos de crescimento etc.), que, na ideia do presente, formam só aparentemente
uma sincronia. Em *Modernes Theater* (Teatro Moderno), Jahnn
fala do significado central da "lembrança cósmica e biológica",
do modelo da ruela, em *Ulisses* e do filme surrealista, *Le Chien
andaloux* (O Cão Andaluz), no qual aparecem fotografados

---

106 Idem, v. 2, p. 610.

* O autor faz um jogo de palavras com *Ecke* (esquina) e *Egge* (rastelo), que são
pronunciadas da mesma forma (N. da T.).

diferentes níveis de tempo, que são misturados e superpostos com resultado absolutamente positivo [...]. O drama pode ser poético com procedimento semelhante e limitado ao pronunciável [...]. Daí podem ser geradas formas, que fazem aparecer toda a maquinaria do filme e da rádio-difusão como grosseiro e não-espiritual[107].

Passemos por cima da talvez precipitada confrontação de teatro e filme. Trata-se na verdade da colaboração de Jahnn, para o conhecimento do potencial, da utopia do teatro. Quando ele trata do filme falado, este objeto lhe fornece a expressão da "sincronização dos aparelhos" das imagens e da gravação da voz e ele continua: "Eu mesmo na minha última obra *Esquina da Rua*, tentei fazer o despojamento da sincronização aparente, para mostrar as lembranças com todo o esplendor e toda a dor, como uma roda no mecanismo de um grande evento harmônico"[108].

Esta posição indica claramente o interesse teórico-teatral que pode ser reivindicado pelo texto. O autor explica nada menos do que as pretensões de fazer valer as suas ideias complexas[109] do tempo contra o fetiche da presença, que é defendido pelo teatro dramático organizado, despojando, desmascarando a falsidade da ideia da representação ligada a esta presença. Isto fez com que o teatro se tornasse visionário, a tentativa de uma obra artística completa e integral, na qual se cruzam teatral, musical e filmicamente os trilhos do tempo e as ruas de ações, onde o *status* dos eventos e das palavras fica incerto entre sonho, lembrança, visão e linguagem factual. Um drama de mártires, mas ao mesmo tempo um ritual de sacrifício, com reminiscências da antiga tragédia, com os coros, máscaras e ação sangrenta. *Esquina da Rua* é expressionista, mas também é uma colocação de si próprio como estranho, para fora, uma autodramatização. Sofrimento expressionista no isolamento de si próprio. Jahnn transforma este alheamento na figura do *phármakon*, cumprida pelo negro James. Assim, o drama do eu, une-se ao ritual do sacrifício.

---

107 Idem, v. 7, p. 965.
108 Idem, p. 965.
109 Referente a essa complexidade em Jahnn, ver J. Vogt, *Struktur und Kontinuum* e aspectos do teatro, ver G. Siegmund, *Theater als Gedächtnis*.

Jahnn explica, que "a palavra humana do filme é como um deserto"[110], o motivo disto deveria ser entendido, de acordo também com Walter Benjamin, de que toda linguagem importante acha sua camada mais profunda na corporalidade. Mesmo a representação medial mais perfeita, não perde a falha de que todos os modos de representação são separados de modo fetichista da presença insistente do físico. Justamente a ausência do corpo na escrita, representa a chance especial para a literatura. Nenhuma arte tem tanto poder quanto a palavra escrita, justamente pela ausência do corpo vivo nas letras, a centelha de uma contemplação da morte. Neste sentido, o teatro de Jahnn merece ser descoberto como teatro radical da palavra, tanto mais, porque atualmente os limites da fascinação visual do teatro são postos a descoberto de forma cada vez mais clara.

---

[110] *Werke und Tagebücher*, v. 7, p. 964.

TEATRO DOS CONFLITOS:
EinarSchleef@post-110901.de*

I

Uma possível resposta a respeito da atual posição parece ser: consciência sobre os elementos originais simples do teatro sobre o seu arcaísmo. Isto já era uma posição da *neo-avantgarde* dos anos de 1950 a 70, de que remexer nas experiências do teatro só poderia ser feito com auxílio de experiências tristes e dolorosas; ascese, ataque, ruído e destruição como recuperação do arcaico, em que o recipiente estava incluído quase como choque, que ia até a violência direta dos visitantes. Neste regresso, que não é sem problemas, a partir de um otimismo ritualístico, principalmente a reanimação do processo de teatro despretensioso de apresentação de si próprio a passagem para frente do individual, diante do coletivo, foi produtivo.

No teatro de Frankfurt há alguns anos, um autor e diretor está causando furor com os seus recursos a formas corporais de jogo e violência arcaica, o que faz de cada uma das suas encenações um acontecimento provocante e que muitos críticos definem como irracional e insuportável: Einar Schleef. Seu teatro, que alguns até apontam como sendo "fascista", tem uma importância especial e sintomática como sinal de uma situação, que parece querer chamar às origens do teatro. Seus primeiros trabalhos como cenógrafo e diretor assistente de B. K. Tragelehn, no Berliner Ensemble na Berlim Oriental, foram *Katzgraben* (O Poço dos Gatos, 1972), *Despertar da Primavera* (1974) e, com certa distância, a mais famosa *Senhorita Julia* (na tradução de Peter Weiss, 1975). Assim como em todos os espaços cênicos de Schleef, havia apenas um palco vazio de pranchas de madeira, atrás, um horizonte circular descuidado; o texto foi atualizado, a linguagem foi em parte cantada, repetida, gaguejada, a peça de ato único, esticada para mais de duas horas. A encenação, tanto agressiva quanto original, foi rapidamente proibida. Em 1976, Schleef foi para o Ocidente, onde, após pro-

---

* Publicado com o título Theater des Konflikts: EinarSchleef@post-110901. de I. e II, em Gabriele Gerecke, Harald Müller; Hans-Ulrich Müller-Schwefe (orgs.), *Einar Schleef – Arbeitsbuch 2002*, Berlin: Theater der Zeit, 2002.

jetos interrompidos de encenações em Viena e em Düsseldorf, desde 1986, apresentou em Frankfurt seis trabalhos todos eles envoltos em escândalos: *Mães* (1986), com textos de Ésquilo e Eurípides; *Antes do Amanhecer* (1987), de Hauptmann; a sua própria peça *Schauspieler* (Os Atores, 1988); *Urgötz* (1989), de Goethe; *1918* e *Fausto,* de Feuchtwanger (1990).

Einar Schleef é um dos poucos diretores que colocaram no mundo uma linguagem teatral própria, manipulação inconfundível dos sinais de teatro. A força produtiva dos trabalhos nestes casos resulta não do cinzelamento, mas da concentração de um núcleo de elementos básicos do teatro. O teatro de Schleef é absolutamente pessoal, e marcado por experiências e obsessões individuais. A sua mãe Gertrud Schleef (sobre a qual ele escreveu um romance monumental *Gertrud*, de excepcional densidade linguística), que tinha sido campeã juvenil alemã nos cem metros rasos, parece estar presente, através de pobres mulheres de avental dedicadas à limpeza, que nunca faltam nas cenas de Schleef. As encenações de Schleef são iluminadas por uma atmosfera de pós-guerra. Existem ainda outros motivos especiais, fora dos baldes e vassouras, como vestidos de tule, de uma eventual Bette Davis; coreografias que lembram formações em marcha; a predileção por uma luz forte da parte do fundo do palco ou determinadas roupas. Mas o que, em especial, chama a atenção é o trabalho obsessivo com ritmos de batidas dos pés e a fragmentação da linguagem. Há aumentos inesperados que chegam aos gritos e berros – muitas passagens do teatro de Schleef são em volume bem alto. A continuidade do sentido da fala é perturbada muitas vezes pela mudança na colocação da voz, arrebatamentos imotivados, entonações bruscas e sem fôlego. Determinados lugares dos textos são muitas vezes repetidos, em determinados ritmos, desgarrados, dilatados, expulsos em forma de repetições corais, ou aceleradas. A linguagem é formada por constante musicalização e ritmos, dilatação e condensação do tempo. Esta estética faz uso de elementos básicos do jogo teatral, para apresentá-la através de processos sobreaquecidos e ao mesmo tempo controlados: *os corpos*, a sua força, o seu esforço; *a voz* e a sua respiração, conscientemente estranhos; a *fala*, como coro do coletivo; o esforço de conquistar a fala. Na origem do teatro, a voz era rodeada de gritos e cânticos – o que é revivido aqui. Sempre há motivos nos quais os atores parecem esquecer a noite teatral e entregar-se a ritmos em alto volume. Numa cena, dilatada demais para o tempo normal, um grupo de atores em formação quadrada bem apertada, dança sem música um tango, simplesmente com o ritmo da batida dos sapatos, atravessando o palco de um lado para outro (*Atores*).

O teatro de Schleef é violento e brutal – nisto os críticos tem razão – a violência é procurada e ela é sentida cenicamente. A extrema intensidade do físico, correr, bater, berrar, saltar, amostras rítmicas de movimento, muitas vezes causando medo pelas ações perigosas dos atores, comunicam-se na sua aflição corporal e vocal com uma violência que não é vista normalmente nos palcos alemães. Esta violência lembra a do teatro antigo. Ele se originou nas proximidades da vítima, foi tema enquanto era *cult*, espanto da dilaceração e ressurreição, devassidão sexual e emocional. O rito, desde o início, tinha o caráter de uma *situação* específica inconfundível, repetindo-se em ritmo regular, que envolvia os participantes de forma comovente. O teatro formulava a *dor*, perigo coletivo e defesa, pelo ritual do sacrifício que unia a comunidade. Ele dominava e canalizava tendências violentas para dentro de um acontecimento periódico. Este mundo do mito, das crenças rituais, do jogo culto já se perdeu. Mas o *acontecimento* como fato pontual ainda existe. Quanto menos o teatro for entendido como um tipo de cinema vivo – com grande dispêndio de máscaras, ilusões e mimese de ação dramática-contínua – tanto maiores parecem ser as chances de ganhar de volta algo deste caráter teatral de evento. Sem dúvida, nas produções de Schleef existe um elemento de violência contra os atores que muitos acham como eticamente problemático. No teatro de Schleef, sente-se a crueldade implícita no jogo teatral. Isto lhe trouxe a ira de muitos críticos, que não param para pensar se o desgaste corporal e o perigo para os atores deste teatro chega a ter consequências piores do que, por exemplo, os treinamentos e ensaios do bailado. Com Schleef, *a guerra* é colocada em cena como tema inicial e substância, mais tarde dentro do diálogo é deixado como inofensivo. A estrutura antagonista apresenta-se desnuda, o espectador é envolvido em sustos e ritmos joviais de violência. Mas, junto com isto, a organização da linguagem e dos jogos, a construção do espaço, a precisão da elaboração do texto são de extraordinária delicadeza e apimentados com espiritualidades. Mesmo a entrega ritual de pequenas refeições, que sempre existem nas peças de Schleef, é citação teatral de comunicação ritual, não identificação reacionária com a mudez. Os espectadores recebem, num intervalo descontraído servido pelos atores, cerveja (*Senhorita Julia*), batatas (*Urgötz*), chá (*Atores*) ou chocolate (*Antes do Amanhecer*).

O que é característico de Schleef, é o espaço, que embora variado é sempre semelhante. O teatro de antigamente não era teatro de câmara, mas, pelo menos na Europa, teatro de massas a céu aberto, numa arena perpassada por desafios de cultos, onde era representada luta, morte, conflito e o sofrimento das pessoas, era provocado pela apresentação dos acontecimentos, numa reunião que era ao mesmo tempo reunião festiva. As condições sociais das comunidades antigas não podem ser restauradas, mas elas podem ser substituídas por um espaço de confrontação, conscientemente elaborado. É este palco da *confrontação* que é elaborado por Schleef. A construção do espaço mostra a intenção de Schleef de manter o limite do proscênio com aproximação do espaço dos espectadores e do palco. O palco assume quase sempre uma forma de cruz, com uma longa e estreita passarela, que faz lembrar o antigo proscênio, que, atrás da orquestra, no semicírculo, representa o ponto central do teatro, onde os atores operam também sobre um tipo de passarela relativamente estreita diante da parede da cena. Schleef ainda gosta de dividir o espaço dos espectadores por uma segunda passarela. Atrás da passarela do palco, um eixo óptico leva a uma profundidade posterior do palco, às vezes marcada por uma escada e acentuado por uma fonte de luz, bem atrás e nesta profundidade. Na encenação de *Urgötz*, foi conseguido um efeito semelhante, com a passarela principal do palco, extraordinariamente longa, dividindo ao longo o grande pavilhão de Bockenheim, com o público sentado em ambos lados da pista. Já estava dentro dos cálculos, do qual nem todos os espectadores poderiam ver e seguir todas as cenas. De acordo com o texto, o pavilhão se apresentava como uma grande catedral, evocando ao mesmo tempo um jogo de cena medieval, com citações de imagens do mundo montado em andares: desde o porão, formado como gaiola de ratos sob a passarela inferior, até a cruz de madeira de altura vertiginosa, como sinais do poder clerical. O espaço é "ativado" tal como é exigido pelo mestre de Schleef, Karl von Appen; os espectadores sentem-se incluídos pela conscientização da confrontação física e intelectual, e a situação teatral não fica na pré-consciência como ambiente indiferente.

A dimensão de violência, que leva a associar às vezes o teatro de Schleef a concertos de rock (o próprio Schleef ressalta o modelo destes concertos ou eventos esportivos de massas, como sendo a sua estética), repete-se no espaço dinâmico-ativo. As encenações de Schleef não negam a sua origem teatral, e o início das suas encenações lembram a época do teatro espacial. Mas essa aquisição é ligada a uma simplicidade rude tipo gravura, que mantêm as suas encenações sempre nas proximidades do núcleo em brasa da teatralidade: espaço do coro, avanço, gritos e procissão. Foi desta forma que o teatro começou: com o ato que hoje é simples e naturalmente aceito, o avanço do hipócrita, o herói se lamentando diante do espaço de ressonância do coro. Desde tempos imemoriais, o sofrimento e a dor puderam ser assumidos como parte inerente não-interrogável de uma ordem mundial cósmica, sobre a qual apenas os contos épicos conseguiam dar um pouco de doce consolo. Porém foi possível, no discurso do teatro, articular a dor como protesto emocional *inaudito*, sensual, *vozeante*, grito de contradição. Esta forma complexa do teatro europeu talvez não tenha sido "inventada" por nenhum outro motivo: para que o homem sozinho, pudesse colocar-se em evidência, com *este* corpo, *esta* voz, *esta* figura do contínuo da detenção de história natural. Esta evidência e este protesto, a lamentação e a acusação contra o regime dos deuses, foram o início do teatro, não as histórias que eram contadas, que eram conhecidas por todos pelos contos das mães e das amas. O teatro existe, segundo Jürgen Fehling, enquanto existir o protesto dos homens contra os deuses, eternamente injustos.

Os recursos de Schleef do uso do corpo, voz, ritmo, importunando e desafiando o público, não foi aceito muito bem pela crítica alemã. Ali, onde Schleef tentou destravar o motor teatral burguês tolhido, ele foi censurado como irracional e vaidoso. Dentro da reconvencionalização do teatro, apareceu novamente a velha ideia de que o diretor deveria ser em primeiro lugar o intérprete de literatura clássica, (uma ideia que na Alemanha abrange uma tradição de séculos) e de confundir as poltronas de teatro com carteiras escolares. Embora Schleef não venha a "mitologisar", como ele é acusado, o seu teatro consterna e fascina porque ele se mantém longe da ideologia. Quando os operários cansados de *Antes do Amanhecer*, na marcha que segue a métrica de uma poesia de Heinrich Heine, batem os pés em direção aos espectadores, o susto engendrado por esta imagem é autêntico, e ele é sentido: esta violência não é fácil de classificar politicamente. Ninguém consegue dizer exatamente quais são as novas energias radicais, anarquistas, comunistas, radicais de direita, geradas nas caldeiras do desemprego e da perda de esperança, que deformam a superfície lisa da sociedade próspera. Mesmo fora da representação ideológica, o teatro é capaz de assestar um choque às ideias tradicionais da sociedade. Se a crítica da "esquerda" sente em Schleef falta do impulso esclarecedor, ela é vítima da confusão do discurso estético e político. Pode tratar-se justamente da desmontagem das "boas" ideias, da coragem de aproximar-se de formas de comportamento e desejos inquietantes e perigosos, o que é útil para a luta autêntica e artística contra tendências sociais ameaçadoras da "direita". Na Alemanha existe a tendência (compreensível) de reagir contra qualquer aproximação às forças psíquicas, históricas e psicológicas reconhecidas como altamente explosivas. A tentativa, grandiosa, de fazer uma nova ocupação artística da existência basicamente arcaica do teatro, incorre num veredicto tanto injusto quanto cego.

A tentativa de Schleef, frustrada e incompreendida da montagem de *Fausto*, que seria por enquanto seu último trabalho em Frankfurt, e, ao mesmo tempo, o desfecho como intendente do teatro de Günther Rühle, pouco se alterou. Este *Fausto* foi uma sequência de cenas sobre a colonização destrutiva do corpo por uma dominação abstrata e perversa de espíritos. No perigo ridículo dos senhores intelectuais tornou-se audível, de forma obscena, uma comicidade em medida insólita dentro do espaço do eco alemão – com mania de limpeza e de ordem – com a idolatria de rituais universitários "fáusticos", vontade masoquista de submissão e cobiça recalcada. Na fantasmagoria do século XIX alemão, brilha o hoje, até o "escárnio para a RDA" (Rolf Michaelis). De forma obscena, muitas vezes demonstrativo e importuno mas, ao mesmo tempo, com coragem de apresentar aquilo não como defeito dos outros, mas como mimese de si próprio, os atores transformam seus impulsos reprimidos e renegados em figuras cênicas, que "subornam", pela sua força imaginativa e pela extraordinária concentração e mútua atenção entre os atuantes.

Num detalhe, é possível saber muito sobre as intenções. Trata-se aqui da rítmica da palavra *zwar* (na verdade, precisamente, embora), isolada do contexto e desesperadamente jogada: o coro articula e, ao mesmo tempo, rejeita uma amostra linguística básica do discurso, brecado e fragmentado. A limitação e a retirada da espontaneidade é feita apreensivelmente na sua ambiguidade de forma sonora e sensual (não como "afirmação"). Mas não se trata aqui da análise de uma encenação, nem de pregar a arte de teatro de Schleef a qualquer risco: ela é um projeto significativo entre vários outros dos anos de 1980. É uma das poucas "sensações" teatrais, cujo significado não reside nas apresentações de sucesso, mas, principalmente, no deslocamento do conceito do teatro no geral. Justamente no espetáculo de despedida de Frankfurt, em que pontuavam ironia e humor, brilhou mais uma vez a utopia de um teatro, articulando, pelo seu sistema de trabalho, a união e o conflito do individual com o grupal, que consegue passar por cima do abismo, que parece intransponível, digamos assim de um concerto de rock e do texto do *Fausto*. É claro que este trabalho teatral é ameaçado pela regressão, pela queda na antiguidade lamacenta. Mas não existe um ponto de partida radical-artístico que não seja perigoso. Mesmo o teatro literário, sereno, calmo, ajuizado, tem os seus perigos. Schleef consegue sempre um balanço estético-teatral entre a autoafirmação física do corpo, e a sua voz com auxílio do ego grupal de um lado, e da precisão, altamente diferenciada, do outro, da qual o coletivo coral se apropria, e adquire a linguagem individualizada e complexa da tradição clássica.

Com Schleef, o impulso ritual não exclui, na verdade, uma claridade e uma lucidez brechtiana. A preocupação dos críticos com a razão dos alemães pode cegar a própria sensatez dos ritmos de corpo, música e espaço. A sensualidade fica transparente nos textos encenados por Schleef em relação à violência e à dor, ao sentimento da submissão e ao impulso do protesto anárquico sem consideração. Longe do teatro de imagens do pós-moderno e também do teatro crítico-literário, dos sucessores modernizados de Brecht, a sua impulsividade cênica reprimida e exatamente estruturada, busca a origem do teatro europeu. Schleef alcança esta qualidade do teatro original, pela intensidade corporal e afetiva da mimese, no sentido primitivo da palavra: a mimese grega em primeiro lugar não era imitação, mas representação por meio de dança. O teatro de Schleef é dança, dança violenta e ameaçadora dos corpos e das palavras, que relata mais sobre a violência em nossas cidades, do que outros através de longas fábulas: É o teatro "teatral", não literário, mas que manipula os textos literários de forma sutil e diferenciada.

O espectador do teatro de Schleef sente nestes melhores momentos de forma irrecusável, algo da violência, da necessidade de violência, da negação, que se dirige em recrudescimento periódico contra a sociedade des-teatralizada, das obrigações reais e do cinismo político, nas ruas das metrópoles diante das paredes externas do teatro (1989).

II

1. No caso de Schleef, a crítica de teatro foi muito desconfiada, com reconhecimento parcial obrigado, e algo que chegava à difamação. A música incidental foi para muitos críticos motivo de ira especial. Não obstante isso, na história do teatro deverá ser mencionado ao lado de Müller e poucos mais, o teatro de Einar Schleef, quando forem descritas as posições da paisagem teatral mais significativas das últimas décadas. A não-receptividade do seu projeto teatral deve ser interpretada como uma negação, em consequência de uma negação. Schleef negou um teatro no qual constatou, e manifestou obstinada-

mente, que não seria possível trabalhar e desejava outro tipo de teatro, um *aliud*. Um Einar Schleef alienígena.

Para os mais jovens, que procuram o seu tom, o seu "idioma", formas próprias de teatro e de texto, que querem ganhar o espaço do teatro para os seus interesses e sensações, o teatro de Schleef, a sua tentativa de realizar um teatro de grupos e de projetos, no teatro mais importante da cidade o Stadttheater (teatro da cidade), o resultado da sua reclamação permanece como inspiração. Após a sua morte, pensa-se com tristeza no fato, de que Einar Schleef, deve ter conversado com Christof Nel e Josef Szeiler sobre a ideia de fundarem juntos um teatro. Presume-se que não teria dado certo, mas a suposição é suficiente para sonhar com outro teatro...

Os trabalhos teatrais de Schleef, depois de deixar a RDA, podem ser divididos em duas épocas: aquela do velho "Oeste", ou seja em Frankfurt, e aquela da "nova Alemanha" dos anos de 1990. O seu teatro, nos anos após Frankfurt, ficou singular, torturante, eletrizante, provocante, entusiasmante, "utopizante", com uma droga chamada "teatro do futuro". Nos anos de 1980, com Günther Rühle como superintendente do teatro e Gerhard Ahrens conseguindo o teatro de Frankfurt como local de trabalho de Schleef (sob enormes dificuldades, mas com merecimento permanente pelo teatro alemão), eu tive a sorte de ver (ouvir) os seus trabalhos, e fiquei feliz de poder ter escrito o artigo acima para a revista *Vorwort* especializada em espetáculos de Frankfurt, uma humilde oportunidade de contribuição para esse teatro sem muitas vozes positivas.

Eu não consegui ver todos os seus trabalhos depois da fase de Frankfurt. Tenho ainda diante dos meus olhos *Wessis in Weimar*: a parede mestra da disputa das rainhas desnudas dentro das capas dos soldados, a linguagem tornada viva com as singularidades de Schleef; a transformação de *Puntila* para o lado da tragédia; as cerimônias de sensualidade, a desmontagem da configuração luminosa proletária, a volta de Parsifal-Gral; *Salomé* em Düsseldorf, com a tábua teatral sem movimento; por último a aparição incrível de Nietzsche (como se fosse o próprio). *Ecce Einar!* Infelizmente perdi as encenações de Viena (mas as conheci através de vídeo). Quando Schleef morreu, embora tivesse muitos inimigos, também estava sendo reconhecido por muitos. Ao mesmo tempo apareceram perguntas com respeito aos seus últimos trabalhos. Günther Rühle, o grande admirador de Schleef, no seu belo necrológio publicado na *Theater heute*, deixa reconhecer uma (suave) reserva: na verdade, somente com *Salomé* foi continuado o trabalho de "fundação em Frankfurt"; o "outro caminho", percorrido depois por Schleef, trouxe "composições estupendas de cor, luz, corpo e linguagem", mas também uma certa "sacralização".

Em lugar de contribuir para esta discussão, e repassar de forma tardia mais uma vez os "campos de batalha" do teatro após a fase de Frankfurt, tentarei precisar a minha visão, de forma indireta, sobre o teatro de Schleef, mediante algumas citações do que para ele é autoevidente, de seus teoremas, suas ideias, utopias, reflexões, contidos em *Droge Faust Parsifal*. De forma extravagante, com observações feitas à margem, explicação autobiográfica, (também autoelevação), o livro contém uma série de teses sobre a teoria, história e prática do teatro. Talvez não seja uma "teoria" como a de Brecht (isto só será descoberto no futuro com a pesquisa dos seus escritos). Uma "pedreira" de teses excitantes, uma obra genial, que convida a uma paciente apropriação e explicação, e que fica além de louvações indiscretas ("super-inteligente") ou críticas ("super-doido"). Mesmo a questão de indagar se as encenações realizadas correspondem ao pensado, perguntado, contado, afirmado no livro, ou de se uma parte da sua obra "está à altura" da outra, pode ficar sem resposta.

2. Schleef escreve: sobre o coro e a recuperação da mulher no centro do conflito trágico; sobre as proximidades e diferenças do antigo teatro de coros de Shakespeare; sobre o encolhimento do teatro, evitando o real momento teatral, ou seja, a confrontação da figura do coro; enormes dissertações para explicar Parsifal e Fausto; da relação do teatro musicado e teatro falado, de Goethe, Wagner, Hauptmann, genealogia escolhida por Schleef, (chamando atenção a ausência de Brecht). Seria possível passar semanas a fio com as dissertações teimosas sobre *Fausto* e *Parsifal*. Já começou a revisão científica e eu chamo a atenção sobre uma excelente análise do livro de Schleef, "*Droge Faust Parsifal*": *Einar Schleef und sein Theter-ideen*, de Heike Oelschlägel, tese de mestrado defendida na Universidade de Frankfurt am Main.

Como muitos comentários são dedicados, por direito, ao *leitmotiv* coro e recuperação da mulher no conflito trágico, pode ser de interesse colocar o acento no conceito do *indivíduo*, evitando a ideia evidente de "comunidade", que no discurso alemão, mesmo com grandes cuidados teóricos, entra facilmente nas profundezas de uma oposição entre sociedade e comunidade. Justamente, tendo em vista o teor geral da crítica de Schleef (coro = coletivo = militares), a redução do seu teatro e do seu pensamento a uma ideologia de comunidade, em posição contrária à individualidade, seria prejudicial. A nova tematização da "communauté", em relação com *désoeuvrement*, com Blanchot e Nancy na França deve frutificar aqui, sendo imaginada na comunidade, estritamente como conceito-limite, como não-realidade, como "communauté" do singular, como paradoxo para lá de toda configuração, trabalho, autoafirmação.

O Problema

Indivíduo/individualização/individualidade, no pensamento de Schleef tem iluminação dupla: na forma da dramaturgia; o singular aparece como "figura", como protagonista em relação ao coro; teatral, como o ator que representa em relação ao público. Esta duplicidade no seu texto causa algumas confusões. O próprio momento teatral, na sua realidade social artística e de companheirismo, é considerada por Schleef como o *meio* para a representação do problema básico. Por isso, ele pode perguntar por um "cânone de forma" geral, válido para muitas matérias. A matéria, como a relação *dramática* de tensão e conflito especificamente articulada; ou seja, a versão para a forma torturante e inibitiva, evolução da individualidade, torna-se teatral através de uma forma concebida por um trabalho preciso de texto, voz, pensamentos, espaço, comunicação e tempo espacial "dividido".

É típica uma formulação como a seguinte: "Quando no antigo *ator* eu descrevi a afirmação da vertical, trata-se de uma parte da sua luta contra a curvatura da *figura*" (157)[111]. De

---

111 Grifo meu.

imediato a frase sobrescreve o plano do indivíduo, representante real do teatro e da figura fictícia do drama. E o tema é a "curvatura" (degradação, desanimação, quebra) do homem, na sua tentativa de ser singular. Este é o processo que aparece sempre no destino das figuras dramáticas, a folia da tragédia. Mas, ao mesmo tempo, o "ator" real também está na luta, indo "contra" o espaço, as estrelas (157), e, assim, como a figura representada por ele lutando, é um "indivíduo que não integra mais a comunidade protetora" (158). Desta forma, decorre a representação do trágico conflito (cuja substância é sempre o indivíduo-evolução) através do ato performático do jogo teatral e da reunião teatral para a geração de um relacionamento real-teatral de conflitos.

O que não existe em Schleef é uma idealização do coro. Também não existe facilmente o ideal do grande e simples indivíduo. O teatro é mais o campo da sua "evolução". No que se refere ao coro, ocasionalmente na margem, é chamada a atenção sobre uma utopia positiva e fica quase impossível destilar, a partir dos poucos e dispersos exemplos, um esquema das expectativas, mesmo ininteligível e provisório. *Masse Mensch* (Homem-Massa), de Toller, apresentaria um coro que talvez poderia recompor-se no futuro; os *Mestres Cantores* representam, como exceção, uma massa "alegre" que não existe no teatro burguês; Buñuel consegue em *Viridiana* "apresentar um coro em que o indivíduo está suprimido" (180). Mas suprimido significa fusão, dissolução? Será que Schleef acha que o teatro burguês deveria mostrar a massa alegre? De forma alguma. Para ele o fato artístico mostra uma disposição (não apenas) da sociedade burguesa. Trata-se antes, de uma outra individualidade, que poderia transcorrer não a partir dos limites históricos contra o coletivo, mas na sua autotarefa e recuperação parcial/passageira. Tudo num jogo de trocas que não confronta identidades, mas que acopla e desacopla *pluralidades complexas*. Ao mesmo tempo, permanece a suspeita de que a individualidade burguesa orgulhosa e arrogante, que insiste vaidosamente em pensar de "forma autônoma" seja apenas uma "ilusão" e, na verdade, "falando lentamente, chamar-se conformidade" (180): con-formidade, identidade da forma com a massa, conformismo, pseudo-individualidade.

A tese corrente de que Schleef teria negado o indivíduo a favor do coro, merece receber a medalha de latão. Para denunciar Schleef como "revogador" brutal do movimento histórico, de que "um" teve a coragem de sair do coro e constituir-se subjetivamente, é disparate, esteticamente estúpido, pessoalmente infame. Realmente ele defraldou sempre um novo questionamento referente ao indivíduo. Ele refletia as condições sociais, estéticas do individual, e os problemas por ele propostos eram considerados numa *única* figura de pensamento e imaginação antagônica, mas extremamente rica, multifacetada e irredutível: o que seria a confrontação e o conflito dos espectadores e atores na sua duplicidade interna, sendo obrigatoriamente sempre, simultaneamente singular e acessório, de portar o *antagonismo de multiplicidade e singularidade*. Se o teatro de Schleef for considerado como local de uma versão do conflito do coro e do indivíduo, trata-se então das divisões, doenças e falhas de *ambos*, ou seja, da dissolução da amostra dupla que confronta indivíduo e coro. A visão fica livre para confrontações mais complexas de "multiplicidades". E o "cânone das formas", que Schleef pretendia atingir conforme sua própria confissão, não pode ser preenchido de qualquer modo, mas articula uma experiência *individual*, parte dela a transforma, com auxílio do coro, num meio de expressão:

> A minha forma de coro característica, não é uma reação contra o meu passado na RDA, não é uma imitação de colunas em marcha, jogos de guerra e apelos, mas uma formulação dos processos do Ocidente, a minha resposta para as reações da polícia, assaltos, saques, demonstrações, multidões, aos quais estou exposto (99 e s.).

Isto não é apenas elucidativo como genética da obra; mostra como Schleef usa *forma como resposta*, para experiências de conteúdo definido.

3. Para as suas pesquisas teatrais, como sucessor de Brecht (por ele sentida e muitas vezes negada) Schleef não conseguiu aplicar o jogo psicológico, o teatro de *paradas e entendimentos*, nem sequer a dramaturgia épica. Ele reclamava de Brecht de que a estrutura das suas figuras seriam "orientadas incondicionalmente pelo teatro do Estado" (179). A crítica de Heiner

Müller de que Brecht não poderia ter imaginado um "teatro sem protagonistas", seria assinada por Schleef. O seu teatro não é aquele dos protagonistas "acabados", mas desenvolve formas, para mostrar teatralmente a experiência básica nas matérias mais diversas, de uma *evolução* da figura, que nunca chega ao fim, numa sequência, de um extremo ao outro, de impulsos de desligamento e união, na qual se manifestaria uma disposição arriscada de individualidade. Isto é para Schleef a substância da tragédia: o nascimento do indivíduo não é um acontecimento de tempos passados, mas ele deve ser elaborado novamente a cada dia. A forma básica do teatro: recorrer ao antigo teatro com coros enquanto meio de articulação dos conflitos, não mostra uma tese antropológica de afirmação rápida. Trata-se de uma questão de *forma*, da melodia, da musicalidade. A frequência do que ocorre nestes casos, manifesta-se no fato de que Schleef não chega perto de um dos grandes dramaturgos da Antiguidade, mas da música: "Não é possível ignorar Bach. De todas as tentativas de aproximação do teatro antigo, ele é o que chega mais próximo. Os seus oratórios e cantatas definem o jogo de trocas entre comunidade e vítimas, entre coro e expulsão" (188).

Segundo manifestação de Heiner Müller, Einar só acreditava no conflito e em nada mais. É necessário achar o conflito que compõe o teatro de Schleef. Sua linguagem é aquela que não queremos ouvir: as vozes individuais, que são desprezadas, dos muitos que ficam fora. (O lugar da expulsão pode ser assumido por uma pessoa-grupo). O teatro para Schleef é: quando a voz desfalece, abatida, e o soluço reprimido se manifesta num emudecimento provocado pelo domínio da voz. O grito forte e o grito mudo é característico deste teatro, que desmonta e desmente, de forma radical, o organizar-se na linguagem da informação, na "disposição", na mentira da forma decorativa. De forma mais severa e paradoxal, ele tenta tornar-se/fazer-se *desconcertado* (perplexo). Porém, é desejado, dentro do possível, o discurso esclarecido, sereno e sublime: a palavra de Deus, à qual, a não ser por melhor previsão, é conferida certeza. O que é mostrado, ou deve ser mostrado, pelo teatro de Schleef não é a palavra heroica, que na sua nudez e timidez sufoca soluções e gritos. Mas é o coro do medo, da nudez e a palavra imperiosa, como a palavra ao lado e contrária do indivíduo sacrificado; tudo em extrema corporalidade, para que seja designado como um tipo de gesticulação e agitação, expressão na margem do não-mais-humano (radicalismo diferente de Brecht de "você-não-é-mais-gente"), no sentido de um acoplamento, que com Deleuze/Guattari será denominado *devir-animal*.

É necessário pesquisar o estranho amor de Schleef pela poesia de Heine, do qual fala como, "o poeta de língua alemã com os ritmos mais significativos" (344), e o ritmo talvez seja a categoria teatral central de Schleef. Ele usa conceitos como "determinação de ritmo" e "partitura rítmica" (344), e o seu livro está cheio de observações, como a estrutura rítmica dos textos de Nietzsche (e partituras de Wagner), dizendo que a língua escrita e a língua falada, em *Ecce Homo*, se encontram em "*clinch* permanente" (344). De qualquer forma, o teatro de Schleef sempre foi teatro falado, que é por ele reabilitado e preenchido com honra. Fisicamente ele sempre foi ao extremo, onde escorre suor e viscosidade corporal, um ritmo do coração batendo e, ao finalizar, finaliza a vida do teatro. Mas é o ritmo que transmite teatralmente a esfera dos corpos e da linguagem. No centro deste teatro havia a expectoração da linguagem, a palavra jogada e quebrada. Nela se manifesta a tragédia. Schleef fala, continuamente, do conflito trágico, contudo, para ele isto não significa o conflito de protagonistas trágicos (Creonte-Antígone, Hamlet-Claudius, Karl e Franz, Garga e Shlink) mas, sim, a dilaceração da coerência, a aproximação inútil, a chamada que indica a expulsão sofrida/segregação desejada, em cujos redemoinhos apenas o indivíduo pode se manifestar, como divisão, em todo sentido, quebrado, partido, gaguejante. Heiner Müller chama a isto de "a voz quebrada de Einar Schleef", não por acaso num texto que tem como tema a impossibilidade comovente/penosa de escrever uma tragédia (*Ájax*, por exemplo).

Sob o título "Modelo III", em *Droge Faust Parsifal*, existe uma representação de linguagem teatral em forma de interpretação nietzscheana (imediatamente lembramos do estilo de *Zaratustra*). Para Schleef existe uma "linguagem de falar", que é em princípio profética, e possui o gesto da prédica. Ela também conhece o dedo indicador levantado "sem querer ensinar, mas de acordo com o Velho Testamento"(338). Fica claro: a linguagem aqui é tida como radical, como meio de alocução, de dominação, do gesto transbordante do contato, como linguagem de toque, de motivação e completamente dentro das teses do seu modelo nietzscheniano, para a retórica dos antigos gregos, ou no sentido da própria interpretação da linguagem de Nietzsche. Como resultado, a "linguagem originalmente não foi feita para dizer a verdade", ela "não quer ensinar, mas transmitir aos outros uma excitação subjetiva e a aceitação"[112]. Esta linguagem do contágio e da transmissão é confrontada, por Schleef, com outra "dominante e urbana", a "linguagem escrita". Na tentativa de "estreitamento" da linguagem falada com a linguagem escrita, existe o perigo, de ela tornar-se a "preparação artificial de entendimento", elaborando aparente clareza, que finalmente "aparece como conteúdo vazio" (338). (Isto, segundo o pensamento de Schleef, poderia ser diagnosticado em partes tardias de *Zaratustra*). De acordo com isto, existe uma diferença entre o entendimento artificial criticado, e um outro entendimento que, mesmo para o autor, só é aberto através do "alto-falante". A divulgação é uma "parede de ecos", que preenche o "desejo do eco dos próprios pensamentos na outra voz". (339). Este entendimento fica além da segurança da própria tese e constância, acontece num jogo inseguro dialógico, deslocante de sons e ecos: recebimento da própria mensagem pelos outros. Às vezes o autor toma conhecimento por cima da parede dos ecos do alto-falante, das ideias que não estão presentes no ato de escrever. Por isso, teatro é "dádiva da linguagem" em vários sentidos. Incorporação, corporificação e mudança de espaço não negam o espírito (que parece sem tempo-espaço), mas levam a sua atividade escondida, sendo que os impulsos (uma variedade sob a máscara unificadora da pessoa, sob a fachada do esclarecido e explicado) acham a sua entrada: impulsos, ambivalências, medos e desejos sepultados, que obrigatoriamente são extintos pelo discurso da linguagem escrita.

4. Qual é a aparência da tensão, da formação e da problematização da individualidade? A "relação normal" de cada um com o coro é para Schleef "filiação", que pode ser "filiação desejada

---

[112] F. Nietzsche, *Zarathustra*, apud P. Lacoue-Labarthe, Der Umweg, em W. Hamacher (org.), *Nietzsche aus Frankreich*, p. 89.

ou sofrida" (377)[113]. A problemática ideológica – afirmação ou negação, desejo ou aversão frente ao coro – *não é* realmente o centro. Em cada um de nós existe, segundo Schleef, um tipo de consciência (dor ou desejo) de filiação, enquanto por outro lado (começando aqui a teatralmente interessante luta pela dinâmica) é atribuído ao coro de Schleef que sempre "observe o indivíduo como expulso" (377). Na antiguidade, o coro é sempre responsável por uma expulsão (392), ele conhece o "indivíduo somente como cadáver" (392) (pensa-se em Polinices), livremente, conforme o lema, "os heróis precisam ser sacrificados". A tragédia antiga pode por isso "festejar" a morte das figuras (392). Uma expulsão, o pré-requisito ou condição para a existência do monólogo. O monólogo não seria então a forma do indivíduo dando-se de forma autônoma, mas o reflexo "consequência", forçada pela consciência de nunca poder abrir-se na identidade do coro. Não é este ou aquele indivíduo, que se sente como "*considerado* expulso", mas "o" indivíduo, cada um deles, desde que lhe seja determinada a disposição de não livrar-se do destino de ser individual, num corpo individual.

A tragédia antiga mostra o momento em que o estado "população" quebra, em que acontece a ruína da "filiação" e justamente é esta perda que constitui o indivíduo (18 e s.).

A ática "cena diante do palácio" é para Schleef *metáfora espacial para o próprio processo de individualização*. Menos Orestes, que é levado a cumprir as regras, sendo obrigado a "curvar-se", mas Electra marca, embora segundo Schleef ela não saiba, o protótipo da individualização, a sua presença como excluída, seu desejo irado de juntar o que fora quebrado, mesmo que venha a entregar para Orestes a luta que deveria ser a dela. O coro por sua parte é uma identidade ameaçada, sem sujeito e sem apoio, mas que apenas existe neste movimento, o indivíduo (todo verdadeiro indivíduo) como o alheio, o sem filiação, digamos: para determinar o sem pertença. Esta definição mútua, com a qual Schleef entende o problema do teatro da sociedade e do indivíduo, lembra de forma irresistível o Kafka de *Josefina, a Cantora ou o Povo dos Ratos*, em que aparece um circuito semelhante do sem-motivo ou insondável, da expulsão, ruptura e ânsia de

---

113 Grifo meu.

reunião e, ao mesmo tempo uma encantadora interdependência da definição recíproca. A frase de Schleef sem sequência racional "ele – o monólogo – descreve a cisão das vozes, uma e as de todos" (377), o que significa, que é a cisão de uma das vozes e das vozes de todos. Mas a sequência gramatical frouxa permite outra leitura: de que se trata de uma cisão *dentro* de uma das vozes e também das cisões da voz do coro. Não deve ser esquecido que o coro está doente: não é um determinado coro que está doente, mas todo coro está doente. A Antiguidade já mostrava como fundo do drama um coro doente. Doença é para Schleef o nome de uma *fraqueza original*, dado como a realidade da própria massa. Nem se fala de um ideal do coletivo, representado como coro, é mais como se fosse "o motim, a própria peste" (274). O "teatro burguês" sem coro não consegue imaginar uma relação entre individualização e massa. Se ele pensar a individualização em forma de reflexo, apenas como contraste com a massa, que, por seu lado só pode aparecer como depravada, o indivíduo é marcado como doente, pois não se importa com a "sua doença", conforme Schleef. Pode-se interpretar: o indivíduo constitui-se numa defesa contra a aflição, negação da experiência dolorosa da falta de filiação. Mas, conforme a psicanálise, a defesa da aflição supõe o aparecimento de depressão. O indivíduo é de *per se* depressivo por causa da defesa contra a tristeza e aflição, lamentação negada pela filiação, ou seja, desejo negado pela filiação. Trata-se do problema da "figura", de querer ser verdadeiramente parte da massa (junto com a "preferência", discutível, de estar na massa sem culpa própria), mas que é, ao mesmo tempo, a individualidade ambicionada com o mesmo significado e capacidade de culpa. Esta tensão é formulada no monólogo, no qual a "figura" faz falar a sua palavra, a sua "pessoa interior", ou seja, a sua multiplicidade corística imanente. Schleef define o drama como o lugar onde a pergunta, a ferida aberta é tratada se necessariamente; sempre deve-se comprar a "individualidade", com a "consciência de isolamento pessoal", com o "ficar sozinho" (376). Deve-se concordar que nesta imagem existe uma altíssima projeção pessoal, ligada indissoluvelmente à análise objetiva. Mas, que lhe falte substância objetiva, isso não!

5. Toda tentativa de "formação de coro" no teatro burguês é evitada, embora só o coro indique potencialmente "um

mundo novo" (275). Por isso Schleef persegue os rastros pátrios do coro, na dramaturgia alemã. A expectativa, porém, não é o coletivo do coro em lugar do indivíduo, mas outra coisa. Se tudo depende de ceder às separações internas e ligações, alianças e aglomerações passageiras, a linguagem, com a qual se procura interpretar este teatro, deve ultrapassar a oposição, e a dialética de coro e indivíduo. Para fins de auxílio chamamos uma representação que, à primeira vista, vem de outro lugar: com Deleuze e Guattari falamos do processo de *devir-animal*. Em *Mille Plateaux*, segundo Deleuze e Guattari, há diversas formas do "devir-animal". Não se pretende uma imitação de animais, nem uma metamorfose do homem para o animal, mas um processo, um tornar-se "no meio", sem estado final e sujeito, uma mutação "sub-subjetiva". Ela se realiza por meio de pactos, simbioses, nas quais não existe uma identidade fixa própria daquele que se torna o sujeito; o indivíduo é um horizonte a desaparecer, quase invisível. Todo animal, em primeiro lugar, é um bando, uma matilha, um tropel de afetos. O que nos fascina no animal, é que podemos interpretá-lo como matilha. Hofmannsthal, numa passagem famosa da *Carta de Lord Chandos*, mostra-se fascinado pelo "povo dos ratos". O que ele chama de "uma participação monstruosa, um fluxo para aqueles seres", é uma "participação antinatural" (Deleuze/Guattari), onde se trata do afeto não como sentimento pessoal, mas como "efeito da força da matilha" que faz "cambalear" o eu. Na sua fantasia teórica, Deleuze e Guattari diferenciam os animais edipais, os animais de estado e os interessantes animais "demoníacos", ou melhor: eles diferenciam estas três visões sobre o animal. "Sim, todo animal é ou pode ser matilha" Devir-animal é visto por eles como parte integrante de "bandos de caçadores, bandos de guerreiros, bandos secretos, bandos de criminosos". Os coros de Schleef deveriam ser interpretados como estas matilhas. Na verdade, falando do "animal-coro" (276), determina-se que o repertório de ritmo do coro seria muito estreito e por isso o coro se aproximaria do reino animal, como se ele pertencesse a um mundo divino e uma forma de vida muito anterior (276). E ali, onde se fala com Wagner e outros, de um "gesto ameaçador de uma figura feminina, que aparece a partir da Antiguidade", trata-se de uma "mulher vertida". "O conceito 'animal' poderia ser trocado por fúria, bruxa, canibal..." (156).

Há uma *pointe* em Deleuze e Guattari, que é esclarecedora para Schleef:

> O nosso primeiro princípio era: matilha e contaminação; contaminação da matilha, pois assim completa-se o devir-animal. Mas um segundo princípio parece expressar o contrário: sempre onde houver uma variedade, achamos também um indivíduo excepcional e é com ele que a gente precisa juntar-se para tornar-se animal (332).

Ou dito de outra forma: "todo animal tem o seu anômalo." (332) Matilha, povo, coro não são simplesmente oponentes do indivíduo. Muito mais, são eles parte do "agenciamento", da estrutura, onde *outro tipo de individualização* é elaborada e que vale diferenciar a ideia tradicional da individualidade pessoal. E assim surge a questão do quanto a gente entende, do quanto uma cena teatral pode ter o centro de forças em outro lugar; do que na forma tradicional de identidade dramática-pessoal, de que há necessidade de começar a pensar e de "ver" numa outra teatralidade, há necessidade aqui de outro pensar do indivíduo:

> Existe um modo da individualização, que se diferencia muito de uma pessoa, de um sujeito, de uma coisa ou de uma substância. Reservamos para isso o nome *Haecceitas*. Uma estação, um inverno, um verão, uma hora ou uma data tem uma completa individualidade onde nada falta, mesmo que não seja possível confundi-la com uma coisa ou um sujeito. Eles são "coisas" no sentido de que tudo neles é uma relação de movimento e repouso entre moléculas ou partículas, um poder para irritar ou ser irritado[114].

Isto talvez seja a linguagem que poderia acertar a extrema força natural do teatro de Schleef, que, para muitos, é a difícil digestão do mergulho do discurso, no corpo e na carne. Em quase nenhum lugar, a relação da fala e corpo desnudo, a sua atração erótica e assustadora perpassou tanto quanto nos escritos de Schleef a respeito. Por ocasião de *Wessis in Weimar*, ele fala da sua "excitação" nas apresentações (não nos ensaios)

---

114 *Mille Plateaux*, p. 355.

"onde eu estava ao lado de atores desnudos e falantes" (364). Logo a seguir, é relatada uma "experiência-chave" num grupo de gagos, no qual a liberação de afetos infantis profundamente reprimidos faz com que a linguagem passasse a ser de choros, uivos, gritos, fazendo com que o corpo se curvasse de forma muito particular (365). O corpo e o som produzem juntos das profundidades do corpo "o ser que estava dormindo", e que procura sair através dos "pescoços e maxilares" novamente a cena do "devir-animal". São "criaturas seminuas" o narrador acha que está vendo "seres" demoníacos, como num filme de horror: "dava para observar em alguns, braços colados, que podiam virar asas ou barbatanas." (365) Neste tornar-se peixe ou ave, o corpo parece rasgar-se e "eu realmente pensei estar vendo homens e mulheres em dores de parto e participar de um processo de nascimento múltiplo", no qual "o grito da pelve se apoiava para cima".

E uma última observação para aquela outra maneira de segurar a individualidade: para o que foi chamado de "máquina de guerra" por Deleuze e Guattari. A dramaturgia de Shakespeare compreensível para Schleef como a quebra do coro antigo em indivíduos (significando ao mesmo tempo ganho e perda) e ao mesmo tempo manifestação de um furor, onde a "forma bruta do coro" perpassa " pelo modo de conduzir a guerra, formação de tropel ou de turba, que não se priva das suas evoluções dramáticas" (11). O coro é matilha, o indivíduo é elemento de uma "máquina de guerra". Shakespeare consegue criar uma "confusão de cena" e "obriga o espectador a expor-se ao turbilhão, à ressaca" (10 e s.). Trata-se porém da realidade da guerra em cuja "ressaca não se manifestam nem o coro e nem os indivíduos" (96). É a guerra que derruba o coro e não o autor Shakespeare. Deve-se lembrar que Schleef, mesmo nos autores antigos, considera a guerra "como o verdadeiro tema". A constelação básica teatral é ela mesma um produto de guerra. Uma proximidade singular entre os textos de Schleef, do seu teatro do conflito e o pensar do rizoma e da máquina onde, para Deleuze e Guattari, a "máquina da guerra" não é a última a ter lugar, mas contra a qual é feita a guerra, contra o desgaste do potencial do desejo e alucinação. Para que serve este conceito provocante de "máquina de guerra"? Os

Estados, funcionários de movimentos abstratos de valores, asseguram uma paz em quadrados econômicos-políticos, onde quase não existem *palavras*, que teriam um tom mais horrível do que guerra e violência, mas onde cada vez mais existem os aparatos militares que definem como devem desenvolver-se e entender-se sujeitos e povos. Diante do fundo da ameaça, de uma eternidade da paz brutal e "pós-histórica", deve ser vista a figura dos nômades e dos guerreiros, que são contrapostos ao Estado por Deleuze e Guattari. A sua "máquina da guerra" não se deixa dominar pelo Estado, a sua ética individualista fica "minoritária". Esta figura imaginada não é nem militar e nem marcial. A *machine de guerre* não ambiciona a guerra, mas articula o desejo de mutação. A guerra, o "desgaste catastrófico" (Bataille) é a fuga mesquinha, horrível, quando o desejo de mutação é bloqueado. A "máquina de guerra" em todas as dimensões existe. Se ela pode apontar apenas para a guerra, ela e não somente ela, fracassou. Disto também trata o teatro/livro de Schleef.

4. O Outro Brecht

GOLPES DE LUZ SOBRE O OUTRO BRECHT*

Nada Sério, Cinza

> Assim é o Outro, concebido apenas como tal, não o Outro de Algo, mas o Outro dele próprio, o Outro dele mesmo. O Outro para si é o Outro dele próprio e o Outro dele mesmo, assim sendo o Outro do Outro, – ou seja o que em si é desigual, que se nega, que se altera
>
> HEGEL

Para a obra de Brecht vale a sua bela locução sobre as arquiteturas: "As construções semidecaídas / Têm novamente o aspecto daquelas não finalizadas / Planejadas grandes".

Seu texto é um campo de conhecimento, cheio de coisas semidecaídas e, ao mesmo tempo, um território de manobras para teses políticas, cuja maior parte alcançou rapidamente o destino da transitoriedade, como corresponde ao século. Mas a faca das suas escritas indica, afiadamente, como poucos podem indicar, sobre os problemas desgarrantes, aos quais as ideias respon-

---

* Publicado com o título Schlaglichter auf den anderen Brecht, em *Brecht-Jahrbuch 17*: Der andere Brecht I, 1992, p. 1-13.

deram sem solução, porque o socialismo fracassou. Diante das perguntas morrem as respostas. As perguntas de Brecht ainda vivem. Por isso – não apenas por ser arte grandiosa – remexe-se sempre de novo e com esperanças o campo experimental, sem o espanto de negar as ideias que levaram ao frio da morte e da catástrofe. O outro Brecht seria aquele do qual continuam válidas as perguntas e a inteligência da descrição do mundo, todavia não sem a verificação mais severa dos ideais do coletivo, da política comunista-leninista. Daquilo que restou, exatamente das análises políticas e das ideias e utopias, a gente não pode tirar uma conclusão apressada. Entretanto, deve haver consenso sobre os seus erros no que se refere ao valor dos partidos leninistas, a sua mudez sobre os crimes do stalininismo, a sua identificação com a política fatídica da Internacional Comunista dos anos de 1930, inclusive a simplificação terrível do problema do facismo – no fim, o desconhecimento da democracia do pós-guerra na República Federal e o aferrar-se, apesar de uma resignação germinando, ao papel da Sowjetische Besatzungszone (Zona de Ocupação Soviética, sbz) / República Democrática Alemã (rda)

O outro Brecht: é um território imaginativo, águas de palavras, paisagens de texto, onde as teses "oficiais" sempre se perdem na selva das palavras, onde os territórios, aparentemente bem cartografados, apresentam-se confusos; a manifestação expressiva num segundo olhar tem um efeito "difuso", em que, na figuração do texto, a tese se une com o seu outrem, com a musicalidade material do corpo das palavras, e em que o tecido gerado não é nem conceito, nem palavra, porém outra "textura". Uma nota do diário:

> Eu não creio que alguma vez eu possa ter uma filosofia tão desenvolvida como a de Goethe ou Hebbel, que devem ter tido as memórias de motorneiros de bonde, no que se refere às suas ideias. Eu esqueço as minhas opiniões, não consigo resolver a decorá-las. Mesmo cidades, aventuras, rostos, desaparecem nas dobras do meu cérebro mais rapidamente do que a vida do pasto. O que farei quando envelhecer, viverei aflito com o meu passado dizimado e junto com minhas ideias estragadas, que não serão mais que arrogantes mutilados[1].

1 B. Brecht, *Tagebücher*, p. 32.

Sim, dá para imaginar esta figura becketiana cinzenta para as ideias decadentes. Mas ainda existem as palavras e a força da nova leitura, na qual sempre se pensou, e ainda hoje se acredita, que num grande autor as ideias podem afundar, mas o campo de tentativas das palavras forma um campo de forças que chama por novas ideias.

"Quem quer que vocês procurem, não sou eu". O Outro é sempre irrevogavelmente aquele outro que se priva de qualquer detenção provisória.

Ambiguidade, equívocos, paradoxos e máscara – à primeira vista, estes motivos indicam a retirada do eu e do sentido, da filologia dos bisavós de Brecht. Entretanto, até os dias de hoje, são reduzidas estas separações internas a uma discutível moralidade (talvez a prédica do fazer social responsável com oportunismo pessoal, envolto em esperteza pragmática). Ou o paradoxo entre engajamento e poesia. De que forma, se o rosto e a máscara são inseparáveis, o rosto acompanharia a máscara se ela fosse arrancada, como fala Büchner? Como seria se a fissura não fosse decorrer entre o engajamento e a autonomia estética, mas os dois pólos desta tensão fossem separados? O texto, não somente o de Brecht, enquanto ele se deixa envolver pelo jogo da linguagem, marca um campo de intenções, no qual cada uma das posições, mesmo que pareça explicada, perde algo da sua seriedade (*Ernst*). Brecht sabia disto, mesmo nos tempos mais tenebrosos. Ele disse em 1938 para Walter Benjamin:

> Eu penso muitas vezes num tribunal pelo qual eu seria interrogado. "Como é isto? É sério para os senhores?" Mas eu deveria reconhecer: não é bem sério para mim. Eu penso demais no artístico, naquilo que beneficia o teatro, muito mais do que naquilo que poderia ser sério para mim. Mas se eu neguei esta pergunta tão importante, eu vou acrescentar uma afirmação ainda mais importante: o de que meu comportamento na verdade é *permitido*[2].

Nenhuma lógica do jogo do texto fica sem contestação. Somente a leitura, não é o texto que sente a falta (*vermisst*) das coordenadas. Uma rede de referências – filologia tende

---

2 W. Benjamin, *Versuche über Brecht*, p. 118 e s.

rapidamente a isso, a cortá-la para ganhar segurança, muito fictícia, do entendimento.

Não devemos esquecer aquilo que é esquecido, quando dizemos "Brecht", este discurso fica sempre a mercê da construção daquele que parece ter assinado o texto como "seu", fica entregue ao fetiche da assinatura. (E também do sexo: a instância do não-ser, que escreve o texto, pode ser determinada com a mesma segurança como sendo masculina ou feminina, tal como a pessoa empírica do autor Brecht?).

Jogo de ideias: O quanto a gente ganharia ou perderia, se durante certo tempo o nome "Brecht", assim como "Goethe" ou "Shakespeare" fosse tabu, se cada vez em lugar desta instância imaginária e construída, a gente falasse do texto concreto?

O outro Brecht como tema, seria em primeiro lugar um não-tema, tratando-se de um Brecht que não pode ser definido mediante definições? Com efeito, na prática um não-tema, uma indicação sobre o problema da própria tematização. O outro Brecht significa ao mesmo tempo uma reflexão sobre o modo da leitura e da encenação. Significa entendimento, fixação do significado, reconstrução da sua gênese, assim, a pergunta pelo sempre e necessário outro, também faz a pergunta por um necessário não-entendimento, no próprio entendimento.

A Negritude

Alguns viram-no, o outro Brecht; Hans Henny Jahnn, por exemplo, conheceu Brecht em 1923. Junto com Arnolt Bronnen, Brecht estava preparando uma encenação em Berlim de *Pastor Ephraim Magnus*. Desde então, Jahnn seguiu os trabalhos de Brecht "com grande interesse". Em 1933, os dois se encontraram, novamente, como exilados na Dinamarca, e só bem mais tarde, novamente em 1950 em Berlim[3]. Logo depois da morte de Brecht, Peter Huchel pediu que Jahnn escrevesse um texto sobre Brecht para a revista *Sinn und Form* (Sentido e Forma) que ele dirigia e Jahnn escreveu em 9 de novembro de 1956. Ele tinha

---

3 Ver H. H. Jahnn, *Schriften zur Literatur: Kunst und Politik 1946-1959*, mais especificamente os esclarecimentos dos editores, p. 1302 e s.

trabalhado no artigo "a Bordo de um Navio Carvoeiro", no mar Báltico e no mar do Norte. Agora a nova edição de Jahnn oferece o manuscrito em que é baseado o texto, onde se pode ler:

> Pelo menos aqui no Ocidente tratamos da visão do mundo marxista de Brecht, e em parte foi feito um juízo desfavorável sobre a sua obra. Certamente é difícil para pessoas de outras crenças aceitar que ele fosse marxista, assim como outros grandes poetas, por exemplo, Bernanos, eram cristãos ou outros gentios convencidos.
> Nada me parece ser mais infrutífero do que aproximar-se da obra de Brecht a partir de uma grade. A sua "visão do mundo" foi do início até o fim a de um poeta não-cego. Ela não era restrita como alguns gostariam de afirmar; mas ela também não estava orientada pelo otimismo; ela estava orientada pela realidade[4].

No manuscrito do artigo, não se trata de "gradeamento" (qual?), mas do lado da visão marxista do mundo, pela qual a gente não deveria aproximar-se de Brecht. E na sequência da passagem mencionada, aparece o texto que não foi impresso:

> [Sua visão do mundo] desliza porque a existência da humanidade não pode ser aumentada até ficar rósea para o lado da comprovação mais amarga. Em nenhuma das suas obras ele cala ou nega as dificuldades da criação. O progresso ou possibilidade de melhorias, ele nunca negou. Mas a sorte a ser ganha nunca foi exaltada. Ele sempre se mostrou cético sobre a transformação do homem.
> As palavras do sacerdote em *Na Selva das Cidades*, nunca foram retiradas em trabalhos posteriores: "O homem é conservado demais. É a sua principal falha. Ele consegue fazer muito consigo mesmo. É difícil ele quebrar".
> Não será possível arrancar-lhe aqueles outros versos, que tratam do pobre B. B. e imputar-lhe que estariam ultrapassados ou desvalorizados pelo desenvolvimento da história do mundo. Destas cidades ficará aquele que passou por elas: o vento!
> A casa deixa feliz o comensal: ele a esvazia.
> Sabemos que somos provisórios
> E depois de nós virá: nada digno de nota.
> Todo aquele que tiver alguma experiência com a redação de pensamentos e sensações, que não lhe seja estranha a natureza da formulação, reconhece de pronto que: "nada digno de nota", junto

---

4 H. H. Jahnn, op. cit., p. 322.

com a determinação: "que somos provisórios" representam a verdade da manifestação [...] a segunda linha da estrofe na representação foi criada mais tarde do que a quarta, embora estivesse escrita antes que a última proclamasse, sobre o papel, a sua cruel verdade com perfeição sem igual[5].

A "cruel verdade" de Brecht escondia-se sempre na desenvoltura exata da "perfeição sem igual" das suas frases, que, no labirinto da língua, com precisão mágica, reconhecem o caminho dos gestos sem esforço. Garra e graça, tal como ele desejava, constam da sua linguagem. Mas será que a inscrição do pessimismo, mais forte na sua obra, o ceticismo insondável do didata, frente à transformação do homem, foram lidos tal como eles são, como estilo e fermento de toda a sua escrita? Aquilo que liga o seu teatro ao de Artaud, e o seu pensamento ao de Nietzsche, não será observado como um simples "à-parte"?

Do Outro B. B. – Crueldade e Riso

Mas não se trata de algo muito sério? Certamente. O próprios textos de Brecht, que têm como motivos centrais a morte, o frio, o desaparecimento e a solidão, ilusão e auto-ilusão, violência, opressão e contra-violência, são recheados de aflição e tragédia. Apesar disso, o pior é sempre enfrentado com riso, humor, afirmação do jogo e da transformação. Nos terremotos que virão, B. B. quer evitar sentir a amargura do tabaco da Virgínia. Mas não é tão simples como parece numa primeira leitura, porque os terremotos seriam figuras da catástrofe. As figuras ideais são de "caráter destrutivo", implicam a destruição geral e incluem a transformação brutal e inflexível.

Depois de sentir o gosto de café preto, as construções de cimento armado aparecem numa luz melhor. Eu vi assustado, (num prospecto de propaganda de uma firma construtora americana), que os arranha-céus ficaram no lugar, mesmo após o terremoto de San Francisco, mas no fundo, após refletir um pouco, eu os acho mais efêmeros do que cabanas de trabalhadores agrícolas. Foi bom

5 Idem, p. 313.

ter esta ideia para ajudar, pois eu observo estes prédios longos e gloriosos com enorme prazer[6].

Tal qual "aqueles prédios alongados da ilha de Manhattan" na poesia, – com o pressuposto de que não durem muito.

O que é o furacão comparado com o homem que deseja ter prazer, por exemplo em *Mahagonny*, comendo o seu chapéu, este chapéu famoso que deveria ser perseguido através da obra de Brecht? Será que agora é sério, ou não? De qualquer forma que estes escritos sejam contemplados, humanistas eles não são, porém, extremamente maliciosos, coletivistas-anárquicos – isto pode ser separado claramente? Brecht não era contra o associal, mas contra o não-social.

> Silêncio!
> O que você pensa, que é mais fácil
> Alterar-se uma pedra ou tua opinião a respeito?
> Eu sempre fui igual[7].

Uma dureza, frieza e consequência, parecendo particularmente intocáveis: ler o "outro" Brecht certamente não poderá ser deixar de lê-lo. Sim – existe uma "des-humanização" até chegar às imagens de isolamento com processos naturais, depois máquinas; depois no misterioso "consentimento", abertura em coro e coletivo. O outro Brecht por isso mesmo não é um Heiner Müller *avant la lettre*, que, em *Hamletmaschine*, escreveu: "Eu quero ser máquina. Braços para agarrar, pernas para andar, sem dor, sem pensamento". E tampouco o inverso, o poeta sensível, que atrás da máscara zangada do ideal mecânico, escondia um ser humanista e bom. Isso de maneira alguma. Voltando mais uma vez a Heiner Müller: "O que interessa em Brecht, é a parte ruim, que nos últimos tempos ele andou mascarando ou permitiu que a sua mulher Helene Weigel o fizesse. Mas o ruim em Brecht é a substância"[8]. É a substância de um poeta e de uma política que (quase) sempre souberam preservar-se diante de qualquer "diletantismo moralizante" (Walter Benjamin). O outro Brecht é

---

6 B. Brecht, op. cit., p. 205.
7 B. Brecht, *Gesammelte Werke*, t. 8, p. 270; na edição de Berlim e Frankfurt, t. 13, p. 270.
8 H. Müller, *Gesammelte Irrtümer 2*, p. 118.

aquele no qual o mal é ligado indissoluvelmente às metas humanas. De um lado no prazer: Müller fala de partes em *Arturo Ui* ou *Coriolano*, onde ecoa o "tom cordial" de Brecht:

> Onde a gente sente uma simpatia não intencional e calculada com este aristocrata que despreza as massas. Sendo que *Fatzer* consiste principalmente no tom cordial destes lugares ruins e por isso é o melhor texto. Eu acho que isto seja também uma prova de uma real capacidade de prazer. Ruindade e falta de consideração faz parte do prazer[9].

Do outro lado da batalha:

> Onde meu tanque passa,
> é a minha rua
> O que meu canhão diz
> É a minha opinião
> De todos porém
> Apenas poupo o meu irmão,
> batendo simplesmente na sua boca[10].

Deve ser vencida a tendência muito pequena de inspecionar os caminhos íngremes, nos quais foram estabelecidos os postulados de Brecht. Somente onde a provocação é suportada, não é evitada ou renegada, fica visível Brecht, que sempre foi o outro do outro. As chances de uma desconstrução, que permitam copiar as fissuras na construção dos textos, durante muito tempo foram muito pequenas nas pesquisas de Brecht, porque muitas delas entre a microleitura e a moral política conclusiva pressupõem de qualquer forma uma absoluta contraposição.

O Teatro Épico

Hoje, é conhecido o limite histórico deste conceito. Ele representa a grande e última tentativa para salvar a dramaturgia clássica, mais do que a abertura ao teatro da época científica. Até o presente, foi sobrestimado o significado estético do teatro

---

9 Idem, ibidem.
10 B. Brecht, *Gesammelte Werke*, t. 8, p. 294.

épico e o seu efeito político. O repertório usual do novo teatro como alheamento, e a parte da epopeia foram e são – antes e depois de Brecht –, lugares-comuns, sem o efeito da ágora atribuída por Brecht. Várias intenções, religiosas, psicológicas e outras, usaram a epopeia; o modo distanciador de fazer, fragmentado, interrupto. A mídia hoje em dia é ultrapassada por efeitos-V, levantando a questão: qual é o conteúdo social que cabe à teoria do teatro épico?

Como se sabe, a tradição aristotélica privilegiava a continuidade, a totalidade e a unidade. O belo objeto ou a bela obra são definidos por Aristóteles como nem grandes e nem pequenos demais, para que sempre possam ser observados. A arte, e especialmente a tragédia, valia para ele como "igualmente filosóficos" como descrição de história, porque em lugar da desordem e casualidade do verdadeiro acontecer, ela entende a lógica e a causalidade conforme a necessidade ou a probabilidade. Tendo em vista o teatro moderno, fica-se tentado a argumentar de forma inversa: funciona mais como perturbação e suspensão, do que afirmação e duplicação desta coerência. Motivos como gestos, interrupção, sistema de não-distinção etc., do pensamento de Brecht, podem ser inseridos neste quadro alterado do teatro. O que entretanto separa o teatro épico de praticamente todas as outras versões de teatro moderno e pós-moderno, que no seu conjunto poderiam ser designados como "antiaristotélicos" ou "não aristotélicos", é a manutenção do conceito da fábula, que para Brecht ficou como o coração e a alma de Aristóteles do teatro. A fábula (com a sua implicação da ação dirigida ao seu significado a ao *fabula docet*) representa aquela *ratio(n)* de ferro do teatro de Brecht, onde as pessoas de teatro encontravam cada vez menos para consumir, desde que a *story* mudou-se ao cinema e depois à TV como seu lugar ideal.

O modelo da peça didática dentro da linha principal da pesquisa de Brecht é menosprezado como caminho errado, um modelo de como o teatro pode ser político, enquanto quebra a sua forma institucionalizada. Entre didática-épica e a arte de acontecer, o modelo da peça didática pode ser uma provocação do exercício de teatro, comunicação e sociedade, porque ele abre a fábula radicalmente ao decurso do processo teatral e, justamente em virtude da sua abstração, permite uma real colaboração, não apenas como ficção do tipo "vamos público, procurem vocês mesmos o final". No contexto desta imprevisibilidade, a língua corporal do teatro e o gestual social, ganham novos significados. Por que teria Brecht, o artista da língua, que queria a "literarização" do teatro, levado o gesto a um primeiro plano, se ele não tivesse diante dos olhos, no processo teatral, uma realidade translinguística totalmente "verbalizável". É esta realidade que faz teatro, segundo a utopia para chegar a uma experiência social (comunicação alterada), que não pode competir com uma conceitualização, desde que pretenda transformar de volta a experiência sensorial em certeza política.

O Outro

Um jogo singular, com o *status* performático das frases, faz com que o outro Brecht seja legível numa poesia-chave do *Manual para Habitantes das Cidades*, cujo final é:

> Cuida, para quando você pensar em morrer,
> Que o túmulo não revele onde você descansa
> Com escrita clara que te denuncie
> E com o ano que informe da tua morte!
> Mais uma vez:
> Apague os teus rastros!
>
> (Isso me foi dito.)[11]

Somente como nome pode a escrita clara (indicando a "pessoa") ameaçar como denúncia (mesmo policial). Todos se encontram ameaçados e perseguidos, o mundo é um espaço (sonho) de perseguição e mesmo na morte é preciso ficar desconhecido. Nenhuma indicação realista seria defensável por causa da elevada abstração do texto (talvez os companheiros de um trabalho conspirativo, familiares ou amigos, devessem ser protegidos pela anonimidade da morte). Por isso, não cabem nem GPU, nem resistência política, nem o eu-massas, nem fuga das autoridade e da responsabilidade como conotações

---

11 B. Brecht, *Gedichte I*, t. 11, p. 157.

associativas. Trata-se de um eu como tu. É dirigido ao leitor (mas as poesias também estavam destinadas à gravação em disco) e invertido no final, apresentando o destinatário em lugar do remetente, o *status* performático de todo o texto.

"Pensa em morrer" a palavra-memento-mori faz parte de uma insegurança similar na linha "Cuida, para quando tu pensares em morrer". Deve-se ler: "Quando pensares na tua morte"? ou: "Quando tu quiseres morrer"? ou: "Quando tu planejares o suicídio"? Morrer a própria morte, como se a gente executasse um trabalho, é o motivo principal das peças didáticas, que Brecht denominou como "doutrina da morte". Novamente esta frase, que parece tão despretenciosa, deixa vacilante o *status* da manifestação: ninguém pode dizer "agora penso em morrer..." Mas o objeto de uma verificação, que poderia ser "amarga lei do mundo" (*Aquele que Diz Sim / Aquele que Diz Não*), é formulado como decisão de vontade, sendo que aquilo que foi experiência/sofrimento passivo é transformado em ato de vontade.

Como se a leitura de Brecht significasse em primeiro lugar não confiar no *status* performático das frases: com isso contar que uma afirmação pudesse ser lida como sendo uma intimação, uma ordem como sendo uma constatação, uma resposta como sendo uma pergunta?

Nas frases mencionadas ocorre um jogo entre estar parado, estar deitado e cavar. A morte é a determinação; deitar no túmulo, a intimação: os monumentos funerários e monumentos em geral, remetem para além da morte. Para o *páthos* da eternidade e da imortalidade, o texto de Brecht não responde com uma negação destas crenças, mas com uma sobrelevação do desvanecer-se para a qualidade positiva: autodesaparecimento, autodominação no sentido de Nietzsche; "revele onde você está": ficar é traição, a fidelidade consiste no desaparecimento. Se, por causa da morte, a transformação em cadáver não permite mais movimentos, este *peu de localité* deve ficar pelo menos secreto, para pregar uma peça à morte, na última indicação do alojamento.

Se a escrita (este é aqui o nome) é a indicação, nesse caso não é sugerido nada menos de que o próprio nome implique em culpa. Desde o batismo até o túmulo, no sinal da individualização consta uma culpa sem derivação. Na história antiga, o indivíduo se despia da espécie com o sepultamento. Mas, aqui, onde a passagem ao reino dos mortos significa a passagem de um réu, aparece, no meio do novo objetivo, o Eu que tende a desaparecer no coletivo sem-nome, um outro escrito suave em conotações e motivos. Fica visível um modo de apresentar o texto, que insere nas lacunas culpa e deveres. Se as obrigações não recebem nenhum conteúdo, nasce a identidade de culpa e do Eu mencionado. Mas a culpa é uma estrutura de dar e tomar. Culpa é obrigação: algo foi tomado, aceito, uma conta ficou em aberto. E, de fato, o centro-zero, oculto do texto, é a circunstância de que este sujeito suspeito, que só toma, desde o início tomou algo – dos pais:

>Coloca o chapéu que eles te deram.

É justamente nos pais, após a negação do contato, que é colocado o acento patético na exigência repetida. O chapéu que foi presenteado não pode ser esquecido nem "involuntariamente". Este chapéu sem sentido, intercambiável, indica uma obrigação, da qual o sujeito da poesia que está sempre partindo, não consegue se livrar. Justamente por ficar como figura enigmática, abrir apenas um campo de conotações (estar vigilante, cuidar, proteção, chapéu velho)* o próprio chapéu inclui a contemplação com presentes, como interferência e lacuna, na visão do mundo da fuga. É usada toda a força para o dar e a dádiva, do passado, da geração anterior, mas também para todas as casas, cadeiras e refeições oferecidas, de tomar o seu poder da obrigação. A frieza desta liberdade é paga com subtração e separação. Por isso é sempre um outro – aquele que fala entre parênteses – que indica o dito como se fosse a ele ditado, levando assim uma separação absoluta para a intenção.

A forma de exteriorização deste Eu está inserida no texto, da mesma forma que uma instrução de leitura. Ela se subtrai do carácter do sinal de comunicação:

> O que você disser, não diga duas vezes.
> Encontrando o seu pensamento em outra pessoa: negue-o.
> Quem não escreveu sua assinatura, quem não deixou retrato
> Quem não estava presente, quem nada falou
> Como poderão apanhá-lo?
> Apague as pegadas!

---

* A palavra *hut* (chapéu) em alemão permite vários jogos de palavras, com diferentes significados: "estar vigilante, cuidar, proteger etc." (N. da T.).

Será que esta economia da não repetição é de uma razão que possa ser rastreada? Empiricamente é evidente que não. Mas, observando que o *status* performático poderia estar deslocado, percebe-se que é impossível entrar duas vezes no mesmo rio. A impossibilidade da parada, da repetição, experimentada passivamente, é formulada como autoestabelecida. A doutrina apresenta-se como determinação. Toda a estrofe tematiza a duplicação; sem duplo na imagem, no discurso, na concordância espelhada num outro e nem sequer concordância consigo mesmo na duplicação. E aqui aparece novamente o fantasma do outro, pois somente a interação permite algum significado. Todo discurso que faça sentido é uma duplicação, sem a qual não haveria invenção. É negado, com a duplicação, todo discurso de um certo sentido (= duplicado); é afirmado unicamente um discurso – talvez "poético", da instabilidade, sem doutrina e discípulo, sem sujeito idêntico, que apenas num reflexo duplicado de si próprio poderia certificar-se. Sem assinatura, nenhuma afirmação é autêntica (duplicada); o sujeito já falecido não "deixou" uma imagem e visto mais exatamente não disse "nada", porque sempre já tinha sido outro.

AO MODO DE FÁBULA* (FABEL-HAFT)**

1

Duas perspectivas, comunicando-se entre elas, são requeridas se hoje quisermos ter uma visão do Brecht teórico de teatro que, muitas vezes, é considerado mais cético do que o poeta Brecht. Uma das perspectivas é aberta por uma nova leitura do conceito do teatro épico. A outra é a visão das suas teorias à luz do desenvolvimento do teatro do presente, desde Brecht. Este último trouxe consigo uma série de formas, que podem ser chamadas de pós-brechtianas, nas quais a herança de Brecht não aparece na sua totalidade, mas regularmente separada em seus componentes. É como se a nova história do teatro tivesse colocado à direita do coração a tese-B de valor material, manipulando as suas ideias da mesma forma que ele tinha proposto para os clássicos nos anos de 1920, como se fosse um carro usado, estimado pelo seu valor material. Partes da sua teoria e prática no novo teatro são desviadas dos seus conexos originais, sendo-lhes dado novo sentido e usadas para outros fins, como o próprio Brecht gostava de sentir-se frente aos clássicos. Ele se defendia contra isso:

> que uma certa veneração prejudicial, uma piedade desconsiderada e brutal evita que o público aproveite o valor material [isto é de Hebbel] dos seus trabalhos efetuados. A peça *Wallenstein*, por exemplo, para não passar por alguns leitores até agora intocados sem deixar vestígios, contém, ao lado da sua utilidade para fins de museu, um valor material que não é pequeno; a divisão do tratamento histórico não é desagradável; o texto, em grande parte, é concatenado de forma correta, podendo ser aproveitado se lhe for dado outro sentido. *O Fausto* é um caso parecido[12].

Quando se falar do teatro novo ou do teatro do presente, então, trata-se apenas daqueles traços em que novas línguas de for-

---

* Publicado com o título Fabel-Haft, em Virginia Cisotti; Paul Kroker (orgs.), *Poesia e politica: Bertolt Brecht a 100 anni dalla nascita*, Milano: Montedit, 1999.
** O autor divide a palavra *Fabelhaft* em *Fabel-Haft* como forma de significar que o texto dramático brechtiano apresenta o seu argumento ao modo de fábula (N. da T.).
12 B. Brecht, *Gesammelte Werke*, t. 15, p. 106.

mas e técnicas apareceram de forma inovadora. No que se refere ao teatro "normal", infelizmente, deve-se dizer, que o teatro de maior sucesso do século XX é o teatro do século XIX. Iniciemos, portanto, algumas manifestações do teatro segundo Brecht:

Encontra-se, frequentemente entre outros, no teatro de Jan Lauwers um processo que pode ser chamado de *narração pós-épica*. Como em Brecht, no lugar de um espaço limitado da ficção, coloca-se um processo aberto dirigido ao público; em lugar do diálogo, um "discurso dramático" como poderia ser dito da composição de 1980 de Andrzej Wirth. Em todos os planos, o processo da representação é feito consciente *hic et nunc*. Ilusão e intuição são eliminados. Na versão de Lauwers de *Antonio e Cleópatra*, a figura secundária de Charmion, servente de Cleópatra, serve como narradora, que ao estilo de conferencista guia através da ação. Passagens de texto do drama de Shakespeare ficam entremeados com histórias e comentários arrebatadores: "Primeiro ato, primeira cena. Estamos em Alexandria, em algum lugar do palácio de Cleópatra e todos estão levemente embriagados". O modo de falar dos atores muitas vezes tem o caráter de um recitativo neutro de um texto, uma forma de leitura em voz alta, em que nunca a figura do ator assume o papel. Todos os elementos de cena, cadeiras, microfones (que naturalmente ajudam a abrir a fala dos atores no processo do jogo teatral), requisitos, projeções de filmes etc., funcionam como elementos de composição de cena, que não visam primariamente uma representação do mundo, mas um processo de percepção teatral fragmentado. Nele, aparecem os temas dramáticos "clássicos" como cobiça, poder, amizade, aflição, conflito entre pessoas, mas sempre em forma de cacos (estilhaços e cacos são motivos prediletos de Lauwers). O processo real cênico, aqui e agora, depende das próprias fantasias e associações dos espectadores e não da ficção de um mundo dramático. Ao mesmo tempo, assiste-se mais a personalidade dos atores no seu agir cênico do que o papel, ou a peça, isto é, cenas em lugar de fábula coerente. Apesar da encenação ensaiada e calculada, muitas vezes o processo cênico é interrompido diante do público para um "descanso" dos atores, uma conversa que parece ser particular, uma inserção de dança ou interrupção do diálogo. O teatro parece ser um esboço, não um quadro finalizado. Assim, é dada ao espectador a chance de sentir, de refletir a sua própria presença e a sua distância, de contribuir com algo que não está terminado. O preço disto é a diminuição consequente da tensão "dramática" a favor de uma serenidade épica.

Como sempre nos trabalhos de Lauwers, a noite fala suave e humoristicamente da morte, do seu medo, da perda dos outros, mas a narração é alegre e sem tensão, como se fosse do outro lado da morte. Podemos observar uma sociedade, mas a porta não está totalmente aberta. Nos primeiros trabalhos de Lauwers, olhávamos como se fosse para dentro de uma festa de conhecidos distantes: uma noite na casa de (não com) Jan e seus amigos. Nas encenações mais novas ao contrário, o que domina é o painel apresentado frontalmente. Aqui não há necessidade de modelos dramáticos. Em *Snakesong Trilogy* (A Trilogia de Canção da Cobra) parte 3 – ao lado de *Salomé*, de Wilde – trata-se de *À Rebours*, de Huysmans, e de Lautréamont. Em *Invictos*, Lauwers tomou como base textos de Hemingway, principalmente *The Snows of Kilimanjaro* (As Neves de Kilimanjaro, 1936).

De forma diferente, mas do seu modo também pós-brechtiano, o Wooster Group dos Estados Unidos tem um processo de decomposição (desenlace) de presença cênica, através de discursos sobre o próprio teatro. A narração é decomposta em "pedacinhos" (Brecht). Em lugar da tensão dramática na saída, "a tensão está na passagem", aliás como desejava Brecht, ou seja, em cada uma das cenas com seus gestos. Em nenhum momento aparece a ilusão de que a cena imitaria um processo entre pessoas, ou que existisse fora desta realidade cênica. Em lugar disto, os elementos da *story* são transformados em uma performance, com recitativos, uso de máscaras, música *rap*, apresentação de vídeos e um discurso neutro e alheio frente ao interior das figuras apresentadas, onde visto de fora o texto usado fica "alheio". Fica visível uma distância crítica perante o texto, que é posto à prova duplamente. O seu valor está em teste, o seu aproveitamento ainda não foi fixado, a cena mais parece ser um ensaio. Esta sinceridade combina com as armações cênicas construtivistas e a apresentação clara da técnica aplicada (microfones, gravadores, aparelhos de vídeo, disposições de cabos etc.). Segundo

Walter Benjamin, isto poderia ser chamado de desaureatização do palco. Ela não é suprimida pela presença de *stars* (o prematuramente falecido Ron Vawter, William Dafoe). Isto pode gerar momentos teatrais emocionantes, quando, por exemplo, os atores, aparentemente exaustos, apresentam momentos do cenário noturno das *Três Irmãs* de Tchékhov e, de forma mais bonita do que qualquer encenação convencional, transformam a província crepuscular e a comicidade de "Para Moscou" numa dança dos copos de vodca. Também não é por acaso que fosse usado um trecho de *As Bruxas de Salém*, de Miller, que trabalha com um alheamento histórico brechtiano, para fustigar a era de McCarthy. O princípio estrutural da interrupção mútua entre fala, dança e presença técnica de quadros, indica para a mesma direção brechtiana: o Wooster Groop dá o passo para fora da carcaça da "representação", e abre um jogo com a situação teatral fazendo teatro por cima do teatro, refletindo cenicamente sobre as condições da cena. Há um encontro entre a desconstrução do texto e a reflexão brechtiana, em que, diferentemente de Lauwers, nas performances do Wooster Groop, apresenta-se algo "cativante", principalmente pelo ritmo.

Em muitas outras variantes das performances de teatro contemporâneas, do teatro de dança e também das formas baseadas em textos, encontram-se processos semelhantes: tecnologia, meios e estilos de referência, mudança abrupta das formas apresentadas e estética da interrupção, desistência da emoção, quase sentimento a favor da "exposição" consciente dos meios teatrais.

De outra forma, Einar Schleef desenvolveu a sua prática de direção, que privilegia a sobrepresença física de corpo e voz em vez da desmontagem da presença. O seu teatro baseado e redigido em *coros* persegue outra motivação de Brecht: o *sujeito coletivo*, que ganha a sua realidade para o espectador não através da interiorização fantasiada de uma alma, mas através da corporificação de um comportamento gestual. O coro substitui o indivíduo. Isto também é um progresso de motivos brechtianos, que com Schleef são reforçados pela transferência das técnicas de Brecht, gestualidade com acentuação incomum e ritmo hesitante. Este teatro coloca em primeiro plano, aquilo que Brecht tinha prometido a respeito dos gestos: o desligamento dos gestos da interiorização. Há muitos outros que podem ser mencionados, principalmente Bob Wilson, cujo teatro é um ponto de virada e a chave do novo desenvolvimento do teatro. A observação feita por Heiner Müller, de que Wilson seria o herdeiro de Brecht e que no seu palco "o teatro épico de Brecht teria encontrado o seu lugar de dança", valeria por uma discussão própria. É possível prosseguir, para examinar outros projetos de direção, mais radicais e mais moderadas – Grüber, Mnouchkine, Brook ou Peter Stein, a geração mais jovem, talvez Jürgen Kruse ou Leander Haussmann: o resultado seria o mesmo. Brecht teve uma influência enorme sobre a formação do estilo de direção dos anos de 1970 e 1980, mas o território do seu império foi dividido como o de Alexandre, o Grande; o teatro épico separou-se nas suas partes constitutivas; as peças dos modelos exercem a sua influência no *mainstream* da prática contemporânea do teatro, da mesma forma que nas águas secundárias do teatro experimental.

2

Esta perspectiva do teatro de Brecht levanta uma questão muito interessante: como é que na sua teoria, as diversas peças construtivas não se unem de forma harmônica e lógica? De que forma, pode ser descoberto o caráter de colagem e de fratura das suas teses? Esta ideia pode parecer difícil de aceitar depois de décadas de uma recepção, em que Brecht foi eleito como paradigma do teatro político ou estilizado, sozinho como enjeitado no panorama do teatro do século; menos como objeto, mais como bússola de pesquisas teatrais. E do lado contrário, o movimento de menosprezar o Brecht incômodo dos seus escritos, como ideólogo e simplificador.

No seu "Versuch einer Synthese nachbrechtscher Theaterkonzeptionen" (Ensaio de uma Síntese de Concepções Teatrais Pós-Brechtianas), Andrzej Wirth afirmou em 1980 "que o idioma épico tornou-se *língua franca* do drama atual"[13]. Talvez hoje possa ser acrescentada a tese de que as novas formas de teatro, com a descrição "radical épicas", não mais podem ser registradas em toda a sua extensão. Se naquele tempo, em relação a Handke, Richard Foreman e Bob Wilson, era possível falar em "drama sem diálogo"[14], hoje parece impor-se cada vez mais a ideia de um teatro além do drama. Na verdade a "fábula, [se é que a mesma existe], [...] não é mais reproduzida pelo diálogo"[15], mas no lugar do drama "dialogado" não entrou apenas uma épica radical e uma forma de comunicação entre o escritor de peças e o "espectador a quem se dirige a intenção da peça". Existe uma extensa variação de estéticas de teatro, nas quais a lírica e a musicalização também ficaram importantes e onde, ao lado de outros desvios do conceito teatral, com a fábula coerente, perdeu-se a autoidentidade do significado.

Considerando que efeitos-V, interrupções, "despsicologia", descontinuidade e o aparecimento do já arranjado e feito, tornou-se moeda corrente não apenas de práticas de encenação avançadas, mas também das representações triviais de publicidade, filmes, literatura e música pop, percebe-se nisto, principalmente, que as precauções mais dispendiosas deste alheamento, o princípio artístico tornado duvidoso da comunicação, como tese, sentido manifestação, não pode simplesmente ser derrubado, enquanto a autoidentidade da manifestação não for colocada à disposição. Mas é exatamente isto que acontece na linha principal da tradição mais nova, de tal maneira que se levanta a questão de se nos escritos de Brecht não existe uma camada na qual foram introduzidos momentos de autodesmontagem desta tese. Somente este tipo de leitura poderia mostrar o corredor subterrâneo existente, com o qual, à primeira vista, se comunicam os gestos de Brecht, neste campo que para ele é tão longínquo. Trata-se de uma alteração interna e autoalheamento, mesmo nos escritos teóricos de Brecht, que vale a pena descobrir sob os seus esforços expressos de subordinar as partes teatrais empíricas, libidino-

---

13 *Theater heute*, n. 1, p. 16.
14 Idem, ibidem.
15 Idem, ibidem.

sas, afetivas, não abstratas, a um conhecimento e comunicação lógico, versificável, e verbalizável.

Chega-se assim à outra perspectiva mencionada no início – a releitura do conceito "teatro épico" e à questão do lugar mais apropriado de observação, a partir do qual Brecht oferece a sua obra teórico-teatral, as suas páginas produtivas inesgotável. Esta posição, mais do que nunca, hoje, parece ser acessível apenas se formos guiados pelo convencimento de que *não* conhecemos a teoria do teatro de Brecht. Um maço de circunstâncias, que num primeiro olhar podem parecer paradoxos, sugerem uma procura pelo Brecht diferente dele mesmo, alheio a ele mesmo, renunciar ao Brecht censurado, sem a separação dos elementos ou a rejeição sem críticas. Em ambos os casos a leitura é vítima do fetiche da assinatura. Não deve ser esquecido: em vida, principalmente depois de 1933, aquilo que era publicado por Brecht estava recheado de considerações políticas e táticas. As suas teses apareceram como resistência, contradição e na esperança por proteção e alianças. Pelo tempo de exílio nos Estados Unidos, conforme foi dito por Carl Weber, Brecht não sabia se alguma vez ele poderia retornar para a Alemanha. Nada daquilo que ele escreveu na América ficou livre das considerações sobre a sua situação e o possível mercado. Mesmo depois, anos mais tarde, na SBZ/RDA as necessidades táticas se tornaram um fermento dos seus escritos. Para um autor novo, isto foi explicado assim: "Recentemente, o Brecht socialmente engajado, para que o seu posicionamento tivesse expressão artística, teve de se afastar da realidade social da qual suas peças tinham em mira. Ele necessitou de eventos jesuítas para, conforme ele escreve, disfarçar o realismo socialista para escapar da Inquisição"[16].

Devem ser acrescentadas as contradições internas, que o levaram a trilhar diversos caminhos do teatro; deve ser acrescentado o caráter de teste de muitas das suas anotações, que chegaram a nós como provisórias, quebradas, dependendo de continuação, autocorreção e autocontradição e a gente reconhece que, pesquisando as contradições produtivas, as pistas das quebras e das teorias que ficaram em aberto, o dito pela

---

16 T. W. Adorno, *Ästhetische Theorie*, p. 336.

metade e as suas tensões podem ser medidos os textos poéticos e teóricos. Os textos poéticos e dramáticos devem ser lidos como corretivos dos textos teóricos e não como a sua confirmação. Sem esta releitura quase não será possível refutar a tese, de que o teatro épico de Brecht, na verdade, só teria sido uma tentativa de guardar a tradição clássica. Um tipo de leitura da sua obra poderia fazer valer que Brecht teria sacrificado muito lastro da tradição aristotélica, para salvar da queda a fábula, a peça decisiva. Enquanto ele cuidava da coluna principal do drama clássico – a fábula no sentido de uma história de significado alegórico, que no palco oferece uma totalidade e um equivalente para o conceito, um conhecimento, uma verdade –, manifestava a sua destruição da tradição clássica, como a sua preservação, o teatro épico como *the last minute rescue* da tradição aristotélica.

3

Diante do segundo plano desta questão, trata-se a seguir, e à primeira vista, do conceito, que parece ser relativamente claro e sem problemas, da fábula, na tentativa de uma releitura de exposições conhecidas e reconhecidas de Brecht sobre este tema. O *status* desta leitura é pensado como exemplo: neste sentido deveria ser repensada toda a obra de Brecht. Um *locus classicus* é a passagem onde Brecht no *Kleinen Organon* (Pequeno Organon) discute quase no final no capítulo 61 a "área dos gestos". Um gesto brechtiano se distingue ao representar uma união de elementos mentais, emocionais e corporais e privando-se (o que é ressaltado raramente) da identificação falada. Um gesto sempre teria de ser apresentado por uma complicada adição de palavras, porém, enquanto complexidade total, ele reúne em si as divergentes "expressão corporal, expressão vocal e expressão fisionômica", mas não no sentido de um código social claramente legível. Como um palimpsesto, ele não é totalmente legível. Esta circunstância em que o gesto, mesmo com inclusão da linguagem, oferece uma realidade translinguística na representação corrente, em que o gesto traria como significante um determinado significado, geralmente oculta as relações sociais. Brecht coloca o gesto no centro, porque como magnitude corporal, mímica e de voz, o gesto separa (desacopla) o exterior da interiorização. Realizando-se esta intenção no gesto, o resultado é que a metabase do mental ao corporal é uma volta completa ao consciente, excluindo uma autoidentidade garantida do *significado social do gesto*. Mais uma vez e drasticamente: significado social, articulada em processos corporais, perde *ipso facto* a sua legibilidade não-ambígua. Sensualidade passa inadvertida pela racionalidade. O corpo *diz* diferente de como deve dizer. Por este motivo, a interpretação, que reduz o gesto a uma expressão do comportamento social entre homens, fica inconsistente. Contra as tentativas do ator de explicá-lo como "sentido", Brecht manifesta-se e adverte: "estas expressões gestuais [...], geralmente bastante complicadas e contraditórias, tanto que não podem ser reproduzidas com uma única palavra e o ator deve ter cuidado para não perder nada na representação necessariamente ampliada, mas, pelo contrário, reforçando todo o complexo". (cap. 61)

O quanto o gesto poderia ser concebido linguisticamente através de uma explicação de largura épica, o quanto ele se afasta de um sentido conceitual fixo (que a escrita de Brecht sugere em muitos lugares), tudo aparece quando Brecht fica mais concreto para evidenciar "o conteúdo gestual" e quando discute isto nas cenas iniciais do seu *Galileu* nos capítulos 63 e seguintes. Ele quer segundo se pode ler, "verificar o quanto as diversas manifestações jogam luz umas sobre as outras". A ablução matinal e a alimentação com leite, de Galileu, devem ser entendidos pelo ator como o seu saber sobre "a janta do velho de 87 anos". De um lado, Galileu parece "ávido de ensinar o rapaz", ao mesmo tempo esta avidez deve ser mostrada como a outra "avidez incontrolável" com a qual o velho Galileu come "vorazmente" a sua janta, como escreve Brecht, depois que ele revela a sua avidez por ensinar e ter se "livrado da sua carga de ensinar". Trata-se de uma avidez e de uma ambiguidade de avidez não solucionada na peça, em que uma avidez é colada na outra. Aquilo que capacita Galileu para o seu conhecimento e faz com que se torne um traidor, é a mesma coisa. Conhecimento pensante e procura de voluptuosidade entram em conflito, mas – assim expressa o texto – sem a avidez pela sensualidade não existe a avidez necessária para o conhecimento. Mesmo a alimentação com leite, de Galileu, não deve ser deixada "totalmente sem atenção" como se poderia supor inicialmente: "O prazer da bebida e da ablução não são unidos com os novos pensamentos? Não esqueçam: ele pensa por causa da voluptuosidade! Isto é algo de bom ou algo de ruim?"

Esta pergunta tão importante para a interpretação de Galileu e para o ator correspondente, fica totalmente sem resposta! Qual é a ajuda oferecida pelo escritor de *Galileu*?

Eu aconselho a você [estranha discrição: deve-se duvidar do conselho, eventualmente sem segui-lo?] Eu aconselho a você, como na peça toda você não encontrará nada desvantajoso para a sociedade, e como você mesmo, como espero, seja uma criança corajosa da época científica, representá-lo como algo de bom.

Na verdade é uma informação sibilina. O pensar é lascivamente bom? Fica-se indeciso, confuso, se o pensar por voluptuosidade, deve ser representado como algo bom, por ser algo bom, ou se apenas é importante *representá-lo* como tal. O segredo de Brecht é saber por que a criança corajosa da época científica deve representar a voluptuosidade como boa, aquela que foi impedimento para Galileu. À observação seguinte, de que o homem que aqui saúda uma nova era, no final, é obrigado a solicitar que esta era o expulse com desprezo, até mesmo exproprie o leitor de *Galileu* – deve-se perguntar de onde tira Brecht, como seu próprio intérprete, esta obrigação, eis que no texto aparece uma autocondenação voluntária de Galileu. Perguntas por cima de perguntas. Os detalhes a seguir sempre apresentam este quadro: a discussão sobre aquilo que Brecht denomina "conteúdo gestual" ou "material gestual" transpõem o texto em simples indícios, não mostram mais do que as necessidades de interpretação de ambiguidades, incertezas, estratificações e relativizações. O conteúdo gestual consiste e consiste apenas de contradições, fragmentos, indicações que se separam em diversas dimensões, *dis-currunt*. Aqui é somente verificada a autoexplicação de Brecht! O texto poético, dramático expressa outra coisa diferente do que o autor quer dizer. É difícil saber o que o autor pensa em *Galileu* ou em *A Alma Boa de Se-Tsuan*, sem falar da objetividade das composições, que não coincidem com as intenções subjetivas. Conforme Adorno e com a mesma referência:

> A pergunta com efeito da dramaturgia da RDA: o que ele quer dizer? Chega a melindrar autores dominantes, levaria a um protesto diante de toda a obra de Brecht, cujo programa afinal é o de colocar em movimento processos intelectuais e não comunicar sentenças; senão o discurso do teatro dialético seria nulo desde o início. As tentativas de Brecht de abater nuances e tons intermediários subjetivos com uma objetividade dura, são meios artificiais, nos seus melhores trabalhos um princípio de estilização, nada de *fabula docet*[17].

Fabula docet (moral da história). Falando do gesto já foi discutida a fábula. Pois logo na sequência da representação de *Galileu*, ou seja da *gestualidade*, ela mesma, fábula em pessoa, pisa no palco textual do *Pequeno Organon* como o *deus ex machina* e salvadora da areia movediça do material gestual, desprendido da síntese dialética. Depois de Brecht, num longo parágrafo cheio de voltas (o ator não deve pensar que a "impaciência de Galileu como dominadora *demais*", o "dinheiro já tinha *quase* sido esquecido por Galileu" etc.), não ter dado nenhuma "linha" de explicação, ele abre o seguinte *coup de théâtre*: "O tal material do gesto [...] a palavra chama atenção, não é justamente aquela separada em partes, da qual ouvimos falar na passagem do valor do material?" – "Expondo esse material gestual, o ator se apodera da figura enquanto se apodera da Fábula". Onde for maior aquilo que é interessante é também o maior perigo de confusão, aproxima-se a ajuda da fada da fábula, da qual o ator pode se apoderar para criar a ordem. A palavra fábula é ressaltada por Brecht; mas o que significa "enquanto"? Até chegar a esta palavra, o material disperso deveria rasgar formalmente o ator ou pelo menos as suas intenções de uma figura; agora, como saindo do nada, tudo está dominado: o ator precisa *expor* o material gestual – ele está contido e já existe no texto (em discurso de figuras, indicações, dramaturgia, constelações), sendo desfraldado no palco e para o palco.

---

17 T. W. Adorno, op. cit., p. 55.

Neste processo é colocado um fim para a sensação de perda e de vacilação, porque o ator expõe, "se apodera" da fábula e, assim, "enquanto" ele faz isso se apodera também da figura. A palavra fábula assume a função de apresentar, como prestidigitação, a unidade da figura interior do labirinto de enigmas ambíguos de material gestual.

Observando mais detidamente esta cena de salvação. "O ator se apodera da figura, enquanto se apodera da Fábula". Sente-se a subordinação para o preenchimento de uma "figura definitiva" e isto é escrito pela própria retórica de Brecht, torna-se um ato de violência, um "poder". A sua consequência é um parto: "Somente a partir do acontecimento total delimitado, ele consegue [...] chegar à sua figura definitiva, que suprime todos os traços individuais".

Na locução do "acontecimento total delimitado" afirma-se o *lógos* – de acordo com a poética aristotélica em sua insistência da totalidade (*holon*), que deve possui início, meio e fim . Mas a sentença fica como um cheque sem fundos sobre a supressão dos traços individuais para um todo, uma pura decisão a favor da supressão da unidade dialética, definitivamente. O problema deve ser revelado. O próprio Brecht reconheceu que esta decisão é insustentável e literalmente sem fundamento numa frase, que não foi citada totalmente e é a seguinte: "Somente a partir do acontecimento total delimitado, ele consegue *como que num pulo só*, chegar à sua figura definitiva, que suprime todos os traços individuais"[18].

Aqui o gato com um só pulo escapou do saco. Entre entender a fábula e entender a figura, as escritas de Brecht dão um "salto" que deforma a solução; ou um pulo do tigre a partir da delimitação, um pulo de poderio, um pulo corajoso, talvez de coragem mortal por cima do abismo, ou talvez para dentro do abismo, que é o próprio homem para Brecht? De qualquer forma, o comportamento é tal, que com este pulo lógico, não apenas o ator, mas o próprio Brecht "chega ao mesmo tempo num pulo" ao caminho da totalidade. Toda a passagem altera agora a sua face. Lendo as quebras e os pulos, uma passagem principal do teatro épico torna-se um processo de aterramen-

18 Grifos meus.

to, que abre a perspectiva de outras escavações. Digamos o seguinte: *um teatro de cenas gestuais e situações, que acabou de ficar evidente, será aprisionado numa fábula preventiva contra ambiguidade, desagregação e insensatez.*

Tendo em vista a enorme carga de comprovação que é jogada para cima da fábula, chama cada vez mais a atenção que os textos de Brecht não contenham sentenças objetivamente definidas, que afirmem o que seria na verdade a fábula, e, muito menos, o que a habilitaria para a afirmada capacidade sintetizante. A fábula se caracteriza menos pelas locuções de conteúdo do que pelas retórico-afirmativas: "tudo se relaciona com a fábula, ela é a peça-chave do acontecimento teatral"; ela é "a grande empresa do teatro" ou, formalmente, "a composição total de todos os processos gestuais". A fábula é delimitada, uma unidade, e um total, um *holon* conforme determinação lógica-formal dada também por Aristóteles. De que maneira ela deve fundamentar o que do material gestual ressalta como uma "figura definitiva"? Ela não consegue fundamentar. Mesmo que Brecht venha a repetir a afirmação, não comprovada, de que "na sua totalidade" a fábula abriria "a possibilidade de uma junção do contraditório" ou: "a fábula, evento delimitado, dá um determinado sentido". Mas como faz isto? "isto significa que, de muitos possíveis interesses, ela satisfaz apenas alguns determinados". Como se comporta esta determinação, que não recorre à estrutura interna da fábula, mas ao seu efeito, com a supressão de "todos" os traços individuais? Ela não é compatível com isso.

Hoje, é caso de leitura deixar legível o pulo de Brecht, a superfície fendida da sua construção teórica como quebras e aberturas produtivas, pelas quais possa entrar o vento. Da mesma forma, como o ator também num pulo, talvez numa fissura ou lacuna, encontra a sua figura; a reconciliação forçada nos gestos de Brecht não deve ser realizada incondicionalmente, mas separando-a, no texto, entre os gestos de emparedamento e os da abertura. Deve-se ler então: os textos de Brecht procuram uma parada, guardar (na teoria) uma ancoragem da unidade, o princípio da manifestação; e poderia ser demonstrado o quanto este *parti pris* está enraizado num determinado conceito de racionalidade. E determinados teoremas – sem esquecer o conceito de fábula – tiveram de carregar estas intenções teóricas, enquanto do outro lado do teatro de Brecht muitos dos seus textos, e outras partes da sua teoria, abriam outros caminhos da desmontagem estética e metafísica da identidade própria e quase alheamento, indicando um *alheamento próprio* mais radical ou uma alteração interna diante da qual Brecht (na teoria) sempre recuava. O que para ele não parecia possível (ou quase não parecia) era, como Heiner Müller escreve: uma "dramaturgia sem protagonistas"[19]. A análise do conceito de fábula, confirma aqui de forma central, que as declarações teóricas nas suas manifestações evidentes não se coadunam. Como vestígios dos conflitos nas indicações de Brecht sempre aparecem ambiguidades, que jogam dúvidas sobre as teses aparentemente claras e que as minam pela maneira de se apresentar. Não deveria haver necessidade de salientar, que uma tal leitura não pretende ser a injúria de um conceito de fábula em desacordo. É ridículo querer marcar um autor com contradições. Pelo contrário, existe a questão do *status*, mesmo daquele *status* poético-estético dos seus textos teóricos. Trata-se das fendas do texto. Trata-se também de questionar as manifestações de Brecht sobre os traços "fabulosos", aceitá-los como textos no sentido enfático, que não apenas noticiam o que o autor pretende e cuja poeticidade frequentemente dá motivos para a suposição de que Brecht não teria escandido de forma inconsciente a retórica das suas teses, mas, de forma bem consciente, teria feito oscilar e inclinar a sua plataforma teórica, para poder unificar lacunas linguísticas, e pontos obscuros, e deixá-las como escritos legíveis, semilegíveis e quase indecifráveis.

4

A pesquisa sobre Brecht entendeu até hoje os dois conceitos básicos de Brecht, fábula e gesto, como determinações complementares lógicas e harmônicas do teatro épico. A pesquisa quase não considerou a possibilidade de que entre aquilo que é a ideia de Brecht sobre o gesto, e o seu conceito da fábula, po-

---

[19] H. Müller, *Krieg ohne Schlacht*, p. 230.

deria não haver uma relação de consequência harmônica, mas um antagonismo irreconciliável. Hans Martin Ritter diferencia, na sua extraordinária pesquisa sobre o "princípio gestual"[20] no "procedimento" de Brecht[21], "os aspectos: grande coerência de ação (1); quebra desta coerência em pequenas unidades contraditórias (2); a decomposição das mesmas em eventos parciais (3); persecução das contradições até as posições obrigatórias das pessoas participantes (4); a manifestação das contradições em gestos concretos (5). Entretanto, ali onde se trata da unidade do todo, o intérprete deixa que Brecht o instrua. Os pequenos passos gestuais de um evento parcial seriam, segundo se diz, dominados por um "gesto básico". Do gesto dos eventos individuais chega-se, passo-a-passo, através dos gestos das cenas, até o gesto de toda a continuidade da ação e seria isto que Brecht denomina a "fábula". Ela representa "uma composição que estabelece a unidade das contradições [...] com um 'determinado sentido': uma unidade analítica de sociedade" bem como junção de gestos, mímicas, expressões etc. no processo de representação, representando, também, "uma unidade teatral"[22]. Deve-se repetir até a exaustão, que Ritter está com a razão quando acentua que o conceito de Brecht de "gesto" leva a uma ação *contraditória*, corporal-mental e não a uma "tradução" de significado social; também não dá para seguir a sua representação em que produz com Brecht a síntese, trilhando com boa vontade o caminho principal, oferecido sempre pelos textos teóricos de Brecht e não os caminhos secundários, que podem levar mais longe mas que são cheios das ambiguidades e pontos obscuros e que fazem com que na sua teoria seja lida outra coisa do que o *convenu* e encontrar o que o liga ao trabalho vivo do teatro

Com Brecht, a fábula se encontra numa tensão assimétrica em relação ao gesto. Enquanto o gesto se refere aos "fragmentos" da peça toda, de tal forma que a carga didática da siuação concreta com a sua vivacidade cênica e presença humana, não pode ser precisada e quase é obrigada a relativizar; a fábula se dirige ao todo abstrato. Ela implica uma teleologia, ficando di-

---

20 H.-M. Ritter, *Das gestische Prinzip bei Bertolt Brecht*.
21 Idem, p. 28.
22 Idem, p. 31.

dática, alegórica. Aquilo que o gesto abre através de exemplos conhecidos, porque a comicidade cênica, "drástica sentenciosa" (Adorno), piadas e corporificação ficam abaixo de toda racionalidade, o conceito da fábula ameaça fechar, transposto ao nível da concepcionalidade. Esta contradição não é resolvida por Brecht, nem por conceitos como "gesto básico". Pelo contrário o uso da sua palavra acentua – em lugar de ação, acontecimento, história, para falar justamente de fábula – o momento da didática. A fábula como gênero é inconcebível sem manifestação. Conforme o exemplo, ela está intimamente ligada ao discurso sistemático, teórico e, como bom conhecedor de Lessing, Brecht não deixou de verificar a conexão de fábula e didática com o seu teatro, que recorre expressamente à didática, à ciência, ao reconhecimento e pensamento joviais, devendo evocar o caráter sistemático, argumentativo desta forma. Já na Antiguidade, a fábula foi incluída sob as técnicas retóricas de argumentação, como, por exemplo, sob o nome *lógos* na retórica de Aristóteles. A sua poética apresentou o tom básico da tese clássica do drama, para que a criação artística da tragédia formasse um análogo da lógica. A arte de construir o *plot*, construção de ação épica ou dramática, serviu para estabelecer uma *totalidade paralógica*, com início, meio e fim, proteção e solução do conflito. Este mito do *plot* no discurso de Aristóteles, vale para ele como alma da tragédia. Brecht do seu lado escreve: "a fábula segue Aristóteles e pensamos logo – a alma do drama". Justamente a alma! Não: de maneira alguma Brecht pensa "igual" a Aristóteles. E isto, pelo simples motivo de que para Aristóteles o mito representa um *systatis pragmaton* (junção dos acontecimentos) arranjado de forma artística, mas cuja base é um material mítico-histórico, enquanto Brecht tem a certeza, e a formula várias vezes, de que com o seu conceito da fábula é dado o caráter *daquilo que foi encontrado para fins de argumentação*.

É preciso lembrar de Lessing em *Dissertações sobre a Fábula*. Uma frase comum – "O mais fraco geralmente é presa do mais poderoso" – para deixá-la com mais credibilidade e compreensão é transferida do abstrato para o concreto de animais conhecidos. Após este disfarce – "a fuinha come a galinha; a raposa come a fuinha; o lobo come a raposa" – o "ele come" torna-se "ele comeu", porque, para a retórica didática antiga, a perspectiva histórica escondida fica melhor do que "apenas" a fábula inventada – agora o conhecimento está corretamente revestido: "e veja, minha frase tornou-se fábula". A sentença moral assassina tornou-se ação épica (a fuinha comeu a galinha etc.). A ação envolve a doutrina como uma veste. A fábula de animais é rodeada de certa inverosimilhança, em comparação com histórias escolhidas que convencem por aquilo que virou fato. Uma certa inverosimilhança faz parte do seu princípio de formação: na fábula, justamente, o improvável é "o sinal da intenção alegórica dada com a fábula"[23]. A ideia de fábula é inseparável do sentido alegórico, e Brecht enxerga a sua fábula como uma comunicação indireta do escritor de peças com o seu público. O que a gente encontra na fábula são "eventos arrumados, nos quais as ideias do inventor das fábulas falam sobre a vida em comum dos homens"[24]. Mas o que conta mais: um segundo problema da fábula de animais é semelhante ao problema artístico da fábula de Brecht: a sua previsibilidade. O leão é corajoso, a raposa é esperta, o lobo é esfomeado: o seu comportamento na fábula apenas irá confirmar aquilo que a gente já previa. O princípio da fábula pressupõe uma realidade homogênea. Somente onde certas regras compreensíveis dominam o mundo, a fábula pode colocá-las como exemplo no ponto crucial do geral dentro do específico. Por isso, na modernidade o exemplo perde a validade e aproxima-se da insistência de Brecht da fábula em tensão com outras partes da sua teoria, do gesto até a natureza com os saltos e o homem como *dividuum* (dividido), em constante desintegração.

A partir da problemática fábula e gesto fica clara uma nova perspectiva, na qual as peças de Brecht podem ser consideradas como fábulas simuladas. Elas usam a máscara de uma dramática *fabula docet*, mas na verdade realizam um "como se" da doutrina fabulosa (e também parabólica). Sob a luz mais intensa o mais simples não pode ser comprovado: a tese é que não se pode fazer a incisão na guerra e isto serve para todas as mães coragem, mas não para cada uma em particu-

---

23 K.-H. Stierle, Geschichte als Exemplum – Exemplum als Geschichte, em R. Koselleck; W.-D. Stempel (org.), *Geschichte – Ereignis und Erzählung*, p. 356.
24 B. Brecht, *Gesammelte Werke*, t. 16, p. 704.

lar. As pessoas da plateia conhecem bem os contraexemplos. Sempre chamou a atenção dos bons leitores a pouca segurança das doutrinas de Brecht. Sobre estas doutrinas não dá para construir algo; e mesmo que a didática se torne um momento artístico, o próprio doutrinador é prejudicado (este é outro aspecto do mesmo assunto) pela confiança, tornando-se um *unreliable narrator*, como é conhecido pela teoria da narração. As doutrinas e os doutrinadores tornam-se parte integrante do *procedere* artístico (ou geralmente nas peças como personagens duvidosos), escavando desta forma o sentido doutrinável projetado externamente sobre o todo. Por sinal, seria um lucro bem modesto, que poderia ser deduzido disto pelo caminho direto:

> Brecht não ensinou nada que não fosse reconhecido como independente das suas peças e concludente na teoria e que não fosse familiar aos espectadores dele: de que os ricos vivem melhor do que os pobres, de que o mundo é injusto, de que mesmo com justiça formal, continua a repressão, de que a bondade privada torna-se o contrário pela maldade objetiva; que – sabedoria dúbia a bondade precisa da máscara do mal. Mas a drástica sentença, com a qual ele nunca transferiu ideias novas em gestos cênicos, ajudaram para que sua obra ganhasse o tom certo: a didática o levou a novidades dramáticas, que abalaram o já murcho teatro psicológico de intrigas. Nas peças as suas teses ganharam outras funções do que aquelas do seu conteúdo. Elas tornaram-se constitutivas, levaram o drama a uma anti-ilusão, contribuíram para a derrubada da unidade da racionalidade[25].

Esta formulação deve ser entendida em toda a sua força: justamente enquanto Brecht transforma as teses de racionalidade em dramaturgia gestual, a performance poética e teatral, que deveria apoiar e reforçar a racionalidade, contribui para a sua queda: "A transformação contraria na obra artística o juízo. Para ela, as obras de arte são análogas a sínteses; mas elas são sem julgamento, ninguém pode dizer o que é julgado, nada é o que se pode chamar uma manifestação"[26].

---

25 T. W. Adorno, op. cit., p. 366.
26 Idem, p. 187.

A análise esquematizada e naturalmente muito mais abrangente do conceito da fábula, sugere que Brecht estava bem ciente das tensões entre as afirmações e as exposições teatrais e entre as diversas colocações teóricas. Ele não conseguiu na teoria, tal como Müller formula na sua carta a Gottscheff, fazer a "transformação da fábula do seu lugar das contradições até a prova de dilaceração para os participantes". Isto teria implicado numa quebra mais radical com a tradição do teatro da fábula. Mas no próprio Brecht algo o pendia continuamente contra a própria tendência para a fixação. Como ele acalmava a tensão entre abertura e fechamento teleológico do relacionamento de ideias talvez nunca fosse o suficiente. A tarefa das leituras, hoje, dos seus trabalhos teórico-teatrais, é pesquisar estas quebras uma a uma. Isto significa não recortar a teoria e a prática de Brecht do processo total da modernidade e da pós-modernidade, ou até estilizá-lo como rocha da manifestação clássica política nos presumíveis turbilhões das desconstruções. Justamente quando, no sentido de uma nova ideia de política, os impulsos políticos de Brecht devem ser liberados do seu invólucro parcial, num esquema de frentes e classes irrequietas, deve-se pensar que *a teoria* de Brecht consiste de manifestações e textos nas feridas ainda abertas, que, em certo sentido, não conseguimos apreendê-la por não existir num estado positivo de referência, mas que ainda deve ser encontrada através da leitura. Os seus textos devem ser lidos, as suas partes devem ser desmontadas e juntadas novamente em outras posições. Deve ficar claro que até os textos tornados canônicos em pontos decisivos não têm configuração de positivação, mas que se trata muito mais de figurações textuais, que, por este motivo, não podem ser "conhecidos" como positivos. De propósito e evidentemente – o que seria lógico – em Brecht não foram selecionadas as peças didáticas, nas quais a tese e a performance se anulam continua e alternativamente, nem o enigmático *Fatzer* (pantomimeiro) e nem a linha de Nietzsche. Tampouco foram procurados os momentos das obras de Brecht contrários ao conhecido credo da moralidade humanística-socialista, que Heiner Müller designa em Brecht como o característico "tom malvado do coração" e que entendia como o principal, sem considerar a sua lírica tão expressiva. A atenção foi muito mais dirigida ao centro daqueles textos de Brecht que oferecem a visão *normal* para não dizer *normalizada* do autor. E justamente eles certificam:

Na verdade, o Brecht é desconhecido... Tendo em vista o desenvolvimento do teatro e da mídia, é natural fazer a afirmação, de que as categorias-chave do teatro épico no próximo século devem ser lidas de forma diferente, *mais esfarrapadas*. Para isto a gente deverá escavar o covil do tigre brechtiano, cujas garras, hoje, nos sinais de ortodoxia normalizada, não são mais temidas, mas cuja graça perderia o seu melhor resultado sem o sentido divertido de ser a atração de um poder teatral e poético, que não queria ajustar um par de ideias, mas deslocar o pensamento.

SEXUALIDADE: UM "CENTRO DO MEDO" NA OBRA DE BRECHT

Esta exposição não será dedicada ao lado biográfico do tema sexualidade em Brecht. Existe a respeito disto bastante literatura e inclusive filmes (o último dos quais de Jutta Brückner), porém guardo uma aversão contra o efeito da cultura da mídia, que também neste debate coloca o interesse pela personalidade numa forma destruidora, não apenas diante da obra, mas até no lugar dela. Contudo, por que deveria interessar-nos, se um certo cidadão de Augsburg, de nome Brecht, era mais ou menos "male-chauvinista", no trato pessoal com mulheres e com homens era mais ou menos decente, se numa sociedade monetária ele estava a fim de dinheiro, se os conhecimentos pessoais eram colocados sob as leis da oportunidade etc.? Mas sim, nos interessa e muito, porque estes textos existem e foram achados por inúmeros leitores e espectadores, homens e mulheres, tão interessantes, que o nome Brecht assume um lugar na história do teatro e da literatura de mundo.

No final de *Galileu*, Virgínia lê para seu pai Galileu algo de Montaigne, e ele faz breves comentários sobre as frases, então ela lê: "O homem é uma sombra, quem fará juízos sobre ele quando o sol se oculta?" Galileu cala. Para mencionar apenas um problema suave e fundamental do julgamento biográfico: Encontrando-se temas, motivos e posições numa obra – eles representam um reflexo da vida do autor ou uma compensação? E não se deve partir do princípio de que numa obra cada palavra se encontra numa medida jamais sabida por ambos: fantasia e realidade? Mesmo que as obras fossem entre si uniformes (o que não é o caso), seria impossível fazer conclusões sobre a vida ou sobre a qualidade ética do comportamento do autor. Mas os chamados fatos da vida geralmente são ambíguos. Mesmo os nossos conhecimentos sobre pessoas que conhecemos há longo tempo são duvidosos, quantas vezes não recebemos estranhas surpresas – quem pode dizer que conhece a si próprio?

Portanto, nenhum caminho explicado da vida, leva ao significado das obras, nem destas para a vida. A melhor escolha

---

* Sexualität – ein "Furchtzentrum" in Brechts Werk. Conferência promovida em Sevilla, 1998.

então é se concentrar nas obras, a despeito do auxílio, aceito com gratidão, de uma boa biografia. Não deveria abrir-se nas próprias obras um espaço estético complexo e descontínuo, cuja qualidade consistiria em manter ocultas as certezas enganosas e simpicidades do discurso ideológico e crítico-ideológico?

Uma outra razão para falar de sexualidade como o motivo de obra, sem querer acrescentar algo à pesquisa biográfica, consiste na própria posição da pesquisa. No que se refere à imagem na sua totalidade, acho que Sabine Kebir colocou o essencial, as formas mais ou menos sutis do "male-chauvinismo" visto por uma percepção aguda e crítica de Brecht. Contra isto haveria necessidade de desvios metódicos e teóricos, para corresponder de forma diferenciada, aos ataques em parte fulminantes de Sarah Bryant-Bertail, Sarah Lenox ou Sue-Ellen Case, que devem ser considerados um jogo especificamente americano do discurso feminista. O caso de John Fuegi, cujo livro sobre Brecht, mesmo sob critérios os mais generosos, não se encontra no terreno de discussão séria e científica, é pior, pois junta tudo o que é penoso e ridículo para realizar uma biografia moralizante. Desde falhas drásticas, passando por mal-entendidos textuais, até uma retórica obrigatoriamente repetitiva de insinuações, todos os critérios de honradez intelectual são oferecidas ao melhor preço e não se deve perder tempo com eles. Em lugar disto, apoio o seguinte: "as reclamações privadas, ainda em andamento, contra a pessoa de Brecht e o seu modo de vida, possuem algo de indizivelmente subalterno; aquele que os traz à tona, tem as mãos pegajosas". Poderia ser discutido o "caráter social", "aquilo no qual a pessoa, em sua vida privada, era expoente de um teatro de tendências sociais", mas não

o indivíduo na sua casualidade psicológica, sobre o qual muitos ainda imaginam serem os juízes. Aquilo que contra ele é dito, sem conciliar entre a sua força produtiva artística e a sociedade, é pura burguesia atrasada próxima do desprezível gênero da biografia de romances[27].

Vocês ouviram: tratou-se de uma citação de Adorno, eu apenas coloquei o nome Brecht em lugar de Wagner.

27 T. W. Adorno, Wagners Aktualität, *Gesammelte Schriften*, t. 16, p. 545.

Nas notas sobre *Fatzer*, no qual Brecht trabalhou de 1926 a 1931, talvez na fase mais produtiva da sua vida, ele fala do "centro do medo" da peça[28]. Trata-se no *Fatzer* da decomposição interna de um pequeno coletivo, consistindo de quatro desertores no final da primeira guerra, por causa do egoísmo de Fatzer que por sua vez, é o mais engenhoso deles todos. A sexualidade faz parte principalmente do centro do medo: "Eles estão divididos pelo sexo". "Tranquiliza Fatzer", mas é o "seu natural egoísmo" e seduz a mulher de um outro. A rivalidade sexual torna-se um fator decisivo da divisão interna. A sexualidade como problema nunca esteve na lógica do tema político principal do projeto da peça, mas é introduzido por Brecht com ênfase que chama a atenção. O motivo é a circunstância de ter reconhecido a sexualidade, como um problema inevitável do discurso estético-político, que ele tentou desenvolver naqueles anos. Ele tomou conhecimento de que seria a sexualidade ou mais precisamente a rivalidade na sexualidade, o ciúme contrapondo. na formação de todo coletivo, uma resistência que quase não dá para vencer. O sexo do egoísta Johann Fatzer é apresentado como "egoísmo natural"[29], ou seja como cerne do egoísmo. Ao mesmo tempo, o momento substancial do coletivo, a racionalidade das resoluções da maioria, tal como ela valia para o centralismo democrático do Partido Comunista, é tratada em forma de paródia. Sobre a execução de Fatzer a resolução é tomada por maioria: "porque nós somos mais, ou seja, dois ou três" – inversão do princípio político para o lado absurdo e ridículo. *Fatzer* é um texto-chave de Brecht em mais do que apenas um sentido: trata-se da questão de um possível sujeito da atuação política e da sua sexualidade.

Brecht ocupou-se intensivamente das teorias de Engels sobre a formação da família. Mas ele contradiz Engels sem ambiguidade quando se trata do papel do ciúme. Brecht acredita que o ciúme não é algo que pode ser dominado, mas como um "sentimento materialista elementar", que ele considera o "ponto de virada" do desenvolvimento dialético e histórico. Isto, no discurso "revolucionário", é tudo menos evidente, o que leva Brecht a um ponto onde o sexo torna-se um "bloco" decisi-

---

28 *Fatzer*, em B. Brecht, Stücke 10, t. 1, p. 428.
29 Idem, p. 431.

vo para ele. Isto tem pouco a ver com psicologia privada, mas com um problema no interior do discurso político-literário de Brecht, que, por sua vez, não dá para separar da problemática política-artística dos anos de 1920 e 30. Numa situação de perigo político-radical, tratava-se de, pelo menos se não houvesse soluções, formular artisticamente a clara percepção dos perigos e *incertezas de modelos de ordem social*. A obra de Brecht reivindicou esse fato. O seu tema básico é a pergunta por um sujeito político coletivo – grupo, classe, Estado, também o isolado como coletivo menor do *Di-viduums* –, que segundo a visão de Rousseau poderia ser a mediação do isolado com a *volonté générale*. Sexualidade e rivalidade sexual dividem o coletivo, separam o indivíduo de si, não significam sequer harmonia, mas apenas alienação irrevogável entre os sexos, quebra de todas as tentativas de pensar a sociedade como um todo que não está em guerra com ela própria. A sexualidade ameaça derrubar todo o projeto político do coletivo comunista. Por isso, ela aparece como "centro do medo". Brecht teve de apresentar-se ao projeto, pois sabia que o susto era necessário para o reconhecimento.

Vejamos o aparecimento do tema em Brecht, deixando claras algumas linhas. Em primeiro lugar está o tema da comicidade, do grotesco. Brecht anota várias vezes, que a sexualidade sem dúvida faria parte do cômico. Ele separa o desejo sexual sem complicações da área da seriedade política. Enquanto que outros, talvez os surrealistas ou mais tarde os pensadores neomarxistas como Herbert Marcuse, deram ao Eros o caráter e um poder revolucionário radical, talvez trágico ou "sagrado"; numa primeira vista e também numa segunda, isto não existia para Brecht. Aqui domina muito mais uma atitude que quer passar por cima da estrutura do desejo, tematizada pela psicanálise, e que se precipita na *blague* como se o real merecimento de Freud fosse o de ter descoberto uma alma na classe dominante. Nos anos de 1920, em conversa com o sociólogo Sternberg, Brecht explica que o amor não seria mais tema para uma peça; *Romeu e Julieta* não seria mais possível. O desejo é um tema negativo. Sem dúvida este lado de Brecht deve ser visto com relação à tradição marxista, na qual ele quer se colocar. Uma lacuna, talvez a mais decisiva delas, na teoria do capital é que Marx passa por cima do desejo incomensurável e mensurado, definindo o homem apenas pelas necessidades. O "impulso" (*Trieb*), ou o instinto humano, é uma estrutura esencialmente simbólica; por isso, com razão acostumou-se a falar mais do desejo, do *désir*, para evitar o mal-entendido naturalista em que é trocado pelo conceito de impulso ou instinto. Mas Brecht, em numerosos textos, demonstra a impressão que, para ele, o sexo como essencialidade é apenas necessidade fisiológica, sendo a mesma força para ambos os sexos. A avidez da mulher aparece em *Fatzer*, da mesma forma como momento de perigo para o coletivo, como a fome sexual masculina ou o "complexo de posse", relacionado com o sexo. "Perigo para os quatro: 1. A mulher, quando insatisfeita"[30]. Brecht anota várias vezes pensamentos com a tendência de que a gente deveria lutar contra a "imaginação de que o sexo é absoluto", porque seria um erro supor que "a consciência do homem seria determinada pelo fato de ser homem, não pelo seu ser social, mas pelo seu ser sexual"[31]. Em *Fatzer*, esta tendência aparece quando ele pretende seduzir a mulher de Kaumann e explica "este abraço oportuno, impulso do corpo, vontade, colocar o braço numa axila. *Ela ri novamente*"[32]. No mesmo contexto fala sobre autossatisfação: "é natural, eu digo francamente; de vez em quando eu faço, eu sei, você também, é natural e passa rápido, quase só para rir". Fica bem claro como uma impotência e redução do Eros deveria ser repelida na prática política.

A genealogia da degredação da sexualidade feita por Brecht para a área da insignificância e da comédia, no mínimo volta a Hegel. Deve ser pensado, entretanto, que uma imagem da sexualidade tão redutiva pode ser lida como resultado de uma repressão ou abjuração pelo autor. Na verdade, a pesquisa, orientada pela psicanálise, diagnosticou nos textos de Brecht toda uma constelação de obsessões sexuais: a homossexualidade latente – ou nem tão latente – o medo sexual e o masoquismo; fantasmas da *vagina dentata*, o rebaixamento da vida amorosa pela divisão da imagem feminina em prostituta e santa, mocinha e mãe etc. A passagem de descrições analíticas para descrições

---

30 Idem, p. 467.
31 Idem, p. 21, 539 e s.
32 Idem, p. 472.

moralizadoras aparece com frequência. Quando estas análises chegam a manifestações sobre o mundo masculino, fálico, organizado e à discursividade da sociedade, elas ganham o seu valor. Mas quando aparece a afirmação de descobrir o inconsciente do autor empírico, trata-se de um fantasma do controle e de conhecimento, provocando a ideia de que, nas circunstâncias de texto ambivalentes e ambíguas, uma interpretação maciça é reconhecida mais através das projeções dos leitores do que através da obra. Mesmo no que se refere ao tema do ponto de vista especificamente masculino ou feminino, parece não levar muito longe caracterizar por exemplo Gertrude Stein ou Virgina Woolf como especificamente femininas e Brecht como tipicamente masculino. Deve-se partir do princípio de Julia Kristeva e outros – de que o sujeito artístico se encontra sempre numa posição ambivalente, mais "mulher" do que "homem", entendido num movimento psicossexual e estético, com a bela definição de Kristeva de que o autor literário é um homem, que sabe ser mulher, mas não quer sê-lo.

Seria totalmente inexplicável, por que a sexualidade poderia tornar-se um "centro do medo" na sua obra, se realmente, na imaginação de Brecht, não fosse e significasse outra coisa do que a necessidade fisiológica. Deve haver algo mais. Na verdade de outro lado, *Fatzer* virou uma "peça de sexo" existindo várias anotações e ensaios a respeito, que fazem com que o tema apareça bem diferente. O primeiro momento do perigo sexual pode ser reconhecido quando o prazer sexual surge como uma tendência que parece se inserir e se juntar. Esta tendência pode evitar a revolta das massas, levando-as à obediência: "serem distribuídos para eles é o mesmo prazer / do que para as mulheres serem fornicadas". Aqui fica reunido um motivo essencial da modernidade com a redução sexista. De um lado, o ponto de vista no caráter por princípio "masoquista" do prazer, que enfraquece a função do eu da autopreservação. Torna-se possível, então, que seja feito abuso da "nova arte e prazer na sincronia", como, por exemplo, para fins de guerra – esta é a conexão da citação[33]. O cerne é que aquele momento mecânico do prazer, na sincronia para o coletivo (por sinal também

---

33 Idem, p. 473.

para o jogo teatral), de um lado é básico e constitutivo, e do outro lado é ameaçado pelo desenlace (dissolução). Por isso, a grosseria da fórmula do sexo não deve ser ultrapassada. O negativo do prazer é fantasiado, como o prazer das "mulheres", e é repelido. Mas o texto também fala dos homens, que com o "mesmo prazer" sofrem uma subordinação indolente. O centro do medo da sexualidade é, portanto, o prazer da passividade, da autodissolução e abandono da própria vontade, o que politicamente fica ambíguo. Pode-se abusar do "homem da massa", como Galy Gay que não sabe dizer não. Mas, ao mesmo tempo, para Brecht não existe caminho que leve para fora da compreensão de que o novo homem da massa da utopia comunista, não deva como indivíduo ativo, autônomo, caprichar pela totalidade existente na própria liberdade. A sua força reside muito mais no fato de não insistir em si próprio. Ou dito de outra forma: entrega sem reserva, como nessa época Georges Bataille pensou ser o cerne do prazer; o que por sua vez é condição de outro – em certo sentido "comunista" – ser-humano, mas que ao mesmo tempo é tido como fraqueza, paixão ameaçadora, inclinação desprezível – ligado à mulher e denunciado. Para uma série de questões deveria ser feita uma pesquisa paciente, psicossocial e histórica, com análise dos textos para saber o que seria projeção masculina e defesa, misoginia ou fantasia ideal, inconsciente ou semiconsciente; se existe algo de real na tese de que a construção do sexo premia socialmente, caso se reforce pela entrega do sexo feminino ou se se trata apenas de uma metaforização poética, ou ainda, se estes aspectos todos deveriam ser separados entre sí. Não existem respostas rápidas. Tanto nos textos de Brecht, como nos de Georg Büchner ou Franz Kafka, Heiner Müller ou Peter Weiss, encontram-se traços fortes de masoquismo. Em lugar de uma redução à psicologia privada dos autores, isto deve ser fundamentado na economia da escrita ou da estética teatral. Poderia ser que a sexualidade, na sua força e perigo, deveria ser configurada por formas que comumente valem como perversão e não precisa ser de modo algum "expressão" do autor. Mas contra isto pode-se argumentar que Brecht, talvez em *Mahagonny*, tenha escrito realmente uma narrativa analítica complexa sobre o desejo e o prazer como autoentrega radical, embora tenha-se fundido com a crítica sobre as condições comerciais, mas cuja importância primordial não está nesta última. A sexualidade é narrada como energia destrutiva e autodestrutiva, que fornece o impulso anárquico necessário, sem o qual não poderia haver alterações sociais, contudo é disciplinada pelas circunstâncias. A exclamação: "Oh rapazes, eu não quero ser gente", de Paul Ackermann responde à falta de identidade do empacotador Galy Gay. O medo já está novamente presente aqui: "Não precisamos de um furacão. Não precisamos de um tufão, pois o que ele pode nos trazer de espanto, nós mesmos podemos trazer". Ou então "O que é o tufão em espanto contra o homem, quando ele deseja o seu prazer"? A sexualidade como centro do medo também pode ser isto: que o prazer não domesticado, o desejo, não pode ser distinto do prazer pela destruição e autodestruição e, por isso, não pode ser integrado em nenhuma ordem política nova. Todo leitor da lírica de Brecht sabe que o prazer pela passividade, a perda e decomposição próprias não lhe eram alheios. Eles sempre aparecem na sua primeira lírica, sendo que quase não existe distinção entre a natação, perder-se, união sexual e a morte. Aqui não há como deixar de observar: a sexualidade é tratada como desejo de passividade, que é, ao mesmo tempo, uma *condição* ameaçadora e inevitável do homem, na qual Brecht colocou como fator de significado decisivo em sua temática sobre o sujeito político. Antes porém de, a partir deste ponto, ser aberta a "contraconta", que coloca em oposição a figura do desgaste próprio com a redução da sexualidade ao fisiológico, recomenda-se uma pequena olhada sobre algumas manifestações sobre a sexualidade de Brecht na sua obra.

Nas constelações dramáticas das suas peças, domina – o que inicialmente é bem evidente – a rivalidade política e psicológica com carga erótica entre homens (*Na Selva das Cidades*, *Eduardo II*). De um lado, a mulher fica excluída ou tem apenas papel de complemento. Ela é trocada e, da mesma forma, os sentimentos de amor são levados para os cálculos das forças. A fraqueza dos amantes é um triunfo para o oponente. Por outro lado, na dramaturgia de Brecht há um fracasso completo na tentativa de determinar, na luta de homem contra homem, quem seria o "melhor". O modelo hegeliano da dialética de senhor e servo, a luta pelo reconhecimento não leva a nada, a verdadeira inimizade apresenta-se como utopia inatingível. Nas obras posteriores, tudo gira em torno do homem que se coloca contra o coletivo (*A Decisão, Fatzer, Peça Didática de Baden-Baden*). Existem as peças com importantes papéis femininos (*Santa Joana dos Matadouros, A Mãe, Mãe Coragem, O Círculo de Giz Caucasiano, A Alma Boa de Se-Tsuan*). Trata-se essencialmente de mães. E, finalmente, existem aquelas peças nas quais o prazer, de forma geral sexo em sentido mais restrito, representam o tema principal (*Ópera dos Três Vinténs, Mahagonny*). Chama a atenção de que o triângulo clássico pai, mãe, filho na realidade não existe em nenhum lugar. Em *Mãe Coragem*, não existe o pai dos seus filhos, mas há o cozinheiro com o qual ela tem um namorico. Galileu tem uma filha, Virginia, mas onde está a mãe? Em lugar dela encontramos a senhora Sarti onde Galileu mora. Ela por sua vez tem um filho, que aparece como filho simbólico de Galileu, seu pai espiritual, mas não se fala do seu pai carnal. No *Círculo de Giz* existe a criança, a mãe boa mas imprópria, o pai real, morto, pais disfarçados e adoção. Sempre há lacunas ou deslocamentos na ocupação dos pontos do triângulo original. Brecht nunca tematiza ou passa por cima da *cena original da geração* com a consequência do triângulo familiar. Em lugar disso, sempre uma ou duas destas posições são substituídas simbolicamente por outras pessoas. Não há naturalismo, mas substituição e representação simbólica: não é a mãe, que é decisiva, mas a parte maternal.

As construções dramáticas das peças têm evidentemente a tendência de deixar irrealizado e impensável o momento da geração da vida. Seria atraente examinar com detalhes até que ponto existe a influência da Sagrada Família. Mas a geração da vida é o ponto do pensamento brechtiano, em que não podem mais ser pensados juntos os dois motivos da sua escrita: de um lado, o *páthos* da quebra, da tábua rasa, do fim do passado com a sua carga de obrigações e culpas; e do outro, o motivo da continuidade, da *geração* de vida, a corrente dos sexos. Gravidez e nascimento são por isso um momento do espanto insondável: ou a sua negação leva à consequência da quebra – "um mundo sem mães" como escreve Heiner Müller em *Hamletmaschine* –, com o perigo inerente de negar toda fertilidade. Ou prevalece a corrente fértil dos sexos e gerações, a corrente dos nascimentos e das mães, cuja força determinante da vida, por sua vez, nega a imaginação da interrupção radical, da cesura da revolução. Esta incerteza e dúvida em aberto, deve ser vista em conjunto com a passagem para as prostitutas. Pois existe a imagem mais conhecida do sexo em Brecht, que são as sempre presentes prostitutas e bordéis. Aqui cabe uma observação: as prostitutas de Brecht não têm nada da aura demoníaca-revoltante, que lhes dá por exemplo Baudelaire. Elas não são portadoras de uma sabedoria grande ou pequena, pelo contrário, são desenhadas não de forma realista, mas como figuras alegóricas, para a revelação de amor que a sociedade mantém em si; revelação que a fundamenta, porque só ela pode fundamentar a "realidade" das condições de troca. Por isso, não simplesmente como encarnação de mercadoria, da inversão virulenta na relação da prostituição de afeto por uma troca, elas podem ser figura do sujeito burguês. Neste sujeito são descobertas as profundezas que a ideologia deixou invisíveis – até chegar ao prazer da relação de troca impessoal dos corpos no meio dos gestos de afeto. Algo é mostrado e seria, outra vez, metódico mais do que duvidoso, para fazer a leitura da descrição, incondicionalmente como lista de pedidos do autor Brecht. Assim como a guerra de Trinta anos está para o presente, a China e Chicago poderiam estar para Berlim, assim as cenas surreais de *Um Homem é um Homem* e *Mahagonny* são sinais de outra realidade, assim também o amor comprado encontra-se sob as condições da sociedade de mercadorias, numa realidade complexa e estrutura social de comunicação humana. Assim como amor, corpos podem ser trocados por dinheiro; os portadores do conjunto social, por causa de uma certa possibilidade de substituição, são capazes de unificação.

Os exemplos mencionados são suficientes para constatar que para Brecht não existe uma imagem simplista do relacionamento sexual entre homens e mulheres, mas múltiplas perspectivas, que apenas pelo preço de adulteração primitiva podem ser reduzidas a uma única visualização. Dentro destas múltiplas perspectivas, o sexismo, os traços falocráticos, a tradicional psicologia masculina e as "fantasias masculinas" têm o seu papel. A leitura não deve isolar estes momentos dos outros, mas deve considerar a sua dinâmica interna. Como contrapeso da redução psicológica, deve ser constatada em Brecht a temática da entrega no sentido de Bataille. Deve ser acrescentada ainda uma dimensão que poderia ser chamada de barroca. Uma intensidade incrível ganha em Brecht a evocação sobre a brevidade da vida – "saboreai-a plenamente / nunca será o bastante/quando tiverdes de deixá-la". Não pode ser deixado de observar, que se trata aqui do mesmo materialismo responsável pela redução, frequentemente banal, do Eros em psicologia, mas que também leva, formulado de forma paradoxal: a um aumento espiritual da parte material. Prazer sexual como o *non plus ultra* da entrega à morte, à morte pequena como desafio permanente à grande.

Fica certo, que as imagens do prazer de um olhar do homem para a mulher resultam com todos os sinais e mecanismos latentes de opressão. Mas eles não se abrem. O sujeito autoral BB não é simplesmente o ego de um homem, mas, como já foi observado, uma "multiplicidade" de impulsos, ideias, influências, traços femininos e masculinos. Resolver no homem o medo, o sexo, o nascimento e a morte, é formulado em muitos textos de Brecht como experiência política, erótica e ética: "Tende medo! Afundai-vos! No fundo vos espera a lição". Esta exigência de uma autopercepção é provisória, mutável, pronta para a perda, e converge em muitos aspectos para o que a teoria mais nova, também feminista, levantou como exigência de política, sociedade e erotismo de uma não identidade. No contexto do fragmento de *Fatzer* há frases que são apropriadas para comprovar a percepção de Brecht da sexualidade como não sendo apenas uma complementação inofensiva da lista de necessidades fisiológicas do homem. Trata-se do "ensinamento" do amor sexual e Brecht escreve:

> Tratamento incorreto é apresentar a sexualidade ao aprendiz de forma natural, como limpo, inocente e compreensível. Têm razão aqueles, que a mostram como perversa, ou seja, suja, perigosa e incompreensível [...]. Mas não para que o aprendiz se mantenha longe do amor, este deve ser narrado como sujo e perverso, mas apenas para dizer a verdade. Não para criar aversão, mas para ensinar-lhe o medo[34].

---

34 Idem, p. 527.

E aqui chegamos, por outro caminho, novamente no medo. "O importante para ser aprendido é o medo", poderia ser uma variação da famosa frase "O importante para ser aprendido é o consentimento", que aparece em *Aquele Que Diz Sim*. O medo vale, e assim deve ser entendido, pela terrível responsabilidade assumida em depor a favor da vida: "Por que é perverso o que é sexo? Muitos dizem ser terrível gerar a vida, pois apenas através de um prazer o homem é atraído a cometer o ato". Brecht aproveita aqui textualmente determinadas passagens de Santo Agostinho, cujo sentido ele altera, sem distanciar-se basicamente. A função do medo, é sem dúvida, tal como escreve Judith Wilke, "colocar-se contra a domesticação dos instintos"[35]. Deve-se lembrar ainda que Brecht manifesta o seu entusiasmo pelo esporte, não pelo que o esporte tem de sadio, mas justamente quando, no lugar de fazer bem à saúde, o esporte se tornaria perigoso. Pode-se deduzir disto uma versão alimentada pelo barroco antigo e pelo cristianismo da Baviera da permanente autodestruição nietzscheana. A sexualidade confronta-se com morte e medo.

O sexual aqui é tudo, menos inocência. E justamente neste lugar apresenta-se uma virada estranha do poeta Brecht, do assustador fazer crianças ao *fazer sinais* nascido com medo: "Por isso, a melhor forma de ensinar sexo é como os meninos o fazem entre eles: eles falam do sexo rindo e com excitação". A comédia, o riso é unido a uma reação corporal de excitação, que faz aparecer novamente o riso: como reação (segundo Bataille) ao medo, em que não mais se trata de sentido, mas de entrega e incineração, rubor ardente e desejo, que rasgam o eu, o sujeito. O pudor deve ser experimentado e vencido – como o tabu. Brecht participa da opinião de Bataille de que a proibição faz parte do erótico e chega a definir. O que é sexo é proibido, mas a proibição deve ser ultrapassada: "Não tenha medo e não se envergonhe. O que é humano deve ser permitido", aparece em *Fatzer* sobre o desejo sexual da mulher, cujo marido, por causa da guerra, esteve quatro anos fora. O texto citado sobre o ensino da sexualidade continua: "eles falam do sexo rindo e excitados e desenham símbolos grandes e sujos

---

35 J. Wilke, *Brechts "Fatzer" – Fragment*, p. 199.

sobre as paredes das casas, que são semelhantes aos que são usados pelas religiões das mais sábias de todas as raças". Quase não dá para evitar que a "doutrina" seja vista como uma capa da própria prática de Brecht. De qualquer forma, ela serve para a produção de sinais enigmáticos e obscenos, que designam menos o sexo como exteriorização em símbolos ou como instinto de sinalizações de símbolos grandes e sujos. Algo fica retido na prática da escrita, que em todo lugar procura tocar os outros com palavras. Brecht sempre teve a noção de que as palavras poderiam despertar desejo sexual. A própria arte de escrever é um tipo de desejo sexual o "prazer do texto" dito por Roland Barthes – e não apenas lá onde o texto trata de sexo. No processo da linguagem, a escrita e a fala tornam-se um contato: "E também por isso, este tipo de instrução é bom, porque ele ocorre entre aqueles, que podem ser tocados não apenas com palavras, mas também com as mãos".

ENSAIO SOBRE *FATZER**

Fatzer devia contar a história de quatro desertores, que desapareceram em 1918 em Mülheim, no rio Ruhr. Eles aguardam e contam com a revolução, tentam conseguir alimentos nos subterrâneos e entram em conflito entre eles e o que aparece esquematizado para finalizar a história, são finalmente descobertos e mortos.

Um dos quatro é Johann Fatzer, de um lado o mais "esperto"; do outro, o egoísta radical. Uma das qualidades dá coragem e força ao pequeno coletivo, a outra leva o grupo a dividir-se; Fatzer no final tenta liquidar o grupo. Ele tenta conseguir alimentos para os outros, mas nas suas tentativas envolve-se na cidade, em discussões que levam perigo ao grupo que deve ficar sem ser descoberto. Ao apanhar do povo, os outros três, em lugar de ajudar, fazem de conta que não o conhecem.

Fatzer ficou apenas um esboço (*Fetzen*). O trabalho de Brecht nesse projeto entre 1926 e 1931 não chegou a formular uma peça. Mas nesse tempo, ele dedicou-se às peças didáticas tais como *A Decisão*, *Santa Joana dos Matadouros*, *Mahagonny* e outras. Estas peças foram finalizadas o que as diferencia da tentativa de *Fatzer*. Nesta peça, isso é demonstrado pela própria análise do texto, Brecht fez uso do radicalismo nas contradições políticas e teatrais que o atormentavam, tendo "fracassado" na tentativa de resolver de forma convincente o conflito entre o "ego" e o coletivo, se é que se pode falar em "fracasso", tendo em vista a enorme repercussão e estimativa da força linguística e explosiva teórico-teatral do fragmento. Em outras tentativas, ele conseguiu de uma forma ou de outra, mesmo que fosse com traços de violência, vencer as fissuras que o próprio radicalismo abria. Uma observação sobre *Fatzer* diz: "O todo, por ser impossível deve ser destruído. Para que fique evidente". Parece que *Fatzer* não poderia ser nem teatro épico e tampouco peça didática. Nem tragédia e nem fantasmagoria surrealista. Teatro épico é *Santa Joana*, peça didática e tragédia é *A Decisão*, Como primeira ópera surrealista, apareceu *Mahagonny* (Adorno). Brecht estava bem ciente das pretensões

---

* Versuch über "Fatzer". Conferência promovida em Paris, 2000.

fundamentais do seu teatro. Depois da estreia bem sucedida em Berlim da *Ópera dos Três Vinténs*, no fim do verão/outono de 1928 ele voltou ao *Fatzer*; escreveu para Helene Weigel que esperava ter logo um "Fatzer Original", fazendo ressaltar as palavras do texto e imaginando que *Fatzer* seria o seu Fausto ou "Götz". O que eram afinal os entraves de dramaturgia?

O primeiro problema se olharmos a fundo, é a *impossibilidade de contar uma fábula*. A tentativa mais coerente de Brecht de contar a fábula descreve o caminho da ação até a peripécia, em que os colegas fazem um tipo de traição de Judas, desprezando Fatzer. A traição aqui é ao mesmo tempo culpa original e necessidade política. É neste lugar que Heiner Müller adotou Brecht. O seu teatro trata da dialética do trabalho produtivo e destrutivo da traição. Mas Brecht deixa que a saída, e mesmo os passos individuais da ação, fique num estágio de experiência. Mas o que já estava decidido é que não teria um final feliz. *Fatzer* como sujeito não foi capaz de propor uma fábula. Isto aparece de forma interessante e chamando a atenção: não existe instância da narrativa – em *A Descisão* ela é construída. No final, em ambos os casos há uma liquidação, mas aparentemente, em *Fatzer*, todos os participantes do grupo estão mortos, de modo que não é possível evitar a pergunta de quem seria o porta-voz da narrativa – o coro dos mortos como último e único sujeito da fábula? As mulheres? Nenhuma perspectiva de fábula daria certo.

O segundo problema: *a abertura para a teoria*. Não dá para confiar na distribuição limpa em fases de trabalho – parece claro que Brecht em 1928/29 ficou tentado em separar o complexo do *Fatzer* em *capítulos*: "Capítulo do Sexo", "Capítulo da Morte", "Rostos Paralizantes" e "Destruição das Aparências pelas Circunstâncias". A junção paratática, que foi colocada no lugar da teleologia hipotática da fábula indica que não apenas a forma narrativa da fábula, mas a própria narrativa que pode levar à fábula, entrou em crise. A armação poética transforma-se numa apresentação de ensaios temáticos ou numa série ou cenas gestuais. Desta forma, o que poderia ser chamado de teoria penetra na prática do teatro. O que no "teatro da época científica", de Brecht, esteve sempre no horizonte como renovação e destruição da dramaturgia, surge agora como impossibilidade de encerramento "estético". O limite, que protege a área estética contra a área teórica, fica permeável e transparente. O teatro aparece como cena e como processo rítmico-narrativo escandido.

Nas fases de trabalho posteriores deve ser incluído o complemento das cenas teatrais, chamadas por Brecht, *Documento de Fatzer* através do *Comentário de Fatzer*. Judith Wilke demonstrou que no material, de *Fatzer*, a diferença entre documento e comentário não pode ser vista como texto primário e secundário, mas que os textos devem ser entendidos mais como "um tipo de escrita descontínua do material de Fatzer no outro cenário da teoria"[36]. É um erro dos editores das obras de Brecht, em Berlim e em Frankfurt, acreditar que ele, com os comentários, tentava fazer uma "moldura" para *Fatzer*. Mesmo que ele tenha escrito para Helene Weigel, que trabalhava ainda no "andaime" de Fatzer, trata-se da desmontagem da armação de suporte. Os comentários ficam com os mesmos direitos dos documentos ou fazem parte dos mesmos. Fica claro a partir deste princípio por que – o que deve de início parecer estranho – Brecht tantas vezes acentua que os comentários, os ensinamentos, não devem servir para interpretação autoritária, mas que eles existem para serem criticados e vencidos. Eles não são a última palavra de fora (e de cima) sobre a encenação, mas são parte integrante e, portanto, não cobertas por alguma autoridade. Fica claro, e isto diversas vezes, que a relação tradicional de acontecimento e interpretação, representação e exegese pode quebrar.

Mediante um exemplo pode-se esclarecer a complexidade das questões:

Se alguém de manhã quiser executar uma traição, ele vai de manhã ao estabelecimento de ensino pedagógico e ensaia a cena em que será executada uma traição. Se alguém quiser comer à noite, ele vai à noite ao estabelecimento de ensino pedagógico e ensaia a cena em que será apresentada a comida.

Deve-se observar que alguém não vai *primeiro* – por exemplo "de manhã" – ao estabelecimento pedagógico para ensaiar antes a real traição, que será então executada (por exemplo "à

---

[36] J. Wilke, *Brechts. "Fatzer" – Fragment*, p. 10.

noite"). Não: o "ensaio-total" é transformado em uma cena, numa atitude física a partir do seu *status* mental ("querer")! O ensaio, que a gente deve imaginar como apresentação de cenas junto com outras, tem aqui o sentido de uma metamorfose, de *status* da atuação, de tal forma que, assim como no conceito "ensaiar" a repetição cênica, não pode ser separada claramente do ato singular. O teatro não "diz" outra coisa e não diz mais do que o "real"; mesmo que ele não diga antes, ele "não contribui em nada", no sentido de aprendizado de conhecimentos mentais. Ele apresenta mais uma *transição* do mental para o gestual. Por isso, as sentenças citadas do jogo teatral podem aparecer como suplemento do fazer "real": "se alguém quiser... ele vai e representa". Aqui deve ser situada, apenas de forma marginal, a teoria do gesto – não como representação sensual-corporal de, "significado" social, mas como representação gestual da sinceridade dos sentidos. O que atraía Brecht ao gesto, era o seu enigma, não naquilo que o faz assemelhar a outros procedimentos teatrais ou discursivos. "Para pôr em ordem os seus pensamentos, o pensante lê um livro que ele já conhece. Ele pensa no modo de escrita do livro". É o modelo de leitura do teatro. Traduzindo: "Para pôr em ordem os seus pensamentos do que é político, o público representa por linguagem e por gestos um processo teatral, que ele já conhece de antemão. Ele pensa no modo da representação gestual e discursivo do processo".

Trata-se de ensinar através do teatro, mas com um conteúdo do ensino, percebe-se a impossibilidade de articular o ensino, de fazê-lo compreensível, sem que esta impossibilidade por sua vez seja percebida como ensino. Numa outra passagem, referente à relação de representar e entender, Brecht faz a distinção destas instruções para os atores, que se referem à "representação" teatral, daquelas outras "que se referem ao sentido e aplicação dos documentos". Causa perplexidade a rigidez com a qual ele dá absoluta primazia à representação diante do sentido. O estudo das instruções para o sentido seria, segundo ele, "perigoso" sem o estudo das instruções da representação. A interpretação é absolutamente primária frente à compreensão. Não é o sentido que é aplicado na representação, mas a performance que gera o sentido, não é o teatro dentro de um enquadramento que o assegura, mas um teatro no qual o sentido é inventado primeiramente, através da representação.

Fatzer trata de uma revolução antecipada. Chama a atenção de que Brecht, que desejava a revolução e a acreditava possível, não conseguiu dar forma de imagem a esta revolução. O processo da transformação era representado, para ele, na *figura da deserção*, como uma literal "destituição", como largar, não fazer mais nada, deixar de fazer. Já em *Tambores da Noite*, a retirada da revolução é subjetivamente a realidade experimentada, "ir embora" a verdadeira realidade do fazer. O modelo básico da deserção tem como consequência quase obrigatória, a dramaturgia da intermediação. Os desertores estão em todos os acampamentos em um país de ninguém. Fica claro que, sob estas circunstâncias, o conteúdo principal e o gesto básico da peça *Fatzer*, é a espera. Os desertores esperam pela revolução, pelo fim da guerra, num sentido que para eles seria a salvação. Fatzer espera a ajuda de outros soldados. Os outros esperam por Fatzer, é a sua atividade principal. A sua ausência é o cerne de tudo: "Por que Fatzer você não veio como tínhamos combinado?" Brecht encontrou aqui um terreno ideal para as "antíteses", como se pode mencionar junto com Nikolaus Müller-Schöll. Fazer é desertar, os que agem esperam, o verdadeiro tema do teatro é a desintegração, como se desintegra a unidade ainda existente dos quatro desertores. O conteúdo político parece compreensível unicamente como finalização e interrupção (deve-se pensar na representação de Benjamin da greve geral como figuração de uma omissão de agir, como o único agir puramente revolucionário).

Fica claro que, considerando estes problemas conscientemente agudizados da representação, estão em jogo todas as questões básicas do teatro. Tendo em vista a "colisão dramática", o conceito de Hegel para a estrutura básica do drama, do conflito dialético e da solução, não se encaixa neste modelo. Não aparece uma resposta, mas uma problematização, levada em frente (e ainda atual), da forma dramática do teatro resulta da análise do "fracassado" *Fatzer* e da visão para dentro das oficinas de Brecht. Enquanto no início ainda existe um enfrentamento entre Koch, que era mais racional e pensava na comunidade e o egoísta anárquico Fatzer, cada vez mais vai se perdendo o final desta confrontação, da mesma forma que os diálogos se perdem cada vez mais. Quando Koch no decorrer do trabalho avança mais para a figura do funcionário, recebendo o nome de Keuner, Brecht nessa altura não escreve mais confrontações, mas apenas esquemas. A colisão dramática abre-se em coros, vozes individuais, monólogos. São articuladas posições limítrofes radicais, que se aproximam de forma inquietante, o que é um ponto essencial na própria percepção de Brecht. O niilismo é a sombra ameaçadora de toda escrita de não tese, avançando em Koch e também em Fatzer. O desejo radical pela ordem, pela correção, a prática racional de um lado e o egoísmo radical do outro, encontram-se no nada. Uma das últimas falas de Koch contra o egoísta Fatzer, soa como o espelho tornado agressivo: "Vamos matá-lo então, para que / seja uma advertência para os que vierem atrás de nós? – Depois de nós não vem nada. Mas enquanto estivermos aqui, acontece tudo/Certo. / Isto não será útil para ninguém / Que eu o mate, porque ele me é repugnante / E eu quero vê-lo pisado / E onde era a sua cara / Ficará a sujeira das minhas botas"[37] ou:

> Então
> Que este Fatzer não seja nem melhor e nem pior
> Mas que ele não seja mais Fatzer
> Para que esta terra seja um sinal
> Erigido na aflição, e que
> Em lugar da lápide de grande proporção
> Fique apenas um buraco
> E um testemunho de que mesmo
> Em tempos tenebrosos preto era preto e branco era branco[38]

Não existe um drama de Fatzer. Mas chama a atenção, de que no fragmento de *Fatzer*, Brecht venha a referir-se pelo menos três vezes ao modelo da tragédia antiga. De repente aparece uma nota: "A tragédia da parte final é uma dialética". Da mesma forma aparece de súbito a formulação "muita violência vive" – evidentemente uma associação com o famoso segundo estásimo da *Antígone*, de Sófocles. Realmente *Fatzer* pode

---
37 *Fatzer*, em B. Brecht, *Stücke 10*, t. 1, p. 459.
38 Idem, p. 460.

ser lido como uma versão moderna de *Antígone*. Lei e espanto aqui e lá se enfrentam de forma assimétrica; o "violento" ou monstruoso, inquietante do homem, situa-se exatamente nesta discrepância de representar o ser engenhoso por excelência, mas fracassando nas leis da pólis impostas por ele mesmo. Brecht observa, que a raiz da tragédia é que o "tipo" Fatzer envolve a todos "em privado" e também na briga pela mulher[39]. Foi Antígone que envolveu o Estado em algo "privado" e a família em áreas de conflito político, que se apresenta como base real da pólis. No fragmento de *Fatzer* aparece num lugar: "Aquele que foi batido, não escapa/da sabedoria./Assegura-te e afunda! Receia! Afunda! No fundo te espera a sabedoria". Isto não é mais do que uma versão do *pathei mathos* (aprender através do sofrimento) de Ésquilo e a expressão "receia" ou "tem medo" cita a fórmula trágica "medo e pena" e tem como fim uma catarse no sentido da fórmula do *phobos e eleos*. O ritual antigo de "lavagem", como Brecht gostava de escrever, tem aqui um sentido político especial. O texto continua: "Perguntado em demasia/torna-se participante do incalculável/ensinamento da massa. / Ocupa teu novo cargo." A nova catarse significa que o perguntado em demasia não deve dar mais respostas, pois ele mesmo recebe os ensinamentos como homem da massa. Nesta massa não se trata mais de orientar, mas de ensinar*. Ensinar seria subordinado a orientar e deve ser lido como forma atrofiada, o resultado desta catarse, em que orientar e orientação não mais são dominantes, é uma posição radicalmente modificada, o "novo cargo" do qual nada mais se sabe de que é "novo" – *pour trouver le nouveau*. Medo e descida pode-se dizer junto com Karl Heinz Bohrer: "Medo na aparição". O novo cargo é a posição do próprio 'novo', o gesto a posição do 'velho' a posição do começo, de começar do início. Banjamin chamou Brecht, não sem motivo, de o "especialista do começar de novo".

A partir das dificuldades discutidas, aparecem as ideias de Brecht sobre a proximidade do seu teatro com o teatro da Antiguidade. O coro, a catarse, o desvio do processo de ajuste depõem neste sentido. Por que ele conseguiu isto com *A Decisão* e não com *Fatzer*? No primeiro caso, existe a característica

---

39 Idem, p. 468.

* Jogo de palavras entre *richten* (orientar) e *unter-richten* (ensinar) (N. da. T.).

da construção, em que o conteúdo do acontecimento sobre o qual deve ser dado uma sentença decisiva é, ele mesmo, uma decisão e uma sentença: o julgamento sumamente prático do jovem que parece ter-se comportado de forma "errada" de tal maneira que os outros agitadores tiram a consequência lógica das suas falhas: o matam e o deixam irreconhecível. Na peça, os agitadores restantes apresentam o acontecimento para que o coro controlador possa dar uma sentença sobre a sua decisão. O resultado não é totalmente inesperado: "nós estamos de acordo com vocês". Como o jovem, ele próprio se declara "de acordo", os sentenciadores posteriores são apenas uma extensão do seu próprio pensamento. Pelo menos num primeiro olhar. Num segundo olhar, pelo contrário, em *A Decisão*, a sentença foi minada pode-se dizer assim pela discutível concordância duplicada, de tal forma que em uma das versões pode ser expressamente contestado, que a liquidação do jovem se trate de uma sentença – não, isso foi apenas uma "decisão". Como Brecht não quer usar para *Fatzer* o ritual do tratamento e julgamento duplicados, falta o enquadramento que relaciona a peça didática com a forma dramática de teatro, o "teatro épico". Esta "falha" torna-se produtiva, porque obriga a pensar de forma nova e básica o processo do teatro.

À primeira vista, o acontecimento não é informado em *Fatzer* de forma diferente do que em *A Decisão*, para levá-lo a um julgamento e a uma decisão. Mas existem diferenças fundamentais, que aparecem no texto a seguir:

> DOIS COROS:
> Mas depois de tudo acontecido, havia
> Desordem. E um quarto
> Que estava totalmente destruído e dentro dele
> Quatro homens mortos e
> Um nome! E uma porta sobre a qual estava escrito
> Algo incompreensível.
> Mas vocês vêem agora
> O tudo. Tudo o que aconteceu, nós
> O reconstruímos
> No tempo, na sequência exata
> Nos lugares exatos e com as
> Palavras exatas que

Tinham sido pronunciadas. E o que vocês vão ver sempre,
No fim vocês verão o que nós vimos:
Desordem. E um quarto
Que está totalmente destruído e dentro dele
Quatro homens mortos e
Um nome. E nós o reconstruímos para que vocês
Venham a decidir
Através das falas das palavras e
Ouvindo os coros,
O que na realidade aconteceu, pois
Nós estávamos em desacordo[40].

Este texto merece um comentário minucioso. O título "Dois Coros" pode significar que a ideia de Brecht era de dois coros, porém acabou formulando apenas um dos dois; pode ainda significar duas posições discursivas ou vozes, o que é confirmado pela divisão em dois, a volta em forma de refrão da "cena" final de tudo (o quarto totalmente destruído). Existe ainda uma certa divisão dos níveis do ver e do falar. O texto (ele foi coordenado na 4ª fase dos trabalhos) manifesta também a tendência do trabalho de Brecht, em *Fatzer*, para o lado dos coros. Nesta última fase dos trabalhos aumenta o significado dos coros frente às cenas anteriores que visavam a dramaturgia épica, junto aos monólogos, principalmente de Fatzer. Ao mesmo tempo juntam-se os comentários. A contínua renovação da concepção de *Fatzer* pode-se resumir que leva do diálogo da colisão a uma dualidade mais musical e à polilogia de vozes. Entre comentário, monólogo e coro, existe a notória afinidade de que da mesma forma todos são produtos da ficção. Embora em Brecht, mesmo no drama épico, o diálogo enquadrado na forma épica de narrativa ainda seja o princípio essencial de representação, o domínio das formas do comentário, do monólogo e do coro é adequado para desorganizar o modelo do drama como mimese da ação em forma de diálogo, assim como ele próprio já é índice desta desorganização. O trabalho de Brecht com o material do Fatzer, chega a levá-lo ao limite, onde a estética não apenas se separa da teoria, mas também do ritual. O coro indica o modelo da antiga tragédia, no sentido dramático preciso da sua característica como ceri-

---

40 *Fatzer*, op. cit., p. 477.

mônia e ritual. Os coros são índices de uma forma de representação, no qual os acontecimentos não são *representados* e elucidados como *acontecimentos singulares*, encerrados numa lógica que tende ao final de uma fábula, porém como um ato da *repetição*, exposto e apresentado diante e junto com uma comunidade. O teatro de Brecht das gestualidades (que eu tomo a liberdade de separar da sua fusão com o seu teatro da fábula), deveria ser próximo da imagem da Antiguidade, um teatro em que seria dominante mais do que a chamada ação, ou seja o fazer em forma de cerimônia, com sentido, causa e direção teleológica. Uma nota de Brecht [41] confirma, que os atores poderiam atuar *sérios* como acrobatas, em *roupas de trabalho brancas* "então, os acontecimentos podem ser resolvidos como cerimônias. Ira ou arrependimento como manipulações. O terrível não pode ser uma figura, mas eu ou outro. Como a disposição de qualquer um..." Os atores são comparados a um time de futebol, no qual cada um tem um outro centro do que a si próprio – todos pensando no "todo" – ou mais exatamente: parece como se eles estivessem pensando em outra coisa, ou seja no todo.

Não é apenas uma nuance assombrosa que diferencia o modelo "atuar para o fim do julgamento", que diferencia *Fatzer* de *A Decisão*. "E o que vocês vão ver sempre, no fim vocês verão o que nos nós vimos: Desordem. E um quarto que está totalmente destruído" Aqui, no lugar da explicação dramática, não entra o épico, mas o ritual de uma repetição. Ela não explica e desemboca num *tableau* no qual está inscrito literal e expressamente a ininteligibilidade – assim como um *nome* que fica ominoso e misterioso. Em nome de qual deus, qual instância vigilante, que protagonista ou autor pode estar inserida tal cena de confusão? É de chamar a atenção como os elementos (caos, violência, desordem, quarto destruído) se assemelham àquela outra cena descrita por Walter Benjamin em sua escrita esquemática sobre o teatro épico:

> O exemplo mais primitivo (do teatro épico): uma cena de família. De repente entra um estranho. A mulher estava em vias de jogar um objeto de bronze na filha; o pai em vias de abrir a janela

[41] Idem, p. 691.

para chamar por um guarda. Nesse momento aparece um estranho na porta. *Tableau* – como era costume falar em 1900. Significa que o estranho é confrontado com as circunstâncias; fisionomias deformadas, janela aberta, móveis revirados. Existe um olhar pelo qual cenas da vida burguesa não são muito diferentes.[42]

A ambiguidade e o caos da cena leva àquela nuance assombrosa, que faz com se reconheça a diferença do texto de *Fatzer* e de *A Decisão* e a distância entre sabedoria, entendimento e julgamento. Na verdade, neste teatro, no limite da área da peça didática, não se pergunta claramente por uma possível decisão no sentido de uma avaliação do acontecimento! Mas como se pode ler, tudo é representado "para que/vocês possam decidir / mediante a fala das palavras e/o escutar dos coros/o que aconteceu/pois nos estávamos desunidos".

Enquanto as palavras são repetidas, e, de certo modo, agora (no teatro) faladas pela primeira vez, e os coros são ouvidos, é possível comprovar o sentido e o conteúdo dos acontecimentos, ou seja "o que aconteceu": o que ocorreu, o que na verdade foi a lógica do ocorrido/do visto, mas também: o que houve? o que estava quebrado e não mais unido*. Sobre tudo isto deve ser tomada uma decisão. Pois a gente não sabe, os próprios participantes "estavam desunidos" nos dois significados; desunidos no acontecimento (a ação de *Fatzer* é a história da desunião do coletivo) e, por estarem desunidos, divergiam quanto à explicação dos acontecimentos. Literalmente a peça só nasceria no momento da sua duplicação, da sua recepção, gerada no acontecimento da cerimônia da representação, que é efetuada em conjunto com o público. Desta forma, o espaço de um teatro do outro lado (da primazia) da representação está aberto. O teatro é entregue como ritual e acontecimento, aplicando a sua condição de separação de sabedoria, debate, festa, escola em forma de ficção estética. Ele representa a transformação única de um modelo para um momento que não volta, realizando com isto uma inseparabilidade de repetição e de acontecimento único. Ao mesmo tempo, o texto é privado da possibilidade de uma expli-

---

42   *Versuche über Brecht*, p. 26, segunda versão do texto.
*   No original jogo de palavras com "Was eigentlich los war", o que estava solto e também o que estava ocorrendo (N. da T.).

cação apenas comentada; ele só é gerado – mesmo como documento – pelo comentário e no momento do mesmo. Com Kafka existe a conhecida locução de que aquele que quiser explicar as parábolas, não as entendeu. A parábola de uma narrativa anda na vanguarda da narrativa, mas só existe através dela. A sua explicação só poderia ocorrer com a repetição. O "significado" não verdadeiro vem antes do verdadeiro. O que verdadeiramente tinha acontecido, só acontecerá no momento do teatro.

Pós-escrito: O perigo da utopia do teatro, do qual Brecht não conseguiu escapar, consiste em que a subtração da tese do teatro, a sua articulação, fica em aberto para todo abuso, para a manipulação e o preenchimento da lacuna através de posição autoritária. É neste nível e não na didática, sempre sobrevalorizada, que deve ser questionado o seu teatro e os seus limites. Poderia ser pensado um uso obscuro, irracional e terrorista que poderia ser feito com esta estética. Nos debates das peças didáticas, o próprio Brecht teve ocasião de convencer-se disto. Mas sempre ele reagia com diversos modos de desvio. Ele preferia aceitar que *A Decisão* pudesse ser entendida como glorificação da obediência cega, do que como o perigo de confirmar o pensamento e o comportamento de deplorar passivamente no agradável horror, as condições trágicas. Ele preferia despertar a aparência de posicionamento autoritário do que a suspensão confortável das consequências práticas. Neste território limítrofe ele continuava idealizando o seu conceito do teatro em direção a uma performance, na qual o gesto do apocalipse, da verdade revelada, não deveria guardar mais significado. Poderia ser muito mais a fórmula de Benjamin de que a verdade não seria a revelação que destrói o segredo, mas a revelação que justifica o segredo, o método de uma prática de teatro do gestual, que é a visão de Brecht para *Fatzer*, mas que, por causa de considerações políticas que foram rastreadas e por circunstâncias práticas só ficou em forma de projeto, um fragmento radical que deve ser continuado a considerar e a pensar.

A RETIRADA DA RAZÃO: CULPA, MEDIDA E TRANSGRESSÃO EM BERTOLT BRECHT*

> Sentido para uma responsabilidade sem limites, e necessariamente exorbitante, incalculável [...]. A justiça não é baseada [...] em igualdade, numa proporção justa e calculada, numa distribuição apropriada, [...] mas em absoluta assimetria [...]. "Ideia da justiça": [...] exigência por uma dádiva sem troca, [...] sem cálculo e sem regra, sem juízo ou sem racionalidade no sentido do domínio ordenado, regulamentado, regulado Pode-se reconhecer nisto uma ilusão[43].

1

O esquema a seguir, aproxima-se de Brecht por um lado diferente, não costumeiro. A medida, a culpa, a transgressão – conceitos que me parecem reger o discurso de Brecht, não somente o seu teatro, de forma decisiva e ao mesmo tempo oculta. Com ele o indivíduo renuncia, procura a sua "destituição" (como junto a um soberano), deixa pegadas nos escritos de Brecht, pois na extinção do rastro, a sua presença obrigatória, pode-se dizer assim, está colocada com prefixo negativo; no momento da expulsão, e varrido o momento da insensatez, ele faz com que fique visível a fonte de força da razão, no associal a condição *sine qua non* da alteração do social. As ideias aqui apresentadas não devem ser mais do que uma proposta para examinar os textos de Brecht em relação à culpa, medida, transgressão.

Bertolt Brecht foi um poeta da moderação.

Para o *páthos* da moderação, ele possuía um sexto sentido, muito poético. A medida abrange muito, quase tudo. A política é dada pela medida. É ela que coloca a medida do que é permitido e o que é proibido. Pondera a relação e a moderação dos meios e fins, a medida do direito. O que escapa da política e do discurso racional é aquilo que não conhece ou não tem

---

* Publicado com o título Die Rücknahme der Massgabe. Schuld, Mass und Überschreitung bei Bertolt Brecht, em Franz Norbert Mennemeier; Erika Fischer-Lichte; Doris Lolesch (orgs.), *Drama und Theater der europäischen Avanguarde*, Tübingen/Basiléia: Francke, 1994.
43 J. Derrida, *Gesetzeskraft*, p. 40, 45 e s., 52.

medida: o desejo, todas as ambições que se subtraem da razão, do instinto de conservação, da responsabilidade. A medida é a própria razão: relação de medida e de cálculo. É por isso, que *A Decisão* é um texto-chave de Brecht, do poeta da razão *e* daquilo que fica alheio a ela.

Todo texto estético, principalmente o político, tem a ver com a medida, ou seja, atribuição de dádiva ou doação. E com a pergunta sobre quem é que dá a medida. A regra e a lei, mesmo em caso de acordo, são instituídos sempre pela força, nunca sem violência. Uma revolução substitui a velha medida – do tempo, das riquezas, das relações de categorias – por uma nova; ela retira e dá uma medida. Toda razão contém de forma virtual a medida, que faz a regra da medida ter validade – conservando ou revolucionando, assentando ou recebendo o direito[44]. E por isso, a medida precisa ser assegurada pela força, porque aquilo que é medido pela política, aquilo que não é mensurável, o que é sem limite, indeterminado e não é defendido por nenhuma razão, é o irracional: o afeto, o desejo, a falta, o corpo.

Mas a medida pode ser pensada sem contradição, se ela for justamente a paixão, a propriedade irredutível de um homem, a irracionalidade que o institui, quando o que é medido, o homem, no sentido duplo da palavra sempre é aquilo que é medido? Não pode ser dada nenhuma medida política e nenhuma pode ser tomada, que não venha a desaparecer, porque o seu objetivo é o de ser não medido, não mensurável, único, corporal e mortal, passional e em todos os sentidos incalculável. Em *O Círculo de Giz Caucasiano*, a medida de direito do juiz corrupto Azdak é incalculável, em seu curto tempo como funcionário da justiça; incalculável também a vontade de destruição de Paule Ackermann, em *Mahagonny*, que diz gostar de derrubar torres, *para que houvesse risos*. Incalculável é a paixão para ajudar e sentir no jovem de *A Decisão*; incalculável é o sacrifício de *Antígone* na versão de Brecht.

Inseparável da medida é a possível culpa. Bertolt Brecht foi o poeta da culpa.

Aquele que despreza, rebaixa, ultrapassa a medida, é culpado, torna-se devedor. A medida já encerra sempre a culpa

---

44 Ver W. Benjamin, Zur Kritik der Gewalt, *Schriften*, p. 3 e s.

como sendo virtual, como sendo possível e necessária sistematicamente com ela: culpabilidade, relação de culpa, também no sentido cósmico de medida disciplinar. De forma muito singular, que ainda não achou representação, esta relação temática atravessa o teatro de Brecht, que é continuação da escrita de um dos mais antigos motivos de teatro e de tragédias, sob as condições de uma escrita "revolucionária".

O rastro da ambiguidade desmedida é ao mesmo tempo o rastro de uma determinada obrigação, que é um motivo com o qual o teatro e a poesia de Brecht se expressam nas camadas mais fundas, geralmente incompreendidas. O excesso e a culpa aparecem *simultaneamente* como fonte da inteligência e do intelecto, como a traição, o autossacrifício sem razão, a responsabilidade coletiva. Uma certa insensatez, talvez uma "alucinação", uma tolice, fazem com que a razão fique praticamente efetiva. Uma corrente imediata, sem reflexos (*terrível é a tentativa que leva à bondade*) é que funda e ameaça, ao mesmo tempo, a razão política que quer conseguir realidade para esta bondade.

O tema da culpa e da culpabilidade está distribuído em toda a obra de Brecht, desde os primórdios, até os últimos tempos, em toda a largura de culpas indignas, através de culpas experimentadas e negadas, no sentido de uma obrigação até a dimensão de uma culpa, que admiravelmente não fica longe do pecado original ou de uma falha insanável. Na poesia do pós-guerra *Aos Meus Compatriotas*, ele pede para as mães terem compaixão com elas próprias, e deixarem viver os filhos com o fundamento incisivo: para que eles fiquem devendo às mães o nascimento e não a morte! Nas primeiras poesias a culpa é onipresente. A inquietude pelo tema da culpabilidade fica até o fim:

> Eu não aceito nada disso [...] / Me devem dinheiro. / Me devem agradecimentos. /
> Eu posso pedir isto e aquilo. / Eu o nego. / Companheiros, não nos deixeis dizer EU / [...]
> Deixai-nos combater o estado da sociedade /
> Na qual todas estas frases são verdadeiras![45]

---

45 B. Brecht, *Gesammelte Werke*, t. 10, p. 964-965.

Não há necessidade de uma acentuação expressa, de que num autor desse nível, o tema obrigação/culpabilidade/responsabilidade não podem ser reduzidos, de maneira alguma, a complexos de culpa psicológicos individuais. A volta obstinada deste motivo, tem mais a ver com *ordre symbolique* no sentido de Lacan, com a corrente cósmica da culpabilidade de Rabelais ou da eclipse inevitável do sujeito ambicioso, do que com os complexos da pessoa Bertolt Brecht. Trata-se de um problema fundamental do discurso estético-político: a temática de culpa de Brecht articula uma resistência contra o discurso do coletivo, do social e da obrigação. Ela demonstra ao mesmo tempo que um conhecimento de culpabilidade, profundamente enraizado na experiência e na língua, acompanha como sombra irrecusável a tentativa que deve valer como *leitmotiv* da obra de Brecht, de *retirar de todo o passado o caráter de obrigatoriedade*, de retirar toda culpa e obrigatoriedade frente ao velho, como carga pesada, a favor do novo e da alteração.

2.

O jovem companheiro na peça didática de Brecht, *A Decisão*, se faz culpado frente à revolução, que é efetuada pelos seus companheiros, porque ele, desajuizado, querendo ajudar, não quer ser culpado frente ao momento atual da sua própria vida. Ele não quer apostar com incertezas sobre o futuro e o adiamento, quer salvar a sua vivacidade espontânea diante do cálculo mortal e frio. Só superficialmente a peça parece propagar contra ele uma subordinação irrefletida sob a disciplina do partido. Visto com mais precisão, trata-se de uma divisão e uma dissociação radical de dois tempos de experiências: processo histórico e subjetividade. A canção para louvar o partido diz: *Cada um tem dois olhos, mas o partido tem milhares*, porém estes dois e aqueles milhares não representam a mesma medida. Dois significa no sentido preciso, sentir e simpatizar sem medidas com o corpo: *com os meus dois olhos eu vejo que o sofrimento não pode esperar*. Milhares não significa 2 x 500, mas é a medida hiperbólica, a medida da razão heterogênea do corpo: do cálculo, da moderação, da reserva, e da conservação.

Contudo, mesmo neste exemplo mais frio da indiferença de Brecht, não é a medida de todas as coisas.

A paixão do jovem companheiro é o código secreto do incomensurável, do indivíduo característico, que não faz parte de nenhuma medida, mas que, ao mesmo tempo e justamente por isso, contém a fonte da força anárquica daquele movimento político que o joga no frio e na fossa de cal. A resistência contra a dissolução de si próprio a favor da razão, da tática revolucionária, é finalizada pela constatação de uma "decisão". Mas ela não é uma sentença. "Então, não foi uma sentença?", pergunta o coro controlador na edição impressa em Moscou 1935/1936 e os quatro agitadores respondem, como a própria indicação de direção de Brecht anota, em tom bem elevado: "Não! É uma medida!"[46].

A própria tomada de decisão é sem medida, pois a medida não pode ser medida por ela própria. Se a medida não puder ser medida em outrem, ela pode ser retirada. A retirada da "decisão" (ou da razão) não significa a negação da medida. Ela é suspensa, colocada em pendência. Em *A Decisão* trata-se da suspensão da medida e não a sua negação. Mediante uma estética sutil do exagero, o texto tem o cuidado de que a finalização não pareça uma resposta; a medida não é uma sentença. Justamente por ser a razão demasiadamente justa, e o jovem companheiro *notoriamente* injustiçado, a peça não pode ser lida como sendo uma tese. A tese da disciplina, que é lida até hoje no texto, fica ambígua. A medida não se transforma numa sentença, que seria uma determinação.

A peça representa o ponto mais alto da série de tentativas das peças didáticas que, através de *O Voo sobre o Oceano* (1928/29), *Peça Didática de Baden-Baden* (1929) e *Aquele Que Diz Sim/ Aquele Que Diz Não* (1929/30), leva até *A Decisão*. Os temas das peças didáticas explicam-se por si, se elas forem entendidas como sequência, em que uma problemática coerente é iluminada e levada para frente a cada nova peça/passo. A gênese dos motivos de culpa desta série – assim como, também, a extraordinária coerência motivacional das peças – foi muito descuidada nas pesquisas. Eis alguns exemplos disto:

---

46 B. Brecht, *Die Massnahme: Kritische Ausgabe mit einer Spielanleitung*, p. 100.

Primeiro: Quase todas as peças didáticas têm em comum, a apresentação de uma *viagem alegórica*. *O Voo sobre o Oceano*; a viagem de avião da *Peça Didática de Baden-Baden*; a viagem para pedir ajuda contra a doença, em *Aquele Que Diz Sim* e também em *Aquele Que Diz Não*; a viagem política e factual dos agitadores, em *A Decisão*; a passagem pelo deserto, em *A Exceção e a Regra*; até na fuga escalonada do vitorioso Horácio (*Os Horácios e os Curiácios*) existe a imagem do movimento. Viagens de vida e de peregrinos, viagens de pesquisas e de conquistas, desde a antiguidade, a imagem das viagens está bem distribuída. Mas foi a experiência moderna do desalojamento, que fez das viagens, que antes eram mais domínio da épica, romance e narrativa, algo à vontade na cena. O eu viajante não encontra mais a sua complementação de vida com as saídas, os obstáculos, perigos e a chegada, como a de Dom Quixote até o herói do romance de formação. As viagens modernas, sem destino e catastróficas levam ao afundamento ou à meia-luz. No drama de estações de Strindberg, até Botho Strauss, nas inúmeras cenas dramáticas de ruas e de caminhos do enjeitamento, é apresentada a experiência moderna de desistências e de fracassos. Mesmo as viagens das peças didáticas de Brecht, não conseguem evitar este motivo do fracasso, que confere à viagem em primeiro lugar o seu significado específico.

Segundo: associado com a viagem, há um conflito ou uma série de conflitos que levam a uma ameaça ou à própria interrupção, quebra, desembarque forçado, interrupção da viagem. O avião ameaça cair, um caminho tortuoso ou estreito evita que o rapaz doente continue a viagem, cansaço e sede aparecem na viagem pelo deserto. Visto com mais precisão, a quebra representa a imagem da queda. Trata-se do voo e queda (*O Voo sobre o Oceano*, *Peça Didática de Baden-Baden*), em *Aquele que Diz Sim*, de uma *Queda no Abismo*, o nome da peça Nô que serviu de base, e em *A Decisão* uma queda no fosso de cal.

Viagem, voo e queda são os modelos básicos temáticos das peças didáticas e das alegorias, a queda de Ícaro, o anjo caído e o pecado, a figura traumática de morte e fracasso. O voo em altura da autonomia humana e a viagem de progresso do domínio da natureza são contrastados com a experiência da debilidade, falhas, insuficiência. As peças didáticas perguntam como pode-se passar por um limite absoluto: fracasso, queda, morte. E dão a resposta: somente com um comportamento específico, uma atitude, que Brecht denomina com o conceito, não bem explicado aliás, de *consentimento*, fazendo com que esta capacidade se torne possível. Eles são uma *doutrina de morte*; o próprio Brecht usa essa versão.

Terceiro: Se perguntarmos mais exatamente por tudo o que deve ser aprendido para morrer, trata-se sempre de uma renúncia ou, manifestado de forma diferente: pela retirada de um direito no momento de um conflito. A primeira etapa deste experimento de Brecht com a renúncia é *O Voo sobre o Oceano*. O inimigo, que aqui gera o conflito para o homem, é a natureza: "A água e o ar são os meus inimigos / e eu sou o inimigo deles"[47]. Para o aviador existem os perigos de neblina, gelo e tempestade de neve, cansaço, ou seja, a natureza (mesmo a própria) que parece estar numa escala de técnica ainda insuficiente. O inimigo ainda é primitivo e ele só pode ser enfrentado com coragem. O aviador não tem certeza de vencer a sua luta com as forças da natureza, mas ele se atreve e agora:

> Esperei / 3 dias por um tempo melhor / Mas as notícias dos meteorologistas /Não são boas e estão ficando piores: /[...] Mas agora, eu não espero mais. Eu levanto voo. / Eu ouso[48].

De forma inconfundível é este o mesmo gesto da impaciência e da insistência no Agora, que, em *A Decisão*, traz o fracasso ao jovem companheiro. (*Com os meus dois olhos eu vejo que a miséria não pode esperar* [...]. *Por isso faço agora a ação, agora e imediatamente*[49]). Mas a impaciência – talvez mortal, talvez sem sentido – é em Brecht sempre a fonte de força irrenunciável e motor da luta pelo novo, que é entendido como impulso do progresso fora da moralidade. Quantas vezes os textos de Brecht não amaldiçoaram a paciência longa demais, dos oprimidos.

O Voo sobre o Oceano demonstra o primeiro estágio da renúncia para ganhar a batalha, que aqui significa a existência: a *necessidade de renunciar a Deus*. Para ganhar esta batalha, há

---

47 B. Brecht, *Gesammelte Werke*, v. 2 p. 574.
48 Idem, p. 568.
49 B. Brecht, *Die Massnahme: Kritische ...*, p. 57 e s.

necessidade de ousadia, impaciência. Mas é mais importante ainda a renúncia ao assentamento cósmico-divino, consolo religioso e a espera. *Não vos deixeis consolar*, já era uma exigência de Brecht quando jovem. Agora é: "O que quer que eu seja, e quaisquer bobagens em que eu pense. / Quando voo, sou um verdadeiro ateu. O aviador faz parte da liquidação do além e/de afugentar Deus de todos / onde ele for aparecer"[50]. Um grande cântico profere este exílio de Deus. Mas logo depois que desaparece, uma mudança deixa claro como é difícil esta renúncia. O aviador pensa ter feito uma falha talvez mortal no seu avião, desce cada vez mais, ameaça roçar o mar, de chegar ao fracasso, e ele grita "Pára! RUÍDO DE ÁGUA (RADIO) / Meu Deus! Quase que ele nos pegava!"[51]

A elevação humana processa a falta de segurança e confiança, construindo e pensando no futuro, mas os medos não são eliminados. Renúncia à segurança em Deus, à salvação na metafísica e na transcendência é condição *sine qua non* das invenções, do progresso, do esclarecimento. O consolo metafísico fica de lado. Deus tem aqui a sua última entrada em cena, na corrente das peças didáticas, invocado num reflexo.

No início da *Peça Didática de Baden-Baden*, Brecht colocou os versos finais de *O Voo sobre o Oceano*, querendo certificar com isto que as peças deveriam ser entendidas como séries contínuas de ensaios. Neste texto grandioso e cruel, a renúncia é novamente enfatizada: não se deve renunciar tão somente à ajuda divina, mas também à ajuda humana. O conselho é o "de enfrentar a cruel realidade / Com maior crueldade / E com o estado que gera a exigência / Renunciar à exigência. Portanto / Nunca contar com ajuda"[52].

O sujeito é pensado no seu *menor tamanho*: já não é mais perante Deus, mas é perante os outros homens, que poderia ser apresentada uma exigência. Aquilo que é próprio precisa ser liquidado, pois em nenhum lugar existe uma culpabilidade, obrigação dos outros que poderia ser invocada. "E o mundo, ele nada vos deve / Ninguém vos segura, quando quiserdes ir". isto já apareceu em *Da Amabilidade do Mundo*. Renuncia-se

---

50 B. Brecht, *Gesammelte Werke*, v. 2, p. 576 e s.
51 Idem, p. 578.
52 Idem, p. 599.

também a ter reconhecido o merecimento pelos outros. Com isto, se diz muito, porque pelo reconhecimento da própria consciência, desde Hegel, observa-se o real motivo da consciência humana. Só através dela chega-se à renúncia, à ajuda, depois à fama, seguindo finalmente a renúncia ao nome e a tudo que é particular e característico.

> Até que altura vocês voaram?
> Voamos a uma altura enorme
> Até que altura vocês voaram?
> Voamos a quatro mil metros de altura
> Até que altura vocês voaram?
> Voamos bastante alto
> Até que altura vocês voaram?
> Nós levantamos um pouco acima do chão
>
> Quem espera por vocês?
> Muitos, além do mar, esperam por nós
> Quem espera por vocês?
> O nosso pai e a nossa mãe esperam por nós
> Quem espera por vocês?
> Ninguém espera por nós.
>
> Quem é que morre, quando vocês morrem?
> Aqueles que levantam um pouco acima do chão
> Quem é que morre, quando vocês morrem?
> Aqueles que não têm ninguém esperando por eles
> Quem é que morre, quando vocês morrem?
> Ninguém.
>
> Agora vocês sabem:
> Ninguém
> Morre, quando vocês morrem.
> Agora alcançaram
> O seu menor tamanho.

O sujeito aparece existente, desde que os outros, através da exigência, da vontade da sua *utilização*, o deixarem existir. Nas linhas a seguir, será condensada a teoria brechtinietzscheana da subjetividade. A existência "nasce" apenas pela colaboração dos outros; apenas na alteração provocada externamente e na própria missão, portanto, *tornar-se é ser*; sendo reconhecido apenas aquilo que, como ferramenta dos outros, com a sua utilização, fica ininteligível:

> Enquanto a gente o chama, ele nasce
> Quando ele é transformado, ele existe
> Aquele que o necessita, é que o conhece[53].

Depois desta expropriação radical, da renúncia ao si-próprio, ser e autonomia, poderia pensar-se: mais além não pode ser levada a renúncia. Mas em *Aquele Que Diz Sim*, justamente na passagem da primeira para a segunda edição, a cunha é pregada mais funda no eu.

Neste texto a vítima é central. O homem, que na primeira peça didática aprendeu a renunciar a Deus e na próxima à ajuda humana, precisa sofrer agora a violência humana e observando por um outro aspecto, ainda mais significativo, renunciar à liberdade de violência: porque o professor e os seus estudantes precisariam interromper a sua viagem de pesquisas, eles seguem, na primeira versão, o grande costume de jogar o garoto doente no abismo, por não poder levá-lo junto. Os estudantes ficam espantados ao pensar na vítima que eles certamente matarão, mas o uso, a necessidade não lhes oferece escolha. Aqui chega-se nas peças didáticas a um tema novo: a culpabilidade. Até esse ponto, ficou para eles, quase sem iluminação, quase reprimida, a ideia de que a violência e a crueldade, a análise e atitude fria[54] implicam em culpa. Na nova versão de *Aquele Que Diz Sim*, Brecht inclui um lugar que leva esta motivação para uma luz deslumbrante: os estudantes com consentimento do rapaz continuam a viagem e, conforme a segunda versão, o deixam jogado (entregando-o, portanto, à morte) o rapaz leva o problema deles para o paroxismo: "Eu quero lhes dizer algo: Eu lhes peço, não me deixem aqui, me joguem no abismo, pois eu tenho medo de morrer sozinho"[55]. O pedido de morrer seria um ato de humanidade, mas ao mesmo

---

53 Idem, p. 608.
54 Ver H. Lethen, *Verhaltenstechniken der Kälte*, que contextualiza a figura de Brecht de forma bem explicativa.
55 B. Brecht, *Der Jasager und Der Neinsager*, p. 38.

tempo a conscientização irrevogável sobre a culpa. Então aparece a resposta dos três estudantes: "Não podemos fazer isso", quando o rapaz muda o pedido numa ordem, que não é menos obrigatória do que antes era o uso: "Esperem! Eu o exijo!" E o professor explica: "Vocês resolveram continuar em frente e deixá-lo para trás. / É muito fácil determinar um destino. / Mas é difícil executá-lo. / Vocês estão prontos para jogá-lo no precipício? / OS TRÊS ESTUDANTES: sim"[56].

No meio desta espera, apresentou-se a mudança decisiva na corrente das peças didáticas. Com consequência jansenística, o sujeito na afirmação esclarecedora da alteração do mundo, precisa saber-se inevitavelmente culpado. A partir daqui consta no horizonte a concretização e a configuração da culpa política de *A Decisão*. Ela exigiria uma análise detalhada, mas aqui trata-se tão somente da sua gênese lógica na sequência das produções de renúncia das peças didáticas: renúncia à liberdade da culpa[57].

3.

Numa poesia-chave de Brecht, "Apague as Pegadas", pode-se encontrar, no meio da mais fria rejeição de todas as obrigações, o vestígio de uma culpabilidade impensável. Os versos finais são:

> Cuida, para quando você pensar em morrer,
> Que o túmulo não revele onde você descansa
> Com escrita clara que te denuncie

---

56 Idem, p. 39.
57 O debate sobre esta peça, geralmente passa por cima do essencial, ou seja, que o "uso" não representa uma invenção do Brecht irracional e amante de mitos, mas que justamente por causa da sua insolubilidade racional, pode tornar-se código alegórico da cruel necessidade da atuação. Somente com o uso além de todos os "sentidos" este código pode significar as obrigações de agir, de forma convincente. As "racionalizações" de Brecht tão e sempre louvadas na 2ª edição de *Aquele Que Diz Sim* e *Aquele Que Diz Não* (sendo que o tema de *Aquele Que Diz Sim* continua em *A Medida*), prejudicam mais a lógica do texto do que a eleva, pois, enquanto a apresentação abstrata-formal do conflito apresenta o insuportável do sacrifício, a edição corrigida com inclinação ao realismo tende a uma justificativa mais do que discutível do sacrifício, uma aceitação do terror.

E com o ano que informe da tua morte!
Mais uma vez:
Apague os teus rastos!

(Isso me foi dito.)[58]

Somente se for o nome, a escrita (indicando a "pessoa") pode ser ameaça (mesmo policial). O eu/você está claramente ameaçado e perseguido, atrás ou dentro dele existe um crime, cujos vestígios devem ser apagados, pois são convincentes com uma culpa, que ameaça culpabilidade e traição, uma culpa que, mesmo na morte, leva ou puxa a pessoa ao desaparecimento. O mundo é um sonho (ou espaço) de perseguição, para o qual mesmo na morte a gente deve ficar desconhecido. Não há uma explicação realista que se sustente; tendo em vista a elevada abstração do texto (quem sabe não seria querer proteger os colegas de trabalho de conspiração, parentes ou amigos pela anonimidade da morte). Por isso, todas conotações associativas deste tipo falham na real movimentação do texto, que não pode ser associado nem à GPU, nem ao *underground* político, nem ao eu de massas, nem à fuga diante da autoridade ou da responsabilidade.

Mas se a própria escrita – e este é aqui o nome – já for uma denúncia, nada menos é comunicado do que o próprio nome que já é indicação da individualidade, implicando uma culpabilidade. Desde o batismo, até o túmulo, existe aderida na individualização, ou seja, ao nome que é o seu signo, uma evidente e não desviada culpabilidade. No meio do novo eu, que tende a desvanecer-se no coletivo e no anonimato, um outro se sustenta, escrito com conotações e motivações que preenche as lacunas da culpa e da culpabilidade. Sempre que não for atribuído conteúdo para a culpabilidade, aparece a identidade de culpa e o denominado eu. Mas culpa é uma estrutura de dar e tomar, culpa é culpabilidade: algo foi tomado, adotado, uma conta foi deixada em aberto. E, de fato, aparece como centro-zero secreto da poesia, a circunstância de que este sujeito suspeito, que só toma, *desde o início* leva a culpa consigo, porque sempre aceitou algo, e não casualmente, dos pais:

---

58   B. Brecht, *Gesammelte Werke*, v. 8, p. 267 e s.

Se encontrar seus pais na cidade de Hamburgo ou em outro lugar
Passe por eles como um estranho, vire na esquina, não os reconheça
Abaixe sobre o rosto o chapéu que eles lhe deram,
Não, oh, não mostre seu rosto
Mas sim
Apague as pegadas!

Esse chapéu substituível, sem sentido, indica uma culpabilidade da qual o sujeito sempre de partida, não se livra. Ele não pode ser deixado para trás na próxima estrofe: "Mas não permaneça sentado. E não esqueça seu chapéu". Justamente por abrir um campo de conotações como esconder o rosto, o próprio chapéu por tratar-se de um presente implica em perturbação e lacuna na imagem da fuga. Toda a força é colocada aqui (como em muitos outros lugares da obra de Brecht) no dar, na doação, ao passado, à geração anterior, mas também tirar de todas as casas, cadeiras e refeições o seu poder de obrigatoriedade. A liberdade paga-se com subtração e separação, por isso o dito fica como ditado que joga uma separação ininteligível na intenção. Trata-se de um eu como tu, dirigindo-se ao leitor (as poesias foram pensadas como gravação em disco de vinil) e inverte no final citado, onde acaba aparecendo como destinatário, em lugar de emissor, o *status* performático do texto. Ouvindo "Cuide, quando pensar em morrer", o "pensar em morrer", é tomado ao pé da letra. Possui conotação especial e a palavra *memento-mori* faz parte desta insegurança. Pode-se ler também: "se você pensar na tua morte" ou "se você quiser morrer" ou ainda "se você planeja suicidar-se". (Morrer a própria morte, tomado como um trabalho, é um motivo importante das peças didáticas, que Brecht denominou em suas anotações como *ciência da morte*). Novamente balança o *status* da manifestação, por causa da sentença despretensiosa: ninguém pode dizer friamente "agora penso em morrer..." Muito mais, o que poderia ser objeto de uma comprovação, o que poderia ser uma *amarga lei do mundo*, (*Aquele Que Diz Sim*) é formulado como decisão de vontade, aquilo que foi experimentado passivamente foi reformulado como ato de vontade.

Ao *páthos* da eternidade e da imortalidade, o texto brechtiano não responde com o *páthos* de uma negação destas crenças, mas com uma supervalorização singular do perecer para qualidade positiva: autodesaparecimento, autodominação no sentido de Nietzsche. Da expressão: "fiquem e traiam" ouvimos: ficar é traição, fidelidade consiste em desaparecer. Já que na morte a transformação em cadáver não possibilita outro movimento, este *peu de localité* deve ficar pelo menos secreto para fazer troça da morte como último alojamento.

Neste texto, é a falta de fundamentação da culpabilidade e da responsabilidade que fornece o perfil ao programa da não resposta (*não, oh, não abra a porta*). Sem fundamento porque incomensurável.

Levinas diz:

> Eles conhecem esta frase de Dostoiévski: "na verdade cada um é culpado diante de todos e por tudo [...] Na verdade eu sou culpado por todos e talvez mais culpado do que todos." Não por causa de uma ou de outra culpa, que realmente é minha, não por causa de erros que eu teria cometido, mas porque eu sou responsável, de acordo a uma total responsabilidade, que corresponde às esperanças de todos os outros e principalmente junto aos outros e da sua própria responsabilidade[59].

Por isso fundamenta-se a identidade (cujo encobrimento, transformação e disfarce parecem ser únicos nas peças didáticas e nesta poesia) em nada mais do que nesta experiência de culpabilidade ou responsabilidade sem ilusão. Mais uma vez Levinas: "Efetivamente a verdadeira identidade do eu humano deve ser determinada a partir da responsabilidade [...]. Eu, insubstituível, eu sou eu, único na medida em que eu sou responsável"[60].

Como seria então, se entrasse no jogo antes de qualquer avaliação, antes de qualquer imputabilidade, uma culpabilidade não afirmada, mas experimentada, que fosse antes da medida, e por isso mesmo, mais exatamente impensável? Isto seria uma culpa e culpabilidade paradoxal e sem medida. Quando o homem estabelece para si mesmo uma medida inevitável e não diferente, ele pode determinar, de modo transcedente, toda medida; assim, ele fundamenta, coagido e paradoxalmente, a desmedida da medida, e, somente a partir de uma culpabi-

---

59 E. Levinas, *Ethik und Unendliches*, p. 76.
60 Idem, p. 78.

lidade absoluta, improdutiva e sem limite, a possibilidade de nomear uma medida de culpa e de inocência, tanto quanto uma assim chamada responsabilidade infinitamente transcedental, uma real responsabilidade política e de direito. Ela constituiu então a sua identidade e individualidade, mas apenas para que a *ultrapassagem* inevitável e já realizada da medida, a sua identidade e também o desencontro deixar saber a sua comunidade com outros. O nascimento da experiência comunista, do espírito da ultrapassagem. No final, a regra só poderia ser pensada a partir da exceção, pois não há saída para o conflito da regra e da exceção. Todo "caso" de uma regra na área de moral, direito e política é uma exceção ou o primeiro caso em que deve ser pensado, se uma regra tem aplicação ou não. Uma leitura de Brecht, diferente da tradicional, deveria questionar a forma especial em que o seu texto político articula estes paradoxos e antinomias, para onde tendem as suas acentuações, curto-circuitos e adiamentos, com que rigor ele segue a pista da culpa e da medida, de que modo calcula ou joga com a correlação dos dois nos tópicos medidos e não mensuráveis do sujeito.

4.

A pista da culpa é a inscrição do indivíduo na máquina de texto, que serve para a sua extinção. O indivíduo não é sem rosto, mas *rosto em desvanecimento* – ainda rosto que está em *fading*. É por isso, que para Brecht a maquilagem é um tendência para escrever: Código para uma alteração radical, que sem o rosto oculto da duração não teria lugar:

> Meu rosto está maquilado, limpo de /
> Toda particularidade, esvaziado para espelhar / Os pensamentos alteráveis como / Voz e gestos[61].

Por baixo da maquilagem, os rastros de uma duração, cuja resistência contra a moral coletiva é obrigatória, sem que por isso, em Brecht, ficasse mantido um conceito moral individualista.

---

61 Cito a bela composição de G. Neumann, Geschlechterrollen und Autorschaft: Brechts Konzept der lyrischen Konfiguration, em H.-T. Lehmann; R. Voris (orgs.), *Der andere Brecht I*, p. 117, na qual me chamou a atenção o tema da maquilagem.

Encerrando, ainda quero passar rapidamente a vista sobre o aspecto complementar da noção de sujeito em Brecht. Se de um lado a experiência está plena de uma culpa primordial imensurável, e, ao mesmo tempo, existe um fundamento da capacitação para a transferência política bem medida e racional de obrigação e culpabilidade, do outro lado significam o atrevimento e a imoderação, prazer e gozo. A interligação do tema da moralidade com o do prazer, a singular capacidade de gozo e reconhecimento (*Galileu*) é coisa evidente em Brecht.

A ultrapassagem da medida é o tema da ópera *Ascenção e Queda da Cidade de Mahagonny*. O seu objetivo é o do prazer, gozação como conteúdo e forma. No segundo dos três cantos de Mahagonny impressos como *Apostila*, é comprovado, que prazer (*Lust*) sempre representa perda (*Verlust*). O canto informa sobre as leis da vida na cidade. A lei diz: você precisa poder pagar. Mas o refrão descobre no meio da parábola cínica uma ambivalência de crítica da mercadoria e analítica do prazer:

> Naquela vez, todos estavam sentados
> No salão de pôquer e de bebidas de Mahagonny
> Eles sempre perdiam,
> Mas aproveitavam o prazer[62].

Perder é ganhar, ganho de prazer. No meio da figura da troca de mercadorias e da obrigação sem piedade de pagar, Brecht escreve a equação de poder-pagar e "aproveitar o prazer". A gente vende a pele, certamente. A pele é retirada, mas o mundo pintado como se desvanecendo da perda e do gasto, onde ninguém calcula, mas se entrega, é ao mesmo tempo o prazer. (Shen Te canta: "Eu não quero calcular quanto custa") Mas na queda de Mahagonny, perde-se o tempo da desmedida, acontece como na casa de baile arruinada de Bilbao ("Hoje ela foi renovada, para parecer decente"):

> Mas hoje estão todos sentados
> no salão barato do santo Deus
> Eles ganham em todos os casos
> Mas não têm proveito algum[63].

---

62 B. Brecht, *Gesammelte Werke*, v. 2, p. 541.
63 Idem, p. 547.

Sendo assim, o texto fundamenta: "eles gostam efetivamente de viver, mas não gostam de pagar em efetivo". O prazer é gastar acima de qualquer moderação. Deve-se aí lembrar de Georges Bataile e o seu conceito de gasto e despesa. Brecht, nesta que segundo Adorno seria a primeira ópera surrealista, e Bataille, que sempre esteve perto do surrealismo estão muito próximos um do outro. Bataille tentou pensar em dilapidação até a autodestruição no prazer, e no motivo ligado a isto da ultrapassagem do mandamento religioso como Eros. Prazer na destruição de todas as ordens de leis, levantamento de todas as medidas e junto, todos os sentidos expressam as "leis da bem-aventurança humana", descobertas por Paul Ackermann: "O que representa o tufão como susto / Contra o homem se ele quer o seu prazer?" Ou então lembremos de Jakob Schmidt, que procura uma autorrealização textual e impossível e que literalmente come até morrer: "Agora já comi dois bezerros / E agora como mais um bezerro/ Tudo é só a metade / Gostaria de comer a mim mesmo".

Aqui o prazer como autodilapidação desmedida, lá a sensação de responsabilidade sem limites pelos outros – parecem tão longe entre si os motivos: os dois indicam uma textura do sujeito, em que as mais bonitas e piores emoções não podem ser separadas de uma doação e, principalmente, de uma troca e de uma dilapidação sem reservas. O prazer do jovem colega na autorrealização da ajuda sem calcular, é o mesmo prazer da perda, na qual a "gente aproveita o prazer" que é ao mesmo tempo constitutivo para a motivação ética. O prazer da Antígone, de Brecht, que se sacrifica com a observação "eu desejo que meu copo de desgosto esteja cheio", determina, junto com o seu prazer perigoso, o motivo para a moral da resistência. Tudo que é mensurável e moderado deixa uma falta. Por isso o si próprio é autofagia e sacrifício. Esta autofagia estrutura tanto o tratamento ético como também o prazer.

Quando Jakob Schmidt depois de comer cai morto, todos o honram numa cerimônia de paródia (por sinal, tirando os chapéus), porque ele ficou sem medidas e sem medo e mesmo na morte, ainda não parece estar satisfeito:

> Vejam a expressão de insatisfação
> Na sua cara!

Porque ele se encheu,
Porque não terminou
Um homem sem medo!

Uma problemática muito brechtiana da doação, da dilapidação, do dar e dispor aparece em toda a sua obra. Ela se refere ao famoso tema da indulgência, ela é o impulso produtivo, que inspira o mais famoso poeta da razão e da medida, para disposições complexas, apontando um resto que não bate na ética política e parece obedecer os seus textos na superfície. Aquela moral coletiva, que aparenta ser não ambígua, a forçada ética-útil leninista, quebra no excesso da individualização. O si próprio é em si um tipo de culpa, sem medida, indeterminado, inevitável. Aqui a gente chega perto da brasa ardente da obra de Brecht. Autoperda e sacrifício apresentam-se como inseparáveis, sendo a estrutura ao mesmo tempo do prazer e da ética. A medida e a lógica da moral comunista e da graça são baseados igualmente num excesso precedente, e que para Brecht parece tornar-se manifesto num prazer e culpabilidade imemorial, que incomoda qualquer ciência de comportamento, qualquer política e qualquer moral de conveniência.

ANOTAÇÕES DE BRECHT*

Como é que eu, um homem de Augsburg com variados dons, chego a ver e representar o mundo, com estes mercados, cafés e lugares de diversão entre estas pessoas? Quarenta anos e a minha obra é o canto de fim de século. Eu tenho o amor pelos que se afundam e o prazer do seu afundamento. Existem poucos que podem afundar-se, conseguindo escapar com a pele e os cabelos e mãos quebradas. A maioria morre, como se fossem ratos. Simplesmente acaba, fica um rato, sempre funciona. Eu não faço mais guerra / mas eu vou direto para casa / eu me cago / Na ordem do mundo, eu estou / perdido. Os nossos clássicos não escreveram as suas obras, para que o Teatro de Cidade de Augsburg pudesse continuar. Eu sou escritor de peças. Na verdade eu gostaria de ter sido marceneiro, mas com esta profissão a gente ganha muito pouco. Depois, entrando na literatura, não consegui ultrapassar a crítica bastante niilista da sociedade burguesa. Pelo desfavor do tempo / E por aferrar-me a ideais / Entrei com a minha arte em apuros. Foi difícil acostumar-me às cidades. Eu estava sem dinheiro e cada tanto tinha de mudar-me. Quando mais tarde tive algum dinheiro, eu queria comprar tudo. O primeiro objeto de necessidade que comprei, foi um machado. Mas para usá-lo como machado, ele devia ser afiado. Então eu o usava para enfiar pregos e para isso ele era grande demais. Pode-se notar, que também tive de comprar pregos. Lentamente / mas sem parar, o problema das cidades foi solucionado. Fica quieto! / O que você pensa: é mais fácil alterar-se uma pedra / Ou qual a tua opinião a respeito? Eu sempre fiquei igual. Tão frio quanto o vento é a doutrina de fugir dele. Ele testa cada palavra como uma água obscura / Se ela é suficientemente rasa e quente para ele. A linguagem existe para condenar os fatos. É o seu único papel. Mas ela não cumpre com ele. Aquele de nós que morre, o que abandona? Ele não abandona apenas a sua mesa e a sua cama! Aquele de nós que morre, sabe, eu abandono aquilo que existe, mais do que eu tenho, eu dou de presente.

Aquele de nós que morre, abandona a rua que ele bem conhece e também aquela que ele não conhece. As riquezas que

* Publicado com o título Brechtblock, em *The Drama Review*, inverno 1999.

possui e também, as que não possui. A própria pobreza. A sua própria mão. Eu vi uma grande folha do outono, que o vento / Estava levando ao longo da rua e eu pensei: é difícil / Calcular o caminho futuro da folha! Aquele que só quer nadar no verão, para ele a água não flui. Manter-se em equilíbrio, adaptar-se sem entregar-se: isto pode ser o objetivo de filosofar. Assim como a água fica quieta, para refletir totalmente o céu, nuvens e ramos flutuantes e também passarinhadas em movimento; assim como um pião fica girando para poder flutuar uniforme e misturando as suas cores, assim um homem pode procurar o seu lugar no qual ele reflete o mundo, mostrar-se e acertar-se com ele. Quão claro reflete a nuvem na água? Quando é mais claro? De onde vem o ramo, cuja origem não se espelha? O que faz o vento por cima e a lama por baixo d'água? São perguntas que são colocadas. Onde o pião encontra espaço e quando depara o maior deles? Como giram os outros piões? São estas as perguntas filosóficas. Creio que nunca terei uma filosofia tão amadurecida quanto Goethe e Hebbel, que devem ter tido memórias de cobradores de bonde, no que se refere às suas ideias. Eu sempre esqueço as minhas opiniões, não consigo decorá-las. Façam as contas! / Façam as contas com a perseverança de dez tostões de Fatzer / E as ideias do dia a dia de Fatzer / Avaliem o meu abismo / Coloquem cinco para imprevistos / De tudo que eu tenho / Só conservem o que é útil / O resto é Fatzer. O meu amor pela clareza, provém do meu modo confuso de pensar. Eu me tornei um pouco doutrinário, porque precisava urgentemente de instrução. Encarregado pelos de amanhã, eu fiquei / de acordo com o amanhã. / Mas / Sobre os espectadores eu não exerci pressão. / Ele não era eu, eu não era ele. Muitas vezes eu me admiro por minha memória ser tão fraca. Todos os meus assuntos, mesmo os mais perigosos, eu os esqueço de imediato. Mesmo a amada da minha juventude, à qual eu estive muito ligado, e que fugiu de mim por causa da minha estranha indiferença, aparece hoje nas minhas lembranças como uma figura de um livro que eu tinha lido. A gente precisa liberar-se do grande gesto de jogar fora uma ideia do "ainda não produzido" e deveria chegar mais perto de jogar uma obra de arte, da ideia formada do gesto maior de "mais do que produzir". Novamente, esmigalhar-se, novamente empalidecer-ser, aproximando-se, desviando com graça, levemente conformado, juntado sem muito cuidado, pressionado, suado, assegurado! Uma vez tinha cerca de seis trogloditas num ramo e perguntaram: "Cadê a obra de arte?" Mais que depressa um deles uma vez disse: "Está aqui" e procurou pelos espectadores. Mas o que nós repreendemos aos mais velhos, é que o trabalho não lhes produz bastante prazer. Mas deve ser dito (ver acima: sobre banalidades) que o prazer é por causa do sucesso e não por causa do trabalho e que os pequenos prazeres não são prazer ou divertimento. Velho, por exemplo, é alguém que entende que prazer é o contrário de seriedade. Será sempre assim, quando os jovens que têm prazer em fazer teatro começarem a querer representar as últimas coisas e preferirem morrer no palco, do que levar um copo d'água de um lado para outro da cena. Deixa que eu diga: você é / A quinta roda / Não penses, que eu, por estar dizendo isto / Seja um patife / Não procures o machado, mas pega / Um copo d'água. Mas naquela vez, todos ficaram / no salão de pôquer e de bebidas Mahagonny / Eles sempre perderam / Mas tiveram algum proveito. Se quiserem dizer alguma coisa / Digam-no a mim, pois eu esqueço. OS QUATRO AGITADORES, o tempo é curto e não encontramos a saída. / Assim como o animal ajuda o animal / nós também desejamos ajudar àquele / que lutou conosco pela nossa causa. / Cinco minutos em presença dos perseguidores / pensamos numa melhor possibilidade. / Vocês também devem estar pensando numa melhor possibilidade. *Pausa.* O QUARTO AGITADOR, *que representou por último o jovem colega*: Então resolvemos: agora / cortar o próprio pé do corpo. / É terrível ter de matar. / O CORO CONTROLADOR. Então não era uma sentença? OS QUATRO AGITADORES *em tom de voz muito elevado*: Não! Uma medida! Sempre que eu via gente, que esfregavam as mãos por causa de dor ou de aflição ou levantavam acusações, eu pensava que eles não percebiam em toda a profundidade, a seriedade da sua situação. Eles esqueciam completamente, que não havia nada que os ajudasse, que tinham sido abandonados ou magoados por Deus, ou, então, que nem Deus havia, e um homem que sozinho faz insurreição numa ilha, deve estar louco. Mas ele foi levado pelos seus iguais a uma parede agora / E ele que entendeu, também deixou de entender. Quando o sentido pela literatura se esgota num homem, ele está perdido; pois o instruído, em vista de todos os acontecimentos humanos, se interessa apenas pela sua apresentação literária, o seu estilo, a sua ética, pelo polimento da graça ou da brutalidade do refinamento. Um homem com uma teoria está perdido. Ele precisa ter várias, quatro, muitas! Ele precisa colocá-las no bolso como jornais, sempre os mais novos; a gente vive bem entre elas, é confortável viver entre as teorias. Essa gentalha superficial e sedenta de novidades / Que não usa as botas até o fim / Não lê os livros até terminar / Esquece das suas ideias / É isto a esperança natural do mundo. / E se não for / então tudo que for novo / É melhor do que tudo que for velho. Em mim está crescendo uma sensaçãozinha contra a bipartição (forte-fraco; grande-pequeno; feliz-infeliz; ideal-não ideal). É assim, porque as pessoas não conseguem pensar em mais do que duas coisas. Mais não cabe num cérebro de pardal. Porém é mais sadio escapar enfrentando o vento. O rio já não existe. Então / Este Fatzer não pode ser melhor ou pior, / mas não deve ser mais um Fatzer / Para que este chão seja um sinal / Erguido na aflição, por isso em lugar de uma pedra / Tornou-se um buraco de enorme proporção / Mas é o testemunho, de que / mesmo em tempos os mais sombrios / preto era preto e branco, branco. Quase todas as instituições burguesas, quase toda a moral, quase toda a legenda cristã são baseados no medo dos homens de ficarem sozinhos, levando a sua atenção para o abandono indizível no planeta, do seu ínfimo significado e do enraizamento quase imperceptível. A tragédia é baseada nas virtudes burguesas, tira delas a sua força e sucumbe com elas. Não faz sentido incensar um santo, sem a crença em algum deus. O DIRETOR DA CASA DO PARTIDO *lhes dá as máscaras e eles as usam*. Então a partir dessa hora, e provavelmente até o vosso desaparecimento, vocês não são Ninguém; trabalhadores, lutadores desconhecidos, chineses de mães chinesas de pele amarela, falando chinês durante o sono e durante a febre. O que eu não gosto de confessar: justamente eu / Desprezo aqueles, que estão na desgraça. Existem alguns que sabem sofrer. O que eu faço melhor, é queixar-me ou então eu imagino. A queixa precisa ser levantada por aqueles que menos sofrem. Todas as grandes poesias têm o valor de documentos. Nelas está contido o modo de expressar-se do autor, um homem importante. ANDREA *incapaz de ir*: Com respeito à sua avaliação sobre o autor do qual falamos, eu não sei o que responder. Mas eu não consigo pensar que esta análise assassina venha a ser a última palavra. GALILEU, Muito obrigado, senhor. *Ele começa a comer.* VIRGINIA *Andrea escapulindo*: nós não gostamos de visitantes do passado. Eles o irritam. *Andrea sai. Virginia volta.* GALILEU Você tem ideia de quem teria enviado os gansos? VIRGINIA Não Andrea. GALILEU Talvez não. Como está a noite? VIRGINIA *na janela*: Clara.

5. Estudos sobre Heiner Müller

OS FANTASMAS DE MÜLLER*

> *Como é que o senhor meu velho,*
> *chega a essas histórias de fantasmas?*
> *– Eu? – isso está no ar...*
>
> THEODOR STORM

O que tem a ver com fantasmas, o que a gente *ouve*, por que *isso* está no ar, o que é o seu estímulo político, teórico, estético? Que Jacques Derrida com o seu livro *Spectres de Marx* (Espectros de Marx) tenha ampliado a série dos seus conceitos / metáforas, em que pensa atraso e demora como importantes no jogo dos sinais referentes ao fantasma; que a arte com os meios e o teatro experimental tenham aberto a pergunta pela *realidade*, procurando cenas fantasmagóricas entre o ser e o não ser; que a obra de Heiner Müller possa parecer um formigueiro de fantasmas, almas penadas, anjos, não mortos, mau-encarados e vultos fantasmagóricos, tudo isto leva a perguntar se o fantasma

---

* Müllers Gespenster, primeira publicação em alemão; versão inglesa: Heiner Müller's Spectres, em Gerhard Fischer (org.), *Heiner Muller: Contexts and History*, Tübingen: Stauffenburg, 1995.

não deveria ser elevado à categoria de nobre, como sinal de coisas em que cada vez mais o limite entre o ser e o não ser se desvanece, crescendo entre eles a área do limiar. Afinal o que é um fantasma ou espectro? Materialização do espiritual. De um lado uma alma, uma figura morta, forças misteriosas, que só deveriam existir no pensamento, assumem um corpo; do outro lado, saída da realidade: pois a corporalidade do fantasma não pode ser tocada ou ferida, ela é aura, apenas fenômeno, aparição quase material. Desta forma o fantasma faz sentir a ambiguidade e o sinistro de toda a zona limiar da indecisão. Sem dúvida: uma Era da simulação deve ser o grande tempo dos fantasmas. E isto não apenas na esfera medial do brilho digital (embora seja o mais explícito), que sacode os conceitos emprestados do senso comum do real e do não real. O que não se aplica é o que dizia Ernst Bloch em *Technik und Geistererscheinungen* (Técnica e Aparecimentos Fantasmagóricos), de que a técnica destruiria os aparecimentos espectrais. Mas muito pelo contrário, ela os amplia. Para Proust, a voz do telefone parecia vir do Hades; e a memorização e reprodução fotográfica, gramofônica, fílmica teria dispensado a força da alucinação, como diz Kittler, agudizando o que leitores e escritores precisariam obter no tempo da cultura da escrita.

As aparições de fantasmas que encontram o homem a partir de outra realidade e de outra dimensão temporal já fazem parte dos estoques teatrais fixos, desde Dario em *Os Persas* e da sombra de Clitemnestra na *Oréstia*.

Seja como profeta ou admoestador – a entrada de um fantasma do reino dos mortos completa, ou melhor, fura, a presença dos heróis cênicos. Mensageiro de um passado, que exige um futuro. O fantasma de Dido, na tragédia barroca *Sophonisbe*, de Lohenstein, proclama um futuro histórico da *vanitas*. Os fantasmas de Shakespeare e *revenants* podem ser lidos como a materialização da história que continua a agir, nas palavras de Müller: "O que está morto, não está morto na história"[1]. O medo diante dos mortos existe desde tempos muito remotos. Nos cultos mais antigos, eles precisam ser constantemente apaziguados, neutralizados, subornados. Às

---

1 *Gesammelte Irrtümer 2*, p. 64.

vezes os mortos recebiam pedras jogadas pelos vivos; agora os vivos só jogam terra. Seja amigável ou horrível, o aparecimento do fantasma destrói a plenitude do presente, num aviso de *mudança*. Algo ficou atrasado ou está em falta: vingança, redenção, no final, justiça. Assim, o velho Hamlet, na flor dos seus pecados foi morto, uma conta com os céus ficou em aberto, a ser paga por Hamlet júnior. Os aparecimentos fantasmagóricos são um *memento culpae*. A irrealidade da hora dos fantasmas desmonta qualquer conceito temporal, reduzindo o tempo a uma simples sequência de pontos do Agora.

A modernidade produziu *O Fantasma de Canterville*, de Oscar Wilde e deu-lhe o aviso irônico: aquilo que não é americano, limpo e absolutamente presente, só serve como farsa. Os fantasmas tornaram-se ridículos. Um pouco de amor ingênuo da jovem senhorita Otis, limpa tudo para a mancha de sangue espectral e logo o pobre e esgotado espírito está salvo. *All you need is love*. Não obstante, para a família Otis, na modernidade existe um formigueiro de fantasmas.

O fantasma remete a algo sinistro e inquietante em tempo e história. Consciência exige memória. Sem afundar na morte não há visão acertada sobre a vida. Sem ter presente, não há utopia. O fantasma, tecido do passado e do futuro, deve ser um tema central para Müller, porque para ele não há escrita sem anacronismo[2]. As escritas de Müller respondem quase sempre a escritas anteriores, como ele acentua muitas vezes "Diálogo com os Mortos"[3], que podem inclusive, com a fé desvanescente dos destinatários dos seus textos no futuro, valer como "mundo passado do autor no pretérito"[4]. Os antepassados escrevem junto com aquele que escreve, a culpa e os mortos da sua história. Fantasmas presentes, escreventes, que dividem a identidade do escrevente da mesma forma como cortam o tempo. Como é mesmo que está escrito na *Carta de Ano Novo* de 1963?

NO PARQUE OS CHOUPOS CHILREAM
QUEM MORA NA MINHA FRONTE?

---

2 *Gesammelte Irrtümer 1*, p. 36 e s.
3 Idem, p. 138.
4 Idem, p. 137.

uma expressão que indica a ligação de paisagens naturais, o reino dos mortos e o desdobramento do si próprio. Este desconto feito na conta de identidade é mais do que compensado pela "Transfusão de Sangue", que significa o processamento ou a tradução de textos mais antigos, uma atividade "vampiresca"[5], mas que deve resultar numa resistência à "volatilização"[6] do tornar-se espectro da história. Está claro, que os textos de Müller estruturalmente têm ligação com *revenants*, pois não existe outro que tenha escrito com tanta obstinação, duplos de obras: Macbeth, Hamlet, Tito Andrônico, Héracles, Filocteto, Édipo, Prometeu etc. Enquanto em *Germania* aparecem sósias históricos fantasmagóricos, representando um princípio construtivo dramático, em *Gundling, Hamletmaschine* e *A Missão* a dramaturgia da montagem, com os tempos-espaços descontínuos, encarrega-se de criar uma atmosfera surrealista, onde o correspondente estágio de realidade das figuras e dos acontecimentos, oscila entre realidade, sonho e fantasia e a cena se torna um campo de jogos para fantasmas e citações, para lá de qualquer espaço-tempo homogêneo. Por isso o entusiasmo de Müller com a cena de Robert Wilson, de *The Civil Wars*, onde "após a morte" ressoa a voz do fantasma de Frederico, morrendo em duo com a voz de Moissi, que foi formada pela entonação dada por Ilse Ritter a antigas retóricas teatrais: um salto no tempo e na lógica[7].

Estes motivos são tão proeminentes na obra de Müller, que depois do fantasma romântico de Hoffmann se poderia falar do fantasma de Müller. Mas o meio mais comum dos fantasmas, que é a narrativa, não é o território preferido de Müller, que é o do teatro. Os sinais linguísticos da narrativa, são os que mais possibilitam o sinistro, a liberdade da imaginação, produção dos fantasmas, que em consequência de Foucault[8] *moram entre o livro e a lâmpada* na escrita em *fantastique de la bibliothèque* – porque os sinais da escrita decidem menos do que a figura, a ambivalência definida pelos fantasmas (ser ou não ser, corpo ou espírito, vida ou morte).

5 Idem, p. 145.
6 Idem, p. 154.
7 *Gesammelte Irrtümer 2*, p. 48.
8 *Schriften zur Literatur*, p. 157-177.

Mas o teatro que é a ideia de Müller, e que seria o teatro da ressurreição, "que pressupõe de forma natural a morte do dia a dia", é descrito por ele como

conjuração da morte, que recruta o elenco no meio dos fantasmas e que após a apresentação voltam ao seu túmulo, isto até a última apresentação, uma première de terceiro tipo, sendo o cenário um guia de viagem através das paisagens além da morte, onda as causalidades do câncer da ressurreição estão em férias[9].

De forma geral vale para Müller: "Uma das funções do drama é a conjuração da morte, no qual o diálogo com os mortos não deve parar, até que seja arrancado deles o que de futuro foi enterrado junto com eles"[10]. Já a tragédia antiga, é para ele uma "conjuração de morte"[11]. Os gregos da Antiguidade povoavam as cenas das tragédias com os mortos e cobriam os seus rostos com máscaras. Com a conjuração há um "exorcismo", a liberação de mortos paralisantes e ameaçadores com o objetivo de chegar ao fim de uma época. Poderia ainda ser mencionada a relação dos textos de Müller com o teatro nô, que ele cita às vezes, com a constatação de que ambos têm como conteúdo quase exclusivo a conjuração teatral e a volta dos espíritos mortos.

Teatro deve "transferir" Cronos para outro tempo, sendo a "simultaneidade de passado, presente e futuro", somente assim a história se torna "visível", por sinal uma categoria poética central aristotélica (*synopton*), mas aqui não se trata da lógica e da unidade da ação, mas a fusão dos níveis temporais num outro e novo tempo teatral. Em quadros de Chirico, Müller descreve o teatro como uma estrutura que trata do "isolamento do momento do contexto"[12]. É inconfundível: na hora dos fantasmas se trata do tempo do inconsciente, da fantasia, do surreal. E assim, um tempo que simultaneamente deve estar fora e dentro do tempo: eu o chamo, com Werner Hamacher, de *contre-temps* – não tempo. Assim como o tempo cria consciência, o não tempo marca a retirada dos significados, que do seu lado também são o deslocamento da chegada do fu-

---

9 E. Wonder, *Raum: Szenen-Raum*, p. 62.
10 *Gesammelte Irrtümer 2*, p. 64.
11 Idem, p. 136.
12 Idem, p. 139.

turo. Para Müller isto é o tempo da história. Nos seus textos, tempo e paisagem são trocados entre si. O tempo vivido junto com os mortos, aparece novamente no espaço das paisagens. Numa observação de *Paisagem com Argonautas* consta: "Assim como em toda paisagem, o eu nesta parte do texto é coletivo"[13]. O coletivo e a paisagem colocam fora de serviço o tempo a ser vivido individualmente. Uma tal retirada do tempo pode ser executada no teatro através das funções "aprender a morrer"[14] da peça didática de Brecht: "Re-humanização do Corpo" e "Comunicação com a Morte"[15]. A este motivo do corpo re-humanizado pertence também a ideia de Müller, de entender o teatro como "Diálogo entre corpos e não entre cabeças"[16]. Assim como Benjamin ligava o talento artístico ao treinamento do impulso do corpo (devem ser lembradas as suas comparações da arte de reação estética com Rastelli, e a sua teoria de encenação e da definição do talento pictórico como capacidade de inervação da mão do pintor), Müller fala de "ouvir o próprio corpo e adaptar o próprio ritmo do corpo ao meio correspondente" – isso significaria o talento[17].

Em Müller, os mortos, por ironia, são tratados também no sentido da democracia: como existem mais mortos do que vivos, a gente deve admitir o problema dos mortos[18]. Mesmo que no meio tempo os vivos representem a maioria, de tal forma que a expressão latina *ad plures ire* não mais se aplica, esta reflexão ainda é chave. Mas o que são os problemas dos mortos? Poderíamos dizer: trata-se do futuro que foi enterrado com eles. Aquele que morreu não realizou tudo que lhe era possível realizar. A forma da possibilidade é o futuro (também passado), aquilo que chega é um "vir". Abandonar os mortos significa: enterrar o futuro.

Observado a partir de outra perspectiva, o tempo no *Édipo*, transcorre a passo de "caranguejo" – o futuro (filhos) ele gera com um presente (Jocasta, sua mulher) que na verdade é passado (a mãe), de tal forma, que os seus filhos ao mesmo tempo são os seus irmãos. O que está na sua frente, também está atrás.

13 *Herzstück*, p. 101.
14 *Zur Lage der Nation*, p. 38.
15 Idem, ibidem.
16 *Gesammelte Irrtümer 2*, p. 129.
17 Idem, p. 128 e s.
18 *Gesammelte Irrtümer 1*, p. 178.

Édipo vive como já morto. Se a máscara for lida como sinal, na sua fixação e figura solidificada, ela antecipa a morte. Quando Édipo entra em cena, a duplicação da vivacidade do rosto e a rigidez da máscara, mostra uma mancha "cega" na figura viva, exatamente entre o pescoço e o cabelo da cabeça, como se fosse um corte mortal. Esta presença da morte em vida é ao mesmo tempo a condição de que a vida pode ser guardada para além da morte, como uma figura ou quadro. Ao fundir a máscara mortuária e a figura fixada, não é possível separar deste processo a continuação da vida em forma de fantasma do morto. Que nunca fique como inocente: ao reencontrar na Medusa a reprodução, o rosto desfigurado pelo ódio e a vontade de matar do guerreiro nas serpentes dos seus cabelos, uma visão que paralisa de medo os inimigos, fica a ameaça de petrificar e matar o observador. Aquele que chegar perto não recebe apenas um hóspede petrificado, mas torna-se um.

Isto é fantasma, não somente poetológico e teórico do drama, mas também imediatamente temático, modo central de apresentação para Müller. Após os fantasmas de Hoffmann, temos os fantasmas de Müller. Lembremos de alguns aparecimentos marcantes: são os fantasmas históricos como pesadelo irônico. Eles riem pela volta dos mesmos, a inutilidade das utopias. Por exemplo, Frederico II como vampiro, que os trabalhadores não deixam mais que os maltrate, os bata, os explore. Mas não pode ser deixado de observar, que o novo poder dos trabalhadores já tem os novos e herdados fenômenos de alheamento. O fantasma de Frederico está muito vivo. Em *Wolokolamsker Chaussee 3, Das Duell* (Estrada de Wolokolamsker 3, O Duelo), o levante reage em 17 de junho contra a aproximação dos blindados russos:

> Eu já disse, Stálin está morto. Viva Stálin
> Ele está chegando, o fantasma com a turma de blindados
> Sob as correntes apodrece a Rosa Vermelha
> Largo como Berlim. Nós somos os coveiros
> Cada um no seu lugar, recebendo o seu salário
> Nós sabemos como são as refeições com fantasmas
> A noite fica mais curta no bufê frio[19]

---

19 *Shakespeare Factory 2*, p. 243.

Em *Hommage à Stalin* (Homenagem a Stálin), há três fantasmas hiper-reais de soldados "os seus corpos não mais estão completos" empurrando a neve, ao mesmo tempo canibais e exército diante de Stalingrado. Aparece então o fantasma de Napoleão, "pálido e gordo", atrás dele, César, "de rosto verde", depois, "superdimensionados em nichos enferrujados", Gunther, Hagen, Volker e Gernot, que pretendem lutar contra os hunos imaginários. No quadro seguinte, o texto pede "Uma figura: o vendedor de crânios". A prostituta 2 clama: "Quem é este fantasma. Oh!" Em *A Estrada de Wolokolamsker 1*, o desertor antes da sua morte já vira espectro, "e mil olhos o atravessavam/como se antes da morte ele já fosse transparente" (não antes da morte, mas por assim dizer, de tanto morrer), perseguindo inapelavelmente o comandante que ordenou a sua morte – "e sempre o morto segue os meus passos"[20].

Outros fantasmas são os mortos, que ficam por um tempo no fundo do mar como "nadadores em pé / até que os seus ossos descansem"; o conselheiro no *Der Lohndrücker* (O Achatador de Salários), que foi encenado pelo diretor Müller como fantasma dando risada, e novamente os mortos, que o tratorista descobre no solo da lavoura, que para ele se transforma em vidro. Devem ser mencionados os numerosos anjos ameaçadores, traição e desespero, e o fantasma de horror, das mulheres voltando do reino dos mortos. Todos eles vêm e voltam como bandos iluminados: os fantasmas de Müller.

Mas o que é um fantasma ou espectro? Em primeiro lugar no próprio sentido da palavra uma atração, fantasma (*Gespenst*), etimologicamente de *spanan*, atrair, provocar, persuadir. Tecido (*Gespinst*) não tem parentesco etimológico. Goethe, em *Fausto* (6198), usou bastante o jogo de palavras e até Marx usa a semelhança tonal das palavras. Um dos fantasmas mais famosos, o fantasma do comunismo, teve em Schiller um predecessor com "o fantasma ameaçador da revolução". Os fantasmas são uma materialização da espiritualidade: uma alma, uma figura que morreu, forças misteriosas, que parecem existir apenas em pensamentos, mas assumem um corpo. Esta corporificação é apenas aparência. Os fantasmas voam, atravessam

---

20 *Shakespeare Factory 1*, p. 247 e 249.

paredes, não podem ser tocados ou feridos. Seu corpo é aura, apenas clarão. Assim o fantasma articula a ambiguidade do limite, do inquietante, que perdura na indecisão. No sentido desta definição do fantasmagórico como materialização do imaterial, pode-se dizer, sem exagero, que estamos vivendo o grande tempo dos fantasmas e que os fantasmas ainda têm grande futuro. Eu falo da realidade midiática do domínio cada vez maior do "clarão digital". Cada vez mais conhecemos seres que para nós são apenas vozes de telefone, de anúncios ou de falas computadorizadas. É cada vez mais duvidosa a existência real de muitos seres, que conhecemos apenas na tela do computador ou do vídeo. Qual é a qualidade de densidade que espera as representações holográficas? A relação entre contatos materiais e imateriais é cada vez mais incerta. A grandiosa instalação de vídeo interativa *Tall Ships* de Gary Hill joga com esta experiência e faz com que os limites do contato visual e psíquico sejam conscientes, ampliando as esferas da indecisão:

> A instalação é um espaço tipo caverna ou subsolo, muito escuro, sendo muito fácil chocar-se com pessoas que já estão no interior. De um lugar invisível são projetados quadros de doze diferentes pessoas sobre as paredes longitudinais, sendo um deles sobre a parede do corredor de aproximadamente dezoito metros. Quando a gente se aproxima de uma das figuras, na frente dela, por exemplo de uma pessoa sentada bem atrás, esta reage, levanta-se e aproxima-se da gente, fica "gigantescamente" por um tempo diante da gente e nos olha. Se a gente sair do lugar ou ficar por muito tempo, a pessoa gira, volta ao seu lugar original e senta. Se a gente sair e resolver voltar, a pessoa gira novamente, aproxima-se e olha para a gente por mais um tempo[21].

É evidente que *Tall Ships* é um lugar diferente. As figuras de vídeo das pessoas andando, sentando, girando, se afastando são projetadas através de uma lente sobre a parede escura, sendo que uma certa falta de nitidez aumenta o charme fantasmagórico. O próprio visitante, com os seus passos no corredor, faz com que haja a mudança das figuras projetadas e o movimento das pessoas para frente e para trás, o que

---

21 George Quasha apud G. Hill, *Katalog Stedelijk Museum Amsterdam*.

dá a impressão que elas "reagem" com os visitantes. O efeito e ao mesmo tempo a irrealidade do quase-contato com os vídeo-fantasmas, torna-se a questão do *status* inseguro da comunicação e da percepção da realidade. O espaço é um mundo de sombras. Mesmo que cada um o perceba como projeção diferente: quase não é possível sair da associação de *revenants* do reino dos mortos. E é um encontro do terceiro tipo, entre atualidade e potencialidade, realidade mental e psíquica gerada tecnicamente: seja como acréscimo das figuras imaginárias, seja como perda dos visitantes em sombras, à semelhança de sombras e corpos num reino transitório, que parece "desconstruir" as oposições conceituais (não foi por acaso, que Jacques Derrida contribuiu pessoalmente com o trabalho de Hill). Uma obra do nunca-mais (existe apenas como visita dos visitantes) que, com os seus próprios meios, trata daquilo de que tratam os textos de Müller: articular um encontro com os fantasmas.

É natural que Müller conheça a análise de Marx do trabalho abstrato, como coisa "de fantasmas". Por isso, aqueles que retiram, ou ganham, a sua vida dos negócios, são para ele, os não mortos, no sentido preciso: "zumbis carregando malas de rostos vazios, que subjetivamente sentem-se livres"[22]. Zumbis do trabalho abstrato com rostos vazios, que na verdade são máscaras de caráter. Para Müller está claro que estes espectros continuam no capitalismo de Estado. Em *Der Bau* (A Construção), acontece ironicamente para os trabalhadores, que, de forma "socialista", querem construir sozinhos e racionalmente uma central hidráulica, contra o plano que prevê uma usina de força, no qual eles são apenas "ar" para a folha de pagamentos. Kleiber: "Se houver aparição de espectros no dia do pagamento de salários, serão os fantasmas da central hidráulica" Bolbig: "Para mim, espectros na usina de força, é a ressurreição". É natural que em Müller, leitor de Marx, aquele que produz coisas invendáveis sob condições capitalistas – mesmo que sejam ultranecessárias – literalmente , como escreve Marx, "nada" produziu, apenas trabalho de valores de troca fantasmagóricos, de espectros. Nada muda, se o mercado é substituído apenas pelo plano ditado. É por

---

22 *Gesammelte Irrtümer 1*, p. 121 e s.

isso que Bolbig tem razão, se ele escarnece dos camaradas que se sacrificam e se consomem pelo futuro: "Eu vou dizer a vocês o que vocês são: cada um de vocês é seu próprio espectro, é isso que vocês são".

O fantasma representa uma estrutura na qual, como já mencionado, o tempo está fora dos eixos, *out of the joints*. Com isto decai ao mesmo tempo "a ilusão de identidade pessoal"[23]. Identidade, com certeza constitutiva, sempre problemática, dividida, escondida, mascarada – começa apenas no coletivo. Onde a identidade pode estar sem quebras, no eu, ela é ilusão. Onde ela existe, ela só pode ser quebrada, de entrega e de responsabilidade. O desinteresse, às vezes chocante de Müller pelos pormenores, tende para a "conscientização humana do gênero", mais um motivo assumido de Marx, "a responsabilidade não apenas para si"[24]. O que é importante para ele, é poder dizer junto com Brecht, "eu consegui me alegrar/Todo canto do melro também para mim". Numa conversa, ele acentuou que o futuro consiste do diálogo com os mortos – simultaneamente como "parceiros e perturbadores do diálogo" –, um futuro que só pode consistir em movimento e revolução, começando onde o leitor não sabe mais quem, o que e onde ele está"[25]. Este diálogo existe do outro lado da moral, "os mortos devem ser indultados"[26]. Isto não significa um simples esquecimento; Müller muito mais denuncia o culto do presente, do que indica uma quebra desta dimensão trans-individual do homem. Paisagem, coletivo, os mortos e o futuro ou a ressurreição se juntam, para colocar-se contra o culto do presente a *difference* do tempo. Desta forma, a fantasia chega a uma solidariedade sinistra com esqueletos, ossos, pedras e montanhas, pré-história e história natural, como era vista por Benjamin no fundo da tragédia. Uma das visões mais certeiras de Walter Benjamin sobre a tragédia barroca fica agudizada numa frase: "A produção do cadáver, é a vida vista do lado da morte"[27]. Nos vivos já existe a presença de um cadáver, de forma alter-

---

23 *Jenseits der Nation*, p. 31.
24 *Gesammelte Irrtümer 2*, p. 52.
25 Idem, ibidem.
26 *Jenseits der Nation*, p. 49.
27 *Der Ursprung des deutschen Trauerspiels*, em W. Benjamin, *Gesammelte Schriften*, p. 392.

nativa e em medida crescente. O eu está duplicado, tem em si o espectro dele mesmo como morto. O eu é aquele que terá sido.

O autor assume esta proximidade aos mortos por causa do gesto do escritor de histórias – pela proximidade aos mortos. *Mommsens Block* (O Bloco de Mommsen) descreve a necessidade (e descreve a hesitação, *writers block*), de "manter a carga" do fracasso da história no duplo sentido da palavra segundo Hölderlin. A Revolução de Outubro parece ser uma "tempestade de verão na sombra do Banco Mundial" e como "dança de pernilongos acima dos coveiros tártaros", nos quais está no aguardo da ressurreição a história profunda e fenecida:

WHERE THE DEAD ONES WAIT
FOR THE EARTHQUAKES TO COME
pois os espectros não dormem
a sua alimentação preferida são os nossos sonhos

Em lugar de descarga elétrica da tempestade na atmosfera, somente uma história-de-longo-tempo da terra, geo-logia e geo-grafia pode registrar a confluência de destruição e sobrevivência.

Contra o que Müller chama de real pesadelo americano, "a Europa só tem uma chance, se colocar em suspenso a sua gravitação e a sua história"[28], ou seja criar o paradoxo de dominar a força gravitacional, sem deixar-se abater por ela. A figura sarcástica de Müller a esse respeito são os "cemitérios suspensos".

Os mortos na nuca, o seu peso, no cachaço – isto é como se conhece uma figura recorrente e obsessiva de Müller. Pensar nisto por um momento, implica a *ideia da carga* de uma experiência cruel, mas ao mesmo tempo ineludível. Quando em *Mauser* o carrasco mata instintivamente, fala-se: "os mortos na sua nuca não lhe pesam mais". Enquanto a memória e a preservação são uma única figura da utopia, e por isso como carga e até pesadelo "preservam" a história; a ideologia como Müller fala em *Krieg ohne Schlacht* (Guerra sem Batalha), é uma sedução, porque

---

28 *Jenseits der Nation*, p. 93.

permite livrar-se da carga[29]. Peso e carga contra a ideologia e a redução da experiência sobre o presente e o consumo. Os cadáveres na nuca, os mortos pulando nas costas dos vivos conseguem dar à consciência o peso necessário da sua história. Na verdade é mais destrutiva a pior fantasmagoria dos sem peso. Perda do chão. Antéus ganha sempre nova força pelo contato com a mãe-terra, mas é vencido na suspensão. Somente pelo peso dos mortos (é assim que deve ser formulado este complexo figurativo de Müller) o próprio eu fica feito camada, sobre a qual outras camadas se acumulam*. Somente o peso possibilita deixar um *vestígio*.

Não se trata de ficar livre dos espectros. Mesmo que, e justamente por isso, o medo leve ao exorcismo. Marx, que não conhecia apenas o *fantasma do comunismo*, escreveu: "A tradição de todas as gerações mortas, pesa como um pesadelo no cérebro dos vivos". Em tempos de mudanças, os *fantasmas do passado* são chamados como garantia e segurança.

Um momento de inquietação é pregado pela representação ideológica da história na sociedade burguesa. Ela está sempre ligada a um momento de fantástico e enigmático. A tradição não pode simplesmente ser apropriada, mas ela aparece sempre, segundo Marx, como farsa, comédia, mal-entendido ou ainda como fantasma ou pesadelo[30].

Para a iminente *revolução social do século XIX*, do horizonte utópico do pensamento de Marx, ele queria dispor, que esta revolução não poderia conseguir a sua *poesia do passado, mas tão somente do futuro*. Sem fantasmas e sem figuras. Uma vez por todas, no futuro revolucionário e comunista, o homem deve ver o seu *fazer* sem máscara e sem deformação, devendo dominar sem fantasmas e sem pesadelos a própria presença da prática. O comunismo seria a presença completa e autopresença dos homens, da sua razão social, livre finalmente dos fantasmas do passado, livre de toda deformação e disfarce, livre de todo adiamento, irrealidade e diferença. Chega de fantasmas e espectros! Com estes e outros gestos da exclusão, Derrida in-

---

29 *Krieg ohne Schlacht*, p. 316.
*   No original *Ge-schichte*, jogo de palavras entre *Schichte* (camada) e *Geschichte* (história) (N. da T.).
30 H.-T. Lehmann, *Beiträge zu einer Materialistischen Theorie der Literatur*.

sere a leitura de Marx, de que o fetiche da plena presença e o exorcismo radical dos fantasmas, seja, talvez, o que de melhor trouxe a análise de Marx: quando na disposição fantasmagórica da realidade na sociedade burguesa, contrapôs não outro tratamento com os fantasmas, mas sim a sua expulsão. Marx exorcizou o que não era vida *ou* morte, atualidade *ou* potência. A sua preferência pela abundância, do agora, a negação (falando com Benjamin) da dimensão alegórica, aberta para a morte e o mundo dos espectros, vingou-se amargamente no discurso marxista, que nunca teve gosto pela abstração, recordações, trabalho fúnebre e fantasmas; e para encurtar, o que é mais complicado mesmo por estes motivos, atinge o homem apenas pelas suas necessidades, nunca por seus desejos, que têm a ver com os fantasmas, os ausentes e a perda. Desta forma e, somente assim, é possível enfrentar a questão da catástrofe histórica do comunismo: Marx estava decidido demais a livrar-se dos fantasmas. O título de Derrida *Espectros de Marx*, refere-se tanto aos fantasmas, com os quais Marx brigou, como àqueles que ficaram junto dele. Deve ser ressaltado que Marx foi um *teórico da aparência* e sobretudo da aparição dos espectros, o maior do século xix, ao lado de Nietzsche.

O primeiro gesto da leitura de Derrida é a sua resistência contra a disposição de exilar o comunismo no reino das ilusões e no reino dos mortos. A sua desconfiança vale para o *consenso anestesiante* das muitas vozes, unidas na determinação de conjurar que o comunismo estaria totalmente morto e assim deveria ficar, enquanto, ao mesmo tempo, há a necessidade de advertências histéricas contra a sua volta. O segundo gesto vale para desmascarar sarcasticamente a retórica neoliberal do "fim da história" (Fukuyama), e da pergunta sobre a qual dos "espíritos " de Marx, tendo em vista o desastre mundial político-econômico (exclusão política, guerras étnicas, endividamento dos países pobres, enorme desemprego, guerras econômicas etc.), a gente devia ficar fiel. Sendo, porém, que junto com o desastre político do "império socialista" não desapareceram também os conflitos dilacerantes contra os quais o socialismo reagia.

A tematização de Derrida do espectral, junta-se à corrente das versões nas quais se manifesta uma ideia que tem em vista uma política de "espanto" (Werner Hamacher). Com razão ele insiste sobre a diferença entre os seus propósitos e a volta despolitizada, puramente acadêmica do pensador Marx. Trata-se para ele da dimensão das promessas, da exigência, do apelo ou do *messiânico*. Derrida apega-se a este conceito, que ele deseja ver estritamente diferenciado do messianismo, com evidente volta à fórmula de Benjamin da *fraca força messiânica* e seu conceito teológico-político da *atualidade*. Justamente aquilo que não permite atraso, é dito, ou melhor: escrito nas suas ideias da demora (*différance*). Em grau nem um pouco menor, existe para Derrida a discussão sobre a questão simultaneamente artística, política e filosófica de como uma cultura pode transitar no meio dos mortos. A hostilidade contra os fantasmas é animada pelo desejo de exorcismo de tudo aquilo que não quer se adaptar à oposição real/irreal, presente/ausente. Pensar, o pensar político, que não quer se adaptar às des-simultaneidades culturais, aos mundos incompatíveis de tradições, das gerações vindouras, assumindo responsabilidades (entre elas, também ecológicas), cada vez menos pode se encastelar numa ideologia da presença, no privilégio do agora e absolutamente "vivo" – nem de sujeitos passados/futuros, desde que sejam pensados como fantasmagórica autopresença futura. Uma possível forma de pensar politicamente *correta*, que ensaia a sua responsabilidade por uma justiça frente ao *não presente*, deveria com paciência poder assumir desconstruindo os fetiches da plenitude e da presença, os fantasmas dos abatidos, da mesma forma que os fantasmas do futuro – ainda não nascidos/gemendo com os olhos cegos (Trakl). Para uma ação contra os efeitos destrutivos da fixação imaginária – narcisista no espelho do Agora (o especular) –, agindo no consciente para desestabilizar e tirar o chão debaixo dos pés, há necessidade do espectral contra o especular. Derrida descreve a estrutura de uma assimetria espectral, as análises da perspectiva e de ser observado de Sartre e Merleau-Ponty, pensando para frente, como *effet de visière* (efeito de mira). Através do seu livro, o fio vermelho da referência à cena de espectros é fraca, mas a aparição do fantasma do pai de Hamlet está plenamente montada. Hamlet sabe que ele é a mira, mas ele próprio não consegue ver o espectro, a sua visão. O fantasma me constitui como incerto, secundário, desde o início desviado, gerado por geração, enquanto *me observa como antecessor* "eu" sei estar sendo visto, descentrado (excêntrico), tirado do lugar e do tempo. (O desenvolvimento desta experiência é a observação: O Grande Inquisidor fantasmagórico, no final de *Don Carlos*, na verdade sempre esteve observando esta intriga. Os homens no Estado da Stasi [*Staatssicherheit*, polícia secreta da República Democrática da Alemanha] lêem o seu auto e descobrem por que eles desconfiavam que era a sua "própria" vida que estava sendo dirigida remotamente, literalmente encenada: o mesmo com seu próprio sósia. Literariamente, não é por acaso, que a prosa de Wolfgang Hilbig se liga à tradição dos romances de horror e histórias de fantasmas. Em *Die Angst vor Beethoven* (O Medo diante de Beethoven), o contador deve se perguntar numa encarnação anterior ele não foi um homem dos SS e deportou judeus. Em *Beschreibungen II* (Descrições II), o narrador alcança a certeza kafkiana, que ele não tinha projetado um quadro da potência como ele pretendia, mas que esta potência tinha inventado a sua vida e a sua história e *eu era a figura da sua história encenada*). Ao *effet de visière* junta-se outro efeito de alheamento o *effet de visite*, como poderia ser dito. O espectro vem como tribulação e visita na *haunted house*. Ele possui os seus lugares, mas o tempo de permanência não está sempre presente, apenas em tempos determinados. O fantasma é hóspede. A tarefa é deixar que ele visite a gente, enfrentando o fantasma com cortesia. De outra forma, ele se tornará uma presença venenosa, como *estranho* e corpo estranho, encerrado e desterrado ao mesmo tempo numa *cripta* do inconsciente (da qual Derrida trata em *Fors*). Os efeitos políticos, psicológicos e culturais desta hospitalidade frente ao espectro/hóspede, seriam incalculáveis, como ensina uma pequena observação nos conflitos políticos do mundo.

O trabalho de Hans-Dieter Bahr publicado em 1994, *Die Sprache des Gastes: eine Metaethik* (A Língua do Hóspede: uma Metaética,), trata do gesto e da desatualização de uma abertura frente ao estranho, que deve permanecer inatingido através das coordenadas natais, porque necessariamente falha o interrogatório. Igual ao fantasma, o hóspede abre um espanto singular e descentragem de si próprio, uma virada e alheamento de posições. Bahr chama a atenção sobre uma observação de Proust a respeito do rei: "como ele se encontra em todo lugar na sua casa, um senhor que ele fora visitar seria mais hóspede no seu próprio salão". Esta troca refere-se tanto à lógica do hóspede como do fantasma, *visiting ghost*. Acesso a um fora do tempo ao acontecimento do hóspede/fantasma é encontrado por quem pode ser anfitrião dos estranhos, dos outros, não-bem-presentes, mantendo um lugar livre para eles e assim com a fantasmagoria de uma *complétude* livre de fantasmas (Lacan) quebra a autopresença. Bahr: "Somente se os homens erigirem aos deuses 'casas de hóspedes', lugares consagrados e templos, eles também puderam apresentar-se como hóspedes em visita aos deuses".

A pressão do espectro em textos tão desiguais, como os de Derrida e Heiner Müller, reage a uma disposição cada vez mais espectral da estrutura social, que na didática dos valores de Marx já foi basicamente descrita; uma teoria que nos dias de hoje entra num esquecimento espectral, tanto quanto Marx em *A Ideologia Alemã* a tinha pensado para a sua antípoda Max Stirner (Derrida entra em detalhes sobre a talvez agressão apotropéica de Marx contra o *mundo espectral* de Stirner). Porém, Marx não escreveu apenas do *fantasma do comunismo* do *pesadelo* e dos *fantasmas* do pobre *São Marx*. É decisiva a sua diagnose do movimento humano e pragmático sob as condições da sociedade burguesa. O andaime ou esqueleto, a forma de mercadoria, ele reconhece como sendo literalmente fantasmagórico:

> O inquietante e o espectral, de modo algum, são uma especialidade da escrita sobre o *18 Brumário*, mas a metáfora do espectral também na análise do capital é de significado central [...]. O portador da força de trabalho encontra a sua vida, o seu coração, a sua alma não mais em si próprio, mas como realidade espectral, vampiresca fora da sua realidade [...]. As metáforas do espectral nos escritos de Marx, articula divisões, loucuras e deslocamentos, que batem de volta sobre a relação do sujeito com o seu processo de sinais[31].

Marx fala num sentido não apenas metafórico da "objetividade espectral" dos produtos do trabalho, mas também como resultado da categoria (absurda) do *trabalho abstrato*. A mercadoria é "simplesmente gelatina do trabalho humano indistinto", o capital é denominado por ele de "trabalho fenecido, que só fica vivo de forma vampiresca pela absorção do trabalho

---

31 H.-T. Lehmann, op. cit.

vivo". Como fonte de riqueza, possuímos chão e capital – "e finalmente como terceiro na coligação um simples fantasma – o trabalho". Formulação assombrosa no terceiro volume de *O Capital*. O fato de ter aparecido no mesmo ano de *Alice no País das Maravilhas* de Lewis Carroll, é mais do que apenas casualidade. Marx não elaborou simplesmente um método de análise calculado da realidade capitalista, ele entendeu a abstração de trocas por ela descrita como *louca* e *absurda*, como um disparate e um fetiche, como incorporação ilusória e fantasmagórica de ideia espectral (trabalho como tal – trabalho abstrato), como incorporação impensável de uma abstração. A mercadoria como fenômeno corporal de uma abstração é o fantasma original. Esta análise por cima de Marx (uma análise *espectral*), disposição espectral necessária da realidade, é a que hoje nos autores, artistas, pensadores é registrada sismograficamente, tornando-se a constituinte formal da sua obra.

Müller ficou muito impressionado por uma "frase inquietante" de um fragmento de *Fatzer*, de Brecht:

> como antes os espectros vinham do passado
> agora da mesma forma do futuro[32].

Trata-se para ele do futuro, da possibilidade do outro, do acontecimento, ou seja, manter um lugar livre para o possível hóspede ou fantasma do futuro. Trata-se de um pensar, uma fantasia, no que virá e sempre virá no futuro, não enquanto continuidade do agora para um futuro do agora, mas como acontecimento, que detona a continuidade. Acontecimento e fantasma estão juntos. O aparecimento do fantasma, como hóspede inquietante, sempre ambíguo acena para o futuro. O "fantasma" do comunismo, a figura dilacerada e assustadora à qual, no *Manifesto*, Marx antecipa uma aparição, seria também uma coisa (*thing*, como é chamado o espectro em *Hamlet*), que volta sempre como fantasma e possibilidade perigosa do passado e do futuro – mas sempre apenas como vestígio e anunciação, enquanto advento e chegada. Presente como fenômeno, ou seja, visível e mesmo assim, invisível, sem fazer parte do mesmo espaço/tempo:

32 *Jenseits der Nation*, p. 62.

O espectro do comunismo,
Sinal de batida no esgoto
Enterrado cada vez mais na merda,
E da merda
Ele se levanta.

A falta de passado e de futuro é a mesma. "Há no Ocidente em geral, uma ocupação total com o presente"[33]. Contra isso, o teatro mantêm a "lembrança do futuro"[34]. Este futuro que não é muito simples, utopia, ou melhor ainda, ele faz surgir o medo e é sentido como ameaçador, a continuação mais violenta do presente dos não mortos.

... Parada
O zumbi perfurado por *spots* de publicidade
Nos uniformes de moda de ontem cedo
A juventude hoje, fantasmas dos mortos
Da guerra que deve acontecer amanhã.

Barka, pelo contrário, tem, em *A Construção*, a visão "das cidades que construiremos amanhã" como cidade-fantasma, Fata Morgana, os que virão como espectros no céu, no bosque invernal diante dos seus olhos:

Um mar de luzes entre nuvens flutuantes
Elas brilham do futuro atrás da neve
Em negativo através das minhas pálpebras
Que vivem depois de nós e que vão
Depois deles sem passos através de portas
Ainda sentados sem peso no bosque,
Sobre cadeiras de folhas caídas
Na mesa verde, falando sem vozes
Os seus rostos são de neve, ainda
Não cobertos por carne e sem diferença
Com os seus olhos de neve, eles vêem
Mais do que nós[35].

---

33 *Gesammelte Irrtümer 2*, p. 154.
34 Idem, p. 148.
35 *Geschichten aus der Produktion* 1, p. 133.

O mundo dos mortos que atravessa a utopia, não permite uma clareza de perspectiva. Indecisão espectral. Um espectro especial do futuro são os filhos. Os filhos ameaçam qualquer coletivo por causa do seu futuro em aberto. O presente sente-se em perigo cheio de ódio sinistro diante do futuro, o que já foi previsto por Müller: "para algo vir, algo precisa ir". É um fantasma do futuro contra o qual os homens atuais se defendem. Laios diz em *Comentário de Édipo*: "Esta árvore não me passará em altura". Macbeth explica: "Eu quero arrancar do futuro o sexo / se nada sair de mim, sairá o Nada de mim"; e ainda "Se eu fosse o teu túmulo, oh mundo. Por que eu deveria fenecer e você não[36]. Donat, o funcionário em *A Construção*, é ameaçado e renegado pela criança, metonímia do futuro, que espera por Schlee. Mas Barka, que aparece como pontão, como barca entre a época do gelo e a comuna, não tem a criança de Schlee. O futuro vive e existe como conteúdo de imaginação, como embrião e criança, que no Agora ameaça toda a vida.

Seria uma simplificação errada deixar de enxergar nos fantasmas de Müller a dissolução, ameaça, desfiguração, ou paralisia da revolução do prazer, do futuro, da vida, da identidade. É claro que eles aparecem tal e qual, mas principalmente eles marcam a disposição espectral separada de todos estes valores. O autor em si mesmo está vivo enquanto assiste, porém estruturalmente morto. Ele está no limiar e sempre e continuamente escrevendo um testamento. A realidade é pelo seu ente uma perda de realidade. Ela é rejeitada por causa da sua espectral falta de peso, por causa da sua disposição de zumbi, que ela comunica como valor de troca aos sujeitos. Contudo, a resistência contra isto não deve ser procurada no postulado ou na realização da plenitude da vida imaginária, mas na hospitalidade frente aos fantasmas.

---

36 *Stücke*, p. 274.

ÉDIPO TIRANO*

O *Édipo Tirano*, de Müller, a partir da tradução de Hölderlin de Sofócles é externamente ligado com os trabalhos antigos de *Filocteto* e *Horácio* através dos comentários de Édipo, em que Müller formula a sua interpretação do material de Édipo. O comentário foi impresso na edição do livro vermelho entre os dois textos, assim como também está a elaboração sobre Édipo historicamente (1965) entre eles. Como *Filocteto* e *Horácio* podem ser lidos como tragédias/peças didáticas sobre o problema de Stálin, cabe questionar se a redação da tragédia de Édipo, o solucionador de enigmas, está em relação com este tema, que se tornou a questão central do marxismo moderno, porque a teoria e a prática do comunismo com Stálin ficam tão distanciados, que a confiança sobre a sua possível unidade fica abalada na sua base.

Praticamente linha a linha, Müller segue a transposição de Hölderlin, mas através de pequenas alterações ele indica um modelo bem específico. Por ocasião da apresentação em Berlim Oriental, de *Édipo Tirano*, Müller explica:

> Contra a costumeira interpretação, eu não leio *Édipo Tirano* como peça policial. Isto seria a manifestação de Tirésias no final. Para Sófocles, a verdade é somente realidade, saber sem sabedoria no uso; o dualismo prática/teoria existe primeiro; o seu nascimento sangrento descreve a peça, a sua formulação mais radical é o cogumelo nuclear de Hiroshima[37].

Trata-se portanto da aplicação da sabedoria, a relação entre teoria e prática no campo da violência. Em *Filocteto*, *Horácio* e *Édipo*, o que está em debate é *saber lidar com a verdade*: *Filocteto*, o problema da mentira tática; *Horácio* e *Édipo*, a verdade histórica em vistas do envolvimento dos protagonistas na história de crimes.

Édipo está entre a terrível verdade, que ele reconhece aos poucos e a realidade gloriosa, que ele não é. Somente o desenlace da pré-história que ele desconhece (ele cometeu incesto

---

* Publicado com o título Ödipus Tyrann, em Genia Schulz (org.), *Heiner Müller*, Stuttgart: Metzler, 1980, p. 87-92.
37 H. Müller, apud E. Wendt, *Moderne Dramaturgie*, p. 43 e s.

e assassinato contra as proibições dos deuses, e involuntariamente), o olhar retrospectivo fará possível que o povo de Tebas veja como a sua história foi construída. As últimas palavras são ditas pelo coro (em itálico as palavras que Müller alterou na tradução de Hölderlin – acrescentadas entre parêntesis):

> Vós cidadãos do país de Tebas, vede este Édipo
> Que solucionou famosos enigmas, que era *poderoso* diante de todos (era um homem)
> Que não viu o fervor dos cidadãos, não viu a felicidade,
> Ele *entrou* no tempo de um grande destino (veio)
> Por isso, olha para aquele que aparece por último, o dia
> De quem será poderoso. Nos não enaltecemos esplendidamente enquanto (mortal)
> Tenha chegado ao destino final da vida e *tudo* não tenha experimentado (desdita)[38]

As alterações frente a Hölderlin mostram como Müller leva para um contexto político a fábula da procura da verdade, da dominação analítica da terrível pré-história. Não somente nas linhas citadas, mas no texto todo, sempre onde Hölderlin fala de mortalidade, de um homem ou dos homens em geral, Müller coloca vocábulos sobre o *poder*. Não se trata do sujeito de forma geral, mas do sujeito do poder em que no momento de ameaça coletiva é requerida a análise própria. É o dominador poderoso, que precisa voltar pelo seu caminho até a sua origem[39].

Chama a atenção a substituição feita por Müller da passividade de "ter vindo" pela atividade de "ter ido"; "observar" ou "conhecer" de Hölderlin torna-se em Müller sempre um "pensar" ou "reconhecer": para Müller o objetivo da tragédia

---

38 *Ödipus Tyrann (nach Hölderlin)*, em *Neue Texte*, p. 89.
39 A recepção da República Democrática Alemã (RDA) apresenta uma tendência estranha pelo puramente filosófico, de omitir a colocação da questão da verdade para o contexto de exercício do poder. Trilse lembra do "problema de Galileu" e lembra resumidamente da ligação domínio/sabedoria. Ver Antike Tragödie und tragische Stoffe auf dem sozialistischen Nationaltheater, p. 93-121. Para Müller é importante a relação da constituição interna do dominador e formas externas reconhecidas do exercício do poder, o que pode ser visto numa nova pergunta de Creonte frente a Hölderlin: "Como suporta ele tudo / que a si mesmo suporta sem vontade?", (*Ödipus Tyrann (nach Hölderlin)*, op. cit., p. 49. Em *Mauser*, *Horácio* e *Macbeth* o espanto sobre a dialética de autoagressão masoquista e violência serão temas para fora.

é o espanto do reconhecimento da história, que joga um olhar no abismo do instinto da violência. O reconhecimento é inerente à tendência para a destruição do saber – o motivo da fascinação constante que a figura de Hamlet exerce sobre o marxista Müller (vide *Hamletmaschine*). Sob as condições da consciência política moderna, ele revê mais uma vez o processo trágico do nascimento da autoconsciência humana, conforme o entendimento de Benjamin: "na tragédia, o pagão lembra que ele é melhos do que os deuses"[40].

A consciência orgulhosa (no sentido duplo) de indivíduo, "ninguém acompanha o meu passo", do sujeito tragicamente liberto do saber, não é apagada por Heiner Müller. Mas ele projeta o problema marxista de forma duplicada em seu modelo. De um lado, em Édipo aparece o próprio intelectual marxista, para quem o olhar no terror e na inutilidade da história, traz consigo as tentativas de ficar dispensado da prática social e responsabilidade. Müller entende a autodestruição da visão de Édipo, não somente como obscurecimento da velha visão (novo início), mas ao mesmo tempo como símbolo da resignação, da automoderação cínica do saber teórico, que não mais se preocupa com a responsabilidade política:

> A disposição de Édipo na autodestruição da sua visão ("pois é doce morar / Onde moram os pensamentos, afastados de tudo") é um projeto trágico para a réplica cínica do físico Oppenheimer, quando questionado se ele colaboraria numa bomba mais poderosa do que a bomba-H, se lhe fosse dada a oportunidade: seria tecnicamente doce (*technical sweet*), de fazê-la. A condenação desta disposição fica sem consequências se não lhe for tirado o chão[41].

O outro lado do problema é a equação Édipo = comunismo no poder – o comunismo, disse Marx numa fórmula que ficou famosa, solucionaria o enigma da história ("O comunismo é o enigma solucionado da história e sabe que é esta solução") e que agora precisa solucionar a sua própria e enigmática história. Condensam-se aqui as questões do dualismo teoria/prática, o problema do poder (de Estado) absoluto, que sabe possuir

---

40 *Der Ursprung des deutschen Trauerspiels*, em W. Benjamin, *Gesammelte Schriften*, p. 113.
41 E. Wendt, op. cit., p. 43 e s.

a solução de todos os enigmas e que ao mesmo tempo precisa dominar a sua história e finalmente a dialética interna da emancipação da consciência humana pelo "poder prático" – o elemento mais importante da doutrina marxista de libertação.

A esta alegoria política ambígua corresponde, como em *Comentário de Édipo*, a pré-história do enjeitamento do Édipo filho que é interpretada pelo pai Laios. Seguindo a dialética de Marx, o capitalismo gera no proletariado revolucionário, pela angústia da repressão, o seu "coveiro" e, assim, Laios enjeita o filho "indignado de pagar o preço do nascimento, que custa a vida"; o filho que, conforme o oráculo, "passaria por cima dele, propagando o pé que o pisou" (ver *Comentário de Édipo*). Há uma mistura aqui da alegoria da dialética histórica, o tema do pai, que no filho tem o seu fim, o futuro dos outros; e, na ironia trágica da cautela, o motivo da autodestruição pelo saber (ambíguo).

Édipo chegou ao poder e *Édipo Tirano* projetado ao campo da política, representa o *modelo da autoanálise* política em vista de uma doença coletiva, pesquisa da gênese do existente como catarse purificadora. (Segundo comunicado de Schivelbusch, *Héracles* 5 deveria servir como limpeza do Estábulo de Augias, assim como epílogo de *Édipo Tirano*!). Müller joga uma visão materialista sobre o processo de reconhecimento no qual o comunismo se reconhece a si próprio.

O tema constante da tragédia é a apresentação lenta do descobrimento que serve para a narrativa das muitas barreiras de reconhecimento. Existe aqui o desejo de calma (o país está cansado), o período que está entre o crime e a eclosão da peste, a difícil comprovação (as testemunhas têm medo) e o temor diante do reconhecimento que corresponde ao frequente convite ao esquecimento (acentuado por Müller): "Como já cansamos bastante do país/Que fique onde está e que seja esquecido". O "eloquente silêncio" (Louis Althusser, em 1976, referente ao problema do stalinismo no movimento comunista), tornou-se o lema para isto.

Mas qual é o resultado da pesquisa? O comunismo chegou ao poder não apenas pelo reconhecimento correto. Édipo, segundo Besson, vê *que ele chega ao poder da maneira antiga.*

Esta maneira, em períodos muito anteriores, era absolutamente legítima ao romper com o matriarcado. Mas não corresponde mais à fase social alcançada; por isso é que Édipo sente-se culpado.

No final, descobre-se que ele chegou ao trono pelo caminho mais antigo – ele matou o soberano e casou-se com a soberana[42].

Müller faz questão de acentuar o *renegado* que fora previsto. Quando Édipo se aproxima da solução, Müller acentua o "medo" (45) e o "temor" mais claramente do que Hölderlin e a tentativa anestesiante de Jocasta que "crê, pelos deuses, crê nele; Édipo" (40), frente ao texto de Hölderlin duplicado de "crê", fica uma súplica mais angustiante: "sem mais pesquisa!"

No *Édipo* de Müller não se trata de um homem, mas da "peste" de toda uma sociedade. Contudo, o fato de cegar-se, que o próprio Édipo faz, não parece apropriado. Da manifestação citada de Müller pode-se deduzir que ele o interpreta como um retorno às ideias puras, como paradoxo de continuação do "desejo da verdade", que Édipo já tinha expressado anteriormente.

Pela retirada resignada, a ligação de saber e sabedoria estariam rompidas no seu uso e com o problema só aparentemente solucionado. Müller deixa que o espectador saia com este problema em aberto. Édipo aniquilou o animal de três cabeças antropófago, com a solução do enigma e libertou a cidade. Mas depois de um tempo de liberação, a cidade, que tinha se tornado feliz sob Édipo, é ameaçada pela doença: um novo enigma apresenta-se com o stalinismo diante do movimento comunista. Ele mesmo torna-se um enigma, justamente porque, como última instância da consciência histórica e que compreende todo saber, como raiz do homem, acredita poder resolver ele próprio o enigma da história. Müller em *Comentário de Édipo*:

> E o seu motivo é o seu cume: ele arredondou o tempo colocado no compasso, *eu e sem fim* a si próprio.

Com isto ele está diante de novo começo com todos os perigos do niilismo, da resignação, do pessimismo.

Uma profundidade excepcional é dada mediante esta interpretação da tragédia, posição assumida por Peter Szondi quanto ao *Édipo Rei*. A tragédia de que "o homem desaparece no caminho que ele usa para salvar-se" é apresentada por Szondi assim:

---

42 *Ödipus Tyrann (nach Hölderlin)*, op. cit., p. 126 e s.

O assassino procurado por Édipo é ele próprio. Aquele que salva Tebas é ao mesmo tempo aquele que a arruína. Justamente como salvador: a peste é a pena dos deuses pela recompensa obtida por seu feito de salvação, o casamento incestuoso com a rainha Jocasta. A perspicácia que no enigma da esfinge lhe mostrou o homem, salvando Tebas, não o deixou reconhecer o homem que ele próprio é, levando-o à perdição. A luta entre Édipo e Tirésias, o cego que vê e o que tem a visão mas é cego, finaliza com a privação da vista de Édipo: a luz dos olhos que escondeu o que ele deveria ter visto e o que foi visto pelo cego Tirésias, não lhe mostrará o que agora, tarde demais, ele deveria ter visto[43].

Para Müller a cegueira que Édipo inflige a si mesmo, o novo início ainda em aberto da história socialista feita consciência. Em Édipo, o início da consciência dos homens da Antiguidade, ele achou o exemplo para esta possibilidade. Por isso fala-se de Édipo como do moderno comunismo, aquele que ousa saber-se como história de força, retirando disto a força para a autocrítica, ou seja, da autodestruição da visão:

Vede o seu exemplo, que se levanta com as órbitas sangrentas. Na liberdade dos homens, entre os dentes dos homens. Em pés poucos, procura o espaço com mãos poucas[44].

---

43 *Versuch über das Tragische*, p. 69.
44 Ödipus-Kommentar, em *Mauser*, p. 44.

O HORÁCIO*

O Horácio foi escrito no outono de 1968, após a primavera de Praga e a sua derrota, apresentado em Berlim Ocidental pela primeira vez em 1973; trata-se de uma peça didática conforme Reiner Steinweg. É a apresentação da teoria das peças didáticas de Brecht, ou seja, uma peça para os próprios atores, que treinam entre si a dialética pela apresentação dos gestos corporais e linguísticos e pela troca dos papéis. Trata-se como no caso de Brecht, em *Os Horácios e os Curiácios*, de uma peça para alunos. A fábula é de Lívio o "modelo de tragédia" de Corneille.

As cidades de Roma e Alba, antes de poderem entrar numa luta contra um inimigo comum (os etruscos), devem acertar uma briga interna entre elas. Para evitar sacrificar os seus exércitos, elas sorteiam entre elas um representante e o duelo deve decidir a briga. Em Roma é sorteado um da família dos Horácios e em Alba da família dos Curiácios, que é por sua vez noivo da irmã do Horácio. Por causa desta ligação pessoal, pergunta-se a eles se querem participar do duelo ou se deve ser feito novo sorteio. Ambos porém concordam em duelar e a briga termina com o Horácio, apesar da súplica do contendor gravemente ferido para salvar sua vida, dando-lhe a estocada final e mortal.

Horácio, concordando com o sorteio, tornou-se o instrumento assassino da comunidade. Agora, porém (*Mauser* deve radicalizar esta ideia), a violência torna-se autônoma: como embriagado, ele mata o seu oponente – um assassinato "supérfluo", mas que é possível (e isto é o importante para Müller) em toda luta entre vida e morte. Excluir a morte, seria renunciar ao combate em si, pois não existe um limite exato entre violência "necessária" e o assassinato. Reduzido a ser o lutador para a vitória, o vitorioso torna-se também sempre o assassino.

Na sua volta a Roma, Horácio é festejado como vencedor, apenas a sua irmã lhe nega um abraço e reclama da morte do Curiácio, "Curatio", o seu noivo, morto por seu próprio irmão. Em lugar de identificar-se com os assuntos de Estado, ela expressa o seu sentimento. Em virtude disto, o seu irmão, que

* Publicado com o título Der Horatier, em Genia Schulz (org.), *Heiner Müller*, p. 93-98.

chama Roma a sua "noiva", a mata com a mesma espada que o acabara de consagrar:

> E ele mostrou a espada duas vezes cheia sangue a todos os romanos
> E o júbilo silenciou. Só das fileiras mais distante
> Da multidão que observava ainda se ouviam
> Vivas. Ali ainda não haviam percebido
> O terrível[45].

Somente esta segunda morte colocou a desnudo o problema da violência supérflua, que já era imanente com o primeiro "homicídio". O assassínio sancionado pela sociedade como tabu, é parte integrante da luta. Müller disse numa entrevista sobre *Filocteto*:

> A questão fundamental continua sendo, que a história não acontece sem vítimas e que nunca é possível fazer a conta sobre qual vítima está demais. Vocês conhecem esta frase de Lênin: Numa briga nunca dá para calcular qual é a batida ainda necessária e qual já é demais. E a história continua sendo uma briga e cada vez será mais difícil determinar qual a batida que é demais. E diante disto não dá para simplesmente fechar os olhos. É este realmente o ponto[46].

Esta manifestação ajuda bastante, pois através da referência de Müller a Lênin, pode-se reconhecer que, em *Filocteto*, trata-se da crueldade da própria história e não em qualquer lugar, mas apenas na própria história do comunismo. O mesmo vale para *Horácio*. Para a arte marxista, a contradição entre benfeitoria e terror da força revolucionária é um ponto de vista (*tópos*) e com tanta facilidade quanto em *Héracles*, de Hartmut Lange (produzido quase na mesma época, 1967 de *Horácio*), pode-se reconhecer no vencedor/homicida romano o perfil de Stálin. O Héracles, de Lange, deixa escorregar a mão beneficente e comete homicídios "supérfluos", dá "um golpe a mais". Horácio assegura a vitória, unidade e liderança no próprio território em vista do inimigo, mas mata a sua pró-

---

45 *Der Horatier*, em *Mauser*, p. 46 (trad. bras. *O Horácio*, em I. D. Koudela (org.), *Heiner Müller: O Espanto no Teatro*, p. 124).
46 Rádio DDR, 29 de março de 1978.

pria irmã. A peça didática de Müller não é uma parábola da história: Stálin é o nome do problema da crueldade no comunismo. Além disso, Müller desloca a acentuação: não é o problema inicial da violência supérflua em si, mas é o falar sobre ela que no decorrer do texto se apresenta como o verdadeiro objetivo da doutrina. No centro, encontra-se a negociação dos romanos sobre como deve ser julgado o passado, como deve ser apreciado e de que modo eles próprios e os seus descendentes falarão sobre isto. A peça didática do Horácio trata em forma de parábola, a questão de qual deve ser a aparência do comportamento frente à história de violência do comunismo, a manifestação sobre Stálin como a sua encarnação. Com esta questão é tocado também o conhecimento de uma arte marxista e desta forma, *Horácio* deve ser lido como uma autorreflexão do autor Müller sobre a sua própria produção.

O feito de Horácio, que confessa o seu duplo homicídio ("ele não guardou a espada duplamente sangrenta"), divide o povo de Roma. Uns o festejam como vencedor outros o declaram assassino. Para evitar novamente uma briga sangrenta, são chamados novamente um representante de cada lado dentro do território romano: um com os louros, o outro com o machado da justiça, para pronunciar a sentença sobre Horácio.

Ocorre então "na espera do inimigo" o julgamento, primeiro com a alocução e réplica dos portadores do louro e do machado. O povo está na frente das duas vozes separadas, que não exigem nem glória e nem execução. O povo "olhou o autor uno e indivisível dos fatos e calou-se". Os representantes perguntam se devem renunciar à sentença. O vencedor/assassino seria então: "ninguém".

> E o povo respondeu a uma só voz
> (mas o pai do Horácio silenciou):
> Ali está o vencedor. Seu nome, Horácio
> Ali está o assassino.Seu nome, Horácio.
> Há muitos homens em um só homem[47].

---

47 *Dee Horatier*, op. cit., p. 49 (*O Horácio*, op. cit., p. 127).

O voz do povo proíbe uma saída "neutra". Se Müller concede ao povo a capacidade de viver com a verdade e o paradoxo, ele faz com que seja reconhecida pelo menos em *Horácio*, uma confiança, ainda não extinta, "na memória perfurada, na sabedoria quebrada das massas, ameaçadas pelo esquecimento"[48]. O final da peça didática deixa claro que a voz do povo é a voz do autor, da arte marxista – a voz de uma consciência que tem a tarefa quase impossível de dar conta da identidade do vencedor e homicida, justamente no caso de Stálin: ele venceu Hitler, salvou o socialismo como Estado e, ao mesmo tempo, como assassino de massas, semeou um terror "supérfluo" e mudou definitivamente o rosto do socialismo.

Dois desafios estão frente a frente: nem culpa e nem mérito, nenhum dos lados da verdade deve ser desfalcado. Mas ao mesmo tempo, na dureza da condenação do assassino (execução) nada pode ser abrandado a favor das honrarias do vencedor. Müller introduz uma exigência, no verdadeiro sentido, impensável, pois fala-se expressamente que não se trata de "ponderar com a balança do negociante contra [...] culpa e mérito" (pág. 52). Mas se não for ponderação o que significa a "separação limpa" (pág. 53)? A resposta pode ser interpretada num motivo insistentemente recorrente em todo o texto: *o resto que é indivisível*. É inevitável que nas etapas da "separação limpa" apareça um *desequilíbrio*, (honra, execução, honra do cadáver, profanação do cadáver), pois a morte que tudo extingue, sobrepassa a honra. É exigido um processo logicamente impossível, unindo equilíbrio e desequilíbrio uma separação ao mesmo tempo pura e impura. Müller inventa uma figura grotesca para mostrar esta lógica impossível. Após a decapitação do assassino Horácio, pergunta o laureado:

> O que deverá acontecer com o cadáver do vencedor?
> E o povo respondeu a uma só voz
> O cadáver do vencedor deve receber seu féretro
> Sobre os escudos das tropas, salvo por sua espada
> E eles reuniram *mais ou menos*
> Aquilo que já não podia ser conciliado
> A cabeça do assassino e o corpo do assassino

[48] *Verabschiedung des Lehrstücks*.

[...]
O seu sangue que vazava através dos escudos
Não vendo seu sangue em suas mãos, e colaram
Em sua testa o louro amarrotado[49].

A separação não é tão pura assim: a junção ritual do corpo morto só pode ser feita "mais ou menos". "Naturalmente" os contrastes da decapitação e honra são o que "não mais pode ser juntado". Não é narrado um processo real-lógico, mas apenas aquele possível na imaginação: de um lado, como metáfora poética; de outro, que a lógica do ponderável anula. A *linguagem da arte* junta o que é incompatível, a necessária justiça com a também necessária injustiça. Por isso no final fala-se que os romanos, depois de darem o exemplo, retornaram ao trabalho, "sem esquecer o resto que é indivisível". Ele é o herói escondido da peça didática: um golpe demais é a morte do Curiácio. Uma voz em demasia é a que é indivisível no júbilo: a irmã. Uma vez em demasia, Horácio usou contra ela a espada. Na voz uníssona do povo o calar audível do pai é indivisível: vítima da necessária justiça. Execução e honra ao cadáver só são compatíveis "mais ou menos". E o corpo deve ser no fim "jogado aos cães", para não sobrar nada "ou tanto quanto nada" é acrescentado ao final.

Uma linguagem, que não nega o resto e que não se adapta a nenhum dos conceitos: a dor dos sacrifícios não pode esconder nada. Somente a manifestação da "verdade impura", até o paradoxo de que a linguagem poética sustenta através do conceito lógico, pode reclamar por validade[50]. Esta franqueza pode servir como *exemplo*.

Fica evidente a defesa crítica de Müller da discussão aberta no partido, pois para o intelectual marxista, nenhum problema tem importância mais significativa, do que um partido

---

49 *Der Hoaratier*, op. cit., p. 51, grifo do autor (*O Horácio*, op. cit., p. 128-129).
50 A figura do pensamento de Müller, de um demais ineludível, de um suplemento sempre perturbador, que abre toda lógica da contradição e que não deixa fazer a conta sem um resto, apresenta um bom ponto de saída para examinar a relação que existe entre a sua prática do texto e uma série de pensamentos "ocidentais", principalmente da desconstrução da metafísica e do seu logocentrismo com Jacques Derrida; da teoria do discurso elaborada por Michel Foucault e da crítica radical de todas as lógicas binárias feita por Gilles Deleuze.

que administra o saber, mas esconde e nega as falhas e deformações que aconteceram no comunismo. A unidade obrigatória por causa das considerações do próprio partido, evita que o partido possa se regenerar através de discussões abertas e francas. Mas somente através desta franqueza é que pode ser dado um "exemplo". Mais importante do que o cálculo da força é, sob certas circunstâncias, o *exemplo da revolução*, que deve ser vista sem mentiras. (Em *Mauser* aparece que "o que conta é o exemplo; a morte nada significa".) As "palavras" poderiam ser mais importantes do que a "espada" – esta tese que aparentemente seria idealista, é colocada por Müller em oposição ao pensamento do materialismo do pensamento do poder:

> Pois as palavras devem permanecer puras.
> Uma espada pode ser quebrada e um homem
> Também pode ser quebrado, mas as palavras
> Caem na agitação do mundo, irrecuperáveis,
> Tornando as coisas reconhecíveis ou irreconhecíveis
> Mortal para o homem é aquilo que é irreconhecível[51].

Estas palavas são proferidas por "uma das vozes" do povo, que ressoa junto com a escrita de Müller. Ele denomina a tarefa de uma arte política pura – como os romanos dos quais as últimas palavras da peça didática dizem:

> Assim estabeleceram, sem temer a verdade impura
> À espera do inimigo, um exemplo *provisório*
> De diferenciação pura, não ocultando o resto
> O que não podia ser solucionado na transformação irremediável
> E voltaram cada um novamente ao seu trabalho
> À mão, ao lado do arado, martelo, sovela
> Estilete, a espada[52].

A vizinhança, entre o estilete de escrever e os instrumentos de trabalho, esclarece como o texto, a produção e as armas fazem a história, se juntam para uma escrita única que ara, bate, risca, corta, cuja legibilidade é mantida pelo estilete de escrever. No final, o povo explica, como se deve falar de Horácio (de "Stálin"):

---

51 *Der Hoaratier*, op. cit., p. 53 (*O Horácio*, op. cit., p. 130-131).
52 Idem, ibidem, grifo do autor (idem, p. 131).

Ele deve ser chamado o vencedor de Alba sobre
Ele deve ser chamado o assassino de sua irmã
No mesmo fôlego seu mérito e sua culpa.
E quem mencionar sua culpa, e não mencionar seu mérito,
Este deve morar com os cães como um cão
E quem mencionar seu mérito e não mencionar sua culpa,
Este também deve morar com os cães.
Mas quem mencionar a sua culpa em um momento
E mencionar seu mérito em outro momento,
Falando da mesma boca em momentos diferentes de forma
                                                                 diferente
A este deve ser arrancada a língua[53].

A peça didática já tinha mostrado antes, que somente através de desequilíbrio a "verdade impura" pode achar a sua manifestação: no paradoxo, na metáfora "impossível" da arte. Mas o discurso sobre o espanto da história, também apresenta-se desequilibrado, por ser mais mortal do que tudo: a diminuição que faz com que as vítimas se tornem irreconhecíveis. Por isso com Müller, diferentemente do que com Livio (apenas morte simbólica) e Corneille (Horácio salvo pelo pai), a execução realmente tem lugar. Não deixa de ser interessante que Müller tivesse originalmente previsto um final em aberto, "fim de 1968", porém não mais acreditava nesta possibilidade de escolha:

> My earlier plan provided for an open end: the audience as judge. At the end of 1968 the freedom of choice no longer seemed to me to be a [sic!] given; the question of the individual's divisibility (reassemble-ability) by way of biochemistry, genetics, medicine, seems to be a practical question; and the terribly simple ("naïve") solution seemed realistic. The first shape of hope is fear. The first manifestation of the new is the image of terror[54] *.

---

53 Idem, ibidem (idem, p. 130).
54 *Minnesota Review*, n. 6, p. 42.
* "Meu plano inicial previa um fim aberto: a audiência como árbitro. No fim de 1968, a liberdade de escolha não mais me parecia [sic!] dada; a questão da divisibilidade do indivíduo (sua capacidade de reconstituição) por meio da bioquímica, genética, medicina, aparenta ser uma questão prática; e a solução, realista. A primeira forma da esperança é o medo. A primeira manifestação do novo é a imagem do terror" (N. da T.).

MACBETH*

Em março de 1972, no teatro Brandenburg foi feita a primeira apresentação do trabalho de Müller sobre a tragédia *Macbeth*, de Shakespeare. Pela própria manifestação de Müller, ele estava interessado em modificar "linha por linha", mediante nova tradução, este drama de Shakespeare do qual ele não gostava muito. Numa mudança clara contra a tradição, que no projeto tinha reforçado os traços do drama, ou que via dominar um fato divino, ele leva a psicologia dos tormentos de consciência rigorosamente para a margem e conta, num resumo extremo, a *story* de uma luta feudal pelo poder, brutal e sangrenta. Enquanto Macbeth, de Shakespeare, apresenta as figuras dos dominadores Duncan e Malcolm de forma positiva, Müller faz com que todos os atores se apresentem de forma cruel, assassinos, sedentos de poder, cínicos e oportunistas. O tempo do domínio de Macbeth é apenas uma etapa na engrenagem da história sangrenta. É questionável, se estas cenas compostas de poder, assassinato, guerras e novamente poder, podem ser justificadas como história. Shakespeare é o dramaturgo da mudança de época do mundo feudal-Idade-Média para o burguês-capitalista, mas no trabalho de Müller aparece no palco uma mistura independente de tempo, de poderio e sobrevivência, sem lembrança de um bom passado ou vislumbre de esperança pelo futuro: "A minha morte não fará um mundo melhor para vocês"[55], são as últimas palavras de Macbeth.

"O mundo não tem outra saída senão o algoz". Müller mostra uma "história parada". O motivo disto deve ser verificado, já que esta imagem prega todos os traços do processo da obra. O que deve levantar suspeitas sobre a crítica marxista, ao lado de deixar livre a "perspectiva", é a circunstância de que, no mundo shakespeariano de Müller, o entrelaçamento consegue impor-se tanto para o povo mais baixo, quanto para os soberanos-dominadores. Müller mostra a miséria dos dominados, mas não deixa que apareça nada da sua tão evocada humanidade. Onde Shakespeare evoca geralmente uma "disposição" sombria, Müller coloca realidades tenebrosas. Um camponês está dependurado "agora apenas feito esqueleto com pedaços de carne", por não ter conseguido

---

* Publicado em Genia Schulz (org.), *Heiner Müller*, p. 99-107.
55 *Macbeth*, em *Stücke*, p. 320.

pagar o valor do arrendamento. A sua mulher lamenta-se por ele, mas junto com a pena, mistura-se uma insensibilidade gerada pela miséria: "Me devolvam o meu homem. O que fizeram com o meu homem? Eu não sou casada com os seus ossos. Por que você idiota não pagou o arrendamento. *Batam no cadáver*"[56].

Müller não mostra uma esperança de humanidade espontânea dos humilhados e degradados, apenas um povo pressionado e torturado. Mesmo que Duncan numa conversa venha a elogiar a residência de Macbeth (em Shakespeare) na qual ele logo será morto ("O castelo é agradável. O ar hospitaleiro / recomenda-se aos nossos sentidos"[57]) as indicações do governo exigem ao mesmo tempo: "Camponês no tronco". Duncan aparece, "sentado sobre cadáveres", os serventes são mortos de passagem por causa de irritação, de um aleijado lhe tiram as muletas. Macduff, em Shakespeare um herói positivo, corta a língua de um dos criados, os camponeses são afogados no pântano e todos ouvem os seus "gritos".

A guerra, que Macbeth decide por Duncan, em Müller assume outro caráter do que em Shakespeare. Lá trata-se de uma revolta de nobres, com Müller é por causa de pequenas diatribes; e a presença constante dos camponeses, dá a impressão de uma revolta dos mesmos. A vitória de Macbeth parece ser a vitória sobre os camponeses; os dominadores feudais são um grupinho isolado de potentados, sedentos de sangue nas lutas para a manutenção do seu poder, sua categoria e sua posição.

Desde o início, o texto de Müller na RDA parecia ser uma provocação, pois apareceu a pergunta do por que esta obra era tão sem luz e até "niilista". Para a defesa de Müller, as primeiras tomadas de posição foram de que se tratava de uma representação real, sem atenuações do tempo tratado na peça: a Idade Média da Inglaterra com a sua crueldade, com um povo atormentado, com a vida apática e falta de qualquer tipo de cultura.

Embora Müller se defendesse de fazer dele o autor responsável pelas atrocidades que aparecem na peça, ele próprio não se deixou influenciar pela tentativa de uma historicização, mas falava do seu objetivo de "ligar teatro e política" (não apenas história), de que "a história foi um assunto sempre cruel e

---

56 Idem, p. 294.
57 Idem, p. 282.

ainda é, em muitos lugares do mundo [...]. A realidade descrita é sádica"⁵⁸.

Wolfgang Heise disse corretamente, "Müller não objetiva informações do século XI na Escócia", Macbeth é uma peça "histórico-filosófica" que tem como tema o estado de "violência produzida e sofrida" que prega toda a pré-história da humanidade⁵⁹. Na mesma direção aponta Dieckmann, com a observação de que as lutas internas da potência USA, que jogava bombas sobre o Vietnã fosse o governo republicano ou democrata, pareciam ser um espelho das lutas feudais pelo poder, sendo o domínio de Macbeth uma analogia com o fascismo e podendo colocar Malcolm em parceria com Adenauer. Também é ressaltada a analogia com Hitler e outros dominadores violentos, que parecem ter o dever de manter sistemas em decadência, com extrema brutalidade. O debate de Macbeth conseguiu uma publicidade geral através de um panfleto de Wolfgang Harich, que, além de denunciatório, é sem nível com o título; "Der entlaufene Dingo, das vergessene Floß" (Dingo, o Evadido, a Jangada Esquecida" que não deixa de ser irônico. Era um diagnóstico sobre o preparo de Macbeth, que seria a decadência da cultura e o pessimismo da história, desde então um tópico importante contra o trabalho de Macbeth e os trabalhos de Müller em geral, nos anos de 1970.

Müller quebra o mundo de Shakespeare em duas partes Um centro de poder, disperso e fraturado, fica de frente para a massa de camponeses reprimidos e torturados, que, tendo oportunidade, se levantam e são batidos. Esta constelação é ligada à introdução de uma série de vocábulos políticos modernos, como Estado, proteção do Estado, comando, poder. Aparece então no espelho do mundo feudal de Shakespeare um quadro bem moderno: um bando brutal, que briga entre si, nada em sangue e em podridão e os dominados. Para demonstrar o processo de tradução, basta o exemplo de uma frase da cena I, 1, em Skakespeare: "No sooner justice had with valour arm'd/Compell'd these skipping kerns to trust their hees...": A justiça obrigou os soldados irlandeses a fugir. Em Müller as alterações palavra por palavra são: "Com sangue e

---

58 *Theater der Zeit*, n. 7.
59 "Macbeth" im Gespräch. Notwendige Fragestellung, *Theater der Zeit*, n. 9.

ferro o assunto justificado, deu pernas aos camponeses escoceses para fugir..."⁶⁰. A política de Bismarck, uma frase corrente de "assunto justificado", um modernismo e a acentuação da luta dos dominadores contra os prórios camponeses.

Na verdade, uma série de indicações não deixa dúvidas de que se trata de uma classe desumana, de dominadores exploradores, o que pode ser aplicado tanto aos traços dos tempos do histórico Macbeth, como ao terror das bombas de Napalm dos EUA, no Vietnã, ao qual por sinal também é aludido: "A região está arrasada. Uma vitória após outra./Aqui não cresce mais a grama"⁶¹. Se a gente achar que com estas indicações o problema está solucionado, estão-se fechando os olhos, diante de uma ideia muito próxima. Por que um autor da RDA do presente, deveria ter o trabalho de mostrar ao seu público a comprovação da crueldade inconteste da guerra imperialista, do fascismo, ou até do feudalismo inglês do século II? Não se deve supor – que Müller – que se ocupa em quase todas as obras dos aspectos "negros" da própria história da revolução, com as suas voltas e contradições dolorosas – no trabalho de *Macbeth* procurou o tema do poder e da violência na *própria* história, que ele objetivou algo mais específico do que o exame da brutalidade do mundo? Harich, que achava uma impertinência considerar a ideia de que *Macbeth* poderia ser um tratado sobre a própria violência do comunismo, parece ter previsto este fato. No final do panfleto mencionado, ele escreve que Heise não deixava de ter razão com a observação de que o trabalho de Müller, como peça filosófico-histórica, confrontava o espectador "no presente com uma pré-história mais poderosa da humanidade". Ele prossegue:

> O pensamento neste ponto precisa ser levado mais à frente para a presunção de que Müller comete o erro de incluir, sem diferenciar na "pré-história ainda forte no presente", a história da humanidade que começa em outubro de 1917 sob os disparos de saudação de uma nova aurora⁶².

---

60 *Macbeth*, op. cit., 1977, p. 275.
61 Idem, p. 280.
62 Der entlaufer..., *Sunn und Form*, n. I, p.218.

Em outras obras de Müller realmente pode ser comprovada a "falha" de que ele não aceita, sem reservas, o ponto de vista do contraste de pré-história e história, na sua apresentação oficial do partido. O que deve incomodar igualmente o dogmatismo e o otimismo explicativo é a circunstância de que Müller, em *Macbeth*, dá a sua própria fenomenologia *também da aplicação revolucionária da violência*, cuja aplicação desde os disparos da aurora não é somente possível, mas é dada a entender. Trata-se na peça da dialética interna de uma experiência feita pelo soberano absoluto, e trata-se ainda da questão sob quais condições, história e política assumem o panorama de uma paisagem pantanosa e sombria. Algumas observações indicam que este modelo deve ser visto com referência à União Soviética. Em primeiro lugar o contexto: escrito em 1971, *Macbeth* segue à peça *Mauser*, cujo tema é o do carrasco a serviço da Revolução Russa. E *Macbeth* por sua vez é seguida pela peça *Cimento* (1972) sobre a guerra civil russa. Na época em que escreveu *Macbeth*, Müller estava bastante ocupado com o desenvolvimento da Revolução Russa.

A primeira constelação feita por Müller do texto de Shakespeare de um *poder realçado*, num mar de camponeses inimigos, faz pensar na problemática da antiga União Soviética, cujos cronistas e teóricos desde Lênin estão de acordo, de que a posição minoritária isolada dos bolcheviques (e da classe trabalhadora), frente ao exército de milhões de camponeses, numa escala inferior de civilização levou à necessidade trágica da manutenção de poder e isolamento sem consideração, que logo deveria sufocar a vida interna da KP da União Soviética. A política virou batalha de bandos, aumentou a distinção frente às massas. Aumentou a espoliação dos camponeses feita conscientemente para a acumulação socialista, causou a junção obrigatória. Macbeth: "Sim. O gelo é fino / No qual tostamos os nossos camponeses. Ajudem-nos a manter o trono e vocês serão ajudados pelo trono"[63]. Cada vez mais a necessária crueldade é o tema, "porque é necessário para o Estado". As alusões à bajulação e provocações[64] fazem pensar nas formas perversas da burocracia stalinista, assim como na luta surda

---

63 *Macbeth*, op. cit., p. 313.
64 Idem, p. 299 e 305, respectivamente.

pelos melhores lugares nas proximidades do poder[65]. Detalhes como a acentuação de Müller na fúria do rei sobre aqueles que não querem ver os espíritos ameaçadores, pode lembrar que nos anos de 1930 eram tidos como suspeitos aqueles que não queriam "reconhecer" o perigo ameaçado constantemente pelos "agentes". E Malcolm fica no estrangeiro, à semelhança do rival Trótski, alguém que luta pelo seu direito de herança e quer ter a última palavra"[66]. Se estes detalhes considerados individualmente não têm muita força de expressão, no seu conjunto eles dão uma imagem clara (para o lado sombrio pela folia cênica do material fornecido por Macbeth) do poder de Estado soviético na "guerra" contra as massas de camponeses, ao mesmo tempo ameaçado pelo capitalismo estrangeiro, querendo manter o poder de Estado a qualquer preço, mas, ao mesmo tempo, cada vez mais desviado e isolado da "base", gerando violência a partir de violência.

Para o dramaturgo e pensador político Müller, interessa na tragédia do tirano a configuração subjetiva e objetiva do poder de Estado, se ele não perseguir outro objetivo do que a simples manutenção dele próprio. Não se trata de um pessimismo vago da concepção do mundo, mas do entendimento de um Estado no qual a política assume objetivamente a forma de lutas pessoais e fracionárias pelo poder. A obra sobre *Macbeth* leva para a cena política sombria uma análise do *lado subjetivo* do exercício absoluto do poder – através de uma configuração específica de *Macbeth*, que, embora seja bastante fiel ao texto original, é uma obra totalmente de Müller.

Com *Mauser*, *Macbeth* liga o tema de como o exercício do poder sobre vida e morte, repercute sobre quem exerce este poder: petrificando, alheando. Aparece novamente a palavra-chave "trabalho" sempre presente na obra de Müller, mas em *Mauser* ela é igualada a matar. Macbeth diante do assassinato de Duncan:

> Eu fui o seu carniceiro, por que não o seu canalha
> Na minha escápula. Eu segurei para ele o trono,
> Aumentando-o com montes de cadáveres.
> Se eu retirasse o meu trabalho sangrento

---

[65] Idem, p. 302.
[66] Idem, p. 307.

Seu lugar já estaria há tempos no chão.
Eu fazendo-o, ele paga o que me deve[67].

Mauser, assim como *Macbeth*, está submetido à lógica da brutalização. Aquele que faz com que outros sejam o seu objeto, os mata e se entrega como açougueiro indolente, é tomado por uma alteração inquietante: ele próprio torna-se objeto sem sentimentos da vida e da morte, de tal forma, que a morte que ele "distribui" alcança a ele próprio. Mauser, o sujeito da violência, torna-se "camarada Mauser" (Maiakóvski): revólver e instrumento interiorizam o real. "Eu roda, forca, corda, ferro, chicote, faca" (*Mauser*) – a esta frase segue a resposta em *Macbeth*:

> Eu fui a sua espada. Uma espada não tem nariz
> Para sentir o fedor de corpos ao relento.
> Eu pude decepar a mão que me havia guiado[68].

Quando Macbeth ainda era a ferramenta de Duncan, os seus assassinatos o deixaram frio. Agora, ele matou por interesse próprio, pela primeira vez para *si próprio*. "Pela primeira vez tu foste a tua própria espada"[69], explica para ele Lady Macbeth. Com este passo – aqui está o deslocamento da acentuação frente a *Mauser*, – Macbeth não é mais apenas o objeto mortal e morto, a "espada", mas é pela primeira vez o *sujeito* da sua carnificina. De forma unânime foi achado que na obra toda de Shakespeare, entre a Idade Média e os tempos modernos, entre o feudalismo e a sociedade burguesa, foi descoberto o indivíduo, Müller mostra o nascimento de um lado sombrio do sujeito: *o nascimento do sujeito da crueldade*. Logo que Macbeth, por meio do assassinato – rompimento do esquema feudal – torna-se sujeito, ele é vencido pela própria experiência, ao mesmo tempo sádica e desesperadora, do medo, do vazio e do nada.

O poder de Estado, tomado de forma absoluta, modifica o portador do poder, gerando as condições psíquicas e materiais da sua perpetuação. A cena central 16 mostra como Müller, depois de escrever *Mauser*, que na disciplina do partido torna-se objeto, penetra mais no lado subjetivo da dialética de

---

67 Idem, p. 283.
68 Idem, p. 288.
69 Idem, ibidem.

poder e prazer sádico. Macbeth, depois da profecia das bruxas pode supor que o seu poder é ilimitado e que não há força terrestre que o possa limitar. O tirano está acima da morte.

> Eu sou Macbeth, rei, eu comando
> A morte na Escócia [...].

Mas segue uma curiosa mudança: Justamente uma vida, que não tenha mais medo da morte do que a *inata*, é impossível: "O que não morre mais está morto"[70]. E assim Macbeth se rejubila pela sua ditadura ilimitada e continua:

> O que sufoca a minha garganta
> As paredes fecham-se em volta do meu peito
> Como é que eu vou respirar com esta camisa de pedra
> (Pausa).
> Meu túmulo durante um pequeno instante, estava aberto[71].

Neste lugar em que Müller se projeta para dentro de Shakespeare, está o ponto crucial da sua dialética de poder absoluto e de sadismo. Estar dispensado da morte significa que a vida se solidifica, privada do contato com a morte alheia. O eu enterrado vivo no seu poder, finaliza em fixação melancólica, sobre o corpo arruinado e não mais vivo. É como se Müller se apegasse ao lugar comum de Shakespeare, da "melancolia do dominador", que foi pesquisado por Walter Benjamin em *Ursprung des Deutschen Trauerspiels* (Origem do Drama Barroco Alemão), para formular uma defesa indireta sobre a autolimitação de cada um e também da soberania revolucionária. O monólogo de Macbeth faz sentir de que forma todo poder ilimitado convive com a tendência do assassinato. Primeiro ele gera um tipo de "crise de identidade", que anseia pela chegada da morte, mesmo a mais infame.

> A minha carne tem cheiro de podre. Sou eu quem eu sou.
> Um estômago de cão não seria mais fedorento
> Se ele fizesse do meu túmulo o seu esconderijo[72].

---

70 Idem, p. 309.
71 Idem, p. 309 e s.
72 Idem, p. 310.

O próximo passo é o desejo, tempo, história – deixar atrás de si a existência com a sua consciência: "Eu poderia voltar à criança que eu fui". E depois segue a mudança repugnante, fazer com que a morte seja um acontecimento, para sentir a própria vida. Contra o espanto da vida segura, diante da morte, o dominador precisa – do assassinato:

> Eu quero vestir as peles dos meus mortos
> Vestir com a podridão a minha carne corrompida
> E sobreviver na máscara mortuária
> Eu quero multiplicar o exército dos anjos.
> Um talude de cadáveres contra a minha morte[73].

Logicamente a seguir, aparece a decisão de assassinar a família Macduff. Em Shakespeare, Macbeth quer anestesiar os seus pesos de consciência, ao falar da sua "initiate fear that wants hard use" (um medo novo que necessita da dura experiência III, 4). Acostumar-se com os assassinatos torna-se mais para Müller: confirmação de que o sujeito do poder absoluto ainda está vivo. Os horrores da cena não demonstram apenas o quanto de sadismo é necessário para a manutenção da identidade perversa, mas a presença constante de palavras como podridão, saliva, sangue, retirada de pele, a gritaria evita qualquer demonstração não corporal de melancolia. As bestialidades reais correspondem à introspeção obrigatória do dominador, introspeção literalmente tomada: uma penetração fantasmagórica no interior do corpo, olhada no organismo, descida nojenta às vísceras, o lado excluído da vida. A citação de Macbeth, de Ovídio, sobre a história de Mársias:

MAS SOB OS SEUS GRITOS, DEUS TIROU-LHE A PELE POR CIMA DOS MEMBROS E BEM ESFOLADO ELE ESTAVA, PODENDO VER COM OS OLHOS O ENTRELAÇAMENTO DOS MÚSCULOS E A TUBULAÇÃO DAS VEIAS DESCOBERTAS E COM AS MÃOS PODIA AGARRAR AS VÍSCERAS[74].

Macbeth está tão absorto com a sua fascinação, que por um momento ele não percebe que a tortura de um burguês seu inimigo, comentado com a citação, realmente acontece através

---

73 Idem, ibidem.
74 Idem, p. 312.

de um camponês. A tentativa sem esperança, de escapar da referência ao orgânico é a atrocidade. Seu objetivo interno é a negação da autodestruição e Macbeth segue esta trilha até o final, como o ditador perdido nas ruínas da capital.

Não foi deixado de observar, que Müller indica como causa da crueldade de Macbeth um significado sexual (impotência)[75]. Embora isto esteja correto, não chega ao cerne, pois em *Macbeth* o sadismo é generalizado para todos os participantes. Sendo importante para Müller o aspecto sado-masoquista das lutas sociais, justamente em *Macbeth* este motivo fica retraído. A indicação não parece supérflua, porque os intérpretes do Oriente e do Ocidente com este argumento reduzem todo o processo a uma "filosofia de açougueiro", niilista e acima da história. Mesmo que Macbeth formule a sua inveja sexual em relação a Banquo, a cujos descendentes deve pertencer o futuro ("eu vou encurtar o seu membro sempre teso"), Müller generaliza a raiva de destruição do soberano-dominador, niilista absoluto: "Eu tirarei o sexo do futuro. / Se nada sai de mim, o Nada sairá de mim"[76].

Esta a lógica, que Macbeth deseja ainda no final: "Se eu fosse o teu túmulo / oh mundo. Por que eu devo finalizar e tu não?"[77], e o resultado que se segue da experiência de poder ilimitado, que será a experiência da morte e depois desejo sádico de destruição e de declínio. Isto também faz sentido em nível objetivo. Macbeth diz não ao futuro e assim a cena feudal é o modelo do problema, do que se tornou o poder revolucionário que colocou no agora acima de tudo, a pura automanutenção. A degeneração da política para as lutas de bandos, o sacrifício do "futuro" revolucionário foram as consequências mais amplas. O poder de Estado comunista sempre continua batalhando em favor da sua manutenção, sacrificar os objetivos revolucionários, sendo a negação deste fato, uma das metas principais da escrita histórica oficial da RDA e refleti-lo, uma das tarefas principais da dramaturgia materialista. É um absurdo querer ler "uma cadeia de situações como lista de pedidos do autor" (Müller). Usando a fábula de Shakespeare, numa nova leitura,

---

75 Ver H. Fuhrmann, Where Vilent Sorrow Seems a Modern Ecstasy. Uber Heiner Müllers "Macbeth nach Shakespeare", *Arcadia*, n. 1, p. 55-71.
76 *Macbeth*, op. cit., p. 297.
77 Idem, p. 320.

ele mostra sob quais condições a história torna-se águas paradas, pântanos, e como o futuro morre na consciência dos protagonistas. O poder de Estado que apenas se mantém, leva ao nascimento da crueldade, do niilismo que faz parte do poder. A autoanálise aguda e cortante da obra de *Macbeth* pergunta: até onde o comunismo, que dispõe absoluto sobre o poder e a morte, deforma e derrota o seu futuro, a sua própria substância psíquica e social? Esta análise é a contribuição construtiva, "otimista" de Müller para aquele futuro.

ESTÉTICA DO TEXTO – ESTÉTICA DO TEATRO*:
O *Achatador de Salários*, de Heiner Müller, em Berlim Oriental[78]

Um acontecimento da história teatral da Alemanha – de alto significado e ao mesmo tempo discrepante: em 29 de janeiro de 1988 foi levada no Deutsche Theater a peça de Heiner Müller *O Achatador de Salários*. Desde a origem do texto, passaram-se trinta anos. Escrita em 1956-57, a peça faz parte do gênero de peças que nos anos de 1950 era fomentada pela política cultural da RDA. Müller trata a história – inicialmente estruturada de forma múltipla – de um "herói do trabalho", que, com uso sobre-humano de forças, sob calor infernal, é destacado para reparar um forno circular com os serviços da manufatura em andamento[79]. Mas, como indicado pelo título, a eficiência extrema é considerada pelos outros trabalhadores como um achatamento de salário e falta de solidariedade, como se se tratasse de trabalho capitalista de empreitada. Assim como na tragédia clássica, em que (seguindo Hegel) se chocam as estruturas subjetivas e objetivas da moral, divide-se aqui a solidariedade. O que poderia ser objetivamente o elemento da construção de uma nova sociedade, assume aqui a aparência de falta de solidariedade com os trabalhadores[80]. Müller então consegue uma agudização da problemática psicológica e ideológica mediante um múltiplo entrelaçamento histórico: o herói do trabalho Balke denunciou durante os tempos dos nazistas o atual secretário do partido da fábrica socialista, mas este por sua vez, a bem do progresso socialista deve promover o seu próprio denunciante. E vice-versa.

---

* Publicado com o título Ästhetik des Textes – Ästhetik des Theaters. Heiner Müllers *Der Lohndrücker* in Ostberlin. em Gregor Laschen; Paul Gerhard Klussmann; Heinrich Mohr (orgs.). *Spiele und Spiegelungen von Schrecken und Tod: Zum Werk von Heiner Müller*. Bonn: Bouvier, 1990.
78 Este artigo apareceu antes de outubro de 1989 e é reproduzido sem alterações.
79 Exemplo de Hermann Claudius, *Menschen an unserer Seite* (Homens ao Nosso Lado, 1951) ou Karl Grünberg, *Hans Garbe – der Mann im feurigen Ofen* (Hans Garbe – O Homem no Forno Ardente, 1951). Brecht também trabalhou com este material (*Büsching – Fragment*) O próprio Müller possuía uma série de materiais de Käthe Rülicke-Weiler. Em relação à introdução resumida, ver G. Schulz, *Heiner Müller*. Uma apresentação com muito material e totalmente sem crítica de S. Bock, *Literatur Gesellschaft Nation*.
80 Ver G. Schulz, op. cit., p. 23 e s.

O antigo denunciante Balke, como os seus colegas sabotam o seu trabalho, deve denunciar novamente, desta vez "para o outro lado" e indicar os sabotadores ao diretor.

As constelações de Müller destroem qualquer ilusão sobre com quem será construído o futuro Estado: com homens que se mantêm "afastados da história" e só querem viver a sua vida individual. Desta forma como achatadores de salários, são expostos os corpos diante dos quais a consciência deve afirmar-se: corpos que são espoliados e que espoliam, que trabalham sob calor infernal, corpos que chegam das torturas dos campos de concentração nazistas e corpos que no pós-guerra precisam privar-se muitas vezes do mais necessário. Para Müller não existe tamanho de consciência "heróis" para ele são apenas os atingidos, incapazes de seguir uma regra. Mas trata-se menos de destruir esta ordem de grandeza que de examiná-la; semelhante à Peça Didática de Baden-Baden brechtiana, trata-se de como chegar ao resultado a partir do acordo: o homem deve ser reduzido ao seu menor tamanho, se ele quiser sobreviver; o homem antigo deve saber "morrer" para que ressurja o novo homem. Mas este é o novo homem: achatador de salários, denunciante, indigno. Sem *páthos* e com toda severidade, Müller reflete sobre o que é chamado com falsa afabilidade de "baixo". O novo sujeito é petrificado como objeto, assunto, meios de construção, portador de armas da batalha[81].

No final, a partir desses entrelaçamentos aparece uma tênue esperança: Balke encontra entre os trabalhadores, um que se solidariza com ele: o reparo do forno será bem sucedido. Mas pelo trabalho – e o leitor completa – pela construção do socialismo, fica uma folga muito estreita entre cedo demais e tarde demais. O texto se agrava, porque Karras o trabalhador consciente da sua classe, que antes havia batido em Balke, se coloca de forma surpreendente à disposição do mesmo para os reparos do forno. Mas por sua vez, Balke não quer trabalhar com aquele de quem tinha apanhado. As últimas frases da peça apresentam o conflito, com a própria dramaturgia de Müller das lacunas e do calar-se, entre o antigo denunciante Balke, a sua antiga vítima (o comunista Schorn) e o trabalhador Karras, que compreendeu que o importante é a produção e não o produtor.

81 Idem, p. 27.

Cena 14
BALKE: Vocês meteram a boca sobre o achatador de salário. Vocês não queriam entender do que se tratava, e me apedrejaram [...] Vocês me bateram, você [encarando Karras] e Zemke, quando eu saía do forno. E se eu tiver de fazer trabalho de pedreiro com os dentes, não será com você.
Silêncio
KARRAS: Talvez ela tenha entrado no forno por vontade própria.
Sai
Silêncio
SCHORN: Você não vai fazer alvenaria com os dentes, Balke.
BALKE: Com Karras eu não posso trabalhar.
SCHORN: Quem é que me perguntou se eu posso trabalhar com você?

Cena 15
Portão da fábrica. De manhã. Chega Karras, atrás dele Balke
BALKE: Eu preciso de você Karras. Eu não perguntei por amizade. Você precisa me ajudar.
KARRAS: *Fica parado*. Eu pensei que você quisesse construir sozinho o socialismo. Quando começamos?
BALKE: De preferência logo. Não temos muito tempo[82].

A peça foi encenada em 1958 no estúdio do Teatro Estatal de Leipzig e no Teatro Maxim Gorki de Berlim, para depois desaparecer por três décadas dos planos de encenação dos teatros da RDA[83]. Com a encenação em Berlim Oriental, sob a direção do próprio Heiner Müller, ela voltou para o palco da sua terra teatral natal: encenada num teatro-líder, sob consideração geral, ligada com o reconhecimento de Müller como autor do mais alto nível, que não recebia mais ensinamentos com batidinhas nas costas (como era feito pela crítica dos anos de 1950 na RDA), mas cuja obra tinha os seus próprios critérios.

O Achatador de Salários encontra-se numa tradição expressada por Brecht de uma dramaturgia e estética realista. O texto apresenta diversas passagens, apoiadas diretamente nas formulações do jovem Brecht; a posição das cenas e dos diálogos baseia-se na escassez da linguagem brechtiana, que leva o gestual social e o mais importante do conflito ao ponto, com

---

82 *Geschichten aus der Produktion*, p. 43 e s.
83 No Ocidente, Frank-Patrick Steckel retrabalhou a peça, que ele apresentou em 1974 às margens de Halle.

alheamento e desmascarando de forma engraçada. A primeira edição do livro de 1959 contém cenas de família, que perpassam a dramaturgia com relatos fragmentários do meio familiar. Elas depois foram suprimidas nas impressões posteriores e na encenação de Berlim. No lugar desta narrativa, entra uma dialética levada com graça e um paradoxo lógico. Exemplo: os trabalhadores engolem uma sopa miserável:

GESCHKE: (*levando a colher à boca*) Eu deveria jogar isto na cara do meu explorador
KOLBE: Geschke, o herói
OUTRO: Tem carne dentro
KARRAS: Carne ele disse. Ele está doido. Deve ser a fome[84].

O gestual básico realista do texto como obstinação foi censurado pela crítica dos anos de 1950 na RDA, dizendo que o autor de forma errada estava usando a linha de Brecht que este tinha corrigido com sucesso, desenvolvendo o seu teatro épico; o Brecht dos anos de 1930, que, após o início expressionista chegou conscientemente a uma dramaturgia própria: em *Mahagonny* e nas peças didáticas, Brecht entendia de fato, sob o novo teatro épico formulado nas "observações" de *Mahagonny*, a dramaturgia do salto, das cenas reduzidas, da fábula escandida por lacunas e furos. A verdadeira didática do teatro épico, deveria ser lida nas lacunas, pois o texto vive da descontinuidade e contradições até o absurdo. Não: "uma cena pela outra", porém "cada cena por si mesma".

Quando o autor Müller estava trabalhando em *O Achatador de Salários*, ele estava subordinando, como contexto social, um debate sobre os caminhos certos para aquilo que era chamado de "construção socialista". A política cultural exigia dos artistas que formulassem as grandes questões sociais e políticas com os meios da estética: não conceitualmente, como o discurso político-econômico, e nem de forma prática e cega, mas com ajuda de imagens realistas, que poderiam amarrar a desconcertante multiplicidade de facetas dos problemas: arte como espelho facilitando a combustão. Mas os que ditavam a política cultural não queriam entender,

---

84 *Geschichten aus der Produktion*, p. 26.

que um espelho que facilita a combustão deveria deformar, distorcer de forma surreal, até ofuscar. Não é segredo que o grande conceito ficou em nada. Na RDA desfraldou-se um público artístico pequeno; a arte ficou submetida a mentes estreitas de controle ideológico, de tal forma, que o teatro e a literatura não puderam assumir a função que seria adequada ao pensamento marxista: o texto poético, assim como os trabalhos teatrais, precisam ser ambíguos, com o seu olhar parcial na realidade, seja na seriedade ou ainda mais na brincadeira, confrontado com o olhar da teoria, afirmando o seu direito próprio do ponto de vista "falso", perturbador, subjetivo frente ao "saber". Ele precisa ainda sacrificar, a favor das novas realidades, o realismo convencional de imagens. Brecht já sabia, que na sociedade moderna o essencial "tinha deslizado para dentro do funcional", negando a representação; assim, Müller, em *A Construção*, faz com que o engenheiro Hasselbein, entusiasmado pela abstração, grite para um pintor trabalhando com o convencional:

> Não desgaste os seus olhos com a natureza, os palácios de cultura estão cheios dela, pintura para cegos [...]. Pinte pelo menos aquilo que você não vê. O concreto voa através do ar; o aço lavra a terra dos pássaros, estão construindo nas nuvens, o vento é habitável. E [...] a sua cabeça, a sua mão de mestre subvencionada, o que ela faz? Copia o horizonte, as chaminés da era de pedra, pinta a lama, o imóvel, coloca maquilagem no céu, o cadáver da luz, o buraco de cinza e gralhas[85].

É evidente que o autor do *O Achatador de Salários* entendeu a sua dramaturgia cética, depois de perpassadas a abstração e as frequentes piadas negras do texto, como contribuição adequada, solidária para aquele público político-artístico subordinado. Visto com melhor iluminação, demorou três décadas até que a RDA lhe possibilitasse (e não todos os textos!) de apresentar esta oferta. E o pequeno milagre é que o tempo não tirou do texto a sua atualidade (desde que seja bem lido), embora, ou até porque, o conteúdo encontra-se tão perto do tempo da sua elaboração.

---

85 Idem, p. 128 e s.

Para a encenação de 1988 uma reflexão é elucidativa, refere--se ao conceito antigo da arte como do espelho ustório, que deve manter temas sociais em grandes imagens. Pois falta muito pouco nesta política, de observarmos a tentativa de tirar do chão mediante a arte, uma nova mitologia socialista, como se isto fosse lido em Nietsche e não em Marx: "somente um horizonte reorganizado com mitos fecha todo um movimento cultural como uma unidade [...] e mesmo o Estado não conhece leis mais poderosas e não escritas do que o fundamento mítico"[86].

Assim como os velhos mitos acolhiam elementos quase histórico-culturais e religiosos, ligando-os a acontecimentos, lembranças, tradições; os mitos materiais reais, condensados da vida construtiva socialista, deveriam tornar-se mitos; mitos nos quais se abatia a última verdade não mais religiosa, mas marxista-leninista dialética, sobre o processo da história. Está claro que no conceito da nova mitologia, desde o início, existem grandes falhas conceituais. Na Antiguidade já foi uma revalorização tendenciosa realizada no teatro com a tradição do povo. Os poetas podiam fazer uso de uma reserva de tradições, que eles não precisaram elaborar. Isto não existe mais nos tempos modernos. Todas as tentativas de novas criações artísticas de um mito falharam, levando no melhor dos casos a uma arte significativa. Não deve ser repetida a reivindicação universal sobre a possibilidade de conceber uma totalidade, da qual viveria o mito. Com o universal, perdeu-se a reivindicação social do mito, que migrou da reserva das possibilidades confiáveis, tornando-se estética. A reivindicação da totalidade ficou insustentável, justamente aquilo que exigia a doutrina socialista. Enquanto o drama moderno passou da forma da tragédia baseada no mito para as peças trágicas, que tinham a possibilidade de tematizar as histórias de decadência, houve uma pressão singular dos defensores da arte socialista para o lado da tragédia. O Müller do início levou esta reivindicação a sério, mas, para a exigência da totalidade, ele somente conseguiu realizá-la ao preço da sua mudança para peças fúnebres e grotescas. *O Achatador de Salários* e *Filoctetes*, na verdade, eram trabalhos baseados num mito socialista

---

86 F. Nietzsche, *Werke in drei Bänden*, v. 1, p. 125.

da história do mundo, mas necessariamente ele leva a uma virada destrutiva. No caminho da contradição até a anulação dialética, o texto dramático de Müller fica parado num paradoxo. Este porém não é mais o paradoxo da pasmaria trágica de calar-se, descrito por Walter Benjamin em *Origem do Drama Barroco Alemão*, mas o paradoxo do discurso que se autobloqueia, tirando conhecimento da mudez, que é causada pelo choque deste bloqueio. Os elementos dramáticos como fábula, figura, conflito e solução, exigidos pela estética do realismo, foram salvos em *O Achatador* de *Salários*, mas não foi uma coincidência, porque a crítica logo sentiu o "algo diferente" do texto. Assim, várias vezes foi feita a repreensão de que Müller não trabalhava com meios genuinamente dramáticos, mas com meios dramáticos de cinema, (cortes, saltos, troca rápida de cenas). Também existia a opinião de que em muitos lugares onde ter-se-ia gostado de ouvir frases "positivas" e confirmações, ou seja, sonoras confissões sobre o futuro, em Müller de forma obstinada aparecem "pausa" ou "calado". No programa da encenação de Berlim, o autor afirma o seguinte:

O ponto é que uma pausa ou uma lacuna significam ausência, que algo está ausente. Algo pelo que a gente espera ou que a gente teme, está ausente. "Utopia" não é mais possível colocar na boca, mas algo ... Qualquer coisa diferente. [...]. O diferente no caso ideal seria o público[87].

Mas em lugar desta estética, que não nega a sua origem a partir das peças didáticas de Brecht, a RDA daquele tempo desejava uma arte fechada, amparada nos clássicos. Ela deveria criar imagens de novos mitos, nos quais a perspectiva socialista poderia se refletir. Imagens como as de Garbe o "herói do trabalho" e louvado como tal. Diante do *background* da guerra fria começando, esta eficácia de medidas hercúleas, significava uma luta vencedora do homem contra o fogo, pensado como alternativa histórica mundial, para o "jogo final" do mundo ocidental em ruínas, que estava sendo vislumbrado como estando em desintegração; de um lado, como conservador da cultura e do outro lado, como desagregador da arte.

---

87 *Programmheft zur Inszenierung des Lohndrücker*, Deutsches Theater, 1988.

A encenação em Berlim Oriental oferece a chance extraordinária de observar o diretor Müller (que naturalmente influencia em grande medida os seus atores) como intérprete do seu próprio texto de 1957. O resultado é uma nova leitura, uma clara mudança de interpretação, que é possível pela grande distância entre a *estética do texto* (realismo, tragédia, teatro épico, história) e a *estética do teatro*. As suas características são os mitos, o grotesco, a arqueologia. A encenação desloca o significado do texto, sobrepondo o substrato realista com dupla mudança para a ampliação mítica e para o lado da redução grotesca.

Muito claramente a óptica da encenação leva ao centro o tema do fogo vermelho, as suas aparições multiconfiguradas e variadas. O palco apresenta no centro uma pequena elevação, com ranhuras em vermelho-fogo, que assumem a comparação usada no texto de forno-torre blindada, fazendo lembrar a ficção científica ou a um abrigo contra balas, mas "significando" de imediato o forno sem a sua imagem ou a sua presença naturalista. Nos filmes, o fogo aparece como força destruidora, como lava, vulcão e incêndio. É mencionado *Empédocles*, de Hölderlin, e com ele a força purificadora do fogo. Falando com Gaston Bachelard: na imagem do fogo aparece o "complexo de Empédocles", e junto com ele a energia de Prometeu da produtividade refundida, o fogo como elemento perigoso e por isso na sua origem, elemento proibido. O palco de Erich Wonders assume as imagens do fogo, um vermelho sangue penetrante perpassa a encenação: desde o cabelo vermelho-fogo de Balke, passando pelos olhos com bordas vermelhas dos trabalhadores; unhas e lábios vermelhos da senhorita Matz; mãos de trabalhadores pintadas de vermelho (vermelho tanto fascista como proletário); vermelhas são, igualmente, as garrafas de cerveja de segunda classe dos trabalhadores; uma grande porta vermelha; placas políticas etc. O espaço cênico de Wonders vale um comentário: o palco parece estar literalmente desengonçado; o piso inclinado, as paredes não se fecham na parte inferior, mas liberam a perspectiva, através de uma grande fresta, de um prospecto poético azul de Berlim Oriental. Ouve-se dizer que a cor vaporosa representaria os paralelepípedos da cidade de Houston. O aspecto total do palco fornece ao fundo uma qualidade objetivamente irônica. Por causa desta configuração, apresenta-se o princípio da emolduração, que chega ao extremo ao ser aberta uma parede com grandes janelas, através de todo o canto frontal do palco, sendo que o espectador se encontra ao mesmo tempo como vigia e *voyeur*. Ao mesmo tempo "diz" o palco que o processo histórico mostrado encontra-se entre a plateia e a sua cidade como bstáculo de visualização: história não como causa de autoconscientização sobre o próprio presente, mas como perturbação, inquietude, enigma. A ambiguidade e o enigmático do processo são reforçados pelo modo de atuação. As falas, geralmente planas e sem afetação, agem como se fossem feitas citações, deixando a interpretação dos motivos em suspenso. O espectador deve tirar as suas próprias conclusões. Os arranjos são artificiais, evita-se o realismo das imagens, a estilização e a quebra seca de gestos e palavras fazem lembrar, em muito, o teatro de Brecht, mas com a diferença muito importante de que a consciência latente do que é correto não avança em lugar nenhum, como ocorre frequentemente nos trabalhos de teatro realizados em nome de Brecht.

Uma parte do filme de Peter Vogt, com o que começa a apresentação, mostra três homens ajoelhados num mar que se estende sem fim. Dois homens batem num terceiro, que, em lugar de defender-se, "aceita" as batidas: o conflito local pelo fogo, necessário para a produção, amplia-se de forma "atlântica" (Alexander Weigel). Pode-se ver aqui a afirmação do mítico Lesart: água e fogo como elementos arcaicos conotam um conflito contínuo, bem para além do tema da história da RDA. A inclusão de um quadro de Goya faz o restante, de levar o conflito da peça de produção numa perspectiva maior: é evocada uma eternidade mítica do conflito.

Então começa a primeira cena. Ela mostra trabalhadores numa taberna, um "conselho secreto" fantasmagórico, representantes da sociedade burguesa morta – o conflito de classes. Mas aqui, logo no começo, o texto interrompe-se inesperadamente e dois dos atores do elenco, Ulrich Mühe e Johanna Schall, apresentam *Horácio* de Müller, uma parábola didática sobre a necessidade da "pureza da linguagem", quando se trata da realidade poluída da história. A peça, escrita no outono de 1968, após a derrota da Primavera de Praga, mas estreada em 1973, em Berlim Ocidental, muda a coloração de toda a encenação. Enquanto em *Horácio*, quase sem encobrir a unidade e a contradição de culpabilidade e merecimentos de Stálin, constam no debate[88]; esta questão agora é projetada sobre a ambivalência precária e perigosa, mas inevitável, da energia produtiva dos homens. O "fogo" que a produção necessita é uma energia substancial (e não por acaso) e ao mesmo tempo social, disciplinada "positiva" – e a partir do impulso sem consideração por realização – associal, anárquica, egoísta, e virtualmente fascista.

Originalmente os participantes do elenco consideravam a inclusão de *Horácio* como parte de um programa global, dando nova luz ao conflito, que é associado ao conflito entre homem e mulher (Ulrich Mühe e Johanna Schall estão brilhantes nos papéis), Adão e Eva; a representação mostra a mecânica acima do tempo, passando pelo canibalismo, pelas guerras e pelas matanças. Esta tendência pode ser vista num detalhe significativo. Müller mostra em *Horácio*, antes do início do duelo, quando é perguntado aos guerreiros de ambos os lados se, por causa das suas ligações familiares trágicas, eles não querem deixar a luta para outros. Mas eles respondem com um lacônico "não". Nesta obstinação dos Horácios (assim como dos Curiácios) aparece o desejo sem sentido, um impulso absurdo de matança, um grito grotesco e irracional por sangue. Ulrich Mühe grita este "não", tão repentinamente que ele atinge a camada diante do nível de política real, histórica, "racional".

A história do reparo do forno, que começa após este "prólogo", torna-se então um mito ambíguo com necessidade de interpretação. Não no sentido da estética do texto, que lhe serve de base, como uma apresentação realista, ajustada à perspectiva histórica. Só ocasionalmente o excelente Dieter Montag parece deslocar a figura principal no sentido do "herói positivo". A apresentação de 1988 resgata, sob outros preceitos, a reivindicação de formular um mito sobre a construção socialista, bem diferente do que sonhavam os políticos da cultura dos anos de 1950. Em lugar de fornecer teses e perspectivas imaginárias, a dimensão mítica ostenta aqui o seu potencial explosivo contra a afirmação do progresso histórico. Enquanto o mito se torna subversão da teleologia histórica, o seu "ataque

---

[88] Ver O Horácio, supra, p. 327-333.

altamente produtivo à história" (representada assim nas cabeças dos ideólogos) é a procura por novas formas de produtividade socialista. Consequentemente, a encenação eliminou a cena 15 mencionada, com a perspectiva do futuro.

Se existia um motivo dos dramaturgos, para demonstrar que foram as psicologias e formas de pensar indicadas pelo fascismo, com as quais deveria ser construída uma nova sociedade, esta contradição não se resolve com a famigerada alternativa de Schiller:

> Benfazejo é o poder do fogo,
> Se o homem o domar e dele cuidar [...]
> Mas terrível fica a força dos céus,
> Se ele conseguir soltar as amarras [...]
> Ai de nós se ele as soltar.

O juízo indica muito mais, que entre o potencial criativo e destrutivo das energias "ardentes" não há uma *clara separação*. O homem do sindicato, que exerce a sua "obrigação proletária", não pode ser claramente diferenciado do "puxa-saco", nem o diretor do oportunista; nem o comunista convencido do homem do aparato, a quem com o impulso da represália é retirada a própria impulsividade. E não é diferente na ambiguidade entre a disciplina fascista ou proletária e, no final, no próprio herói do trabalho. Se ele age por egoísmo individual, por consciência de classe, por mero prazer, talvez por autoconsciência, a única certeza é a de que ele não tem certeza.

Ainda hoje, tendo em vista esta ambiguidade, numerosos críticos da RDA dos trabalhos de Müller não conseguem dar-se bem sem um certo espanto. Enquanto Gottfried Fischborn afirma como posição da representação, que ela mostra, que a energia proletária deveria ser "rapidamente controlável, disciplinada e canalizada", existe o outro lado desta contradição: a destruição desta energia pela canalização seria reduzida, com bastante incerteza, a "possíveis danos posteriores"[89]. Esta tese deveria valer, em parte, para o autor

---

89 Em *Weimarer Beiträge*, n. 7, p. 1182. Desencontro semelhante: Marianne Streisand, em *Weimarer Beiträge*, n. 7, p. 1188 e s. que com toda seriedade pensa ver no fogo o "adversário decisivo". Ao contrário disto, as observações de Frank Hörnigk, p. 1183 e s.

Müller de trinta anos atrás – a encenação mostra justamente que se trata da mesma energia, de que nenhum espectador (e nenhum partido) poderia definir qual é a substância do fogo do vigamento. Se fosse necessário destilar algo como uma "manifestação" seria a de que pode tratar-se de nada mais que o *aproveitamento* – sempre arriscado – dessas energias. Sobre a medida do risco, a encenação não deixa lugar a dúvidas. Além da presença do fogo destrutivo, ela faz alusão a um bando juvenil de gângsteres daquele tempo, ela coloca a questão sobre se nos crimes não se manifesta uma energia, que, por estar reprimida falta à construção ou que até pode levá-la ao fracasso[90]. No programa, Müller cita a fórmula de Karl Korsch: "A *blitzkrieg* é energia amarrada da esquerda". Trata-se de formas de atuação, transformações, desvios, cruzamentos e entrelaçamentos das intensidades – com a disciplina, o controle e os canais há pouco a fazer.

Junto à ampliação mítica apresenta-se a redução do grotesco. O feito do texto, embora em grande parte engraçado sem ser forçado, é sobreposto pelo uso da semiótica teatral, que sempre ultrapassa o limite do grotesco: o espantoso chega a tocar o cômico, numa briga interminável no filme ou na perda de sangue, com perigo de vida do trabalhador Krüger. No texto, ele fica sentado pálido diante do forno; na encenação, com a máscara preta do rosto queimado. O processo chega ao grotesco. Aliás os efeitos de maquilagem e de caracterização apresentam efeitos fortes, com introdução de elementos clownescos e a peça finaliza com mais uma parte de *A Estrada de Wolokolamsker IV*, mais uma sátira grotesca. Muitas vezes um evento é congelado e depois repetido; quebra da estética de representação; autonomia grotesca do tempo de representação, frente ao tempo representado. O motivo das bonecas, ciclos automáticos que voltam e a apresentação caricatural de algumas figuras, reforçam a observação de que a estética realista do texto é contrariada pela estética grotesca do teatro. São dominantes o paradoxo, o espanto, a heterogeneidade e, às vezes, a comicidade negra. Partindo-se da ideia de que os meios de estilo do grotesco, são ligados com perda de consciência do mundo,

---

90 Um motivo semelhante aparece em *Die Umsiedlerin* na figura de Fondrak; ver G. Schulz, op. cit., p. 35 e s.

com uma quebra da segurança das verdades, da experiência do mundo descontínuo e decadente, a ligação específica do mito e do grotesco ganha um perfil mais exato. O diretor Müller poderia, hoje, formular inseguranças na linguagem do palco, que nos anos de 1950 ficavam apenas latentes (que já eram detectadas sob a superfície, ao dirigir a atenção mais para a textura do que para o conteúdo da fábula). O riso do grotesco na encenação tem um papel importante. Há leves acréscimos, como o otimismo satírico da canção, comentando a cena da manteiga ou o aparecimento de duas jovens, como duas "bonecas" idênticas literalmente "sequestradas" por pretendentes ocidentais, como bonecas de vitrines. Mas existe, também, o instante quando o comunista Schorn entende que o trabalhador que o denunciara, é hoje "o melhor cavalo" da sua empresa, com o qual ele deve trabalhar junto, mesmo que não o suporte. Neste momento ele começa a rir, uma risada que não é de humor nem de bondade, muito mais a risada sobre a rápida abertura do absurdo, que nada tem a ver com a ideologia do absurdo. Mas esta risada do grotesco, quando o sentido explode, também não é por causa da graça da dialética, mas faz suspeitar que seja justamente o pretexto da dialética, que nestes pontos do juízo sempre ajuda a guardar a *contenance*, evitando o arrebatamento da risada.

O palco nem ilustra nem duplica o texto, ele não obedece as regras estéticas iguais ou análogas, mas oferece um *contraprojeto* do diretor (do teatro) contra o autor, uma leitura cênica, que aceita para si a distância de trinta anos, trazendo para a superfície qualidades escondidas do texto, que escaparam para a maioria dos intérpretes. A graça sanguinária do *Horácio* que, uma vez aberto o mecanismo da carnificina e produzidos assassinatos supérfluos, faz com que as figuras apareçam como palhaços e marionetes de um mecanismo. Isto se impõe através das motivações e dos corpos; negativismo como humor negro. Para a perspectiva do campo de batalha das guerras, das produções, das alianças absurdas e das traições igualmente absurdas, a comoção trágica não é mais apropriada, mas apenas uma risada seca. Num sentido específico, a tragédia sempre esteve ligada à ideia do sujeito, da pessoa, do herói. Na comédia (isto já era sabido por Lenz) não é a pessoa que está no centro, mais uma coisa, um assunto. A comédia faz com que o medo diante da morte seja ridículo, aquela morte que é a realidade do *nonsense*. Ela permite uma forma, que faz com que o sentido da teleologia dialética fique esmigalhada. Parece, portanto, que a relação entre o mito e o grotesco abriu uma perspectiva da arqueologia que é muito valorizada pelos criadores das encenações; em consequência do seu entendimento, de que a arqueologia, não é carregada com a questão dos símbolos, não confirma continuidade, sendo que na história da história só existem camadas não finalizadas, semidesgastadas, das quais nenhuma foi verdadeiramente finalizada. Uma "arqueologia do socialismo" como projeto artístico, como a que se procura realizar pela encenação do texto, diferencia-se radicalmente de todas as tentativas de abusar da história como legitimação. Trata-se do horror nela própria que não pode ser absorvido por nenhuma simbologia, que não é transfigurado por nenhum modelo trágico. Mitos e grotesco são duas das figuras de representação que permitem uma aproximação às camadas do passado, onde estão sepultadas as peças quebradas das grandes esperanças e o horror cuidadosamente coberto. A ideologia serve para desviar este olhar arqueológico, para cuidar-se e para canalizar as teses em lentas correntes de leis dialéticas de desenvolvimento. É isto que a encenação procura prevenir.

No primeiro parágrafo deste texto foi dito que o acontecimento não era apenas de alto significado, mas ambíguo. A aceitação positiva, unânime e exaltada da encenação tem um sentido que faz pensar. Pode ser que dentro dos atuais sinais de mudanças políticas foi possível uma sinceridade maior, que pela força explosiva da encenação e pela aceitação poderia desfraldar-se. Também poderia ser que a qualidade estética não fosse entendida como perturbação polêmica, mas apenas gozada como artefato e integrada sem consequências. Apenas o porvir dirá (ou não) que a sua produtividade foi efetiva para futuros trabalhos teatrais.

ENTRE MONÓLOGO E CORO:
A Dramaturgia de Heiner Müller*

1

No final dos anos de 1960 houve uma alteração na obra de Heiner Müller, que leva os seus textos para as proximidades das novas formas de teatro e de direção, aparecidas na mesma época, que podem ser caracterizadas como pos-dramáticas[91]. Ao mesmo tempo, os temas ficam mais sombrios: O ceticismo sarcástico já existente, a agudização em direção ao paradoxo trágico, fica mais evidente. Se Müller deixa de lado a forma dramática estável, da qual ainda existiam efeitos residuais consideráveis, o motivo disto poderia ser que o drama como forma não pode ser separado de um traço, por assim dizer, otimista, em direção a um objetivo. Não somente, mas também por causa do seu afastamento das certezas aparentes da doutrina histórica marxista, os textos posteriores de Müller possuem formalmente a mesma assinatura temporal do teatro pós-dramático. Eles foram inspiração para muitos dos teatrólogos mais radicais. Não é de estranhar, que ele tenha sido aceito desde os Magazzini até as Tropas Bak, do Angelus Novus até Rosas, de Bob Wilson e até Theodoros Terzopoulos. O mesmo vale para uma quantidade grande de teatrólogos jovens, com teses experimentais no mundo todo, que concentram o seu ponto de vista mais na performance do que no texto literário. Os anos de 1980 foram a década de Müller. Os seus textos densos e singulares, política e esteticamente, marcaram profundamente a perspectiva da literatura e do teatro. O efeito de Müller não consiste tão só da ressonância que provocaram o grande número de apresentações internacionais (*Hamletmaschine*, *A Missão*, e a comédia negra *Quarteto* tornaram-se notórias), mas o motivo também é o de pensar o teatro como resistência contra as convenções artísticas, políticas e morais – no seu olhar frio, sob o qual desmoronam as certezas ideológicas e ainda a certeza da

---

* Publicado com o título Zwischen Monolog und Chor, em *Heiner Müller: Probleme und Perspektiven*. Bath-Symposion, 1998, Amsterdam-Atlanta, GA, 2000, p. 11-26.
91 H.-T. Lehmann, *Postdramatisches Theater*.

obrigatoriedade de comprovar uma unidade, seja do texto, seja do teatro. Müller vê como Gilles Deleuze caracteriza o texto, pela negação de totalidade e o entrelaçamento do heterogêneo. Isto pressupõe a decomposição da realidade e o novo entrelaçamento dos seus segmentos. A associação é baseada na decomposição. "A realidade só é visível se ela for decomposta em pedaços, em segmentos. Se cada um dos espectadores for induzido a compor os pedaços novamente, ela torna-se a própria realidade, mesmo em combinação com ela própria, em combinação com a própria realidade dos sonhos. Isto seria um teatro"[92]. Numa observação feita em *Glücksgott* (Deus da Sorte), Müller já tinha marcado a sua distância de Brecht, com a falta de unidade dialética e com o "modelo mundial, destruído e salvo da parábola". O "duelo entre indústria e futuro" pede um novo tipo de cânticos: "meu globo consistia de segmentos em luta, que na melhor das hipóteses seriam reunidos pelo *clinch*"[93].

Para Müller era natural, que os seus textos deviam na sua estrutura "levar a guerra contra o público[94]. A situação política e cultural levou Müller a uma espécie de isolamento e solidão, que não ocorreu apenas por causa dos seus pensamentos de través em relação ao clima político liberal-otimista após a mudança política, mas também pela sua expressão biográfica de uma tendência anterior dos seus trabalhos, para o monólogo. Muitas das passagens dialogadas de Müller são, na sua forma externa, monólogos: muitas vezes ele mostra figuras abstratas mais para o lado da alegoria, cuja linguagem é endereçada ao público. Ou então, o caráter sentencioso ressalta tanto, que a linguagem é mais mensagem ou questionamento para os espectadores, do que comunicação cênica. Há grandes monólogos que chegam a parar a evolução cênica. A obra de Müller gravita em torno da retirada do sentido e da morte, semelhante à obra de Thomas Bernhard ou mais ainda de Beckett, com o qual ele foi comparado várias vezes. Ele desiste da dramaturgia das figuras, a favor de um teatro de vozes, no qual as figuras são as portadoras do discurso. Somente aqueles que nos diálogos e monólogos de Müller conseguem ouvir as vozes dos

---

92 A. Kluge; H. Müller, *Ich bin ein Landvermesser*, p. 63.
93 H. Müller, *Theater-Arbeit*, p. 8.
94 *Gesammelte Irrtümer 2*, p. 20.

fantasmas, que se misturam com as palavras dos vivos, poderão encenar as suas peças corretamente. Ele desmente todas as esperanças de salvação e persegue, como quase único poeta, ao lado de Pasolini, a experiência comunista, desde Brecht, de forma ininterrupta, o processo de aprendizado que, pela troca de dinheiro contra mercadoria, seria a última razão de comunicação social, sempre à procura da "lacuna na evolução", o "buraco na eternidade", a talvez "falha redentora". Como poeta, ele se liga sem esforço, como nenhum outro, à tradição dos textos clássicos alemães. Ele se opõe ao movimento de esquecimento da história, porque ele a entendia bem demais; mas, a partir do final dos anos de 1980, ele não mais conseguia isto com os seus textos de teatro (desde que não seja considerado *Germania 3. Fantasmas junto ao Homem Morto*). Após *A Estrada de Wolokolamsker* (1984-87), Müller escrevia "tão somente" poesias das mais pessoais, poesias longas, prosa, a autobiografia ditada a amigos e colaboradores. Ele deu diversas entrevistas, que foram por ele desenvolvidas como gênero próprio de textos. Devem ainda ser acrescentados principalmente, os "textos de televisão", as conversas com Alexander Kluge. Müller escreveu também notícias líricas, e em personagens e imagens antigas, ele refletia a sua própria experiência sombria.

2

Não é coincidência: O autor mais importante de textos pós-dramáticos, nos seus primeiros tempos escrevia poesias e pouco antes da sua morte voltou para a produção lírica. Frank Hörnigk observou com razão esta circunstância[95]. Nos textos de Müller existe uma desmontagem da unidade da ficção, mediante a montagem de formas de texto heterogêneas: cartas, cenas, narrativas em prosa, jogos de cena. O seu significado dramático é que cada momento cênico deve aparecer como um início. O tempo do palco começa sempre quando o seu conteúdo possui algo de final. Esta forma manifesta um discurso teatral, que a cada momento de transição, começando de

---

95 Hörnigk apud H. Müller, *Die Gedichte*.

novo, se dirige ao público (os leitores) e realiza, falando com Harald Weinrich, um mundo cenicamente "falado" e não "narrado". Um efeito semelhante aparece em outro procedimento que, embora tenha sido ressaltado diversas vezes, raramente foi exposto sob o ponto de vista teatral: a intertextualidade. Somente para ilustrar o processo, um exemplo: o revolucionário Antoine, que se tornou cínico, explica em, *A Missão*, ao mesmo tempo com a voz do revolucionário morto Sasportas: "Isto foi a república dos negros. A liberdade leva o povo para as barricadas e quando os mortos despertam, ela está uniformizada. Eu vou confidenciar para você um segredo: ela é apenas uma puta". Um uso tão extenso de citações, indicações e associações, baseadas no quadro *A Liberdade Guiando o Povo*, de Eugène Delacroix, na última peça de Ibsen, *Quando Nós Mortos Despertamos* (que foi chamada por ele de "epílogo dramático") e em *A Morte de Danton*, de Georg Büchner, serve para destruir o hermetismo do texto. Enquanto este processo significa para o leitor, que sua imaginação é acessada em vários níveis e vista esta abertura teatralmente, trata-se de um *tempo dividido com o público*, de um horizonte político--cultural e uma alteração da própria recepção do teatro. Trata-se do público, cuja percepção é guiada, continuamente, a outros momentos da sua existência histórica e cultural, a imagens de ontem, fora do circuito do texto, da apresentação teatral e para dentro do "texto" caótico, de múltiplas facetas, do horizonte político, literário e artístico da experiência. Com isto, de um lado existe uma enorme aceleração e saltos: de momento a momento, novas associações chamadas, geram um estilhaçamento em tempos e espaços referenciais heterogêneos, que têm uma acentuação diferente para cada leitor/espectador, conforme a sua sabedoria e posição; do outro lado, o *procedimento* de percepção e processamento é chamado ao primeiro plano. Tudo aqui, como sempre na estética, é uma questão de dimensão. É natural que para cada recepção exista a "concretização" (Ingarden) do processo cênico, mediante interligação, associação e superposição com o horizonte de experiência dos recipientes (pois de outra forma, não existe recepção, não há entendimento simples). Mas com uma destruição tão explícita de uma continuidade ficcional, e com a indicação obstinada a outros campos do conhecimento e da experiência, a sintetização (necessariamente incompleta e inacabada) é o mais importante na consciência *recipiente*. A temporalidade complexa, *a realidade e o tempo próprios* do espectador no teatro, fica consciente. Não mais as correntes de energia transmitidas em forma de diálogo num campo de força chamado universo fictício, mas os *processos energéticos entre palco e espectador* (leitor e texto) são atualizados e feitos valer. A partir da representação, aparece, sobrepondo-se a ela, a performance. Assim, a intertextualidade no teatro desloca o peso do mundo fictício do texto (e principalmente do palco) para a situação de uma reflexão, que pertence conjuntamente a um palco e a uma sala de espectadores.

Um exemplo para a concepção ou "teoria" não apenas de um conceito novo de texto, mas de um outro teatro é a descrição de imagem (*Bildbeschreibung*) por "um sujeito dividido", um texto poético teatral e ao mesmo tempo texto poetológico-teórico junto com as teses reunidas pelo próprio Müller. Trata-se aqui de um "sujeito dividido"[96], mas não no sentido em que é usado muitas vezes para formas de monólogo de textos dramáticos, no qual o monólogo seria um diálogo interior em que haveria posições contrárias em conflito (monólogo clássico de decisões). Trata-se mais de uma outra divisão, que leva a uma problemática mais radical de identidade: ver e ser visto. O sujeito ali constituído não pode ser um sujeito da identidade própria, mas apenas um da contínua divisão e autodivisão. O sujeito é externa e internamente igual, máquina de ver e objeto "cego" do olhar. Ele não tem um local, mas "é" no processo do tempo entre posições igualmente instáveis, entre sujeito e objeto. Ver e ser visto é o paradigma do teatro. Ele nasce e existe nesta coprodução do olhar. (Foi por isso, que esta dimensão tornou-se novamente central numa das realidades fundamentais do teatro europeu "pré-dramático" e no anúncio pós-dramático da coerência dramática). Desta forma, o teatro passa do brilho para a "aparência", da contemplação das recordações ao choque da "presença absoluta" (Bohrer), da primazia da representação para a primazia da performance.

---

96 H.-T. Lehmann, Theater der Blicke – Zu Heiner Müllers Bildbeschreibung, em U. Profitlich (org.), *Dramatik der DDR*, p. 191 e s.

O texto leva, ele mesmo, a sua própria performance. Seguindo esta lógica, o meio "dramático", na verdade, não é mais o diálogo intercênico, mas a apóstrofe fora de cena. O "Drama" é gerado e existe apenas na dualidade de cena e recepção. Em 1990, Müller diz sobre Koltès que ele seria o único dramaturgo/autor que lhe interessava, dando como motivo o momento dos monólogos dos seus textos: a sua "estrutura de árias". Mas a ária diferencia-se do recitativo, por não levar a ação dramática para frente, mas, num tipo de fora-do-tempo da reflexão, do comentário, serve para a expressão da emoção. Semelhante ao monólogo, ela funciona no eixo do *theatron* ao designar, com este conceito, a relação entre palco e espaço dos espectadores (que era antes o significado de *theatron*), diferenciando da comunicação intercênica. Em *Guerra sem Batalha*[97]. Müller chama de Descrição de Imagem um "autodrama, porque nele o próprio observador é colocado em questão", o "descrevedor da imagem". Um "autodrama" em consequência é uma "peça que a gente representa e atua consigo mesmo. O autor é seu próprio intérprete e diretor"[98]. O texto apresenta-se atravessado por teatro. Descrição de Imagem é chamado por Müller "um modelo de representação que está à disposição de todos os que enxergam e sabem escrever"[99]. A formulação pode ser lida de tal forma, partindo da Descrição de Imagem que, de forma ideal, todo espectador se ocupa em descrever uma imagem, ou seja, *inventando ele próprio* o texto, de acordo com o monólogo representado pelo texto de Müller, numa separação entre ver e escrever. O modelo de representação também contém a indicação de que o descrevente se projete, a si próprio, em todas as partes da imagem, perdendo ou renunciando a sua identidade e unidade separadas da imagem, despedaçando-se no coro confuso das vozes, como Orfeu. Aqui fica mais clara a proximidade do conceito "autodrama" com o da peça didática de Brecht, que, ao contrário do espetáculo teatral, não foi pensada para ver, mas como uma peça de teste, em que os papéis dos atores e dos espectadores são trocados, tornando-se objetos de reflexão cênica. Neste sentido a polaridade fica deslocada: o teatro não mais é definido

---

97 *Krieg ohne Schlacht*, p. 342.
98 Idem p. 342 e ss.
99 Idem p. 343.

como uma situação de conflito mostrada a outrem, mas como uma tensão "dramática" que resulta no discurso pos-dramático entre os papéis dos que agem e dos que observam. Neste sentido, Müller pode formular: "O drama só resulta entre o palco e o espaço dos espectadores e não no palco"[100].

3

Esta matéria pode ser descrita, vista por outro lado, da seguinte forma: o texto resulta de um *desvio duplo de um processo intersubjetivo da comunicação*. Ele reúne em si uma série de vozes, que se complementam mutuamente, que comentam, que cortam a palavra, que revogam e disputam entre elas e, assim, a instância do autor e do palco tomam a forma de um coro. Em Müller a gente pode constatar aquela "très large dissèmination de la *fonction* chorale" (grande disseminação da *função* coral), mesmo que não existam na verdade coros, dos quais fala Sarrazac com relação a Brecht[101]. Ao mesmo tempo, o desenlace da *dramatis personae* leva a indicações de personagens como "Hamlet (Coro / Ofélia)". Nas peças e nas encenações de Müller, há um *teatro de vozes*, que não precisam funcionar como coro no sentido técnico, mas que apresentam a narração como função de coro, num mundo comum de experiências (de forma direta como em *Mauser, Hamletmaschine, A Missão*, indiretamente nos momentos coletivos, que, mesmo divididos em vozes individuais, aparecem como sujeitos coletivos [revolucionários, trabalhadores, soldados, russos, alemães etc.], como figuras alegóricas de um coletivo). Ao mesmo tempo o texto apresenta o seu *sujeito* como um tipo de fórum, em que a mistura de vozes se encontra e experimenta uma forma de registro. O ato desta junção fica como em posição neutra de observador em relação às diferentes teses, intenções, sinais. Eles tornam-se então parte integrante montada de uma cena, que, por seu lado, torna-se objeto de uma observação à distância. Todos os motivos e emoções são clareados, a espontaneidade

---

100 *Gesammelte Irrtümer 1*, p. 39.
101 J.-P. Sarrazac, *L'Avenir du drame*, p. 90.

plástica do processo desintegra-se numa imagem, com a cena de um lado e o observador do outro: murmúrio de voz de um eu protocolante num álibi e em qualquer outro lugar. Assim o texto, na sua dimensão de coro, assume a forma de *monólogo*. Isto caracteriza a qualidade estrutural das peças de teatro de Müller, manifestando o seu parentesco com as práticas do teatro pós-dramático. Dialeticamente, na sua dramaturgia, a tendência para o monólogo e o coro estão unidos entre si. As duas deixas não são fixações técnicas, mas formas da ultrapassagem do modelo dialógico-dialético, à apóstrofe monológica aqui, e ao painel recheado de um coro de vozes, acolá.

Em Müller, o abandono da tradição dramática tem como consequência que em seus textos chega a dominar um *tempo do eu sem opositores*: o tempo do monólogo; e o tempo do *contexto do mundo*, a ser considerado épico, decompondo-se numa multiplicidade de vozes: o tempo do coro. O que é um eu sem opositores? Ele carece da confrontação intersubjetiva e falece duplamente: solidão do sujeito do poder, que não pode espelhar-se em nenhuma autoconsciência opositora, nem senhor, nem servo, mas "apenas" um instrumento poderoso da dissimulação, uma máquina poderosa. A mecanização entra no lugar ou "no centro vazio" (no qual quer "morar" a Medeia de Müller), a dialética do sujeito de Hegel, que "suprime", em sentido duplo, a soberania do senhor no trabalho do servo. A despeito do seu poder abstrato de morte, o sujeito é um objeto impotente, observador petrificante (e petrificado), registro parecendo cínico, "carro de foices envelhecido, que brilha cheio de graça" (*Hamletmaschine*). Enquanto o sujeito se constitui no discurso dialético-dramático, como diálogo e fala consigo mesmo (e como diálogo consigo mesmo, aparece o monólogo clássico dos heróis no drama), nos textos pós-dramáticos de Müller, chega-se ao mesmo tempo à multiplicação e à anulação do próprio. Na poesia "Vampiro" aparece esta formulação:

> As máscaras estão gastas *fin de partie*
> Proletário e assassino, camponês e soldado
> Das bocas cerradas não sai um tom
> Destruído está o poder no qual o meu verso
> Quebrou-se como rebentação com cor de arco-íris

Na cerca dos dentes morreu o último grito
BENVINDO EM WORKUTA COMISSÁRIO
Em lugar de muros estou rodeado de espelhos
Meu olhar procura o meu rosto, mas o cristal fica vazio.

Neste jogo final, típico de Beckett, as máscaras (personagens) não tem mais fala; nenhum pobre matador de Woyzeck, nenhum soldado da revolução encontra o seu discurso, nenhuma dialética dramática ou política confronta e reúne as oposições, designadas pelo "e". É superada a consciência de que as bocas estão cerradas, ficando sem relação com o sujeito. Não há duelo das vozes e nem da mudez. O *ágon* desaparece. Não apenas aquele entre as *dramatis personae*, mas também aquele do poeta. A imagem de Müller da onda quebrando diz: só a quebra das ondas dos versos, o fracasso de um poder, conseguiu gerar o espectro de cores, poesia, através da rebentação. (Já o apresentador do Hamlet de Müller falava blablablá com a rebentação). Agora o conflito entre eu-autor e aquele poder (*seus* outros: a imagem política desejada do socialismo como realidade de Estado constituída) desmoronou-se, ou seja o conflito em que a linguagem poderia ganhar forma. (A observação na 6ª e 7ª linhas refere-se à figura do paradoxo dramático da identidade estilhaçada, representada por Müller em *Germania 3*: o comunista, que é ao mesmo tempo alemão e soldado, é "saudado" no campo pelos soldados soviéticos, ou seja, ele é derrotado, batido como alemão). É como se o sujeito escrevente roubasse, "pela parte interna", a "instância" do texto, de todos os motivos assumidos, a paixão da sua articulação, substituindo-a por um olhar implacável pela parte externa. O seu "momento" dramático, o seu *momentum* móvel é "vampirizado" O eu do solipsismo vira vampiro, existe mais no mundo dos não mortos do que na realidade observada. Ele existe apenas na escrita, ou como efeito dos reflexos da escrita, sem chegar a ser "realidade": O cristal do espelho continua vazio. Por isso, "eu" é um *monólogo virtual*. Ao mesmo tempo ele "sabe" (não: "vê") que está sendo observado por uma multiplicidade de espelhos, que confrontam o eu em lugar dos muros de Hölderlin, da mesma forma "mudos e frios". É então também uma multiplicidade virtual. "Nada" é dado. Apenas um *coro virtual*.

4

O desaparecimento do diálogo dramático a favor do teatro e das formas de texto de monólogos e de coros, abre a questão dos motivos deste desenvolvimento. Pensando na obra de Müller, aparece um problema que já encontrou uma formulação em Brecht com *Na Selva das Cidades*, de que uma "luta é impossível, por causa da insuficiência da linguagem". Deve ser lembrado o Danton de Büchner e a sua experiência, de que uma luta contra Robespierre seria uma luta impessoal contra uma mecânica fria. O drama está ligado de forma mediata à luta dos protagonistas, e esta luta requer profundidade e significância. Desde a guerra civil russa, em *Cimento*, através da trilogia alemã *Luta, Germania, Morte em Berlim* e *Germania 3*, do cenário de guerra em *Filoctetes*, até *Estrada de Wolokolasmsker* e o título da sua autobiografia, *Guerra Sem Batalha*, nada além de lutas, guerras, conflitos. E ainda: quanto mais se aprofunda artisticamente esta experiência, tanto menos dramática fica a sua representação. O modelo do duelo, da luta, do encontro de inimigos, afunda-se num processo que não permite mais fazer uma distinção entre história, processo natural e mecânica. Talvez por isso, para a assinatura de Müller, os textos são os que têm uma decisão final, nos quais a definição, a percepção e a luta de uma confrontação não são conseguidas, *onde o inimigo não é encontrado*, porém aparece na imagem refletida ou se apresenta identificado com o campo de luta (*Héracles 2* ou *A Hidra*). O antigo lutador na Espanha em, *Das Duell* (O Duelo), fica louco na guerra de papéis da burocracia de Estado socialista, cantando no final a Internacional estando em serviço e clama: "Me dêem um fuzil e me mostrem um inimigo". Esta experiência de realidade política, requer outra forma que não o drama e o diálogo. "O drama da tradição europeia precisa de ordem e disciplina. A quebra desta ordem precisa ser compreensível, transparente e representável [...]. Tudo se quebra constantemente em microunidades e não há mais drama, não há *plot*"[102].

A comunhão entre herói e inimigo caracteriza a tradição burguesa e a teoria da obra de arte dramática. Para Hegel toda consciência no seu inimigo encontra o seu espelho, sendo compensado

---

102 A. Kluge; H. Müller, op. cit., p. 32 e s.

em duplo sentido: na intersubjetividade, que junto com a inimizade permite uma lógica, teleologia e espelhamento intersubjetivo. Aquilo que na tradição dramática e na sua teoria certificou o final trágico, assim como o riso da comédia, foi uma dissolução dialética do conflito. Os textos de Müller existem sob as leis da perplexidade (aporia) e contradição (antinomia), se assentam em pontos em que a lógica interna da escrita desemboca em aberto no paradoxo, na coexistência de posições que entre si são, ao mesmo tempo, concludentes e excludentes. Chega-se então aos reflexos inquietantes, de que a dramaturgia de Müller é bem rica: o herói necessário é ao mesmo tempo um homicida; Flint e Fondrak; o assassino histórico-político Stálin, e o "gigante rosa", o homicida "privado" e perverso. Da interligação dramática, no *Achatador de Salários*, até a cena mencionada de Workuta, em *Germania 3*, Müller escreve constelações irrevogáveis, formadas pelo cruzamento de olhares que inevitavelmente são parcialmente cegos: o comunista que foi solto pela AS, vale para seu irmão como traidor (*A Batalha*), o comunista alemão, preso pelo exército vermelho, é para ele apenas um soldado alemão e consequentemente um inimigo.

Para muitos tornou-se um enigma por que, nos seus anos de vida mais avançados, teve contato tão estreito com o conservador Carl Schmitt. A tradição da esquerda viu nisto um constitutivo do objeto político global de "fraternidade" (sabidamente faltam as irmãs), que uma vontade coletiva do "povo" faz imaginável, porque este último de forma ideal consiste apenas de "irmãos". Mas contra isto, no centro da doutrina de Schmitt, está a tese sombria de que sujeitos políticos são definidos pela delimitação contra o "inimigo". A identidade resulta do relacionamento negativo com o inimigo, pois sem o inimigo não existe possibilidade real de guerra, de "política". Fica claro, que este tipo de tese, exerce uma certa atração sobre um autor, que, no labirinto das linhas frontais confusas e emaranhadas de uma realidade política caótica (e não apenas aparente para os diversos "despolitizados"), procura formular-se cenicamente. Na verdade, cada vez mais bate-se em sujeitos coletivos políticos, que se definem sozinhos pela delimitação contra o inimigo: partidos de guerra civil de todo tipo, grupos terroristas, conglomerados de poder rivais, clãs, grandes organizações criminais, serviços secretos etc. Enquanto Marx, após todos os aparecimentos da política, pensava encontrar o drama no duelo de classes, este princípio de ordem decompõe-se no mundo do final do século XX e se transforma em desordenado e indefinido. Do outro lado, uma teoria da "esquerda" não consegue se impor na discussão de Schmitt de uma concepção "dramática" de "um conceito do político"[103].

Quando a dialética dramática se interrompe, se esgota, se desgasta, pelo desaparecimento dos pré-requisitos mais importantes, fica a questão das formas de representação que justifiquem esta experiência. Parece não deixar de ser esta a dificuldade da estética do teatro, que contribuiu para o aparecimento do teatro pós-dramático e, aqui, por sua vez a uma figuração, manifestando o princípio da forma do pôr-se em evidência, do individual do coro e a sua recondução ao coro como um evento repetitivo. Nos textos de Müller, chama a atenção, ao lado dos traços fragmentados, decompostos e paradoxais e ao lado da intertextualidade, o momento falado e dramático do "mecânico". Isto não aparece apenas quando o texto chama-se *Hamletmaschine*. O mecânico pode ser descrito assim, porque, na verdade, todos os textos posteriores de Müller podem começar de novo no mesmo lugar onde eles finalizam. É claro que nas peças há alterações (desmontagem, redução, afundamento, emudecimento), mesmo assim eles aparecem como um processo de conscientização que sempre volta a si (em lugar de fábula que sempre segue à frente), de tal forma, que no final novamente aparece a pergunta, em forma de questionamento, para o qual a "resposta" só teria existência numa continuação dos conflitos. A ironia inelutável, que perpassa todas as frases, porque deve ser esquecida a lei da sua criação, não deixa que haja uma reconciliação e um final (sério).

---

103 Na obra de Müller, não deve ser levado em conta o lugar, a discussão sobre este problema. Entretanto, deve-se chamar a atenção a: J. Derrida, *Politiques de l'amitié* (com discussão minuciosa do pensamento de Carl Schmitt), assim como Nikolaus Müller-Schöll, *Theater des "konstruktiven Defaitismus"*. É de lamentar que uma reunião planejada entre Müller e Derrida em Berlim para os anos de 1990 não pôde ser realizada, onde certamente seria tratado o tema dos fantasmas e espíritos e também o tema da lei, em especial da lei de Estado, da qual tanto Müller quanto Derrida tinham se ocupado.

Pode-se assim continuar com a interpretação, assumindo então a forma de uma eterna graça sarcástica e de um ritual.

Ao ser constatado que a tendência para o coro e o monólogo, em Müller, andam juntos com a falta de uma "dissolução", que caracteriza o princípio dramático, isto não deve ser atribuído à problemática de autores modernos, e de querer encontrar explicações convincentes para as suas peças, uma dificuldade que não é casual, que aparece porque as conclusões unânimes afirmariam a totalidade perdida de ideias, da qual o textos tiveram de despedir-se. Aqui a poética política de Müller encontra as ideias da desconstrução: ambos conhecem e pensam numa textualidade, que procura frear as colocações do discurso, assim como do direito e da política do Estado. "Eu penso ser interessante, no que se refere ao nascimento da democracia, que a voz de Atenas tenha sido decisiva. Na verdade uma ideia que é contrária à regra básica. Isto foi uma manipulação e não faz parte"[104]. A *Oréstia*, como lógica da lei, não faz parte de outra coisa senão de *O Anel dos Nibelungos* de Wagner, de que sempre guarda uma cripta do ilógico e do ilegal; faz parte da lógica do direito, de que deve haver uma primeira injustiça, uma fraude, uma sobrevantagem ou seja uma assimetria. O próprio direito não é capaz de uma justificativa.

O aparecimento do direito e da justiça, dos quais fala Pascal, o momento da doação da justificativa do direito, implica numa força performativa (violência), ou seja, implica regularmente numa força interpretativa (violência) [com a consequência] de que com a assim chamada força, violência, poder, brutalidade se está numa relação que alcança a profundidade do interior, apresentando maior complexidade [...]. O processo que o direito doa, fundamenta, abre, justifica, que a lei dita, seria um ato de violência, uma violência performática e, portanto, interpretativa, que em si mesma não é nem justa e nem injusta [...]. Neste ponto o discurso chega ao seu limite: em si mesmo, na sua própria força performática, na sua força ou poder performático[105].

Mais do que as contradições das ideias e, em sentido mais estreito, da política, esta última *inconsistência de qualquer performance,* que não tem o poder de desconstruir a si própria,

---

104 A. Kluge; H. Müller, op. cit., p. 43.
105 J. Derrida, *Gesetzeskraft*, p. 27-28.

sem interromper-se, é o que trabalha os textos de Müller. A forma dos paradoxos é o sinal mais evidente; as figuras da "lacuna", da "interrupção", da intervenção dos mortos e do humor negro são outros.

5

Heiner Müller foi um autor do mundo. Na sua visão das catástrofes do homicida século XX, o Terceiro e o Segundo mundo, acertaram o Primeiro. A experiência da RDA não foi um muro limítrofe da sua escrita, mas um ponto de vista da perspectiva, que lhe permitiu formular em imagens paradoxais os temas da época: comunismo, fascismo, ditadura, tortura e repressão, domínio econômico, naufrágio da cultura do "homem". Tudo isto num tempo em que a maioria dos autores se retirava, para a dimensão do dia a dia. Contra a cultura da mídia ele apresentou a sua própria tese fragmentária, para resistir a sua *apenas-atualidade*, que ele assumiu nos seus escritos como a arte da elipse. O visionário analítico e *poeta doctus* colocou-se conscientemente na tradição da grande literatura alemã, a qual sempre se caracterizou pela relação estreita entre poética e filosofia. A obra de Müller conduz o diálogo com as tradições mais antigas, os materiais míticos da antiga tragédia, com Dante e Shakespeare e ao mesmo tempo com a modernidade. A abertura da sua perspectiva possibilitou inspirar-se tanto em Sófocles como em T. S. Elliot, em Shakespeare e em William Faulkner, em Poe e Pound, assim como em Hölderlin. Tradicionalista pós-moderno, ele juntou a consciência afiada de que toda arte é tragédia, com uma consciência tingida de humor negro da atualidade, como fase final: "Eu, dinossauro, não aquele de Spielberg, estou sentando / Pensando sobre a possibilidade / De escrever uma tragédia – Santa ingenuidade" (*Ájax Por Exemplo*).

Os textos de Müller podem ser iluminados por uma multiplicidade de perspectivas: como parte da literatura mundial, como literatura alemã e da RDA, como capítulo da história da consciência política da sociedade alemã e, pelo menos, numa parte importante, como textos teatrais pos-dramáticos. Trata-se também de *textos pós-Brecht*. A obra de Müller situa-se num espaço que abriu as questões de Brecht sobre a presença e a consciência do processo da representação no representado e na sua pergunta por uma nova qualidade e consciência da "arte do espetáculo". É uma obra que não pode fugir da volta à época de Brecht. Mas ao mesmo tempo é uma obra que deixa atrás de si o estilo político da didática política, a tendência de dogmatização e a ênfase do racional do teatro de Brecht, sendo neste sentido uma obra escrita num tempo após a validade autoritária do conceito de teatro de Brecht. Müller: "Usar Brecht sem criticá-lo é traição". (A crítica prática e a "dominação" de Brecht foram os melhores impulsos da sua obra, contra a sua própria prática e teoria, preservando os compromissos extorquidos pelas circunstâncias políticas e práticas, e isto não aparece tão somente na obra de Müller). A "difícil" obra de Müller, por causa da censura da RDA e da separação da Alemanha, teve uma recepção diferente, que muitas vezes foi uma recepção errada, o que foi comprovado após a mudança política. Muitos insistiram em considerá-lo um autor da RDA; após a mudança muitos trataram-no como *passé*. Mas nem as peças do seu primeiro grupo de obras, como *O Achatador de Salários*, *A Correção*, *A Trasladada*, *Trator* e *A Construção*, pertencem a esta característica. A produção, a configuração, a dinâmica socialista ou a sua ausência, são o seu material e o seu tema, formas mais ou menos realistas dominam, mas o "mito" da força produtiva que circula, a pergunta pela energia "associal", a autodestruição estão presentes em todo lugar e rompem de diversas maneiras o marco artístico e ideológico da maioria da literatura da RDA. A primeira frase da peça *A Construção* resume emblematicamente o tema, ela diz: "por que vocês destroem o fundamento?"

No segundo grupo de trabalhos de Müller, os trabalhos sobre Antiguidade (e traduções) – principalmente de meados dos anos de 1960 até início dos anos 70 – em que se destaca *Filoctetes* (1964), não pode deixar de ser reconhecida a dimensão "mítica" e a *estética dos paradoxos*. Nele constam as figurações recorrentes; o olhar dividido, a forma grotesca no fundo de uma folia mitológica, a ruptura da continuidade, o motivo do *resto indivisível*, finalmente a anunciação de um pensamento que segue a lógica linear de épocas. Nos textos de Müller abre-se o modelo tranquilizador de uma sequência de épocas: o tempo circula e se repete, é dividido em diversas camadas e direções, aquilo que morreu e que é passado, colabora com o hodierno. Aqueles porém, que em Müller enxergam mitomania fugidia de explicações, lêem rápido demais. Os mitos para ele são experiências coletivas fluidas. Eles são convocados por Müller, para resistir a todas as ideologias que aquelas experiências coletivas reprimem, sua importância tem em vista a orientação difundida da busca por indícios da visão do mundo. Tanto os primeiros textos de Müller estão comprometidos com uma tese "otimista", quanto os textos mais tardios são abertamente "pessimistas". No centro da peça curta *Héracles 5* (1964) há passagens que encaram com contrariedade o otimismo filosófico-histórico que está em primeiro plano. Assim, o texto abre a história de Héracles com outro mito totalmente diferente; sobrepassado por mau cheiro, o *Héracles* de Müller grita: "Invejado Sísifo, tua pedra rola sem cheiro"[106]. Héracles aqui já é Sísifo, cujo trabalho é constantemente consumido pelo espírito. Em desespero cômico ele abjura os seus feitos:

> Não tivesse eu feito o primeiro! Eu não estaria neste quinto, fedendo, minha fama minha prisão, cada feito emaranhado no próximo, após cada liberdade, aparelhado em novo jugo, um vencedor, vencido pelas suas vitórias,
> Héracles é forçado em Héracles [...] Eu retiro os meus feitos. Para tempo, rola para trás tempo.
> Volta para a tua pele, leão de Nêmesis.
> Hidra planta novamente as tuas cabeças.
> E assim por diante[107].

A graça aqui não é de forma alguma sustentada, pela crença, ainda inquebrantável, de Müller sobre o progresso do coletivo. Uma grande sombra cai sobre a emancipação de violências naturais. A filosofia de Augias é:

> Minha carne é boa para vossas barrigas, os vossos narizes são finos demais para a sua bosta [...]. O fim mora no começo, os mor-

---

106 H. Müller, *Philoktet, Herakles 5*, p. 63.
107 Idem, p. 65 e s.

tos dentro das réguas. O que você tem contra a bosta? [...]. O excremento é a outra condição da carne e a sua última configuração. Não existe outro caminho a partir da comunidade que caga, do que a democracia dos mortos[108].

Isto é certamente a caricatura da ideologia dos dominadores (a produtividade necessita de domínio; o estábulo de Augias de corrupção e sofrimento; democracia só existe na morte), mas Héracles, adversário de Augias, assume ele próprio o tema: "Eu reduzi a vossa morte para quatro figuras, agora vós quereis a morte sem a última, o assassinato no novo amanhã: imortalidade. Eu retiro os meus feitos"[109]. Em condensação críptica, diz-se que toda a vida em seu envolvimento aqui e agora, persistindo para si, está ligada a um assassinato futuro. Enquanto a imortalidade não for Condição Humana, o Novo está em conflito com o Hoje, há guerra pelo nascimento. Esta cor básica do preto e o paradoxo são achados aqui num jogo de sátiros, que deve comunicar-se alegremente com os temas trágicos.

Na última peça de teatro de Müller, *Germania 3*, aparece *Ájax Por Exemplo* como protocolo de trabalho. Aqui inesperadamente é introduzida na discussão sobre as dificuldades de escrita da tragédia a seguinte lembrança/reflexão:

> A sorte da escrita dos anos cinquenta
> Quando a gente estava elevado em versos lisos
> Entre as pranchas do navio fantasma
> Protegido pelo *páthos* irônico da rima amarrotada
> Somente são contadas as elevações
> Contra o golpe de pedra das estátuas
> Na eternidade do momento
> Na desdita da informação IMAGEM LUTA POR ELA
> Se narração vira prostituição IMAGEM LUTA
> Se a tragédia levar o espírito para Stálin por exemplo [...]
> No branco sussurrar
> Os deuses voltam após encerramento do envio
> Queima a saudade pela rima pura
> O mundo em deserto transforma dia em sonho
> As rimas são piadas no espaço de Einstein[110].

---

108 Idem, p. 62 e s.
109 Idem, p. 66.
110 *Die Gedichte*, p. 94 e 96.

Somente após o envio do mundo de mídia, com as suas pausas e lacunas, regressam os deuses, como era esperado por Hölderlin. Mas fica em aberto se então "no branco sussurar" (ou quem sabe na embriaguez?) a saudade por uma "rima pura", talvez livre de qualquer significado, a rima e a narrativa fiquem impetuosas a ponto de "queimar" o autor, ou se nesta saudade ela mesma se queima. A rima, o verso, a forma do drama são ao mesmo tempo impossíveis e exigidos. Mas na sua impossibilidade, no seu fracasso, os textos de Müller são exemplares para a situação do teatro pós-dramático.

COMENTÁRIO E ASSASSINATO*

A peça de Heiner Müller *Anatomie Titus Fall Of Rome. Ein Shakespearekommentar* (Anatomia Tito: Queda de Roma. Um Comentário sobre Shakespeare), um trabalho feito entre 1984 e 85[111], vale como um texto dos primeiros tempos de Shakespeare, talvez a sua peça mais sangrenta e grotesca. "Anatomia" – abertura de corpos e liberação de estruturas – indica um questionamento poetológico, que vale como relação entre escrita, arte e realidade, como realidade do espanto. No texto é exercitada uma anatomia atroz em corpos vivos, este conceito já representa uma mistura estranha do real com o metafórico, da realidade com a sua representação analítica e isto vale, antes de tudo, para o conceito do comentário. "Fall of Rome" indica em outra ocasião, à semelhança de *Mommsens Block*, o tema barroco da história como queda dos ricos. Aqui trata-se tão somente dos motivos do autor, já que ele torna-se problema para si mesmo.

O capítulo 4 (de 14) contém um dos textos-comentário, que vêm a escandir o trabalho de Müller. Eles são, para Müller – conforme é dito no pósfácio da peça –, "um meio de trazer a realidade do autor à luz do dia". É claro, que esta locução é menos clara do que parece: a qual dos autores se refere a realidade, a Heiner Müller ou a William Shakespeare? Talvez seja referente ao tematizado Ovídio? Ou à realidade do autor como autor, como escrevente?

Neste capítulo 4 ocorre um estranho deslumbramento. Assim como *Anatomia Tito* é um diálogo com o texto de Shakespeare, como versão em amplo sentido, como edição anatômica nova, e como comentário e problematização da arte enquanto comentário, assim também o autor Müller dirige-se diretamente ao colega Shakespeare. O local dramático, no qual este diálogo dos textos fica explícito como diálogo pessoal com o autor, não foi escolhido por coincidência: importa aqui o comportamento literário e artístico em relação ao espanto mudo. Trata-se da questão de como se comporta a descrição retórica, representada por linguagem, perífrase e *perí*frase, o copiar; e a descrição acobertando o real em relação, não somente mas

---

* Kommentar und Mord. Conferência promovida em Roma, 2002.
111 *Anatomie, Titus Fall of Rome*, em *Shakespeare Factory 2*, p. 125-226.

também, ao espanto político-social. O texto tem relação com a cena (em Shakespeare ato II, cena 5) na qual o irmão de Tito, Marcos, veste e "embala" a filha de Tito, Lavínia, violentada e mutilada, numa retórica bastante artística, cuja estranha impropriedade a crítica de Shakespeare desde sempre vinha notando. Pelo acúmulo de locuções extremamente "bonitas" o texto transforma o espanto em bela poesia.

Para lembrar: os príncipes góticos Chiron e Demétrio violentaram Lavínia no bosque e para que a sua língua não os delatasse, arrancaram-na e para que nem as mãos pudessem desenhar ou indicar algo (como aconteceu com Ovídio), lhe cortam as mãos. Agora Marcos:

> Me diz suave sobrinha, qual foi a mão tenebrosa / Que bateu em ti e despojou teu ventre / Ornamento doce de duas ramas / Em cuja sombra os reis se protegem [...] Por que tu não falas / Vejo uma corrente de sangue púrpura e quente/Movendo o vento [...] Eu vejo que Tereus colheu a tua flor/E a tua língua temendo a delação. / [...] Belo vaso, cuspindo por três bocas (boca e cotos dos braços) / Com faces vermelhas como o rosto de Titan / Enrubescendo no abraço de uma nuvem)[112].

Trata-se da citação sóbria de Heiner Müller sobre Shakespeare, ou seja, com Wolf Graf Baudissin isto soa de forma mais lírica. Para entender a parte teatral estética da cena, deve-se ter diante dos olhos junto com o discurso, a figura de Lavínia, que aparece suja, com roupas rasgadas, língua arrancada, mão decepadas, violentada e destruída; uma figura de puro espanto, banhada em sangue, enquanto perpassa ao leitor/espectador uma fonte quente de palavras, metáforas escolhidas, comparações e associações. A relação, ou melhor, a desproporção de ambos chega à consciência sem rejeição. Abre-se um rasgo entre o corpóreo mudo e o comentário de um discurso transformador, idealizador; entre o espanto do físico, inalcançável por palavras – e talvez seja esta mudez o próprio espanto – e o gesto da linguagem, o mais indizível e o mais chocante estilizado e idealizado em arte retórica e assim exbido. Bem como no comentário antecipado referente a este discurso problemático, quando indica um frio estranho do

---

112 *Shakespeare Factory 2*, p. 154.

belo, frente ao objeto desejado da sua descrição e, então, Müller apresenta o poeta no seu palco, dizendo:

O POETA CANTA A SUA CANÇÃO MANTENDO HUMOR
HUMOR DA CARNE OU DO DESESPERO
O RESULTADO DA ARTE GÓTICA DE AMAR
O SANGUE NA SUA BOCA NÃO AFOGA A SUA VOZ
ELA ELEVA-SE PARA DESPREZO INSUSPEITO
ELE COLOCA SEM PUDOR A MÁSCARA NO ROSTO
DO LASCIVO TIO CONHECEDOR DE MUITAS ARTES

O poeta, em primeiro lugar, é aqui Shakespeare, que, conforme o comentário de Müller, escreve ou canta a sua canção ou sentimentos – como açougueiro – ou muito sentimental (no humor do desespero, patologia do humor). A imagem de horror do corpo de Lavínia e o sangue na sua boca e depois na boca do poeta, é chamado, com sarcasmo, de "o resultado da arte gótica de amar", porque se trata do resultado da violação e mutilação de Lavínia pelos príncipes góticos Chiron e Demétrio. Na verdade a gente, conforme conotação no texto, só emudece. "O sangue na boca" tira a linguagem da vítima, mas também deveria emudecer aquele que descreve. Mas não, com assombro constata-se: esta imagem "não sufoca a sua voz", muito pelo contrário, ela se eleva com todo o esplendor retórico (para as alturas, para o sublime), para alturas que "são suspeitas", mais até, sinistras, gerando suspeitas, horrendas. Talvez esta voz, por não quebrar, deduza algo monstruoso, por causa da sua frieza moral ou até luxúria, prazer no espanto. Dito de outra forma: o poeta Shakespeare é repreendido pela sua poesia monstruosa, discutível, com falta de pudor, com culpa.

O poeta poderia ser defendido com o argumento de que não é Shakespeare que fala, mas apenas que faz falar a uma das suas figuras, Marcus, o tio de Lavínia, irmão do herói da peça Tito. Mas este caminho é rechaçado pelo texto de Müller. A figura dramática segundo ele afirma, é uma máscara afixada no rosto, a máscara do tio Marcus e seu uso não é qualificado como gesto de pudor, mas como falta de pudor: "ELE COLOCA SEM PUDOR A MÁSCARA NO ROSTO".

Se Shakespeare comenta sobre Lavínia e Marcus, o *Um Comentário de Shakespeare*, de Müller, é o comentário de um comentário. Este por sua vez é parte de uma escrita de Shakespeare e a própria escrita pode e deve ser considerada como comentário em relação à realidade anterior. Aqui abre-se um precipício: sendo a realidade anterior, por sua vez, comentário, quebra-se o limite claro entre o significante e o significado, entre uma realidade registrada como espanto e o comentário que é acrescentado e não inocente, mas que se encontra com esta realidade, numa ligação secreta e até pode estar em comum acordo. O comentário do comentário, em um comentário de Müller, refere-se à questão sobre o que a escrita, a arte, o que o teatro reúne ao que é apresentado artística e cenicamente com a escrita. Ou talvez a voz não se quebre, por ser, ela própria, parte do que fala. A dúvida do comentário, a sua falta de pudor, corresponderia de forma sinistra ao seu objetivo, àquela outra falta de pudor, que seria o próprio ato da violação – mutilar, ferir, fazer calar. Será que a escrita, a reprodução, a restituição do espanto pré-existente, numa relação mais profunda não viria a ser uma cumplicidade com o que está sendo descrito?

Enquanto: 1. remove o espanto da mudez através de palavras que extinguem o mundo nas imagens; 2. com o próprio prazer na violação, "lascivo", como o tio Marcus persegue a violação; e 3. seria isto o modo de leitura mais perigoso, aquele prazer da violação e a "descrição da imagem" como cobertura da imagem mais profunda, no sentido de uma cumplicidade e responsabilidade, que apoia, aprofunda, forma, até chamar para a vida aquilo que denuncia? A obra da cultura seria também uma obra da barbárie? Parece que é como se um sentimento e uma consciência do envolvimento no verdadeiro espanto levasse o autor ao lusco-fusco, perfurando com as suas perguntas o limite entre a imagem e a descrição. Na arte que articula crimes, fica visível o crime.

Se a gente parar um momento, lembrando como em Heiner Müller que o autor, como figura estilizada, como aparição pública, como pessoa da vida pública, tinha o seu papel; como, através de toda a sua obra, perpassa a figura de estilo, da realidade nos seus paradoxos, como desdobramentos e cisões para articular o "Eu". "Eu sou a ferida e a faca", "o homem com o passo de dança eu...", "eu estou em ambos os lados da frente" etc.

Como cena-chave, o pai traído, a reflexão, sem indulgência, da culpa dos próprios privilégios. A possibilidade da escrita fundamenta na sua aptidão o reconhecimento e a articulação de uma ambiguidade ética-moral insuportável. Esta linha pode ser comprovada com inúmeros exemplos na obra de Müller, gerando assim uma primeira imagem de um autor problemático. A ambiguidade moral como condição da escrita. Esta imagem fica ainda mais inquietante se ela não ficar apenas no genérico (uma certa traição da escrita, da arte, no que está sendo dito, por exemplo, politicamente), mas concretamente será fundida com a fantasmagoria do eu como assassino. O prazer de matar em tantos textos, o aprofundamento na experiência dos que matam, em *Mauser* ou *O Casamento do Pequeno Burguês*, em *A Batalha*. O texto inquietante, *O Croata,* e, no final de tudo, o gigante cor de rosa em *Germania 3*. Ou o Eu em *Anúncio Fúnebre*: Na representação do Eu na mulher morta, de cuja morte não consegue separar-se, inesperadamente entra o tema "assassino": "esperar pelo carro fúnebre, no quarto ao lado uma mulher morta. A irreversibilidade do tempo". E então: "tempo do assassino: o presente extinto nas garras do passado e do futuro". A culpa do eu torna-se radical, vai até a raiz, enquanto a escrita sobre o suicídio da mulher evoca um autorretrato onde a morte aparece como assassinato. Um pouco para frente, o Eu como criança:

AQUELE QUE SEGURAVA O GATO SOB AS FACAS DOS COLEGAS DE JOGOS ERA EU/EU JOGUEI A SÉTIMA PEDRA NO NINHO DAS ANDORINHAS E FOI A SÉTIMA QUE ACERTOU O ALVO/[...] NO SONHO EU ERA UM CAÇADOR PERSEGUIDO POR LOBOS SOZINHO COM LOBOS.

Mais tarde o Eu na lembrança da caminhada após o fim da guerra na fantasia, torna-se assassino por nojo a uma figura magra "cara de galinha" que o persegue obstinadamente. A descrição faz surgir a pergunta: com a falta de consideração que impressiona, do autor para si mesmo, de que se o assassinato na fantasia escrita não seria igual à realidade, para lá de todas as ponderações de direito.

Müller não se satisfaz com um comentário sobre Shakespeare o "outro" autor. Com estas observações foi dado o primeiro passo. Mas trata-se em Müller, poetológica e friamente da marcação de uma distância ao modelo do teatro épico, que através do comentário se mantém puro; trata-se da distância para a distância. A realidade do autor não deve ficar mantida na serenidade brechtiana, mas ao contrário, ele se encontra no jogo como todos os jogadores:

> O comentário não deve ser delegado a um narrador [...]. O repertório dos papéis (posições) que o comentário coloca à disposição (espectador, *voyeur*, guarda, repórter, porta-voz, ponto, chicoteador, parceiro do *sparring*, carpideira, sombras, sósia, fantasma) está à disposição de todos aqueles que participam do jogo [...]. Sem monopólio de papel, máscara, gesto, texto, sem privilégio do épico – como em Brecht – todos e cada um tem a chance de alienar-se.

Seria atraente expor esta passagem no sentido da utopia teatral de Müller: escrever o modelo das peças didáticas em direção a um teatro do outro lado do papel e dos atores. Aqui importa apenas o autor como colaborador do jogo, que sendo o primeiro, coloca a locução, Um Comentário de Shakespeare, sobre o seu texto, dando a conhecer, com a ambiguidade destas palavras, que é Shakespeare que está sendo comentado, que se trata do texto de Shakespeare como comentário para a realidade, assim como o comentário deste comentário pelo texto novo no qual se evidencia que, apesar da grande distância e diferença, existe uma incrível proximidade e identidade.

Entretanto – se não se trata simplesmente de Müller, também, e com mais razão não é o caso de Shakespeare. A dupla alusão, uma vez a palavra arte de amar (*ars amatoria*) e depois o tio "lascivo" como "conhecedor de muitas artes" (o sintagma pode se referir ao próprio poeta, que domina muitas "artes" de mascarar, por exemplo) refere-se, bem claramente, ao poeta romano Ovídio, onipresente em *Tito Andrônico*. Seja permitido aqui um pequeno aparte do tema, para indicar o papel de Ovídio em relação a Shakespeare e Müller. *As Metamorfoses* de Ovídio, para os elizabethanos e também para Shakespeare, foram as fontes mais importantes para o conheçimento da mitologia antiga. A tradução de Sir Golding do fim do século XVI é um texto-chave daquele tempo e Heiner Müller gastou um bom dinheiro num antiquário americano para adquirir um exemplar deste livro, um livro que pode ter sido propriedade de Shakespeare e que Müller estava orgulhoso de possuir. Ao contrário de Virgílio, mais ligado aos dominadores do Estado, cujo *Aeneis* por encomenda do imperador Augusto quer explicar o mito da criação de Roma, Ovídio é um autor mais crítico da sua época. A questão de até que ponto esta circunstância é importante para a compreensão do texto de Shakespeare, pode ser deixada de lado. Trata-se do texto do livro VI, de *As Metamorfoses*, no qual o conhecedor e autor de *A Arte De Amar*, Ovídio, conta a história de Progne e Philomela. Pode-se dizer, que Ovídio na sua pintura vívida da violência e mutilação de Philomela mostra um prazer inconfundível pelo espanto e que Shakespeare o segue neste feito. Lembrando a história: Tereus, que defendeu Atenas contra os bárbaros, pode levar consigo como agradecimento, Progne, irmã de Philomela. Mais tarde, a pedido de Progne, ele deve buscar a sua amada irmã Philomela para uma visita, mas no caminho é acometido de um tempestuoso desejo e violenta Philomela. Depois de cortar-lhe a língua com a espada, a esconde numa cabana no bosque. Philomela consegue se comunicar com a irmã, bordando as cenas da violência num pano que ela envia para Progne esta, por causa das mentiras de Tereus, pensa que a irmã está morta. Por ocasião dos próximos festejos dionisíacos, as irmãs se vingam de Tereus, abatendo seu filho Itys e servindo a sua carne ao pai que nada sabe. Durante a perseguição, as irmãs são transformadas, por metamorfose, em martinete ou rouxinol, cujas penas vermelhas do peito lembram o sangue derramado. A história é de uma crueldade notável, que não se furta de narrar os detalhes mais terríveis: por exemplo, que a língua arrancada da Philomela salta e dança no chão; ou como Tereus violenta várias vezes a mutilada etc.

Shakespeare – e após ele, Müller – variam este mito, citando Ovídio na própria peça. Até o próprio livro *As Metamorfoses* é apresentado em cena. Mas os malfeitores aprenderam com Ovídio e, além da língua, arrancam da pobre Lavínia as mãos. De novo o crime é dado a conhecer, pois Lavínia usa o livro de Ovídio para indicar o crime cometido e os seus cotos escrevem na areia o nome dos criminosos.

De um comentário pessoal a respeito do poeta Shakespeare, o tema se amplia para a arte da imagem, da escrita. Neste lugar o próprio Müller entra no jogo e fala muito mais do poeta como poeta, pois daqui em diante trata-se de três autores, épocas (e épocas-chave da identidade cultural europeia):

> E A SUA MÁSCARA [A DO "POETA"] CRESCE NA MINHA PELE
> POR QUE A SUA VOZ NÃO QUEBRA A MINHA VOZ
> QUE CANTA COM ELE O SEU TEXTO MOLHADO EM SANGUE

Aquilo que para Shakespeare talvez fosse ainda máscara – o esconderijo da figura dramática inventada, ou o ocultar-se atrás da citação de Ovídio – o autor do século XX não consegue mais tirar da pele do próprio rosto. Acrescentando que o próprio Shakespeare estava trespassado pelos poemas de Ovídio, ficando válido o que é falado por Müller: a impossibilidade da separação da realidade e da história cultural do espanto, o que já tinha ocorrido com Shakespeare, que cantou junto com Ovídio o seu texto tinto em sangue. Considerando que aquilo que acontece entre Müller e Shakespeare, já tinha acontecido entre este e Ovídio, fica evidente, não o debate da identificação privada de Müller com Shakespeare (que será vista mais detalhadamente a seguir), mas a problemática da própria representação, um problema de natureza moral ou mais exatamente de natureza ética, artística e política. A partir de uma questão de moral pessoal, o problema é transformado num problema da escrita, da simbologia, desde a Antiguidade europeia através do renascimento, até chegar a Brecht e Müller.

O autor, como autor, assume uma posição, ou melhor, dirige a sua escrita para nós a partir de uma posição que parece ser insustentável à luz da relação da imagem e do discurso mudo, emudecido e feito calar. O motivo desta insustentabilidade é que o lugar onde está o espanto, não pode ser o lugar em que se fala / escreve dele e, ao contrário, a escrita bloqueia o acesso ao único que ela teria para ser articulado. O modelo de *Tasso* ("e se o homem na sua dor emudece, um deus deixou que eu dissesse como eu sofro") não vale aqui. Em lugar disto, na história de Ovídio, para Shakespeare e para Müller, torna-se altamente significativo que se trata de um poder que faz calar o poder do desejo sexual, que leva Tereus a transgredir todas as leis humanas. A violência e a conseguinte tentativa de evitar o discurso da traição, leva a substituir este discurso por uma imagem, pela habilidade artesanal do bordado no tear que, naquela época, era chamado de "bárbaro"; então apesar de tudo, há uma representação e junto é dado a conhecer o crime e a terrível vingança (que por sua vez aparece como arte de cozinha...). Muito é "dito" por esta história de múltiplas interpretações alegóricas, e também isto: entre a crueldade, e a representação da crueldade existe uma relação interna de sequências. E a imagem do espanto – em que a arte do emudecimento domina – gera por sua vez novo espanto. Entre crime e crime, delito e vingança/castigo, a arte da representação é "intermediada" igualmente. Assim, é escrita a história da violência através de vítimas e autores, e continua sendo escrita a violência junto com a civilização.

Nas linhas a seguir, em que Müller fala expressamente em nomes, enquanto antes ele só falava no "poeta" talvez seja o lugar-chave enigmático do texto do comentário.

> NOS ALOJAMENTOS MISERÁVEIS DA SUA ALMA
> EM MEUS SONHOS, ELES SÃO A MINHA HABITAÇÃO
> UM ASSASSINO AGUARDA MUDO PELO SEU TEMPO
> QUE ÀS VEZES BATE NO FINO TETO
> COMO SE ELE QUISESSE PROVOCAR OS MORADORES
> AQUI ESTOU EU. EU ESTOU AQUI E NÃO MAIS AQUI
> QUANDO ELES ESTÃO COM CACETETES SELVAGENS NA SUA PORTA
> ELE JÁ BATE NUMA OUTRA HABITAÇÃO [...]
> NO CASACO CINZA DO MEU NOME DE NINGUÉM
> O TEU ASSASSINO WILLIAM SHAKESPEARE É O MEU ASSASSINO
> O SEU ASSASSINATO É O NOSSO CASAMENTO WILLIAM
>   SHAKESPEARE
> MEU NOME E TEU NOME ARDEM EM SANGUE
> QUE ELE DERRAMOU COM A NOSSA TINTA

A alma do poeta é uma cidade que apresenta alojamentos miseráveis (ou: a alma é na sua totalidade o alojamento da miséria), dentro deles muitos espaços com sinais de batidas, indicando o caminho do coração e da prisão, mas que principalmente são originários de um homicida misterioso, uma terceira figura, que, de alguma forma, se funde com os dois autores. Tem a ver com o "horror", esconde-se no nome de Ninguém, do Odisseu, que para Müller é figura-chave da curiosidade e o exercício do poder. (Mas é natural que o próprio

Müller é um nome de Ninguém). Mas quando se diz que este homicida "escreve" com a tinta dos autores, derramando sangue em lugar de tinta, o assassinato e mutilação é tema ininterrupto da peça de Tito – evidentemente que totalmente fundido com a poesia e a escrita. E ainda mais: a fama do nome ardendo, o reconhecimento cultural como "nome" só aparece por causa do derramamento de sangue. Um homicida anônimo, sem lugar fixo, batendo como o espírito do pai de Hamlet e negando a sua identidade, está na obra, na escrita de cultura e na escrita do "grande nome", em todas as descrições da história de sangue e de violência. Não há inocência, em nenhum lugar. Os autores que se lançam e descrevem as imagens do derramamento de sangue da Antiguidade, através do renascimento até o presente, ganham o seu texto e o seu nome, ganham a cultura por meio deste assassino no interior das suas almas. A sua atividade (o assassinato) reúne os poetas, podemos dizer: todos os poetas num casamento, é claro que o fim da peça conhece a fórmula do *Casamento da Ferida com a Faca*. O ato e contrato sexual do casamento é o da própria cultura e o *Assassinato é uma Troca de Sexos*, em *Descrição de Imagem*, de Müller, que deve ser lido com este texto. A leitura levou bem longe de um tema simples do tipo Heiner Müller *meets* William Shakespeare. O autor fala de um potencial de violência, um assassino esperando no interior da alma, justamente no lugar onde o texto se propõe a narrar e, talvez, denunciar a violência mais terrível. Onde os crimes são o objeto do teatro, o dramaturgo acha em si próprio o criminoso. Se a arte poética é espelho do horror, ela acha no horror o espelho do próprio horror interior. Müller avança bastante na descoberta deste problema, do qual ele se ocupou muito. É necessário apenas lembrar de *Descrição de Imagem* em que o eu descrito, que inicialmente parecia estar fora do cenário de violência, aparece paradoxalmente idêntico a ele. O eu é tudo o que é violência nesta imagem; a descrição faz desaparecer a imagem, ficando no final apenas aquele que descreve, que congelou como imagem a sua própria "tempestade" violenta.

Em comunicação com Alexander Kluge, Müller comenta: "Você precisa estar de acordo também com a violência, com a crueldade, para que você os possa descrever"[113]. Em *Tito*, ele prossegue: não simples concordância, mas o entendimento de ser um com o que foi descrito é o tema. Assim fica claro o conceito "comentário de Shakespeare". No início do nosso texto de comentário, os criminosos são comparados bem claramente com artistas e designados como "comentadores":

> DO BOSQUE QUE ELA BORRIFA DE SANGUE, PRECIPITA-SE A CORÇA
> DE DIA COMENTADA PELOS SEUS CAÇADORES
> UMA OBRA DE ARTE PELA VIOLÊNCIA E UM TRIUNFO
> DA LÓGICA; PALAVRA E ESCRITA CORTADOS
> OS ARTISTAS APÓS A FINALIZAÇÃO DO TRABALHO SE VÃO
> COM ESPERANÇA DE NÃO SEREM ALCANÇADOS PELA FAMA
> A OBRA DE ARTE EXPOSTA CORRE PARA LÁ E PARA CÁ.

Prelúdio furioso: aurora sangrenta; a corça Lavínia; o sentido múltiplo de "borrifar", o assassinato em forma de caça – tudo escrito junto, possibilitando uma multiplicidade de leituras. Principalmente o assassinato, a violação, a mutilação são comparados de forma sarcástica com o comentário. O comentário faz do ventre o torso, "obra de arte pela violência". O comentário também aparece de forma teórico-abstrata, sendo denunciado com humor negro como triunfo da lógica: Ela nos deixa emudecidos. Deve-se pensar que, com requinte dramático, todo este texto é falado no palco exatamente no lugar, que o espectador não pode deixar de saber onde, no transcurso da ação dramática (obs-cena fora do palco), acontece o crime da violação, e da mutilação da língua e das mãos, ficando o texto da arte literalmente no lugar do crime que acontece simultaneamente e fica mudo.

A reflexão sobre a obra de arte em geral, passa a ser a do teatro:

> A OBRA DE ARTE EXPOSTA CORRE PARA CA E PARA LÁ
> NO TEATRO PASSADIÇO ENTRE HOMEM
> E HOMEM NO OCEANO DO MEDO O MEDO
> DO PÚBLICO; NINGUÉM ESTÁ SOBRE O PALCO
> MÁQUINAS FALAM BRINCAM, VAI O MEDO
> DOS ATORES, EMBAIXO NINGUÉM ESTÁ SENTADO, MÁQUINAS

---

113 A. Kluge; H. Müller, *Ich schulde der Welt einen Toten*, p. 16.

RIEM COCHICHAM SUSSURRAM COM AS ROUPAS
E DE VEZ EM QUANDO BATEM AS MÃOS
MOMENTOS DE LENTES BRILHAM NO ESCURO
O POETA CANTA A SUA CANÇÃO ...

Somente com este par da natureza criminosa da escrita, está esquematizado o círculo da reflexão de Müller. Tudo tem lugar em volta do medo, cujo denominador abrangente é o ser máquina, a existência sem sentimentos, que não conhece agressão, crueldade e violação, mas simplesmente deixou de ser humano para ser máquina. Chama atenção a insistência com a palavra "homem" (no sentido de humano) nesta passagem onde aparece o trauma, que é o fundo para a legibilidade do teatro do espanto de Müller. A alternativa é espanto ou máquina. A perda do espanto mata a possibilidade da alteração, mata a potencialidade como tal.

A situação do autor, como função do outro lado da psicologia privada, apresenta-se como paradoxal. Justamente porque ele se expõe ao espanto, estando como substituto para "o possível fim do espanto", para a dimensão da possibilidade ele necessita de espanto, agressão, quebra. A unidade de arte, história, escrita e violência, é expressa no lema que Müller colocou para a sua "anatomia": "Da humanidade/Abrir as veias como um livro / Folhear na corrente de sangue". Pode-se dizer, que a possibilidade de escrever aqueles espantos, não seria dada sem a possibilidade de lê-los: de um lado, ler o real; do outro o texto da tradição, dos textos, imagens, cenas, fantasias o repertório da arte – e cultura. Os textos por sua vez contêm o olhar pressuposto que acompanha a leitura. É um olhar que contém uma terrível anestesia, como dizia Peter Weiss, uma neutralização como talvez teria dito Blanchot. Suavização, compensação, deixar o espanto comensurável, dizer aquilo que deveria ser indizível. Neste ponto o texto da cultura está enredado; na verdade parte do texto que é barbárie é também história. Como esta possibilidade que provoca espanto pode ser concebida melhor? Porque há outra instância na obra quando os poetas escrevem, nenhuma instância neutra, mas uma assassina. Assassinato é misericórdia; o assassinato é uma troca de sexos. As duas imagens apontam para uma instância estranha do outro lado. O assassinato ocorre enquanto ele é escrito, rompe a lógica do fazer e contrafazer, de direito e castigo, meios e objetivos numa terceira forma bem estranha. Lembremos, apenas por um momento, de que modo Müller pensa juntos trabalhar e matar, matar como trabalho, assim podem ser desenhadas as imagens. A terceira forma é de um lado assassino, do outro texto, derramamento de sangue com a tinta, ao mesmo tempo, os poetas são apenas meios, instrumentos de uma outra escrita de assassinato. Dentro disto, eles se espelham, no meio, entre atuar e serem apenas ferramentas, a disposição dos atores políticos, como eles são desenhados por Müller: Macbeth, você foi a espada de Duncan. *Mauser*, que, como aparelho, mata a serviço da revolução. Neutralidade da máquina como imagem de espanto, que volta na instrumentalidade do texto cultural

PEÇA DIDÁTICA E ESPAÇO DE POSSIBILIDADES*

A atualidade da arte é amanhã

HEINER MÜLLER

1.

Nas suas anotações sobre a poética de Aristóteles, Brecht anota a ideia estranha de que em lugar de "imitação" com que foi traduzido o conceito aristotélico de *mímesis*, deveria ser colocado um conceito mais moderno, denominado "pré-imitação". Como sempre, o texto de Brecht é lido rápido demais: o teatro na prática da sua demonstração não deve apresentar simplesmente a realidade, mas referir-se de tal forma ao real, que o mesmo assuma caráter de modelo, faça pré-mimese, pré-suposição, antecipação do futuro. Mas nas anotações pode ser encontrada a manifestação de uma ideia de um futuro *de princípios*, no sentido de abertura para o futuro, que ofereça mais do que representação de imagem e referência. A "pré-imitação" mesmo para Brecht não seria outra coisa do que imitação no agora, no presente do teatro. Enquanto a representação de forma da concepção, deve ser liberada da sua ligação ao que era anterior ("imitação"), devendo em seu lugar ser ligada ao futuro, a pré-imitação, como "prognosticar", em relação a um futuro; pode ser pensado para um teatro que coloca o presente como futuro no sentido de possibilidade. Não é por acaso que pré-imitação lembra a *pré-sentimento*. Não se trata porém de um modelo didático do futuro, antecipação de um presente no futuro, ainda não real e apenas possível, mas de um presente como limite de uma autossuspensão, "chegando", pairar, ter uma vaga noção, o agora que não pode ser fixado presentemente, como imagem, manifestação, tese, verdade, mas como ato e gesto de mostrar (representar), no qual se apresenta uma outra realidade que atua tornando-se virtual, sem se mostrar, mas colocando apresentação, representação.

Teatro indica um futuro característico e singular, no sentido do porvir. O que ele parece mostrar, nunca é simples, porém faz com que seja esperado, pressuposto, algo indefinido, e, onde

* Lehrstück und Möglichkeitsraum. Conferência promovida em Berlim, 2000.

não for representado, fazer com que seja representável. Esta outra coisa não falta simplesmente, mas também não está presente. O que é dado no teatro não consta no modo de uma presença, todavia tem o modo de ser da chegada, do advento, do futuro. Pode-se tomar de Nancy a fórmula "naître à la présence". Frente à representação (à Era), que "para um sujeito e através deste sujeito, é a limitação" da representabilidade, trata-se, num sentido mais amplo, inicialmente da arte e, mais estreitamente, do teatro hoje, de um presente que deve ser interpretado "totalmente como chegada (*venu*)" "a presença não chegou, mas consiste numa chegada (tratamento do vir, do chegar) [...] O presente é aquilo que nasce e não para de nascer. Ele é aquilo de onde e para onde existe o nascer e apenas o nascer"[114]. Com o conceito de representabilidade, deve ser mostrada a dimensão daquilo que constantemente só chega, sem nunca estar presente numa representação[115]. E isto porque, dentro de uma estruturação estética severa, um homem que se oferece à percepção, nunca se desfaz na sua percepção, mas como objeto da percepção é, ao mesmo tempo, o sujeito humano que remete a partir do mesmo para um passado e mais ainda para um futuro, dentro dos limites do possível. É por isso, que a fórmula de Christel Weiler da "Performance como dádiva" bate no centro do alvo, porque a dádiva como dádiva precisa defender um *status* muito particular da não presença para poder ser dádiva (em lugar de troca). A "representabilidade" está numa tensão irredutível em relação a todos os gestos e figuras da representação, que poderiam aparecer ao completar-se o movimento. Ela também fica virtual, futuramente, no sentido de que ela não poderá prescindir de resposta e responsabilidade, dependendo pragmaticamente da resposta do coro e do público, num "circuito de corrente em brasa branca" da troca teatral.

Aristóteles exigia, e depois dele quase toda a teoria teatral, que a tragédia devia ser um todo, um *hólon* com início, meio e fim. É claro que isto foi uma ideia paradoxal, pois empiricamente não existe início, algo assim, segundo Aristóteles que não tem pré-requisitos e nem fim, algo, que não tem mais sequência. A

---

114 J.-L. Nancy, *Die Musen*, p. 10.
115 H.-T. Lehmann, *Postdramatisches Theater*, p. 440-447, capítulo sobre a representabilidade.

poética formula, muito mais do que isto, que o valor essencial "da totalidade" não é outra coisa senão a fórmula abstrata de toda representação: fórmula da moldura. Frente a isto, trata-se de uma certa negação ou desvio da totalidade e, portanto, da representação, a favor de um pensar, pesquisar e procurar, que não se importa com o significado, mas sim com o "significado de iminência inesgotável do significado"[116]. O lado ético desta teatralidade é indicado por um ditado de Adorno: "Os homens sem nenhuma exceção, ainda não são eles próprios". Talvez possa-se dizer que, hoje, no sentido mais amplo, a arte representativa cansa, por perder o rigor da carga de *potencialidade* aqui esboçada, pelo re- da presentação, o re- da produção, repetição, doutrina. Talvez por esse motivo, o teatro inovador se concentre mais nos momentos de liberação de potencial, jogo, fantasia, imperfeição, abertura, do que na profundidade ou pseudoprofundidade da representação e "representância", mais na performance do que na obra, na sua perfeição e na sua estrutura perfeita. Ou, voltando a Nancy, sobre o mesmo "há" a realidade e a ocorrência dos atos de representação.

Este "há" sempre está aí, mas nem no modo de "ser" como uma substância e nem no modo de "aí" (com uma presença). Ele está aí no modo do nascer: na medida em que se origina, o nascimento se extingue a si mesmo e leva ininterruptamente ao seu ponto inicial. [...]. O nascimento é a retirada da presença, pela qual tudo se torna presente[117].

2

A gente deve ficar consciente sobre os perigos de uma agudização de categorias como futuro, possibilidade, potencialidade, virtualidade – rapidamente elas podem ser substancializados, e concretizados como antecipação. Mas prático como arte e como teoria parece ser o conceito de auxílio indispensável do *Teatro como Espaço de Possibilidades*, para fazer jus a uma radicalização da exoneração ou deslocamento de um modelo

---

116 J.-L. Nancy, op. cit., p. 14.
117 Idem, p. 14 e ss.

de teatro digno e, ao mesmo tempo, com a palavra-chave da possibilidade e *potencialização*, não perder de vista o potencial "emancipatório" deste deslocamento/exoneração.

Se a transformação esboçada do teatro for pensada em direção a um espaço de possibilidades, (e o desenvolvimento novo de teatro dá motivo para isto) deve-se constatar, que a fórmula de Brecht do "teatro sem espectadores (passivos)" não está muito longe. Se a gente quiser refletir a transformação no conceito da encenação, após o teatro sem espectadores a gente bate na fórmula implícita nele, mas ainda não bem pensada do "teatro sem atores". Trata-se realmente da abertura de um possível teatro sem atores, que só consegue produzir um espetáculo de forma marginal ou apenas como catalisador. No seu lugar apresenta-se uma cena, um ambiente, uma situação, uma apresentação, na qual são objetos de cena as percepções, gestos, enfoques e ações de futuros/potenciais espectadores (serão eles ainda espectadores?). Neste sentido, parece que o modelo da peça didática de Brecht e de determinadas novas formas de teatro estão se aclarando mutuamente. Em ambos os campos aparece a questão da encenação. Parece incontestável que a criação dos espaços de possibilidades no novo teatro são pensados politicamente de forma indireta, quando eles são pensados ou acompanhados politicamente tal como se apresentavam as formas de teatro dos anos de 1970 e principalmente as ideias das peças didáticas de Brecht. Mas é justamente por este motivo, que parece esclarecedora a teoria das peças didáticas com as formas do atual teatro "pro-visório".

A minha discussão a respeito de *Die Massnahme* (A Decisão) situa-se no horizonte de um longo debate, documentado na jornada "Tomar Decisões"[118]. Foi justamente essa jornada que demonstrou o quanto as discussões a respeito de Brecht ficaram presas em esquemas que, através de consideração séria do modelo da peça didática, podem e precisam ser quebrados. *A Decisão* é um texto e um projeto de teatro herdados da fase mais produtiva de Brecht, por volta de 1930, após o grande sucesso mundial de teatro musicado da *Ópera dos Três Vinténs*, a primeira ópera surrealista (segundo Adorno), quando elaborou a

---

118 I. Gellert; G. Koch; F. Vassen (orgs.), *Massnehmen, Bertolt Brecht/Hanns Eislers Lehrstück Die Massnahme*.

sua peça talvez mais discutida: *A Decisão* junto com o grande projeto *Fatzer*. O interesse por essa fase de Brecht, ao lado da sua explosividade política é alimentado porque nesses textos aparece a pergunta radical sobre o que poderia ser o teatro. Comecemos com a existência dupla singular (ou talvez existência múltipla) daquilo que conhecemos sob o título *A Decisão*: um texto no livro que, no contexto da teoria das peças didáticas, deve ser recebido com um *dispositivo*, no qual os leitores podem e devem inserir os seus interesses como *user*; e a obra total com música de Eisler, levada à cena pela primeira vez em 1930, é ligada a um ritmo dos mais severos, do tipo de oratório com fortes cânticos de coros e vozes solitárias, música que hoje ainda é considerada militante, dinâmica. Após poucas apresentações nos tempos da República de Weimar (em Berlim, Düsseldorf, Erfurt ...), *A Decisão* foi apresentada como texto e não como obra musical e com razão foi constatado, "que a limitação ao texto aproximava-a mais a uma peça didática, que, nesse sentido, a deixava praticável, sendo que, com a obra completa e com a composição de Eisler, eram desenvolvidas contradições imprevistas contra a ideia das peças didáticas"[119].

A elevada forma musical e a severa organização do material, quase não deixam lugar para a realização da ideia de peça didática. Leigos não conseguem assumir as difíceis partes de cantos, a "força cênica de imagens" do coro de trezentos participantes, com a sua força auditiva e visual, fazem com que *A Decisão*, obrigatoriamente, tenha de ser considerada um oratório, com todas as tradicionais formalidades. Na estreia de 1930 para a parte cantada do 1º agitador, estranhamente não foi escolhido o tenor Ernst Busch, mas um cantor estreante chamado Erik Wirl. Parece realmente que "Brecht e Eisler queriam ligar a peça a um nível de estilo e de interpretação diferente"[120].

Agora este outro nível é estruturado de tal forma, que para muitos ouvintes *A Decisão* tornou-se um hino quase ritual sobre obediência e disciplina do coletivo comunista, uma festa pararreligiosa do sacrifício pela causa, um forte cântico de louvor sobre a futilidade do pensamento individual, considerando a elevada sabedoria do coletivo do partido etc. E intérpretes

---

119 Lucchesi em I. Gellert; G. Koch; F. Vassen (orgs.), op. cit., p. 192.
120 Idem, 194.

(até Manfred Frank)[121] acentuaram a sua proximidade com jogos folclóricos e jogos de consagração do trabalho, nos quais devem continuar a prosperar as experiências das comunidades ou as tradições de jogos festivos com mudança para a social-democracia. Mas tudo isto é basicamente errado, pois Brecht nunca pensou em forma de uniformização, de fusão, de comunidade, de sentimento coletivo, mas sempre em divisão do público, desmontagem de certezas (até da própria), em individualização e em crítica e alteração refletida da forma de sentir através da arte. Entretanto, estes modos de leitura devem ser levados a sério, porque percebem a real existência d'*A Decisão* que, como oratório, como encenação, não deve ser abstraída, na qual pode ser mostrado num exemplo de *Aquele Que Diz Sim* (também mencionado por Andrzei Wirth) quando diz sim, que se trata de uma voz infantil de contralto chamando para dentro de um imenso espaço e que está entregue a uma força de chantagem intimidante dos baixos do coro.

Este nível, com todas as diferenciações da encenação agitada e autoritária de teatro musical, situa-se bem longe daquilo que as teses de Brecht manifestam sobre a peça didática, de tal modo que no caso não se trata apenas da complexidade (outro nível de estilo e de interpretação, porém duas "obras" separadas, quase incompatíveis, às quais não corresponde apenas uma divergência do acesso de encenação, mas uma oposição das concepções da encenação. Uma das encenações, em princípio, forma uma ordenação visual e auditiva para um público que recebe uma realidade quase fictícia preparada pela encenação. Aqui, a abertura de um espaço de possibilidades, em que o dispositivo do texto fica livre para diferentes conversões é bastante reduzido. Entretanto, uma concepção de encenação orientada pelo modelo da peça didática entenderia o texto como uma "rede de graduação" (Walter Benjamin), na qual devem ser anotadas em primeiro lugar as interpretações gestuais virtuais – e isto não apenas por um único encenador! –, assim, contendo maneiras de uso imprevistos para os futuros usuários no modo das possibilidades. Aquela ence-

---

121 M. Frank, Vom Bühnenweihefestspiel zum Thingspiel: zur Wirkungsgeschichte der Neuen Mythologie bei Nietzsche, Wagner und Johst, em W. Haug; R. Warning (orgs.), *Poetik und Hermeneutik* XIV: *das Fest*, p. 573-601.

nação que no teatro dramático se refere a um mundo fictício, oferecido a um público, dentro de uma ordenação visual e auditiva especial, recebe na peça didática um *imanentismo*. O ato da assistência é levado para dentro da realização. Os atores tornam-se reciprocamente objetos de assistência, eles atuam nos papéis uns para os outros, são ao mesmo tempo atores e espectadores, ou, mais exatamente, espectadores atuando e atores assistindo. Eles aprendem reciprocamente pelos próprios gestos e encontram-se na prática cênica como peças integrantes do gesto dos outros. O fazer teatro aqui não é apenas um dos pólos do teatro, mas o que consideramos no total como situação teatral já está inserido no jogo entre os que agem, em que nenhum deles se encontra na função de ator, sem ao mesmo tempo ser espectador consciente. O centro da encenação num teatro de peça didática não é uma ficção. A última serve apenas como meio da encenação ("imitação") dos atores (no objeto genitivo e subjetivo). A peça didática é aqui mais radical do que outros textos de teatro, *pas tout*. Apenas uma "peça", como é indicado pelo nome de escritor de peças, apenas uma peça de didática, como deve ser lido o nome peça-didática, apenas parte dela própria. Num conceito mais restrito de encenação, como o encontrado em dicionários, está em desacordo com esta centralização da dimensão da possibilidade. O mesmo vale para a prática atual do teatro, que encena mais o espectador do que aquilo que é visto, mais a sua situação do que a encenação apresentada, mais o estilo da percepção do que aquilo que deve ser percebido, o que faz com que a apresentação da encenação, como obra colocada à disposição e como prática artística, se torne um problema.

3

Ainda é difícil compreender que a disposição do texto de *A Decisão* seja executado de tal forma, que fique impossível determinar, através das suas quebras evidentes e escondidas, a existência de um sentido político. Por isso é implícita, e, ao mesmo tempo exigida, um modo especial de encenação. Mesmo considerando já superada a fórmula, de que as peças didáticas de Brecht seriam poesias a serem declamadas a viva voz para possíveis performances, o nosso incomparável Andrzej Wirth indicou novamente de forma instintiva a análise correta e produtiva – uma direção seguida por vários trabalhos de teatro e textos didáticos. A seguir, esboçamos alguns dos pontos que deixam mais claros alguns dos sentidos colocados no texto:

1. O papel do coro de controle: ele nunca fica no papel do julgador, mas participa da ação e funciona de forma diversa como a voz das massas. Por causa desta posição vaga e indistinta a sua sentença nunca pode valer como a última palavra e as últimas linhas do texto, a advertência sobre a "infinita persistência" etc., ficam como postulado não resgatado.
2. O coro de controle logo no início sentencia precipitadamente, por certo, devido à falta de informações ("o vosso trabalho foi bem sucedido ...") e deve ser interrompido pela intervenção dos agitadores e a sua narração.
3. Quando no final o coro de controle explica novamente que o trabalho foi bem sucedido, no texto fica em aberto o motivo para isto. O texto tem a forma de uma argumentação, mas não apresenta a substância de um argumento. Só se comunica a derrota, fuga e revés da revolução. A submissão do resultado positivo, fica na incerteza. A afirmação do sucesso não é uma representação nem alguma doutrina ou moral, que poderia ser ganha a partir da narração dos acontecimentos, mas é apresentada como gesto sem qualquer chão seguro. (Certamente deve-se ter em conta a possibilidade de que entre a informação e o acontecimento informado tenha existido um período de agitação revolucionário bem sucedido, mas mesmo que isto seja realidade, deve chamar a atenção que o texto obstinadamente cale sobre isto. O resultado triunfal do trabalho revolucionário dos agitadores informantes, não está demonstrado em nenhum lugar.

A didática e a mensagem no primeiro plano do texto, contradizem uma variedade de interferências, que permitem a leitura com todas as possíveis variações, até o oposto da tese representada em primeiro plano no texto. Realmente, houve interpretações de *A Decisão*, nas quais a peça era lida contra os agitadores para os jovens camaradas.(Pode-se constatar que o texto exagera de forma acentuada as posições do "certo" e do "errado", e que uma tese comprovada desta forma, mesmo pelo seu exagero, não pode ser considerada como demonstrada. Para mostrar, por meio, de um exemplo, como o texto contém nos detalhes uma quantidade de quebras sutis, que levantam o problema da relação entre texto e encenação, vejamos a cena 8 de *A Decisão*, que é denominada com conotação cristã "sepultura": "Vocês não encontraram uma saída?" A esta pergunta, que pode ser feita com gestos de exigência (vocês não encontraram saída), de incredulidade (nenhuma saída,) ameaçante e/ou suplicante, é dada a resposta: "Por causa da premência do tempo, não achamos saída". A vida humana está sempre situada na premência do tempo. Então pode ser lido: a gente estaria sempre na mesma situação, nunca haveria uma saída; nós nem respondemos à pergunta sobre uma saída, porém indicamos o limite de toda a responsabilidade humana através do limite da vida. Neste lugar de uma comprovação racional, é colocada a indicação de uma *condition humaine* – que por sua vez não fundamenta uma tese, mas que a pode abalar.

> Cinco minutos na vista dos perseguidores
> Pensamos sobre uma melhor possibilidade
> Vocês também agora devem estar pensando
> Sobre uma melhor possibilidade
> *Pausa*
> Então nós resolvemos: agora ...

O que acontece aqui é literalmente inaudito. E não é ouvido. Está nas fendas, nos vácuos, na mudez. Do relatório passa-se diretamente e sem mediar para a presença da cena teatral *hic et nunc*. O texto deixa em aberto quem deve ser atingido: o coro de controle ou todos os presentes? Dirigir-se com "ela" ao público – os agitadores – colocando uma transgressão dos limites de "alheamento" não somente entre acontecimento e discussão (representada), mas também entre esta ficção e a realidade do próprio momento teatral. Quanto tempo dura esta pausa? A possibilidade de uma chamada intermediária é provocada de qualquer forma. É possível pensar numa parada insuportável. E mais grave: qual é o significado da palavra "então ..."? Ela cruza, de forma novamente inaudita, o comunicado e o momento teatral, podendo ser lida assim: após a entrada Agora da pausa, (ou seja, aqui e agora não foi achada uma melhor possibilidade) o comportamento do coro ou do público, de forma paradoxal, é a causa para a resolução da medida naquela ocasião – fundamentação que parece engraçada do agir naquela ocasião *ex post*. Este "*looping*" performático do comunicado no discurso teatral e na situação do teatro, abre um precipício que de maneira alguma pode ser preenchido e configurado pela encenação do conteúdo do texto, mas que encontra a sua realização no relacionamento específico, sobre o qual os atores e os espectadores decidem numa situação posterior do jogo. Este paradoxo do espectador, faz com que ele se torne cúmplice estético do teatro da ação passada, usando-o como legitimação posterior ou mais exatamente: provoca como contradição, pois essa utilidade está exposta (pode haver ainda outras ideias). Este paradoxo é acentuado pela colocação "agora" no fim da linha (este "nós: agora" responde de forma significativa ao "vocês agora" duas linhas antes): sem distinção, o gesto deste "agora" fica entre a narração (passado) e situação narrada (presente) ou seja, entre narração e discurso.

Na linha a seguir, Brecht colocou de forma bloqueada o contra-argumento que é natural, mas que na ação é tão nítido quanto um cálculo racional: "Terrível é matar". Há um "bloqueio" proposital com esta acentuação: há contraposição à resolução do conflito na fundamentação racional, mostrando como o resto é indivisível. O feito é julgado – e isto é o mais importante, está do outro lado de todas as racionalidades e fundamentos, num último "fundamento", ou melhor, num "buraco fundo", na cena fantasmagórica das peças didáticas, e é insustentável. Ela deve ser comunicada, mas não fundamentada. A dor a partir do cálculo é irrevogável. Assim, a fundamentação global a seguir, de que para viver no "mundo que mata" o matar faz parte, parece uma argumentação frágil, embora seja colocada a premissa intacável: "Mas não apenas os outros, mas também matamos a nós próprios quando há necessidade". Com motivos, para estas linhas chamou a atenção uma passagem análoga em Peobraschenskij:

> O proletariado, na sua luta pelo poder, é cruel e implacável. Não somente ele não poupa os seus inimigos, mas, quando é necessário, ele não poupa nem os melhores representantes da sua classe. A maior verdade da luta proletária não consiste de cada um dos indi-

víduos ficar estocando o interior da sua personalidade, declamando os seus direitos, mas sim, de jogar toda a sua energia e entusiasmo na corrente geral, para chegar à meta com a sua classe, mesmo que fique morto pelo caminho[122].

Mas existe uma diferença: para Brecht a "vítima" é o próprio sujeito da revolução, como uma discrepância interior, não como fato heroico, resultante de uma lógica dos meios de guerra na luta contra o inimigo. A ideologia da vítima apresenta novo problema.

Este é o ritmo destas frases: dentro e entre as afirmações aparece novamente lacuna, diferença, desvio e desacordo, um outro sentido; é incluído um freio, uma colocação em suspenso, pelo que o dito é abertamente refutado; é colocado em dúvida, colocado a pairar. O motivo se subtrai. Isto continua na volta à narração, que não chama de imediato a atenção como gesto.

> Ainda para nós, assim nos dissemos
> Não foi concedido, não matar.

O que acontece com este "nos dissemos"? Faz da afirmação uma citação, de um argumento um discurso narrado. O argumento, como uma manifestação apenas narrada, perde o seu caráter absoluto de tese – ele foi dito, mas receberá "agora" a sua validade? Continuando: "nós dissemos ...", mas para quem? Somente o gesto deve decidir, se os agitadores disseram as palavras entre eles (então talvez necessitassem de uma confirmação, fazendo aparecer a insegurança da sua tese) ou para o jovem companheiro que eles pretendem matar; então, moralmente, a frase quase não é suportável, abrindo o precipício da impossibilidade, para fornecer um motivo com frases globais, para um feito concreto. E a expressão que coroa o argumento no final, o abre novamente:

"Unicamente com a vontade inquebrantável de alterar o mundo, nós consolidamos a medida". Isto parece soar inicialmente como comovente, à prova de qualquer objeção, mas não numa segunda observação, pois como uma "vontade" pode-se explicar uma ação, mas não fundamentar, como a gente fun-

---

122 Em I. Gellert; G. Koch; F. Vassen (orgs.), op. cit., p. 54.

damenta uma sentença. Ou então: com uma vontade a gente pode fundamentar qualquer ação, o que vai dar na mesma. Entre a vontade e a medida existe incompatibilidade. Uma pequenina "falha de pensamento", mas deixando claro de que se trata da tensão não resolvida entre a medida e a sentença (juízo); de que se trata da diferença discutida ao mesmo tempo por Carl Schmitt, entre a sentença construída com base (legal) e a medida necessitando de um fundamento que se auto legitime. Interessante é que apenas na edição de Moscou de *A Decisão* existe um passo que aponta a oposição de sentença e medida:

OS QUATRO AGITADORES: – O tempo estava muito curto e não achamos outro caminho. / Assim como o animal ajuda o animal / nós também desejávamos ajudá-lo / àquele que lutou conosco por nossa causa. / Cinco minutos encarando os perseguidores / refletimos sobre / uma melhor possibilidade. / Vocês também devem estar pensando sobre / uma melhor possibilidade. *Pausa.*
O QUARTO AGITADOR: (*ele representou por último o jovem companheiro*): Então resolvemos: agora / cortar o próprio pé do corpo. / É terrível matar.
O CORO DE CONTROLE: Então não foi uma sentença ?
OS QUATRO AGITADORES: (*gritando muito alto*): Não! Foi uma medida!

Mas mesmo esta fundamentação (errada) está afundada no gesto da narração, não se encontra como verdade definitiva no espaço do lema: "Com a vontade para a alteração, *fundamentamos* – agora e sempre – para a nossa justificativa, o que fizemos naquela ocasião". Este ato narrativo também é somente referido frente à vítima ("nós fundamentamos"), perdendo novamente o *status* de expressão da verdade, sendo tirado da esfera do argumento e jogado no rio dos acontecimentos. A alocução soa mais como fórmula de um pedido de perdão, secreto, fantasiado (foi assim que Heiner Müller continuou com o tema), ou como uma pergunta em vão por uma justificativa no fim impossível. E quem não sentiu que Brecht – que sempre teve um relacionamento parodístico com a "vontade" absoluta, com a vontade de Deus ou com a "vontade inabalável" de Arturo Ui –, nesta afirmação abstrata de vontade, não quisesses inscrever as suas dúvidas?

O livro, conforme resumo de uma leitura inicial, que poderia ser estendida ao texto todo da decisão, não consiste das frases e teses que ele parece oferecer, mas muito mais das lacunas e ambiguidades que são abertas pelo discurso, gesto, entonação, insistência, configuração musical, pausas e mudez entre as palavras, ou seja, o "teatro". A sua dramaturgia e poética de disseminação estão aplicadas numa encenação, que abre a disposição para outra prática cênica-teatral, não concedida previamente, abrindo neste sentido o teatro como espaço de possibilidades, para o qual *A Decisão*, como texto, é uma outra obra que não o oratório *A Decisão*. Este teatro das possibilidades da peça didática, torna-se possível justamente por causa destas quebras, abismos, ambiguidades e potências gestuais contraditórios sem prumo, que parecem escondidos sob a superfície do texto. Ainda está sendo subestimado de forma decisiva, em que medida e com que sutileza do simples, as peças didáticas adiam qualquer tese da razão, para levá-la a uma prática de teatro em forma de espaço de possibilidades.

5.

Com a determinação, aqui manifestada do teatro como espaço de possibilidades, está ligada a proposta de atrever-se a enfrentar com a estética do teatro, o mar inquieto e longínquo da categoria de possibilidades. Isto não pode ser realizado, nem como princípio; mas podem ser esboçadas algumas diferenciações precedentes. O real possível como modalidade à diferença do efetivo e necessário é, para diferenciar de todo absurdo possível, que pode haver e que é formalmente possível, que não é total, mas apenas parcialmente condicionado pelo assunto, uma possibilidade contingente. O possível, diferentemente do real ou necessário, é substancialmente aberto. O próprio homem encarna neste sentido a possibilidade. Aquilo que Heidegger pensa no §53, de *Ser e Tempo*, é – ao contrário de um pensar objetivo e determinante, de que a partir da existência (vida) pode representar a possibilidade e até a mais radical – a morte, não como possibilidade momentânea, mas como possibilidade que ainda não se apresentou, mas como experiência de possibilidade como tal, que exclui tudo que é concreto para o verdadeiro imaginável. Parecem ser as palavras de Brecht, quase como ideias da mesma época sobre a doutrina da morte, quando Heidegger fala:

> A proximidade mais próxima do ser para a morte como possibilidade, está tão longe quanto possível de uma realidade. Quanto menos oculta for entendida esta possibilidade, tanto mais puro avança o entendimento para a possibilidade do que a impossibilidade da própria existência [...]. O avanço ["para a possibilidade"] abre para a existência como a possibilidade mais extrema a tarefa própria, quebrando assim todo enrijecimento da nunca alcançada existência[123].

Na aplicação da categoria possibilidade, não se trata da questão crítica no sentido das modalidades de Kant, possibilidade, realidade e necessidade, pensadas independentes de um juízo – cem moedas possíveis e cem moedas reais, são cem moedas, mas da dimensão do possível dentro do real. O comportamento estético por excelência seria aquele que apresenta em toda a "realidade" a margem, o limite do possível, naquilo que parece estar presente, o alvorecer do que está chegando (desvanecente), aquilo que cada vez e sempre é irrepresentável, que não é concebido como barreira e como menos, porém em tudo que for representável, retirar a disposição do ser como ainda, de novo ou justamente agora.

Certamente a teoria estética sempre viu, que a arte era algo como utopia, revelação, sonho, antecipação, reconciliação, beleza etc. Esta ideia, porém, que viu em símbolos, aparições, o brilho de outras possibilidades, está em fase de retração. E esta retração leva consigo uma cadeia de conceitos e teses tradicionais. Desde as imaginações de Rousseau, passando pelo conceito dos festivais de Wagner e até os festejos dos nazistas, pode-se reconhecer, que a festa, fantasma dos encontros livres e sem regulamentos do jogo, dança, música, atividades etc., numa visão mais detalhada não se diferenciam muito de um teatro como espetáculo. Ele fica com uma ideia do belo (em todos os tipos de jogos ideológicos), como "brilho sensual da

---

123 *Sein und Zeit*, p. 262 e 264.

ideia", e dentro da sua homogeneidade do povo, da nação etc. Este teatro da representação faz sentido, ele é o abrangente dos significados dos elementos do teatro. E, valendo de que o próprio significado deve ser entendido como "imagem original que se fecha em si"[124], o teatro será entendido como abrangência dos significados, como a "totalidade", colocando a hermenêutica frente ao significado do particular, como não se pensa de forma perseverante de que "o significado, de forma alguma, indica o 'sentido' da sua própria chegada que, em si, pode não ser um significado, mas o ato ou o movimento em que aparece a possibilidade do sentido"[125]. Assim como a linguística (segundo Benjamin) é o meio da língua, ou seja, está antes de qualquer significado linguístico como se fosse o espaço das suas possibilidades, o sentido deve ser entendido como "o elemento", "no qual pode haver significados, interpretações, imaginações, (*représentations*)", ou seja, como possibilidade.

Com as formas de teatro da potencialidade, existe nada menos do que a disposição do teatro como formação estética, (ninguém deve se enganar a esse respeito), estando na realização do caráter da ficção, da diferença estética, o caráter artístico da própria arte do teatro. E aqui deve-se perguntar se a crise do teatro de arte como nós o conhecemos, não reflete de forma muito drástica uma alteração, na qual se desvanece a aura do respeito diante da arte, com o aparecimento de novas formas de comunicação, "encenações", representações, que se caracterizam por uma submissão da representação, assegurada e formalmente acabada, sob o critério da abertura, do potencial, do virtual. "O que sobra da arte? Talvez não mais do que um resto". Aqui está o problema. Mas Nancy responde com a consideração, "será que a arte no seu todo não mostra a sua particularidade, ali onde ela é apenas o resto dela mesma? O que será, então, quando ela não produzir mais grandes obras, das quais surgem mundos inteiros; quando parecer estar, e demonstrar, estar ultrapassada"[126]. O caráter "restante", o tornar-se arte, faz com que a arte apareça na margem de outros discursos, mostrando que ela deve ser determinada

---

124   J.-L. Nancy, op. cit., p. 32.
125   Idem, p. 33 e s.
126   Idem, p. 123.

substancialmente apenas pelo "ser-restante". Benjamin teve a coragem de fazer uma profecia, nos anos de 1930, de que nos trabalhos de Brecht, a camada tradicional artística, seria reconhecida como a mais acidental. Ele também deve ter pensado na mudança dos papéis de criações estéticas (é acidental) e da prática inventiva e imprevista (que é decisiva).

Se a teoria clássica relacionou a prática estética de uma forma ou de outra com a ideia do sensual, este critério do estético vale também virtualmente para as encenações de teatro, se ela for considerada como obra temporal. Agora, porém, é necessário responder às enormes mudanças em que se encontram todas as artes, de forma não mesquinha, mas por exemplo assim:

A ideia como forma está em retirada e a forma de vestígios desta retirada é aquilo que nós chamamos de "sensual" na nossa linguagem cunhada por Platão. Estética como área do sensual e como a sua reflexão é isto. O rastro aqui não é o rastro sensual de algo não sensual, que nos colocaria neste rastro ou nos mostraria o caminho ou a direção de um significado absoluto: ele é o rastro dinâmico ou a (sensual) passagem do sensual, como seu verdadeiro significado[127].

---

127 Idem, p. 142.

Bibliografia

1. Interrupção

DERRIDA, Jacques. Marx, das ist jemand. *Zäsuren*, Caderno 1, nov. 1997.
HEGEL, Georg Wilhelm Friedrich. *Vorlesungen über die Philosophie der Religion*. In: *Werke*. Frankfurt am Main, 1988, t. 17.
HEIDEGGER, Martin. *Einführung in die Metaphysik*. 5ed. Tübingen, 1985.
HÖLDERLIN, Friedrich. *Sämtliche Werke*. Frankfurt, 1988, t. 16.
SOPHOKLES. *Antigone*. Tradução e Introdução de Karl Reinhardt. 6 ed. Göttingen, 1982.
LEHMANN, Hans-Thies. *Theater und Mythos*. Stuttgart: Metzler, 1991.

2. Representabilidade

ADORNO, Theodor W. Sexualtabus und Rechte heute. *Eingriffe: Neun kritische Modelle*. Frankfurt: Suhrkamp, 1963.
BATAILLE, Georges. *L'Érotisme*. Paris: Minuit, 1957. Tradução alemã: *Der heilige Eros*. Frankfurt/Berlin /Wien: Ullstein 1974.
_____. *Die psychologische Struktur des Faschismus/Die Souveränität*. München: Matthes & Seitz, 1978.
BECKER, Peter von. Die Trauerarbeit im Schönen. In: _____ (org.). *Georg Büchner: Dantons Tod. Die Trauerarbeit im Schönen*. Frankfurt: Syndikat, 1980.
BISCHOF, Rita. *Souveränität und Subversion: Georges Batailles Theorie der Moderne*. München: Matthes & Seitz, 1984.

BOHRER, Karl Heinz. *Die Ästhetik des Schreckens: die pessimistische Romantik und Ernst Jüngers Frühwerk*. Frankfurt: Ullstein Materialien, 1983.

_____. *Plötzlichkeit: Zum Augenblick des ästhetischen Scheins*. Frankfurt: Suhrkamp, 1982.

BÜCHNER, Georg. Sämtliche Werk und Briefe. Hamburger Ausgabe (HA). Edição de Werner R. Lehman. Hamburgo: Christian Wegner. V. 1 (1967); v. 2 (1971).

CHARLES, Daniel. *John Cage oder Die Musik ist los*. Berlin: Merve, 1979.

DELEUZE, Gilles. Sacher-Masoch und der Masochismus. In: SACHER-MASOCH, Leopold von. *Venus im Pelz*. Frankfurt, 1968.

DERRIDA, Jacques. *De la Grammatologie*. Paris: Seuil, 1967. *Grammatologie*. Frankfurt: Suhrkamp, 1974 (trad. bras., *Gramatologia*, 2. ed., São Paulo: Perspectiva, 2004).

_____. *L'Écriture et la différence*. Paris: Seuil, 1967. *Die Schrift und die Differenz*. Frankfurt: Suhrkamp, 1972 (trad. bras., *A Escritura e a Diferença*. 4 ed. São Paulo: Perspectiva, 2009).

DODDS, Eric R. *Die Griechen und das Irrationale*. Darmstadt: Wissenschaftliche Buchgesellschaft, 1970.

DOUGLAS, Mary. *Ritual, Tabu und Körpersymbolik*. Frankfurt: Suhrkamp, 1981.

FRANCK, Georg. Die neue Währung: Aufmerksamkeit. Zum Einfluss der Hochtechnik auf Zeit und Geld, *Merkur*, n. 486, 1989.

FREUD, Sigmund. Der Witz und seine Beziehung zum Unbewussten. *Studienausgabe*, t. 4. Frankfurt, 1970.

GIRARD, René. *La Violence et le sacré*. Paris: Hachette, 1998 (*A Violência e o Sagrado*, trad. bras., 3 ed., São Paulo: Paz e Terra, 2008).

GRIMM, Reinhold. Coeur und Carreau: Über die Liebe bei Georg Büchner. In: ARNOLD, Heinz Ludwig (org.). *Georg Büchner I/II*. München: Text und Kritik, 1979.

GUINSBURG, Jacó.; KOUDELA, Ingrid Dormien (orgs.). *Büchner: na Pena e na Cena*. São Paulo: Perspectiva, 2004.

HAMACHER, Werner. *Pleroma: Einleitung zu Hegels Der Geist des Christentums*. Frankfurt: Ullstein, 1967.

HEGEL, Georg W. F. *Phänomenologie des Geistes*. Hamburg: Meiner, 1952.

JAUSS, Hans Robert. *Kleine Apologie der ästhethischen Erfahrung*. Konstanz: Universitätsverlag, 1972.

LAPLANCHE, Jean. *Leben und Tod in der Psychoanalyse*. Freiburg: Walter Verlag Olten, 1974.

LEEUW, Gerardus van der. [1956]. *Phänomenologie der Religion*. Tübingen: Verlag von J. C. B. Mohr (Paul Siebeck), 1977.

LYOTARD, Jean-François. *Intensitäten*. Berlin: Merve, 1978.

_____. Das Erhabene und die Avantgarde, *Merkur*, n. 424, März 1984.

_____. *Der Enthusiasmus*. Wien: Passagen, 1988.

MATTHEUS, Bernd. *Georges Bataille: eine Thanatographie*. München: Matthes & Seitz, 1984.

MITSCHERLICH, Alexander; MITSCHERLICH, Margarete. *Die Unfähigkeit zu trauern*. 14 ed. München/Zürich: Piper, 1982.

MÜLLER, Heiner. *Die Umsiedlerin oder das Leben auf dem Lande*. Berlin: Rotbuch, 1975.

_____. *Geschichten aus der Produktion 2*. Berlin: Rotbuch-Verlag, 1975.
OEHLER, Dolf. Liberté, Liberté Chérie. Männerphantasien über die Freiheit: zur Problematik der erotischen Freiheits-Allegorie. In: BECKER, Peter von. (org.). *Georg Büchner: Dantons Tod. Die Trauerarbeit im Schönen*. Frankfurt: Syndikat, 1980.
REIK, Theodor. *Aus Leiden Freuden: Masochismus und Gesellschaft*. Hamburgo: Hoffmann und Campe, 1977.
SCHULZ, Genia. *Heiner Müller*. Stuttgart: Metzler, 1980.
TAYLOR, Gabriele. *Pride, Shame and Guilt: Emotions of Self-Assessment*. Oxford, 1985.
WEBER, Samuel. *Freud-Legende: Drei Studien zum psychoanalytischen Denken*. Olten: Walter, 1979.
WEISS, Peter. *Die Verfolgung und Ermordung und Verfolgung Jean Paul Marats dargestellt durch die Schauspielgruppe des Hospizes zu Charenton unter Anleitung des Herrn de Sade*. Frankfurt am Main: Suhrkamp, 1968.
WURMSER, Léon. *Die Maske der Scham*. Berlin/Heidelberg: Springer, 1990.

3. Drama

ALTHUSSER, Louis. Das "Piccolo Teatro" Bertolazzi und Brecht (1965): Bemerkungen über materialistisches Theater. *Alternative*, n. 137, abril 1981.
BEUTELSPACHER, Martin. Kultivierung bei lebendigem Leib: Alltägliche Körpererfahrungen in der Aufklärung. Weingarten: Drumlin, 1986
BLUMENBERG, Hans. *Schiffbruch mit Zuschauer: Paradigma einer Daseinsmetapher*. Frankfurt am Main: Suhrkamp, 1979.
BÜCHNER, Georg. *Werke und Briefe*. Edição de F. Bergemann. 2. ed. München: Deutscher Taschenbuch Verlag, 1967.
CARRIÈRE, Mathieu. *Für eine Literatur des Krieges: Kleist*. Frankfurt am Main: Fischer Taschenbuch, 1990.
DELEUZE, Gilles; GUATTARI, Félix. *Mille Plateaux: capitalisme et schizophrénie 2*. Paris: Minuit, 1980.
FANON, Frantz. *Die Verdammten dieser Erde*. Frankfurt: Suhrkamp, 1966.
GUINSBURG, J.; KOUDELA, Ingrid Dormien (orgs.). *Büchner: na Pena e na Cena*. São Paulo: Perspectiva, 2004.
HAGEN, Wolfgang. Zur Archäologie der marxistischen Geschichts – und Literaturtheorie – Die sogenannte "Sickingen-Debatte". *Literaturwissenschaft und Sozialwissenschaften* 4. Edição de H. Schlaffer, Stuttgart, 1976.
HAMACHER, Werner. Das Beben der Darstellung. In: WELLBERY, David E. (org.). *Positionen der Literaturwissenschaft: Acht Modellanalysen am Beispiel von Kleists Das Erdbeben in Chili*. 3. ed. München, 1993.
HEGEL, Georg Wilhelm Friedrich. *Ästetik*. Segundo a 2. edição de Heinrich Gustav Hothos (1842), editado por Friedrich Bassenge, 2 tomos. Berlin / Weimar: Aufbau, 1955, v. 1.
JAHNN, Hans Henny. *Werke und Tagebücher*. 7 v. Hamburg: Hoffmann und Campe, 1974.
_____. *Mein Werden und mein Werk*. Citado no *Programmbuch Hans Henny Jahnn-Kongress 1994*. Hamburgo, 1994.

KANT, Immanuel. *Werke in zehn Bänden*. Edição de W. Weischedel. Darmstadt: Wissenschaftliche Buchgesellschaft, 1983.
KLEIST, Heinrich von. *Sämtliche Werke und Briefe*. Edição de Helmut Sembdner. München: C. Hanser, 1964, 7 v.
KNAPP, Gerhard P. *Georg Büchner*. Stuttgart: Metzler, 1977.
LACOUE-LABARTHE, Philippe. Der Umweg. In: HAMACHER, Werner (org.). *Nietzsche aus Frankreich*. Frankfurt am Main: Ullstein, 1986.
LEHMANN, Hans-Thies. *Theater und Mythos*. Stuttgart: Metzler, 1991.
MALLARME, Stephane. *Oeuvres complètes*. Paris: Ed. Pléiade, 1945.
MARX, Karl; ENGELS, Friedrich. *Marx, Engels Werke*. Berlin: Dietz, 1976-1978.
MATTHIEUSSENT, H. von Brice. Kleist, lain de Thoune: De quelque figure geométriques. In: JUNG, Michel (org.). *Lire Kleist aujourd'hui: Actes de colloque franco-allemande*, Montepellier 20-22 nov. 1996. Montpellier, 1997.
MAYER, Thomas Michael. Büchner und Weidig – Frühkommunismus und revolutionäre Demokratie. In: ARNOLD, Heinz Ludwig (org.). *Georg Büchner I/II*. München: Text und Kritik, 1979.
MÜLLER, Heiner. *Mauser*. Berlin: Rotbuch, 1978.

_____. *Der Auftrag: Erinnerung an eine Revolution*. In: *Sinn und Forma*, n. 6, nov-dez 1979. Reproduzida em *Theater Heute*, n. 3, mar. 1980.

_____. *Leben Gundlings Friedrich von Preussen Lessings Schlaf Traum Schrei*. In: MÜLLER, Heiner. *Herzstück*, Berlin: Rotbuch, 1983.

_____. Nachbemerkung zu Titus Andronicus. *Shakespeare Factory II*. Berlin: Rotbuch Verlag, 1989.

_____. *Krieg ohne Schlacht*. Köln: Kiepenheuer & Witsch, 1992 (*Guerra sem Batalha*, trad. bras., São Paulo: Estação Liberdade, 1997).

NEUMANN, Gerhard. Das Stocken der Sprache und das Straucheln des Körpers: Umrisse von Kleists kultureller Anthropologie. In: _____ (org.). *Heinrich von Kleist: Kriegsfall, Rechtsfall, Sündenfall*. Freiburg: Rombach, 1994.
OESTERLE, Günter. Das Komischwerden der Philosphie in der Poesie. *Georg Büchner Jahrbuch*, 3, 1983.
OESTERLE, Ingrid. Verbale Präsenz und poetische Rücknahme des literarischen Schauers: Nachweise zur ästhetischen Vermittelheit des Fatalismusproblems in Georg Büchners Woyzeck. *Georg Büchner Jahrbuch*, 3, 1983. Frankfurt am Main, 1984.
RIMBAUD, Arthur. *Das poetische Werk 1*. München: Matthes und Seitz, 1979.
SCHLEEF, Einar. *Droge Faust Parsifal*. Frankfurt: Suhrkamp, 1977.
SCHNEIDER, Manfred. Die Gewalt von Raum und Zeit: Kleists optische Medien und das Kriegstheater. *Kleist Jahrbuch: 1998*. Stuttgart: Metzler, 1998.
SCHWEIKERT, Uwe. Untergang, Untergang, Untergang: Jahnn auf dem Theater *Medea* in der Kritik. In: WEBER, Manfred. *Medea: Hans Henny Jahnn*. Köln: Hentrich, 1989.
SIEGMUND, Gerald. *Theater als Gedächtnis*. Tübingen: Gunter Narr Verlag, 1996.
STEPHENS, Anthony; LÜ, Yixu. Die Ersetzbarkeit des Menschen: Alter Ego und Stellvertreter im Werk Heinrich von Kleists. In: STEPHENS, Anthony. *Kleist – Sprache und Gewalt*. Freiburg: Rombach, 1999.
STILLMARK, Trotz Hans-Christian. Zur Kleist-Rezeption Heiner Müllers. *Kleist Jahrbuch: 1991*. Stuttgart: Metzler, 1991.
THIERS, Adolphe. *Geschichte der französischen Revolution*. Leipzig: Lorck, 1836.

VOGT, Jochen. *Struktur und Kontinuum: über Zeit, Erinnerung und Identität in Hans Henny Jahnns Romantrilogie Fluss ohne Ufer*. München: W. Fink, 1970.
WAGNER, Rüdiger. Versuch über den geistesgeschichtlichen und weltanschaulichen Hintergrund der Werke Hans Henny Jahnns. *Text + Kritik*, 2-3, 1980.

4.O Outro Brecht

ADORNO, Theodor W. *Ästhetische Theorie*. Frankfurt am Main: Suhrkamp, 1969.
_____. Wagners Aktualität. *Gesammelte Schriften*. Edição de Rolf Tiedemann, Frankfurt am Main: Suhrkamp, 1978, t. 16.
BENJAMIN, Walter. Zur Kritik der Gewalt. *Schriften*. Frankfurt am Main: Suhrkamp, 1955, v. 1.
_____. *Versuche über Brecht*. Frankfurt am Main: Suhrkamp, 1966.
BRECHT, Bertolt. *Gesammelte Werke*. Frankfurt am Main: Suhrkamp, 1967.
_____. *Der Jasager und Der Neinsager: Vorlagen, Fassungen und Materialien*. Edição de Peter Szondi. Frankfurt am Main: Suhrkamp, 1971.
_____. *Die MaSSnahme: Kritische Ausgabe mit einer Spielanleitung*. Edição crítica com instruções de encenação de Reiner Steinweg. Frankfurt am Main: Suhrkamp, 1972.
_____. *Tagebücher*. Frankfurt am Main: Suhrkamp, 1975.
_____. *Gedichte I*. Grande edição de Berlim e Frankfurt. Berlin/Weimar/Frankfurt am Main, 1991.
_____. *Stücke 10: Stückfragmente und Stückprojekte*. T. 1, Frankfurt am Main: Suhrkamp, 1992.
DERRIDA, Jacques. *Gesetzeskraft: Der mystische Grund der Autorität*. Frankfurt am Main: Suhrkamp, 1991.
JAHNN, Hans Henny. *Schriften zur Literatur: Kunst und Politik 1946-1959*. Edição de U. Bitz e U. Schweikert. Hamburg: Hoffmann und Campe, 1991.
LETHEN, Helmut. *Verhaltenstechniken der Kälte: Lebensversuche zwischen den Kriegen*. Frankfurt am Main: Suhrkamp, 1994
LEVINAS, Emmanuel. *Ethik und Unendliches: Gespräche mit Philippe Nemo*. Wien: Passagen, 1992.
MÜLLER, Heiner. *Gesammelte Irrtümer 2*. Frankfurt am Main: Verlag der Autoren, 1990.
_____. *Krieg ohne Schlacht*. Köln: Kiepenheuer & Witsch, 1992 (*Guerra sem Batalha*, trad. bras., São Paulo: Estação Liberdade, 1997).
NEUMANN, Gerhard. Geschlechterrollen und Autorschaft: Brechts Konzept der lyrischen Konfiguration. In: LEHMANN, Hans-Thies; VORIS, Renate (orgs.). *Der andere Brecht I. Brecht-Jahrbuch 17*. University of Wisconsin Press, 1992.
RITTER, Hans-Martin. *Das gestische Prinzip bei Bertolt Brecht*. Köln: Prometh, 1986.
STIERLE, Karl-Heinz. Geschichte als Exemplum – Exemplum als Geschichte. In: KOSELLECK, Reinhart; STEMPEL, Wolf-Dieter. *Geschichte – Ereignis*

und Erzählung. 2. ed. München: W. Fink, 1990, (Poetik und Hermeneutik 5).
WILKE, Judith. *Brechts "Fatzer"- Fragment: Lektüren zum Verhältnis von Dokument und Kommentar*. Bielefeld: Aisthesis Verlag, 1998.
WIRTH, Andrzej. Versuch einer Synthese nachbrechtscher Theaterkonzeptionen. *Theater heute*, H. 1, 1980.

5.Estudos sobre Heiner Muller

BENJAMIN, Walter. *Der Ursprung des deutschen Trauerspiels*. In: _____. *Gesammelte Schriften*, v. 1. Edição de Rolf Tiedemann. Frankfurt: Suhrkamp, 1980.
BOCK, Stephan. *Literatur Gesellschaft Nation*. Stuttgart: Metzler, 1980.
DERRIDA, Jacques. *Gesetzeskraft: Der mystische Grund der Autorität*. Frankfurt am Main: Suhrkamp, 1991.
_____. *Spectres de Marx*: l'état de la dette, le travail du deuil et la nouvelle internationale. Paris: Galilée, 1993.
_____. *Politiques de l'amitié*. Paris: Galilée, 1994.
FOUCAULT, Michel. *Schriften zur Literatur*. Frankfurt am Main: Fischer, 1988.
FRANK, Manfred. Vom Bühnenweihefestspiel zum Thingspiel: zur Wirkungsgeschichte der Neuen Mythologie bei Nietzsche, Wagner und Johst. In: HAUG, Walter; WARNING, Rainer (orgs.). *Poetik und Hermeneutik XIV: das Fest*. München: Fink, 1989.
FUHRMANN, Helmut. Where Violent Sorrow Seems a Modern Ecstasy. Uber Heiner Müllers "Macbeth nach Shakespeare", *Arcadia*, n. 1, 1978.
GELLERT, Inge; KOCH, Gerd; VASSEN, Florian (orgs.). *Massnehmen, Bertolt Brecht/ Hanns Eislers Lehrstück Die Massnahme: Kontroverse, Perspektive, Praxis*. Berlin: Theater der Zeit, 1998.
HARICH, Wolfgang. Der entlaufene [!] Dingo, das vergesse Floß. *Sunn und Form*, n. 1, 1973.
HEIDEGGER, Martin. *Sein und Zeit*. Tübingen: M. Niemeyer, 1984.
HEISE, Wolfgang. "Macbeth" in Gespräch. Notwendige Fragestellung, *Theater der Zeit*, n. 9, 1972.
HILL, Gary. *Katalog Stedelijk Museum Amsterdam*. Kunsthalle de Viena, 1993 -1994.
KLUGE, Alexander; MÜLLER, Heiner. *Ich schulde der Welt einen Toten*: Gespräche. Berlin: Rotbuch, 1995.
_____. *Ich bin ein Landvermesser*. Hamburgo: Rotbuch, 1996.
LEHMANN, Hans-Thies. *Beiträge zu einer Materialistischen Theorie der Literatur*. Frankfurt am Main/Berlin/Wien: Ullstein, 1977.
_____. Theater der Blicke – Zu Heiner Müllers Bildbeschreibung. In: PROFITLICH, Ulrich (org.). *Dramatik der DDR*. Frankfurt am Main: Suhrkamp, 1997.
_____. *Postdramatisches Theater*. Frankfurt am Main: Verlag der Autoren, 1999.
MINNESOTA *Review*, n. 6, 1976.
MÜLLER, Heiner. *Philoktet, Herakles 5*. Frankfurt am Main: Suhrkamp, 1966.
_____.*Ödipus Tyrann (nach Hölderlin)*. In: *Neue Texte: Almanach für deutsche Literatur*. Berlin /Weimar: Aufbau, 1967.
_____.*Geschichten aus der Produktion*. Berlin: Rotbuch, 1974.

_____. *Stücke*. Berlin: Henschel, 1975.
_____. *Theater-Arbeit*. Berlin: Rotbuch, 1975.
_____. *Macbeth*. In: *Stücke*. Posfácio de Rolf Rohmer. Berlin: Henschel, 1977.
_____. *Der Horatier*. In: *Mauser*. Berlin: Rotbuch, 1978 (trad. bras. *O Horácio*. In: Ingrid Dormien Koudela (org.). *Heiner Müller: O Espanto no Teatro*. São Paulo: Perspectiva, 2003.
_____. *Ödipus-Kommentaire*. In: *Mauser*. Berlin: Rotbuch, 1978.
_____. *Herzstück*. Berlin: Rotbuch, 1983.
_____. *Shakespeare Factory 1*. Berlin: Rotbuch, 1985.
_____. *Gesammelte Irrtümer: Interviews und Gespräche*. Frankfurt am Main: Verlag der Autoren, 1986.
_____. *Shakespeare Factory 2*. Berlin: Rotbuch, 1989.
_____. *Gesammelte Irrtümer 2: Interviews und Gespräche*. Frankfurt am Main: Verlag der Autoren, 1990.
_____. *Zur Lage der Nation*. Entrevista concedida a Frank M. Raddatz. Berlin: Rotbuch, 1990.
_____. *Jenseits der Nation*. Entrevista concedida a Frank M. Raddatz. Berlin: Rotbuch, 1991.
_____. [1992]. *Krieg ohne Schlacht*. Köln: Kiepenheuer & Witsch, 1994. (Guerra sem Batalha, trad. bras., São Paulo: Estação Liberdade, 1997).
_____. *Die Gedichte*. Frankfurt am Main: Suhrkamp, 1998.
MÜLLER-SCHÖLL, Nikolaus. *Theater des "konstruktiven Defaitismus": Lektüren zur Theorie eines Theaters der A-identität bei Walter Benjamin, Bertolt Brecht e Heiner Müller*. Frankfurt, 1998 (Dissertação).
NANCY, Jean-Luc. *Die Musen*. Stuttgart: Legueil, 1999.
NIETZSCHE, Friedrich. *Werke in drei Bänden*. Edição de Karl Schlechta. München: Hanser, 1966, v. 1.
PROGRAMMHEFT zur Inszenierung des Lohndrückers, Deutsches Theater, 1988.
SARRAZAC, Jean Pierre. *L'Avenir du drame: écritures dramatiques contemporaines*. Lausanne: Éditions de l'Aire, 1981.
SCHULZ, Genia. *Heiner Müller*. Stuttgart: Metzler, 1980.
SHAKESPEARE, William. *Obra Completa*. Rio de Janeiro: Nova Aguilar, 1989.
SZONDI, Peter. *Versuch über das Tragische*. Frankfurt am Main: Insel, 196
THEATER DER ZEIT, n. 7, 1972.
WEIMARER BEITRÄGE, a. 34, n. 7, Berlin, 1988.
WENDT, Ernst. *Moderne Dramaturgie*. Frankfurt am Main: Suhrkamp, 1974.
WONDER, Erich. *Raum: Szenen-Raum*. Stuttgart: Hatje, 1986.

Este livro foi impresso na cidade de São Paulo,
nas oficinas da Cherma Indústria da Arte Gráfica Ltda,
em outubro de 2009, para a editora Perspectiva S.A.